中国餐饮产业发展报告
（2016）

中国烹饪协会发布

主编/姜俊贤

中共中央党校出版社
The Central Party School Publishing House

图书在版编目（CIP）数据

中国餐饮产业发展报告（2016）/姜俊贤主编．—北京：中共中央党校出版社，2016.5

ISBN 978-7-5035-5843-6

Ⅰ.①中…　Ⅱ.①姜…　Ⅲ.①饮食业-经济发展-研究报告-中国-2016　Ⅳ.①F719.3

中国版本图书馆 CIP 数据核字（2016）第 085532 号

中国餐饮产业发展报告（2016）

责任编辑　任丽娜
版式设计　李　灵
责任印制　宋二顺
责任校对　王　微
出版发行　中共中央党校出版社
地　　址　北京市海淀区大有庄 100 号
电　　话　（010）62805830（总编室）　（010）62805821（发行部）
　　　　　　（010）62805034（网络销售）　（010）62805822（读者服务部）
传　　真　（010）62881868
经　　销　全国新华书店
印　　刷　北京四季青印刷厂
开　　本　700 毫米×1000 毫米　1/16
字　　数　395 千字
印　　张　23.5
版　　次　2016 年 5 月第 1 版　2016 年 5 月第 1 次印刷
定　　价　53.00 元

网　　址： www.dxcbs.net　**邮　　箱：** cbs@ccps.gov.cn
微 信 ID： 中共中央党校出版社　**新浪微博：** @党校出版社

《中国餐饮产业发展报告（2016）》
编　委　会

目　　录

跨越三万亿承上启下　描绘新蓝图继往开来
（代序） …………………………………………………… 姜俊贤（ 1 ）

总　报　告

“十二五”期间餐饮业发展轨迹 ……………… 中国烹饪协会行业发展部（ 3 ）
2015 年餐饮市场分析及 2016 年市场前景预测
…………………………………………… 中国烹饪协会行业发展部（ 8 ）
2015 年度中国餐饮百强企业和餐饮五百强门店分析报告
…………………………………………… 中国烹饪协会行业发展部（18）
餐饮新经济“十三五”发展机遇 ……………… 中国烹饪协会行业发展部（29）

创业创新篇

“大众创业、万众创新”态势下我国餐饮市场创新研究 ………… 韩凝春（37）
共生的餐饮生态体系
——餐饮众筹的创业商业模式解析 …………………… 史　俊　王　璞（50）
餐饮业创业创新路径
——首届全国餐饮产业青年创业创新项目选拔赛案例分享
…………………………………………… 中国烹饪协会行业发展部（57）

食品安全篇

强化餐饮企业预警交流　风险管理　全程控制 …………………… 冯恩援（65）

中国餐饮业食品安全供应链管理现况调查报告
………………………… 中国农业大学食品科学与营养工程学院营养与食品卫生研究室 联合利华饮食策划（72）
餐饮食品安全供应链调研报告 打造稳定的餐饮企业供应商合作模式…………………………… 中国烹饪协会 联合利华饮食策划（91）
餐饮食品安全供应链调研报告 建立风险等级与过程控制体系 做好原材料管理………………………… 中国烹饪协会 联合利华饮食策划（114）

大众餐饮篇

大众化市场下的餐饮品牌铸造
——2015年度“中国餐饮好案例”的启示 …………………… 李亚光（139）
2015年中国火锅产业发展报告 ……………… 中国烹饪协会火锅委员会（147）
2016年快餐产业发展趋势分析 ……………… 中国烹饪协会快餐委员会（156）
2016年团餐产业发展趋势分析 ……………… 中国烹饪协会团餐委员会（161）

科技生态篇

2015年餐饮O2O消费调查报告 ……………… 中国烹饪协会行业发展部（169）
基于工业4.0的智能时代对餐饮业发展机遇与对策的思考……… 杨铭铎（178）
人机融合，服务机器人引领餐饮新潮流…………………………… 吴季泳（192）

专题研究篇

2015年中餐国际交流成果报告 ………………………………… 边 疆（201）
一带一路国家战略与中国清真餐饮业发展…… 中国烹饪协会清真委员会（209）
2015年天津市餐饮产业发展报告 ……………………………… 段建珍（221）
自我调整 负重前行 2015年安徽省餐饮业发展调查报告
…………………………………………………… 安徽省餐饮行业协会（228）
点餐型餐饮企业营养环境初步调查……………… 李 爽 兰晓芳 范志红（238）
从供需状况探索老年供餐新机制…………………… 付 萍 徐 静（258）

技能竞赛引领高职技术技能型人才培养的研究与实践
——以无锡商业职业技术学院烹饪工艺与营养专业为例
…………………………………………………………… 李　晶　谢　强(268)
两岸高等职业教育比较研究………… 全国餐饮职业教育教学指导委员会
中国烹饪协会培训交流中心　浙江商业职业技术学院(275)
烹饪高职专业“春秋轮换”人才培养模式探索
…………………………………………… 中国烹饪协会培训交流中心(280)
中国餐企的上市路径及“钱”景分析……………………………… 李　刚(289)

附录一

商务部关于推动餐饮业转型发展的指导意见……………………………（301）
国务院办公厅关于加快发展生活性服务业促进消费结构升级的指导
意见…………………………………………………………………………（305）
国务院关于大力推进大众创业万众创新若干政策措施的意见……………（316）
国务院办公厅关于推进线上线下互动加快商贸流通创新发展转型
升级的意见……………………………………………………………………（326）
国家食品药品监督管理总局令…………………………………………（332）
大众化餐饮评价指标………………………………………………………（338）

附录二

2015 年度中国餐饮百强企业名单　……………………………………………（351）
2015 年度中国餐饮亿元企业名单　……………………………………………（355）

跨越三万亿承上启下　描绘新蓝图继往开来

（代序）

姜俊贤①

伴随着“十二五”规划完美收官，经过五年努力奋斗，我国社会生产力快速发展，综合国力大幅提升，人民生活明显改善，国际地位和影响力显著提高，社会主义经济建设、政治建设、文化建设、社会建设以及生态文明建设取得重大进展。

过去五年，是我国餐饮业发展进程中极不平凡的五年。我们沐浴了《“十二五”期间促进餐饮业科学发展的指导意见》的春风，经历了转型过程的阵痛，接受了“福喜事件”的教训，目睹了湘鄂情的退市，见证了餐饮O2O的崛起，也深陷微利经营的窘境。五年前，我们想不到手机可以成为支付终端，想不到有专业团队替我们送餐，想不到商业综合体要靠我们活着，想不到无店铺也可以风生水起，也没想到2011年到2015年这万亿的跨越来得如此艰难。

过去五年，是餐饮业深层自省的过程，是整个餐饮行业主动找寻调整方向，有效挤压市场泡沫，回归本质、回归理性、回归市场、回归大众的过程。广大餐饮企业从消费需求出发，积极探索转型发展的新途径。特别是高端餐饮企业，主动逆势转型，在找寻核心竞争力的过程中保持并创造出了较好的销售业绩。如“北京宴”在转型中探索出“中国服务”的企业核心竞争力，将高端服务人群转化为私人订制，以服务取胜，业绩不但迅速逆势回升还正在扩张门店；“大董”坚持品牌塑造，针对国内高端商务宴请和国际上层交流宴请，专注于以中国文化为主题的创意菜品研发，精准聚焦目标顾客群，提高企业核心竞争力，不但没有“关停并转”或“盲从降价”，反而在北京、上海等一线城市加速扩张取得了傲人业绩。

---

① 姜俊贤：中国烹饪协会会长。

过去五年，中国烹饪协会作为餐饮行业组织，为实现餐饮业健康发展尽了最大努力。我们深入研究、密切关注餐饮行业相关政策及动态变化，反映行业诉求，力争政策导向，与政府主管部门建立良好而有效的沟通机制，就餐饮O2O、转型发展、税费调整、行业用工、食品安全、膳食营养等当前迫切、热点问题开展专项课题研究，形成的各种调研成果定期以新闻、简讯、报告的形式公开发布。此外，协会充分利用自身资源优势，搭建餐饮产业交流平台，打造的多项优质项目齐头并进，对各区域、各业态、各产业链环节进行统筹规划，促进协调发展。

五年一个刻度，跃上新的台阶；五年一个单元，来到新的起点。“十二五”期间取得的发展成绩来之不易。这是党中央和各主管部门政府总揽全局、正确领导的结果，是全国餐饮企业、从业者和相关产业同人齐心协力、勇于开拓、艰苦奋斗的结果。“十三五”期间，餐饮业面临的形势依然错综复杂，机遇与挑战并存。我们必须防微杜渐，趋利避害，牢牢把握发展的主动权。

未来五年，特别是2016年至2017年，转型升级仍将是餐饮业主基调，但其内涵将有变化，未来发展既要通过稳增长为结构调整创造空间，又要以结构调整提高可持续增长能力，餐饮业发展应把握好稳增长调结构的平衡。从供需两侧发力推进结构性改革。在继续研究消费心理、消费结构、消费趋向等“需求侧”问题的同时，着力加强“供给侧”结构性改革，把创新驱动放在核心位置，围绕加快培育新动能、改造提升传统动能，以大众创业、万众创新带动产业转型升级，使更多新产品、新业态、新模式涌现出来，适应市场需要并带动更多就业。

未来五年，餐饮业发展应把握好我国城镇化进程的快车，实现跨越发展。我国是世界上人口最多的国家，而且是农村人口占比例最大的国家。当前全国加速推进城镇化建设，农民进城的门槛正在降低，进城落户的条件正在放宽，稳步发展特大城市和大城市，积极发展中小城市，有重点地发展小城镇，是我国当前城市化进程的主要方向。随着城镇化发展成效的不断显现，其功能配套需求将不断提升，特别是作为民生产业的餐饮服务将获得巨大的市场空间。据不完全统计，我国现拥有近400个中小城市，以及近2万个建制镇。在餐饮经济发达地区竞争日趋激烈的环境下，未来五年，着眼于中小城市的大量现实或潜在需求，通过扩大有效投资、促进消费升级、发挥新型城镇化带动作用，着力把内需潜力激发出来，将是餐饮业发展的新动力。

未来五年，餐饮业发展应把握好传统与现代的平衡。崇尚传统抑或现代不可一概而论，不同业态、产品、阶段、定位甚至不同的业务模块，运用不同的指导理念都各有利弊。推广现代化生产手段可以提高产品标准化程度，适应餐饮业连锁化发展的需要，紧贴时代开展营销及运营工作，更是餐饮业的必修课程。但是餐饮作为最传统的手工业，饮食文化作为中华民族最引以为傲的文化瑰宝，无疑是需要传承和保护的，且这种保护绝不是束之高阁，文化的根基是大众，餐饮市场的主体也是大众，中华饮食文化是经过数千年民众认可的产物。就我国餐饮市场整体来看，“十三五”期间既要弘扬传统工艺和饮食文化，又要合理运用现代化手段，提高生产效率和产业集中度，使它既具有极大的创新包容性，又能保有餐饮自身的传统特色。

未来五年，李克强总理预测，中国经济将整体呈现“形有波动，势仍向好”的发展状态。但是随着转型升级成效的进一步显现，我相信以大众化市场为主体、适应多层次多样化消费需求的中国餐饮业，将在此期间以相对稳定的态势向着 5 万亿元的目标迈进。如果说中国餐饮业在“十二五”期间砥砺前行，那么“十三五”也许是其涅槃展翅、再露锋芒的大好时机。

总 报 告

“十二五”期间餐饮业发展轨迹

中国烹饪协会行业发展部①

国民经济和社会发展第十二个五年规划期刚刚成为“完成时”，“十二五”（2011—2015年）注定成为一个极不平凡、具有重要意义的发展时期。回顾这五年，国际国内经济形势均发生深刻变化，且遇到了前所未有的严峻考验，国民经济由快速增长进入新常态发展阶段，改革总基调最终确定为“稳增长、调结构、惠民生”。在此宏观背景下，餐饮业交出的成绩单也是喜忧参半，餐饮市场规模继续扩大，而在面对政策和市场多重因素冲击时，整个行业在市场结构和商业模式上都经历深层次变革，在质与量齐发中不断试探摸索，艰难前行。“十二五”期间，餐饮业发展与挑战并存。

一、追踪寻迹

2011—2015年五年间，中国餐饮业实现餐饮收入从2万亿元到3万亿元的跨越，限额以上单位餐饮收入也由6000亿元迈入8000亿元时代。市场规模体量亮丽的成就固然令人振奋，不过综观“十二五”期间，餐饮业发展并不顺利，而是以披荆斩棘、一波三折来形容更为恰当（如图1所示）。

2011年，餐饮市场以2万亿元的收入为“十二五”开局，但发展步伐明显放缓，同比增长16.9%，增速较上年下降1.2个百分点，预示着整个“十二五”必定成为发展艰辛的一段时期。2012年餐饮业发展速度持续回落3.3个百分点，降幅加大，再加上年底中央八项规定出台，这给本已凸显颓势的餐饮市场投下一记重磅。受此重创，接下来的2013年成为一个历史转折点，餐饮收入增速9.0%下滑到改革开放以来的谷底，限上餐饮收入更是跌至负增长，餐饮业高速增长的辉煌时代成为过去，开始经历洗牌。痛定思痛后，全行业不断摸索方向，重新回归市场、回归大众，逐渐步入理性发展的轨道，并取

① 主要撰稿人：宋媛媛。

得了一定的成效，2014 年、2015 年餐饮市场发展速度逐步摆脱低谷、稳定回升，餐饮收入也最终以 32310 亿元收官。

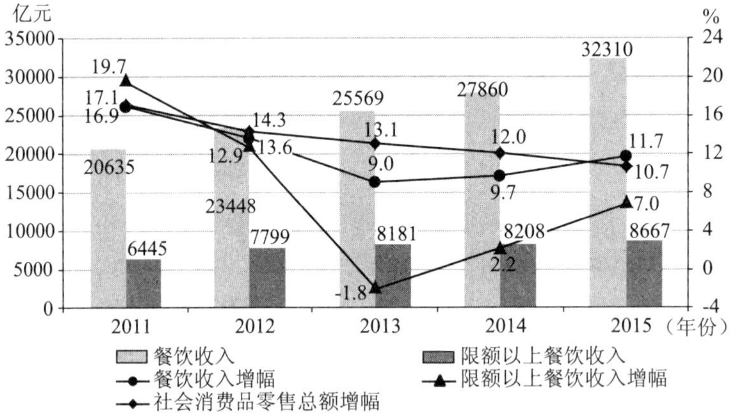

图 1 “十二五”期间全国餐饮市场发展状况

数据来源：根据国家统计局数据整理制作。©中国烹饪协会

五年期间，犹如过山车一般的发展轨迹，餐饮业对整个消费市场的贡献也如出一辙（结合图 1 和图 2）。从 2011 年开始，餐饮业对社会消费品零售总额增长的贡献率就连续下跌，对消费市场的拉动作用也在不断减弱，并于餐饮发展形势最为惨淡的 2013 年降至最低点。随着餐饮市场逐步回暖，其对消费市场所作的贡献和拉动作用也都不断增强。而且，与社会消费一直处于疲软的艰

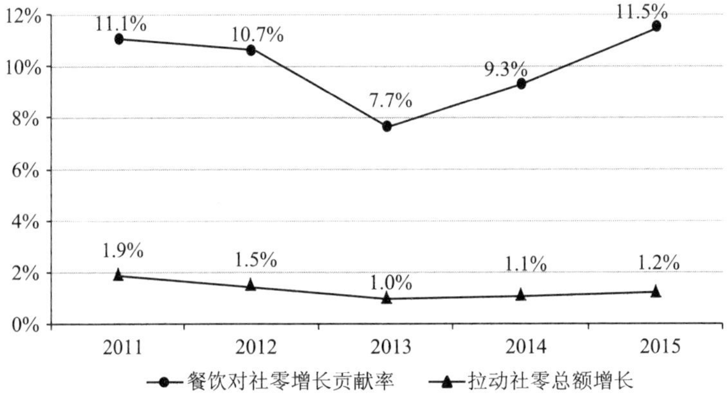

图 2 “十二五”期间餐饮业对社会消费的贡献状况

数据来源：根据国家统计局数据整理制作。©中国烹饪协会

难状况不同，餐饮行业发展动力有所恢复，对消费市场乃至国民经济发展发挥了重要的促进作用，成为提振消费、扩大内需的重要支撑产业之一。

二、凤凰涅槃

“十二五”可以说是餐饮业不断寻求调结构、促转型的五年，目标是不仅在量上，更重要的是在质上实现根本颠覆变革，以求行业长期健康可持续向前发展。衰落迹象初显的“十二五”初期，餐饮行业就意识到在看似繁华景象之下存在严重隐患，转型升级、规范发展初次被提上日程，中央八项规定出台后其必要性愈发迫切，随后三年里，全行业多渠道多方式挣扎探索，不断创新实践，切实转型发展，事实证明当前已见初步成效。

1. 市场需求终是王道

无论是市场还是政策抑或是内外双重影响加速推进的这场转型改革，使得主要寄生于公款和奢侈消费的高端餐饮首当其冲受到巨大影响。高端餐饮认识到，过去单纯依靠高端消费所带来的非理性发展无法持续，只有向大众化转型才能实现可持续发展。认清形势后，一批高端餐饮企业调整经营定位、转变营销策略，积极走亲民路线，再加上服务优势，逐渐渡过难关。但也有一些没有跟上大众化转型发展浪潮的高档餐饮企业相继关门停业。高端餐饮放低身段的加入，使得原本就激烈的大众化餐饮市场竞争日趋白热化，迫使原有的大众餐饮企业也不得不开始考虑如何转型应对。如此一来，大众化餐饮展现出蓬勃生机。

随着以大众化消费为主体的市场需求向多层次多样化方向发展且愈加注重人性化、个性化、体验化，餐饮市场呈现多元化多品牌拓展经营，小而精、小而美品牌遍地开花。为满足不同群体的需求，商超餐饮、婚宴、寿宴、家庭聚餐、旅游用餐等多种业态协调发展，注重消费体验的特色餐饮、休闲餐饮、农家乐等也发展势头正旺。

大众化餐饮持续红火离不开政府主管部门的积极推动。《关于加快发展大众化餐饮的指导意见》《关于推动餐饮业转型发展的指导意见》等一系列文件陆续出台，2015 年在杭州市、广州市和成都市开展优化环境促进餐饮业转型发展试点，简化行政审批流程，落实餐饮业税收政策，这些都增强了餐饮企业的发展活力。

2. 服务创新发展迅猛

为适应消费需求的变化，餐饮产品服务创新不断，最大的变化莫过于服务方式和服务领域的改进拓展。最初，外卖外送开始萌芽并以燎原之势发展成为新的增长点，团购扎堆兴起并历经市场大浪淘沙。期间，互联网信息技术得到充分结合利用，在传统餐饮产业转型发展中发挥越来越重要的作用，掀起了一阵融资注资狂潮。同时，消费者的消费习惯和消费方式也随之发生重大转变，信息技术应用不止集中在在线预订，还深入延伸至在线点餐、电子支付、美食点评等综合服务功能。

当前，餐饮 O2O 已成为热门词汇，不只吸引了年轻人的创业热情，还激起创新模式不断涌现。“互联网+餐饮”联合发展下，微博微信、电商网站平台、App，各种工具手段全面利用，推广营销、外卖外送、促销团购、网上订餐、半成品订制、厨师上门等各项服务线上线下双管齐下。不仅如此，餐饮企业管理理念也随之革新，开始注重运用互联网、大数据、云计算等技术提高自身经营管理水平。

3. 资本融合动作频繁

在内忧外困的发展环境下，在风起云涌的市场竞争中，餐饮业资本运作的各种尝试从未间断，欲借市场化力量推动转型升级和发展壮大，但结果并不尽如人意。

一方面，只有吉野家、唐宫、名轩控股、呷哺呷哺等少数餐饮企业走出国门奔港赴美成功上市，俏江南、净雅、顺峰、狗不理等一大批品牌企业国内 A 股上市相继受阻。在上市频频碰壁后，餐饮企业又转战于新三板、众筹等融资沃土。百富餐饮、望湘园等餐企已在新三板成功挂牌，还有不少企业排队等待，而且还有越来越多的企业开始接触、利用众筹平台。

另一方面，国内国际资本、外资餐饮企业都以前所未有的热情投身到中国餐饮市场，或注资或收购并购，借助中国餐饮本地化发展平台和品牌优势，多层面地占领中国餐饮市场。其中最有名的就是百胜收购小肥羊，还有欧洲安佰深收购金钱豹，好伦哥获 MUS Roosevelt 投资，嘉和一品也获得多轮融资，CVC 收购俏江南、大娘水饺，最新的一起为东方合众获得罗斯柴尔德家族投资。

餐饮市场资本运作热闹非凡，双方各取所需，但其中也存在一定的风险，餐饮企业并不完全能够因此如虎添翼，失败事例也不少，各种矛盾风波不断。全行业应以此为戒，谨慎行事。

4. 企业微利成为常态

在经济发展下行的人环境下，房租、人工、原材料等成本却持续高涨，丝毫没有回落迹象，且“用工难”“用工荒”如影随形，再加上税费负担沉重的顽疾，企业微利不知不觉成为常态，并将长期维持。餐饮企业需要静下心来，摆正思想认识，重拾初心，回归本质、回归市场，修炼内功、提高管理水平，用长期盈利能力作为检验企业科学健康发展的标准。

5. 食品安全关注空前

自2011年“骨汤门”“冲兑门”“死鱼门”事件披露以来，餐饮行业食品安全问题就成为全社会广泛关注的焦点，相关报道层出不穷，之后几乎每年都是央视“3·15”晚会的常客，再难淡出公众视野。食品安全事件的每次曝光，都让消费者对餐饮业丧失一次信心，信任度曾经一度跌入谷底，餐饮业诚信规范经营面临严重挑战。虽然行业内部积极加强自律，行业组织也发出倡导，但是食品安全问题涉及餐饮行业上下游整个产业链，餐饮企业心有余而力不足。政府部门根据当前最新形势变化，经过多方征求修订意见，最终新的《食品安全法》于2015年10月1日起正式施行。此法被称为“史上最严”，遵循“最严谨的标准、最严格的监管、最严厉的处罚、最严肃的问责”要求，餐饮服务产业链条上各环节有望实现实时、动态、全程监测管控。

三、且行且思

在行业发展速度一路放缓并进入寒冬后，餐饮业深入研究分析市场需求这一本源，行业各方共同努力，经过近三年的艰苦奋斗，针对消费需求端发生的重要转变，调整产业结构，促进转型发展，可以说是初步完成供给侧改革，犹如凤凰涅槃般，但是否真正重生还留待市场检验。

“十二五”已成为过去，“十三五”款款而来。餐饮行业要树立创新、协调、绿色、开放、共享的发展理念，继续以供给侧结构性改革引领行业发展新常态，以创新为动力，推动餐饮业健康持续快速发展，满足人民群众日益增长的餐饮服务需求，时刻保持行业发展动力和活力，以崭新姿态拥抱“十三五”。

2015 年餐饮市场分析及 2016 年市场前景预测

中国烹饪协会行业发展部①

作为“十二五”收官之年，刚刚过去的 2015 年备受瞩目。面对错综复杂的国内国际形势，国民经济下行压力不断加大，改革与发展齐头并进，经济总体保持平稳。在此背景下，中国餐饮行业继续在市场结构和商业模式上探索改革创新，餐饮市场实现趋稳回暖。

一、2015 年全国餐饮业发展与市场运行特点

1. 政策频出创造良好环境

在餐饮市场陷入困境时期，政府部门不断发出政策组合拳，调整产业结构，优化发展环境，支持鼓励发展大众化餐饮，促进餐饮业可持续健康发展。

针对餐饮业负担重、盈利水平低等必将长期存在的问题，为加快减轻餐饮业不合理负担的决策进程，增强餐饮企业发展动力，商务部在杭州市、广州市和成都市定为餐饮业转型发展试点。

国务院相继公布《关于发展众创空间推进大众创新创业的指导意见》《关于大力推进大众创业万众创新若干政策措施的意见》，《关于加快发展生活性服务业促进消费结构升级的指导意见》，一时间“发展大众化餐饮”“大众创业、万众创新”已成为社会经济发展的新引擎，也成为年度一大亮点。这不仅有利于吸引年轻人创业、加入餐饮大军，也有利于餐饮行业蓬勃发展，展现新活力新力量。

2015 年 10 月 1 日，全民关注、被誉为“史上最严”的新《食品安全法》正式施行，新法贯彻了习近平总书记提出的“最严谨的标准、最严格的监管、

---

① 主要撰稿人：宋媛媛。

最严厉的处罚、最严肃的问责”“四个最严”要求。餐饮服务环节的食品安全始终都是行业最为敏感的话题，餐饮服务环节是食品安全保障的最后一道关口，所面临的风险更为复杂、更为直接、更为广泛，压力也最大。随后，餐饮业掀起了一股认真学习新法的热潮，各方纷纷积极加强自律，搭建餐饮业食品和原材料的采购追溯体系，实现各环节实时、动态监测，确保实现餐桌“舌尖上的安全”全过程管控。餐饮业以此作为新起点，进入一个食品安全社会共治新阶段。

此外，一带一路、京津冀、长三角、东三省、川渝滇桂（西南）等国家发展战略部署逐步深入落实，对区域间经济、文化等各方面都产生了重要作用和深远影响。餐饮业也利用其中的发展机遇，在国家“一带一路”战略规划推动下与沿线多国开展跨国经济贸易、文化交流活动和海外投资合作。同时，“中餐走出去”战略有了新的实质性进展。如果说近年来由中国烹饪协会组织的“中餐走进联合国”“中餐走进教科文组织”“中国美食国际文化节”等高层次餐饮国际交流活动开启了以中餐文化为载体的民间人文交流先河，那么2015年“中餐走出去”战略则有了新的实质性进展，眉州东坡、黄记煌、小南国等领军餐饮企业和山西省政府推动下的山西餐投集团都进行了多样化的海外发展，不仅有实体海外门店连锁开张，也有通过股权收购、置换等形式实现中餐海外市场深度合作；不仅有政府搭台推动中餐企业抱团发展，也有在国家“一带一路”战略规划推动下进行的与沿线多国开展的跨国经济贸易、文化交流活动和海外投资合作。

2. 餐饮业拉动消费作用增强

在良好政策环境的保障下，餐饮业发展呈现强势回稳迹象。根据国家统计局发布数据（见图1），2015年，全国餐饮收入实现32310亿元，同比增长11.7%，继2014年后持续回升，且比上年大幅提高2.0个百分点。限上餐饮收入8667亿元，同比增长7.0%，高于上年4.8个百分点。同时，2015年餐饮收入占到社会消费品零售总额的10.7%，比重也继续回升，且餐饮收入增速于五年后再次恢复至高于社会消费品零售总额增幅（10.7%）的水平。经过行业洗牌和探索调整后，餐饮市场在回归本质和理性消费的正轨上不断前行，发展渐趋回暖，对拉动社会消费增长所起的作用也不断增强。

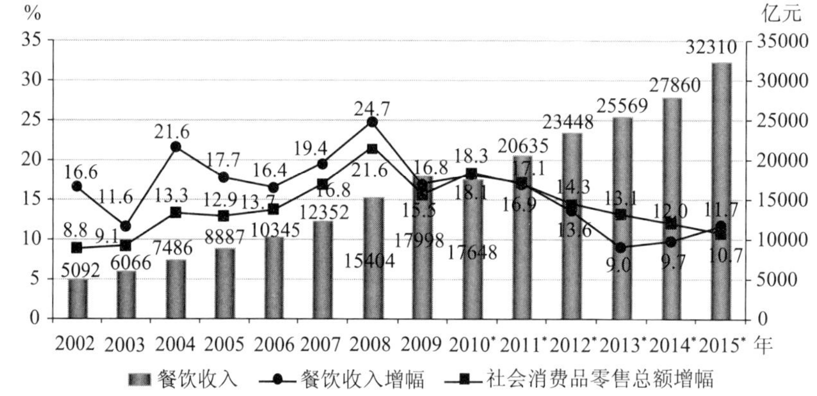

图 1　全国餐饮收入及增速状况（2002—2015 年）

注：2010 年起，国家统计局将统计口径由住宿餐饮业零售额调整为餐饮收入。

数据来源：根据国家统计局数据整理制作。©中国烹饪协会

尽管 2015 年餐饮业整体逆势上扬，但纵观全年却是有喜有忧。结合图 2 和图 3 可以看出，2015 年伊始，在季节和春节因素带动下，餐饮企业经营活动比较活跃，餐饮市场就以高于上年峰值的增速取得了良好开端，并一路稳定向前，尤其是在“五一”、“十一”、暑假等黄金假期时段发展势头迅猛。进入四季度、特别是最后两个月份，餐饮市场却凸显出增长乏力的疲态，最终跌落至年初的发展水平而结束全年，与社会消费品零售总额增幅的差距也由不断扩大而逐渐缩小直到年底被追至基本持平，优势不再明显。再加上全年大部分月份餐饮业商务活动指数一直处于临界点以下状态，企业用工难问题并没有得到有效解决，行业景气仍需进一步提振。

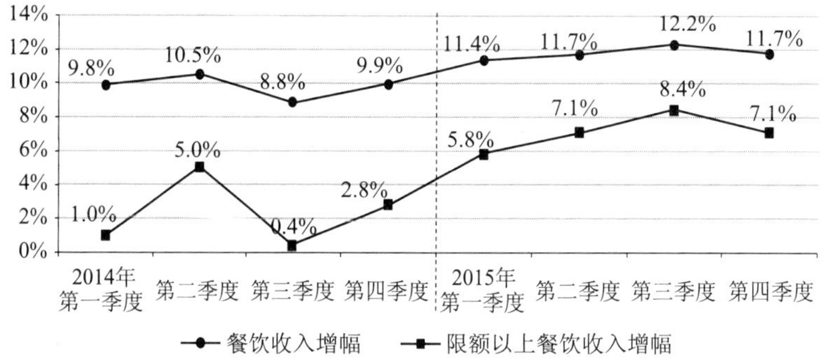

图 2　2014 年以来各季度全国餐饮收入增长状况

数据来源：根据国家统计局数据整理制作。©中国烹饪协会

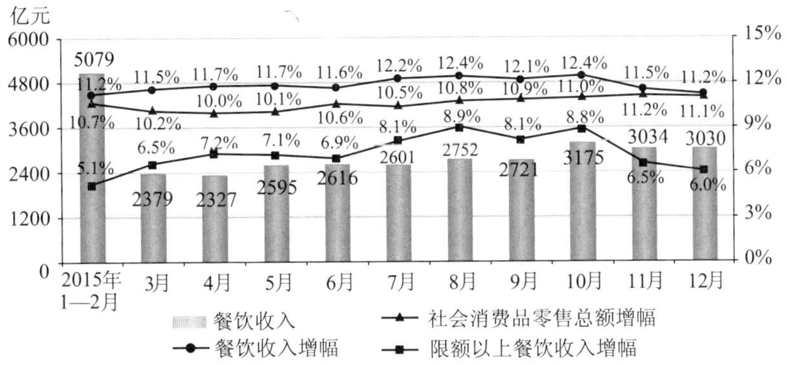

图 3　2015 年全国餐饮收入月度增长状况

数据来源：根据国家统计局数据整理制作。©中国烹饪协会

3. 区域市场回暖状况不一

受经济形势和政策影响，各地餐饮市场也都遭到不同程度的冲击，云南、新疆、浙江、重庆等多地政府都出台促进餐饮业发展的扶持政策。经过转型调整，包括农家乐、乡村游及特色餐饮在内的大众化餐饮持续旺销，成为市场主流。

从目前已公布数据的省市来看，各地餐饮市场回暖情况喜忧参半。如表 1 所示，2015 年近一半省市餐饮市场增长速度高于全国平均水平，但是，也有安徽省、海南省、甘肃省、江西省、山西省等地餐饮发展增速放缓，有的甚至低于上年同期 5、6 个百分点，市场恢复前景堪忧。

表 1　2015 年主要省市餐饮市场发展状况

地　区	餐饮收入（亿元）	同比增速	增速比上年同期变动百分点	统计口径
北京市	846.8	3.3%	4.1	
上海市	1008.0	7.3%	1.6	含住宿
重庆市	894.1	13.4%	0	
天津市	748.8	12.1%	0.7	含住宿
宁　夏	119.3	19.1%	0.2	
陕西省	673.3	15.7%	7.1	
河南省	2059.8	13.7%	0.6	
山东省	2840.1	13.1%	1.7	
贵州省	300.3	12.8%	4.6	
四川省	1956.0	12.3%	2.2	
安徽省	749.4	12.1%	−1.1	

续表

地　区	餐饮收入（亿元）	同比增速	增速比上年同期变动百分点	统计口径
海南省	227.1	12.0%	−0.7	
吉林省	755.2	11.4%	0.3	
新　疆	329.8	11.2%	0.5	
云南省	744.1	10.9%	1.0	
甘肃省	460.0	10.9%	−5.2	
内蒙古	937.2	10.8%	—	
广东省	3267.5	10.7%	2.1	含住宿
江苏省	2420.1	10.5%	0.7	
江西省	693.5	10.3%	−6.9	
福建省	1109.5	10.0%	1.7	
广　西	600.5	10.0%	—	
浙江省	1988.0	9.8%	0.2	
青海省	56.4	9.2%	3.0	
山西省	538.7	5.0%	−4.2	
湖北省	782.3	13.9%	1.9	1—11月
湖南省	1107.4	17.6%	0	1—9月
黑龙江省	—	9.1%	0.8	1—9月
辽宁省	271.2	3.0%	—	1—11月限上

注：除4个直辖市外，其他省区是按照餐饮收入同比增速排序。

数据来源：根据各省市统计局发布数据整理制作。©中国烹饪协会

4. 餐饮市场发展新特点

近两年，餐饮行业在市场结构和商业模式上不断展开深刻变革。大众化餐饮极具强劲生命力，高端餐饮也放低身段向之转型靠拢，共同拉动整个行业逐步趋稳回升。当前，传统餐饮业在坐店经营方式站稳脚跟之余，还愈加关注消费需求日益追求个性化、多元化，并以此为目标或主动或被动地不断积极探索，创新商业模式和服务模式层出不穷，餐饮市场表现出新特点。

（1）多层次多样化餐饮消费格局渐显。

大众餐饮蓬勃兴起、高档餐饮逐步转型、互联网餐饮快速发展，让消费者有了选择更多元、品质有保障、体验更丰富的就餐选择。

高端会所57度湘转型烤肉餐厅“小猪猪”，不仅价格体现平民特色，店内还遍布卡通玩偶，很受带孩子聚餐的年轻父母喜爱，黄金时段需排长队等位。“大董烤鸭”在北京的门店不降反增，从2012年的3家扩大到2015年的10家，其具有创新专利的烤鸭、饱含文化创意的“大董意境菜”等，成为吸引高端消费者的卖点，烤鸭汉堡更是赢得了青年和时尚人群的青睐。外婆家主打杭

帮菜口味独特、装修“一店一主题”，辨识度高，并且市场定位“亲民”，在大众化市场如鱼得水后，又开始进军高端餐饮，“宴西湖”做得风生水起。

（2）新兴业态跨界合作齐发展。

随着餐饮市场竞争日趋白热化，消费需求逐渐向人性化、个性化、体验化转变，不断催生出各种新兴餐饮业态。

社区餐饮、老年餐饮是大众化餐饮的重要市场，是适应当前经济发展水平、生活习惯变化和优化城市资源配置的重要业态。社区餐饮消费群体比较固定，容易与顾客建立稳定的关系，顾客忠诚度更高，越来越受到市场关注。一方面，政府鼓励大型、连锁餐饮企业进驻社区，建立“中央厨房+社区配送+就餐、送餐、助餐”老年营养餐服务体系，包区、包片解决老年人就餐问题。另一方面，以社区为半径的“厨师上门”“回家吃饭”等餐饮新兴创业项目如雨后春笋般不断涌现，“社区厨坊”、“青年菜君”、厨师上门等模式遍地开花。

同时，三全食品以“Funbox”（三全鲜食贩售机）进军白领午餐市场，还有中西餐饮与咖啡厅融合衍生出“咖餐”这一休闲餐饮主攻年轻消费群体。

除此之外，其他行业也加入转战餐饮市场，餐饮业出现越来越多的跨界与被跨界合作。京东结合企业资源优势，智能奶茶馆开张试水；85度C“二代店”陆续铺开，颠覆烘焙业“即买即走”的固有文化。未来餐饮业不再是传统吃喝这一基本功能的体现，更有可能是与多种主题文化、多种消费体验相结合共同发展。

在这百花齐放、百家争鸣的局面下，谁能够在优胜劣汰的残酷竞争中生存下来，还留待市场去检验。

（3）互联网+餐饮竞争白热化。

不可否认，互联网的迅猛发展彻底改变了人们的日常工作和生活，迫使各行各业与时俱进，陆续加入现代科技应用大潮中，特别是移动端的极速普及。餐饮业也以新技术、新产品、新业态、新模式联手互联网共同发展，拓展新的盈利途径，“互联网+餐饮”的热潮继续白热化。上述新兴餐饮业态、跨界合作形式中随处都可以见到互联网应用的身影，而且越来越多的餐饮企业都开始利用自身平台、第三方平台等渠道全方位发展“互联网+”模式。

传统餐饮业结合互联网可对企业进行全方位改头换面，金百万利用“门店辐射+会员服务+线上营销”的方式扩大市场，如今最普及最火热的应用则是点餐外送。生活节奏加快催生“懒人经济”，餐饮外送是人们需求发展的必然结果，餐饮外送市场开始逐渐走向成熟，并吸引了百度、阿里巴巴、腾讯等互联网巨头纷纷入驻。

当前，餐饮外送发展也存在桎梏。首先，消费者的核心诉求是虽然能够容忍美食口感的降低但配送速度要快，一般超过 30 分钟消费者基本会失去耐心，且会影响消费体验；其次，消费者关注的是价格补贴，但是这一吸引客流量的维系链条过于脆弱，补贴一旦停止外送的单量必然剧减。用补贴来弥补速度终不能完美解决用户需求，一部分顾客仍会回流到实体店；消费者关注的第三个方面就是食品安全，第三方网络平台对入网企业的实名登记将是 2016 年政府有关部门重点加强监管的领域。

（4）行业掀起创业创新高潮。

2015 年国务院出台的“双创”政策无疑将全社会引入“大众创业、万众创新”浪潮之中。推进大众创业、万众创新也成为餐饮业打造发展新引擎、增强发展新动力的重大举措，且餐饮业的“双创”效果已初步显现，各种新兴企业尤其是年轻人创办的企业不断涌现。中国烹饪协会在共青团中央的指导下主办的全国餐饮产业青年创业创新大赛涌现出一批运用包括互联网在内的新思路、新模式、新品牌、新服务的创业企业，为传统餐饮服务业注入了生机和活力，引领全行业进入多元化转型和可持续发展的“双创”时代。

（5）资本运用途径踊跃尝试。

餐饮市场的健康发展离不开资本的助推作用。在上市频频碰壁后，新三板、众筹等模式已成为餐饮业的融资沃土，大量的资本为餐饮业发展带来了更多的发展机遇和潜在动力。

自 2015 年 2 月百富餐饮挂牌新三板成为新三板的餐饮第一股之后，至年末已有至少 6 家餐饮企业成功挂牌，其中不乏望湘园这样的大牌连锁餐企。当前在排队等待挂牌的企业中还有许多餐饮企业的身影。新三板之所以受到餐饮企业的青睐，一方面是新三板的投资者以机构投资者为主，有较好的风险承担能力与价格定位能力；另一方面则是在新三板挂牌可以解决餐饮企业并不太高的融资需求，与餐饮企业的正常发展相匹配。

2015 年，众筹也对餐饮创业者和餐饮企业开设新店产生了积极影响。分散化、大众化和互联网化是众筹的三个特征，这也决定了餐饮业与众筹的较高匹配程度。通过众筹，餐饮企业可以获得资金和客户黏性，建立和扩大自身的信息发布平台，把消费者紧密团结在企业身边，不停地进行自主营销推广。众筹平台类似于券商，也类似于交易所，可以在短时间内帮助项目发起人获得融资以及所需各种资源，出资人能够带来客户、相关资源甚至更多投资人，因此，越来越多的餐饮企业开始接触、利用众筹平台。

另一方面，也有国际资本看好中国餐饮业发展前景而选择知名餐饮品牌注资。东方合众餐饮有限公司就获得罗斯柴尔德家族旗下基金千万美元的投资。虽然引入资本有利于企业发展扩大，但是其中也存在一定的风险，欧洲著名私募股权基金公司 CVC 收购俏江南、大娘水饺后，双方都在公司管理上矛盾风波不断，足以令全行业引以为戒。

（6）餐饮入驻商超需谨慎对待。

受网上销售持续迅猛发展的冲击，2015 年商业综合体审时度势继续变革，向集社交、休闲、娱乐、学习、购物等多功能的城市休闲生活目的地转型，而餐饮在商业综合体中的占比持续上升，成为商业综合体名副其实的“主打牌”。一些餐饮企业与国内大型连锁商业地产公司进行联动，确保能与商业综合体一起享受客流福利。连锁商业综合体所提供的稳定平台、被他品牌吸引的消费人群以及良好的基础设施建设，能与餐厅的品牌效应优势互补，双方捆绑发展有利于降低成本和提升扩张计划性，盘活了传统商业综合体的经营模式。但是，目前商业综合体也呈现出了同质化竞争趋势，存在着单方决策和风险共担的问题。

二、2016 年餐饮市场发展前景预测

2015 年中国餐饮业步入一个新台阶，餐饮收入总规模突破 3 万亿元，为“十二五”完美收官。“十三五”期间，餐饮业力争前三年保持 10%以上的稳增长水平，努力实现全行业整体规模进入 4 万亿元大平台。但我们也应该看到，餐饮业还存在诸多问题，未来发展仍需严阵以待。

1. 新常态下发展新机遇新挑战

在经济发展新常态下，餐饮业同样进入理性回归、满足大众需求、适应市场变化、着力提升质量与效率的发展新常态。

首先，大众化餐饮由于刚性需求而增长比较稳定，成为推动整个行业趋稳回暖的最大动力，尤其是有机餐饮、快餐团餐、特色餐饮、农家乐等满足广大人民群众消费需求的细分业态发展迅速，还具有较大的发展空间。

其次，房租、人力等成本持续上升且无放缓迹象，成为新常态下的一个重要特征，餐饮企业盈利能力将成为检验企业健康发展的唯一标准。“修炼内功、提高管理水平”仍然是餐饮企业的一个重要课题。

再次，随着科技水平的发展和基础设施的完善，新技术、新产品、新业态、新模式将为餐饮业发展提供新机遇，并持续吸引外围资本的关注。例如，利用机械设备代替人力为处于转型发展关口的传统餐饮业提供了新思维，不失为餐饮业应对成本高涨的一个手段。

2. 行业发展政策环境持续优化

同时，面对餐饮企业负担沉重的顽疾，包括交易成本、税费负担、社保费、财务成本、电力价格、物流成本等问题，通过“组合拳”反映诉求，力争实效。不过，最新出炉的进一步降低银行卡刷卡手续费、研究中的营改增、两证合一等利好政策将让餐饮业实际受益。当前，一带一路战略部署逐步深入落实，受到国际社会高度关注。国内涉及的各省市地区根据自身的发展方向和发展优势，寻找融合到“一带一路”的发展机遇，与“一带一路”经济体进行更好的互动，在新常态下挖掘新的增长潜力，培育具有丝绸之路特色的餐饮产品和服务体系，积极推进特色服务贸易，发展现代服务贸易。餐饮行业应抓住其中的发展机遇，促进区域餐饮经济协同发展，加强中华饮食文化交流，更好地继承、发扬传统烹饪技艺，带动中餐实体经济真正“走出去”并扎根发展。

3. 供给侧结构性改革促发展

2015 年底，餐饮市场增长乏力的疲态，应引起全行业的重视，做好万全准备，在确保食品安全和社会满意度基础上，针对大众化餐饮需求持续提高，餐饮业不断推进供给侧结构性改革，迎接“十三五”新挑战。

餐饮业继续深入研究消费心理、消费结构、消费趋向等“需求侧”特征，认识到中产阶级将成为消费市场的中坚力量，女性消费、互联网+消费都在强势崛起，而且饮食的营养健康也越来越受到市场的关注。针对市场“需求侧”的最新动态，要调整产业机构和商业模式，把创新驱动放在核心位置，围绕加快培育新动能、改造提升传统动能，以大众创业、万众创新带动产业转型发展，使更多新产品、新业态、新模式涌现出来，适应市场需要，并解决更多劳动就业，注重节能减排、厉行节约，履行应尽的社会责任。通过改进“供给侧”，增强竞争力，支持、培养连锁餐饮企业规模化发展，提高餐饮百强企业在餐饮行业中所占的比重，同时根据绿色产业发展要求建立可持续发展菜单，促进餐饮经济发展，进而提高人民大众生活水平与生活质量。

4. 城镇化建设挖掘餐饮需求

我国是世界上人口最多的国家，而且是农村人口占比例最大的国家。当前全国加速推进城镇化建设，农民进城的门槛正在降低，进城落户的条件正在放宽，稳步发展特大城市和大城市，积极发展中小城市，有重点地发展小城镇，是我国当前城市化进程的主要方向。

随着城镇化发展成效的不断显现，其功能配套需求将不断提升，特别是作为民生产业的餐饮服务将获得巨大的市场空间。据不完全统计，我国现拥有近400个中小城市，以及近2万个建制镇。在餐饮经济发达地区竞争日趋激烈的环境下，未来五年，着眼于中小城市的大量现实或潜在需求，通过扩大有效投资、促进消费升级、发挥新型城镇化带动作用，着力把内需潜力激发出来，将是餐饮业发展的新动力。在此期间，大型连锁餐饮品牌的属地化覆盖将具有巨大的市场空间，并将在提升区域餐饮业发展水平方面发挥积极的带动作用。

纵观全年，国民经济增长放缓的大环境下，餐饮业紧紧抓住回归市场这一核心本质，以大众化餐饮为主体，成功实现逆市回暖。面对复杂的经济形势，在新的一年餐饮业仍需谨慎应对，深化转型调整步伐，适应市场变化，提高盈利水平，增强发展动力和创新活力，促进行业整体健康理性可持续发展。我们期待2016年餐饮业展现“十三五”良好开端，以新姿态迎接新挑战。

2015年度中国餐饮百强企业和餐饮五百强门店分析报告

中国烹饪协会行业发展部①

一、餐饮百强企业和餐饮五百强门店发展概况

面临国际形势依然错综复杂和国内改革发展任务愈发艰巨繁重的严峻考验，2015年餐饮业在当前时期所处地位举足轻重，其既是"十二五"收官之年，也是中国餐饮行业持续调结构、促改革、进一步巩固检验转型发展成效的一年。与此同时，"中国餐饮百强企业"迎来了第16个年头，再加上"中国餐饮五百强门店"继首届之后范围和影响力不断扩大，餐饮业典范和标杆的作用发挥得淋漓尽致，相应地在变革创新浪潮中也身先士卒，不过面对随之产生的机遇和挑战时表现则各有千秋。

1. 总体增长但发展状况不同

2015年餐饮业整体强势趋稳回升，全国餐饮收入实现32310亿元，同比增长11.7%，限额以上单位餐饮收入也达到7.0%的增长幅度，延续并逐步加大了餐饮市场上年开始呈现的回暖趋势。而作为限额以上单位阵营中的领军群体，餐饮百强企业所展示的发展状况却差强人意。2015年，餐饮百强企业营业收入2210.5亿元，同比增长2.4%，较2014年直落6.6个百分点，尽管百强入围门槛水平大幅提高22.3%，也难掩大型航母餐饮企业发展速度减缓的窘境。轻装上阵的餐饮五百强门店秉承"小而精、小而美"的特点，总营业收入同比增长7.6%，虽比上年略微下滑0.4个百分点，仍充分体现出实体店整体发展活跃的态势。

从企业性质上看，无论是餐饮百强企业抑或是五百强门店，民营企业在入围数量、营业收入规模上都具有绝对的优势，均超过了半数。国有企业尽管上

---

① 主要撰稿人：宋媛媛。

榜数量相对而言并不多，但却一直保持稳定。而外资（含合资）企业则显出发展放缓迹象，竞争力和影响力有所减弱。

2. 正餐持续好转团膳势头强劲

随着消费需求越来越注重人性化、个性化、体验化，作为行业先锋，餐饮百强企业和五百强门店与时俱进，不断调整转型、创新发展，然而当前成效不尽相同。

2015 年餐饮百强企业中，快餐、火锅、餐馆酒楼三大主力业态的营业收入在百强总营业收入中所占比例超过八成。快餐从食品安全事件打击中稍有缓解，营收占百强总营收的比重与上年基本持平，一改之前的下滑颓势，但又陷入如何适应消费者不断变化中的需求从而寻求新的突破，快餐营收增速依然处于较低水平。大众化转型继续推进，正餐发展态势持续好转，不仅餐馆酒楼，就连一直萎靡不振的宾馆餐饮也有喜人表现，营业收入以较高速度增长。最大的变化莫过于火锅，营收占百强总营收的比重、营收增速均比上年大幅下跌，而且还是唯一一个负增长的业态，往日风光不再。团膳成了一大亮点，进入百强的企业数量增至 14 家，营收占百强比重的提升幅度、营收增速都是最高的。西餐、休闲餐饮市场需求空间较大，西餐发展稳定，而休闲餐饮则初现疲态。具体如表 1 所示。

表 1　2015 年度餐饮百强企业按业态分布情况

	企业个数	营业收入占百强总营业收入比重（%）	比重比上年变动百分点	营业收入同比增速（%）
快　　餐	19	40.1	基本持平	2.5
火　　锅	30	25.8	4.0	−11.4
餐馆酒楼	27	16.6	1.7	14.2
团　　膳	14	9.8	1.8	25.8
西　　餐	5	5.1	0.4	11.3
休闲餐饮	3	1.6	基本持平	2.3
宾馆餐饮	2	1.0	基本持平	7.4

注：实行多业态经营的企业，按其主要经营业态进行归类。

2015 年餐饮五百强门店相较上年竞争激烈，正餐、快餐、火锅一如既往占据大部分席位，但是发展速度较慢，尤其是火锅。而团膳凭借其抢眼的发展势头争取到的席位翻了一番，休闲餐饮、西餐的门店数量所占比重有所降低。如表 2 所示。

表 2　2015 年度餐饮五百强门店数量按业态分布情况

序　号	业　态	门店数量	营业收入同比增速（%）
1	正餐	205	7.4
2	快餐	135	7.3
3	火锅	117	4.0
4	团膳	20	20.1
5	休闲餐饮	13	21.8
6	西餐	10	11.1
总　数		500	7.6

注：实行多业态经营的门店，按其主要经营业态进行归类。

3. 三大直辖市包揽半壁席位

2015 年餐饮百强企业覆盖的省市减少至 19 个，分布更加集中。如表 3 所示，总部在广东的百强企业达到了 10 家，使得广东也加入到上海、北京、重庆、浙江的阵营中。上海、北京、重庆三大直辖市，不仅百强企业数量位列前三甲，企业营收在百强总营收的占比也最高，且上海、北京企业百强营收占比都相较 2014 年大幅提升。河北虽然入围百强企业仅有 2 家，但企业总营收的百强比重却比较高。福建、安徽等地的入围企业也表现出色，2015 年跻身区域前十之列。

总体来看，东部地区餐饮百强企业分布优势进一步加强，其营收占百强总营收的比例已接近八成（77.7%）。西部地区因重庆市企业营收百强占比有所下降而优势减弱，但也占据 18.6%。中部地区企业也略微降至 3.7%。

表 3　2015 年度餐饮百强企业区域分布情况

序　号	地　区	企业个数	营业收入占百强总营收的百分比（%）
1	上　海	12	35.3
2	北　京	19	14.9
3	重　庆	14	13.2
4	浙　江	11	7.5
5	广　东	10	5.4
6	河　北	2	3.8
7	江　苏	6	3.8
8	福　建	4	3.1
9	四　川	3	3.0
10	安　徽	4	2.1
11	内蒙古	2	2.1
12	山　东	2	1.3
13	黑龙江	3	1.2
14	辽　宁	2	0.9

续表

序号	地区	企业个数	营业收入占百强总营收的百分比（%）
15	河南	2	0.8
16	湖南	1	0.4
17	陕西	1	0.4
18	湖北	1	0.3
19	吉林	1	0.3

2015 年餐饮五百强门店遍及 26 个省市，覆盖范围更广。从门店数量来看，北京就占据了总数的近 1/3，上海紧随其后，而江苏、广东、山东、重庆等餐饮大省区也都不甘示弱。具体见表 4。

表 4　2015 年度餐饮五百强门店区域分布情况

序号	地区	门店数量
1	北京	160
2	上海	58
3	江苏	40
4	广东	30
5	山东	26
6	重庆	26
7	浙江	19
8	黑龙江	18
9	河南	16
10	辽宁	14
11	云南	12
12	安徽	11
13	陕西	11
14	福建	10
15	四川	7
16	吉林	6
17	海南	5
18	湖南	5
19	天津	5
20	湖北	4
21	内蒙古	4
22	河北	3
23	宁夏	3
24	新疆	3
25	甘肃	2
26	江西	2

4. 加盟经营比例略微降低

2015 年，餐饮百强企业加强了对产品和服务的管理控制力度，采取全部直营或者承包经营的企业占到了45%，较2014年上升了3个百分点，55%的企业则采取直营+加盟（+承包）多种经营方式。

团膳一如既往仍是全部采取直营或承包的方式经营。众所周知，加盟一直是火锅企业对外扩张、加大连锁规模的重要方式，但2015年火锅百强企业直营店与加盟店的比例只有小幅提高（见表5）。而快餐企业却大规模地采用加盟的方式，尝试改善当前的发展困境。餐馆酒楼、西餐、休闲餐饮、宾馆餐饮都或多或少地降低了加盟比重，以增强企业的竞争力和管控能力。

表5　2015年餐饮百强企业经营模式状况

业　态	2015年直营加盟比例	2014年直营加盟比例
快　餐	1∶1	12∶5
火　锅	2∶7	1∶3
餐馆酒楼	2∶1	13∶8
西　餐	4∶5	4∶9
休闲餐饮	1∶4	1∶7

二、餐饮百强企业和餐饮五百强门店发展特点

1. 产业集中度依然不高

餐饮产业集中度持续降低，竞争程度愈演愈烈。2015年，餐饮百强企业营业收入仅占全国餐饮收入的6.8%，比重较2014年下滑0.1个百分点。特色餐饮、农家乐等中小企业的发展活力不容小觑。

根据表6和图1可以看出，2015年，餐饮百强企业营业收入超过50亿元的企业数量增加至4家，但是前10名的营业收入占百强总营收的比重却由2014年的45.4%降至44.0%，继续下跌。营收在20亿～30亿元的企业增至15家，而11～30名企业的营收比重仍保持在22.6%。尽管比重逐年小幅滑落，但是前30名占据百强总营收六七成的比重已成几乎不变的定局，市场集中度相对稳定。2015年百强门槛水平有所提高，营收在10亿元以下的企业数量随之减少，10亿～20亿元的企业数量有一定程度的增加，其中坚力量的地位越来越得到巩固。餐饮产业集中化格局悄然转变。

表 6　2015 年餐饮百强企业规模分布情况

营业收入（亿元）	企业个数（家）	比 2014 年增减（家）
>50	4	2
(30，50]	8	0
(20，30]	15	4
(10，20]	39	8
(5，10]	34	−5
≤5	0	−9

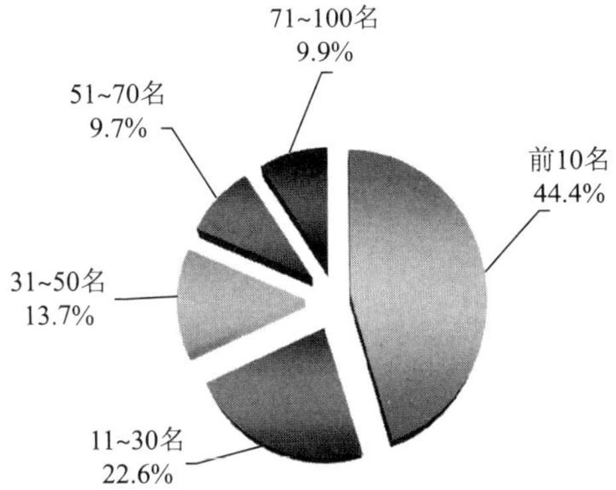

图 1　2015 年度餐饮百强企业营业收入集中度情况

2. 扩张加快业态品牌多元化

随着整个餐饮市场以较快速度稳步回升，企业扩张意愿更加浓烈（见图 2）。2015 年，73%的餐饮百强企业新开门店，比 2014 年提升近 10 个百分点，其中不乏因发展需要而加快扩张步伐的餐馆酒楼、火锅、快餐、团膳等企业。也有 16%的企业关闭部分门店，包括发展放缓的火锅、快餐等企业。

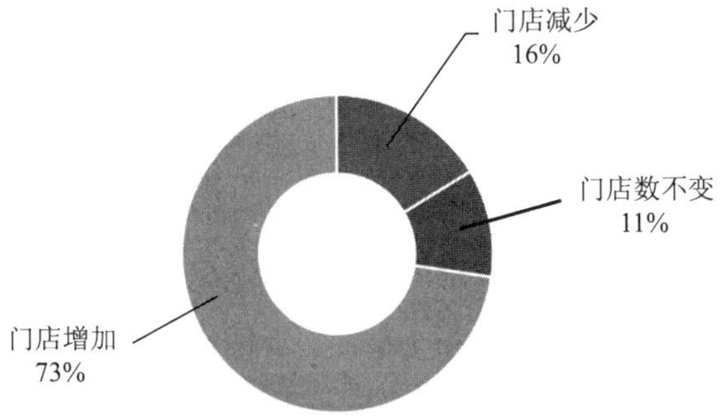

图 2　2015 年度餐饮百强企业门店数增减情况

经过分布版图的重新调整布局，如图 3 所示，拥有千家门店的餐饮百强企业已由 3 家增至 5 家，门店数在 500～1000 家之间的百强企业所占比重也提高了 8 个百分点达到 18%，100 家以下的企业比重则降至 20%。餐饮百强企业连锁规模继续向做大做强的方向前进。而且，针对多层次多样化消费结构逐渐形成，餐饮百强企业还在区域分布基础上，不断增加丰富自身的业态品牌，多元化多品牌拓展经营范围愈加广泛，2015 年多业态、跨区域集团经营的百强企业所占比重由 25%大幅升至 32%（如图 4）。外婆家马不停蹄，又最新推出高端餐饮“宴西湖”、四季全虾馆“你别走”等品牌，照样风生水起。此外，食品加工领域被视为餐饮业新的增长点，目前已有 15 家百强企业涉入其中。

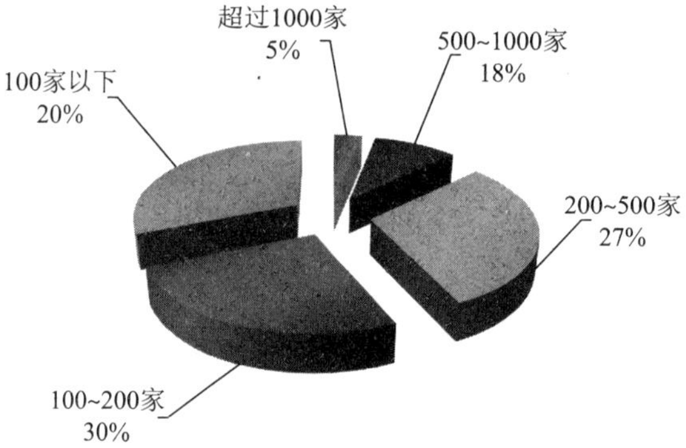

图 3　2015 年度餐饮百强企业门店数分布情况

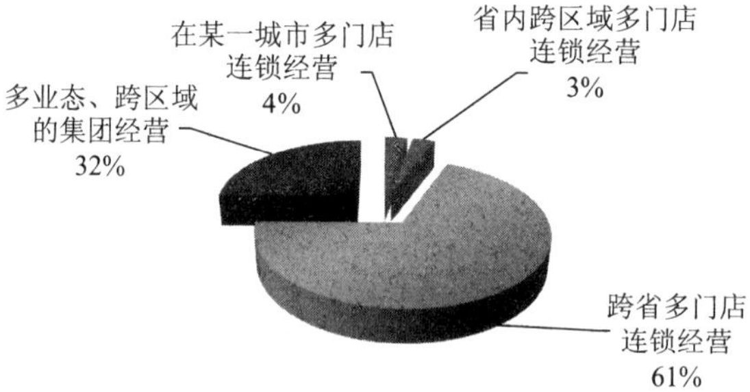

图 4　2015 年度餐饮百强企业经营区域分布情况

3. 行业典范增长动力不足

2015 年，餐饮百强企业和餐饮五百强门店增长严重乏力，总营业收入同比增长率分别为 2.4%、7.6%，分别低于餐饮市场整体 9.3 个、4.1 个百分点。

餐饮百强企业中，如表 7 所示，营业收入增速在 20%以上的企业仅有 23 家，比 2014 年减少 5 家，其中因大规模扩张而带动营业收入增速达到 50%以上的企业只有 3 家，比上年减少 2 家，且属于所有业态中增速最快的餐馆酒楼和团膳。仍有 1/3 左右的企业营收增速徘徊在 0～10%这一最低的正增长水平。负增长企业状况较上年有所改善，减少 2 家至 18 家，绝大部分均属火锅、餐馆酒楼、快餐三大主力业态。

餐饮五百强门店也不容乐观，营业收入增长率在 10%以上的门店仅有不到 1/3，还有近 1/3 的门店营收负增长，其中以正餐、火锅、快餐居多。

表 7　2015 年餐饮百强企业营业收入同比增长情况

营业收入同比增速（%）	企业个数（家）	比 2014 年增减（家）
>50	3	−2
(20，50]	20	−3
(10，20]	25	6
(0，10]	34	1
≤0	18	−2

4. 企业微利状态长期维持

在国民经济下行压力下，房租、人工、原材料、能源费用等多项成本却持续高涨，丝毫没有回落迹象。2015 年餐饮百强企业各项成本中，房租同比增幅最高，达到 50%以上，其次为包括原材料在内的营业成本、人工费用以及水电燃料等能源费用，且增幅水平都远超营业收入，具体见表 8。

表 8　2015 年餐饮百强企业成本费用情况

成本费用	同比增长率（%）	费用增幅高于营业收入增幅的百分点	费用占营收的比重比上年变动百分点
营业成本	13.2	10.8	2.3
人工费用	13.0	10.6	1.0
房租费用	55.1	52.7	2.4
水电燃料费用	10.3	7.9	0.2
广告宣传费用	−1.0	−3.4	0
管理费用	22.1	19.7	0.7
其中：人员培训费用	12.6	10.2	0
研发投入费用	16.0	13.6	0

同时，“用工难”“用工荒”已成餐饮行业普遍存在的顽疾。2015 年，在

营收增速放缓、人工成本继续攀升的不利形势下，餐饮百强企业用工需求疲软，雇佣员工人数同比略降 1.3%，而员工录用与离职人数的比例接近 3∶2，餐饮五百强门店的员工录用与离职人数的比例也高达 13∶10，员工流动率非常大，无形中又增加了企业的用工成本。

此外，再加上沉重的税费负担，餐饮企业的微薄利润已被挤压得所剩无几，而且从长期来看很难有所转变。2015 年，餐饮百强企业净利润同比增速相较 2014 年跌落了 6.1 个百分点。其中，如表 9 所示，净利润增长率在 10%以上的企业 36 家，比 2014 年减少 7 家，仍有 38 家企业净利润负增长，比上年还增加了 5 家。相反，餐饮五百强门店情况却比较好，净利润增长率超过 10%的门店共有 282 家，占到门店总数的 56.4%，而 24.8%的门店净利润负增长。

表 9　2015 年主要餐饮百强企业净利润分布情况

净利润增长率（%）	企业个数（家）	比 2014 年增减（家）
>20	28	−5
(10，20)	8	−2
(5，10)	10	5
(0，5)	7	−3
≤0	38	5

面对企业长期微利这一无法改变的事实，餐饮企业需要摆正思想认识，重拾初心，回归市场，继续修炼内功，提高企业管理水平，以增强竞争力、吸引消费者。据表 8 显示，2015 年餐饮百强企业用于加强管理的费用同比持续高速增长，其中在改进产品和服务质量方面的投入也毫不吝啬。

最终，餐饮企业盈利能力将成为检验企业科学健康发展的唯一标准。在新常态下，尽管 2015 年餐饮百强企业平均净利润率仅为 4.8%，依然维持在低位，但较上年已略升 0.3 个百分点，盈利能力持续增强。餐饮五百强门店“小而精”的优势得到充分体现，平均单店收入、平均净利润率都要远高于餐饮百强企业，并且其平均单店收入、每平劳效、平均净利润率都同比正增长，盈利状况明显好转。具体结合表 10 和表 11。

2015 年，餐饮百强企业转型成效初步完成，各业态平均单店收入几乎都贴近于大众化水平。与 2014 年完全相反，火锅成为唯一一个平均单店收入、每平劳效都同比负增长的业态，而且降幅都在 20%以上。团膳盈利能力一枝独秀，净利润率最高，发展前景广阔。餐饮五百强门店中，团膳、西餐盈利状况的综合优势显著，而快餐、火锅净利润率较高，盈利能力强劲。

表 10　2015 年餐饮百强企业各业态盈利情况

	单店收入		每平劳效		净利润率	
	数值（万元/店）	同比增长率（%）	数值（万元/平方米）	同比增长率（%）	数值（%）	同比增减（百分点）
快　餐	588.1	13.7	2.2	−2.0	2.8	−0.4
火　锅	588.1	−26.3	3.0	−22.0	2.3	0
餐馆酒楼	1295.0	9.8	1.3	1.1	4.3	0.2
团　膳	525.4	4.6	0.5	4.1	15.5	0
西　餐	478.7	1.5	1.1	−6.0	9.2	−0.4
宾馆餐饮	15162.8	7.4	0.4	7.4	3.1	−0.5
休闲餐饮	257.5	−3.0	7.4	0.4	3.4	1.9
百强平均	625.8	−1.0	1.3	−13.2	4.8	0.3

注：每平劳效按总面积计算。

表 11　2015 年餐饮五百强门店各业态盈利情况

	单店收入		每平劳效		净利润率	
	数值（万元/店）	同比增长率（%）	数值（万元/平方米）	同比增长率（%）	数值（%）	同比增减（百分点）
快　餐	1635.6	7.4	2.1	14.6	12.1	0.3
火　锅	2678.8	7.3	0.9	5.9	12.6	−0.1
正　餐	5068.7	4.0	0.8	3.2	9.9	0.8
团　膳	1816.8	20.1	0.6	10.3	5.9	−0.1
西　餐	578.8	21.8	2.8	49.7	7.1	−0.6
休闲餐饮	659.8	11.1	0.5	−70.3	11.4	0.1
五百强门店平均	4631.5	7.6	0.9	6.2	9.5	0.2

注：每平劳效按总面积计算。

5. 互联网创新成最亮增长点

与互联网这一现代化工具相结合掀起的变革以燎原之势深刻颠覆着传统餐饮产业的发展模式，餐饮百强企业纷纷积极投身其中，充分利用自身平台、第三方平台等渠道全方位发展“互联网+”，营销推广、外卖外送、促销团购、网上订餐、电子支付、半成品订制、厨师上门等各项服务线上线下双管齐下，以求拓展新的盈利途径。2015 年，餐饮百强企业网上销售收入同比飞速增加 59.6%，其中外卖外送收入更是猛涨 96.7%。不仅如此，餐饮企业管理理念也随之革新，开始注重运用互联网、大数据、云计算等技术提高企业管理水平。

“十三五”开局后的第一季度，全国餐饮收入 8302 亿元，同比增长 11.3%，仅与上年同期基本持平，餐饮行业所面临的提振消费、拉动经济的作用和任务更加艰巨。历经长期沉淀和经受住市场检验的品牌才是王道，餐饮百强企业和餐饮五百强门店此时更应该发挥行业先锋带头作用，继续推进供给侧结构改革、深化转型发展，在这场变革创新中重新激起餐饮行业发展的无限活力。

餐饮新经济“十三五”发展机遇

中国烹饪协会行业发展部①

摘　要： 本文结合餐饮业“十二五”期间发展轨迹，梳理行业在经历阵痛拐点后的转型创新路径，据此分析餐饮业“十三五”期间面临的空间集群化、产业融合化、服务智能化、品类定制化“四化”发展机遇，综合阐述餐饮业结构性改革发力重点，新动能释放重点。

关键词： 餐饮业；四化发展机遇；结构性改革；新动能释放

2011年以来，我国餐饮业经历了由一路高速增长到急速下滑、再到逐步回暖的震荡过程。在经济发展放缓以及“中央八项规定”、“厉行节约”政策的影响下，整个餐饮行业重新追本溯源，回归本质、回归理性、回归市场、回归大众，主动找寻调整方向，从产业结构和商业模式上积极探索转型发展的新途径，餐饮市场公款消费、铺张浪费等社会不良风气也得到了有效遏制。在“十三五”开端之际，我们分析宏观经济脉络，正视行业发展新常态，对餐饮行业所面临的机遇和挑战做出理性的研判，并提出新目标、新建议，以求新发展。

一、“十三五”机遇，餐饮业发力结构性改革

当前我国经济下行压力较大，宏观经济呈现出“三期叠加”的特征，第三产业在国民经济中的地位日益显著，成为拉动内需的主力军。进入“十三五”，餐饮业作为传统产业在政府新经济政策指引下，已经步入培育内生增长动能和改善就业民生的供给结构调整阶段。在这个大背景下，中国餐饮业也将迎来空间集聚化、产业融合化、服务智能化、品类定制化的发展机遇期，提高管理水平不再是空话，盈利能力将成为检验企业健康状况的标准，新技术、新产品、

① 主要撰稿人：佟琳，中国烹饪协会副秘书长，行业发展部部长。

新业态、新模式将联手互联网共同发展，投向餐饮市场的资本将大量增加。

（一）新型城镇化和区域协调发展为餐饮业空间集聚化发展创造战略机遇

为推进新型城镇化建设，各地陆续出台新政配套户籍、住房制度改革，2015年中央经济工作会议释放出去库存信号，直指一亿农民工买房落户，由此带来的巨大餐饮市场空间不容小觑，中国城市及乡镇的餐饮业发展将成为“十三五”期间行业经济增长点。一方面餐饮业发展在盘活新型城镇建设中的地位优势明显，餐饮消费所带动的新型城镇商业综合体、特色美食街区、旅游文化产业的繁荣，将成为解决城镇居民就业，增加税收，提升城镇化水平的重要抓手，地方政府结合城镇规划必将配套各种相应的餐饮投资政策。大型连锁餐饮企业、团餐企业具有占领新型城镇市场的先天品牌优势，属地性品牌将率先“下乡坐镇”。餐饮企业只要坚持品质，练好内功，提高竞争力，满足消费者多层次多样化的消费需求，必能在城镇化市场大有可为。另一方面，新型城镇化网点布局考验餐饮决策者的战略智慧。国务院区域协调发展战略带来的京津冀、长三角、珠三角三大城市群建设，以及所辐射的东北地区、中原地区、长江中游、成渝地区、关中平原等城市群建设与新型城镇化建设点面结合，餐饮业布局顺势而为，把握产业规模和产业能力的协调进步和均衡提升，必会形成餐饮业空间集聚化发展格局，推动餐饮业向规模化纵深发展。

（二）跨界餐饮效益最大化驱使餐饮产业深度融合化发展

现代服务理念和互联网技术充分渗透使传统餐饮产业边界日益模糊，旅游餐饮、互联网餐饮、餐饮地产、餐饮金融等跨界产业融合衍生的大餐饮价值，成为未来各关联产业与餐饮业深度融合的内生动力。在烹饪技术层面，随着消费者综合消费能力的提升，未来烹饪技艺与文化创意产业的融合将为餐饮企业经济效益带来更高附加值和更强竞争力；在资本层面，餐饮企业通过资本跨界重组的行为日益频繁，有效地弥补了产业集中度分散的状况，现实的资本回报也成为行业进一步集中的内在动力，未来基于资本层面的餐饮众创、众包、众扶、众筹平台与天使、创业、产业投资相融合，将成为餐饮业下一个机遇风口。

（三）居高不下的餐饮业用工成本与科技进步推动餐饮服务智能化加速

随着中国制造 2025 国家战略的逐步推进，“十三五”期间，餐饮产业智能化技术革新的成果将不断涌现，厨房技术进步引发的机械化、现代化、智能化餐饮革命已经成为不争的事实。与此同时，当前餐饮业局限于预定、点餐、移动终端支付、智能机器人传菜、娱乐等智能化服务概念已经无法满足消费者越来越高、越来越多元化的就餐体验需求。以“互联网＋”信息服务与品牌餐饮服务商联手打造“无餐厅”的餐饮服务；店铺服务为减少用工压力而出现的无人服务的“智慧餐厅”；以制度为“法典”的餐饮模式将在大数据运用中变为“标准化管理”等等都将成为市场需要的更加务实的、人性化的高度智能化服务。

（四）消费者生活方式转变和消费需求提升催生餐饮品类定制化发展

2016 年政府工作报告提出“鼓励企业开展个性化定制、柔性化生产，培育精益求精的工匠精神”；“鼓励发展针对个性化需求的定制服务”亦被写进描绘未来五年中国发展图景的“十三五规划纲要”中。参考国际餐饮发展经验，灵活服务、癖好服务、意外服务、心理服务和金钥匙服务等内容都将是“定制餐饮”的实际表现，餐饮业发展至今，除了提供优质、安全、特色、高品质的服务与环境，针对顾客不同需求或潜在需求提供有别于标准化服务，满足甚至超出顾客预期，是开启定制化发展初级阶段的有效做法。同时，随着科技水平的进一步发展，互联网、大数据、云计算等技术的进一步开发和应用水平的提高，顾客的需求、信息、行为、偏好将更加直观和迅速地显示在餐饮经营者面前，餐饮定制化也必将进入新的发展阶段。

二、“十三五”展望，餐饮业多渠道释放新动能

“十三五”期间，餐饮经济转型应以拉动内需、提振消费为目的，产业转型以大众化、小而美、小而精为需求导向，功能转型以鼓励小微企业和个体摊贩自我发展从而服务民生、活跃经济为侧重点，定位转型以传承、创新中华民族饮食文化为切入点，形式转型则应充分利用一带一路、人文外交、饮食文化和技艺传承等国家战略规划。餐饮业仍应坚持以人为本、服务民生的基本原

则，从自主创新、信息化经营管理、节能低碳绿色发展、品牌战略等层面推动转型发展，优化发展结构，创新发展模式，提升服务质量，释放发展新动能。

（1）针对消费者消费偏好、消费习惯、消费方式的新变化，以及市场需求的新要求，餐饮市场发展呈现大众化、个性化、多元化特点。大众化餐饮成为市场绝对主体，不仅大众化餐饮概念得到充分拓展，形成不同的消费水平，且不断向多样化、特色化发展。大众化餐饮的市场覆盖也将体现便利、服务、适众的主导思想。

（2）餐饮企业在追逐“盈利”的同时，逐渐找回“产品和服务”这一餐饮行业的本质，企业竞争的着力点转向质量安全、品牌口碑和经营特色，不断提高企业管理水平。大型餐饮企业集团通过主品牌、副品牌扩大市场占有率，中国餐饮百强年收入占餐饮市场的比重将由8%提升至10%以上。大型餐饮企业集团更加注重中小实体店铺的开发和运转。

（3）“大众创业、万众创新”发展战略将在餐饮行业中得到充分体现，青年创业、特别是大学生创业，得到政策保障和多元社会资本支持，成为创业发展生力军。

（4）广泛推广食品安全保障体系。史上最严的《食品安全法》将在“十三五”期间进入全面实施阶段，确保食品安全是餐饮业头等大事，确立以“预防为主、风险管理、全程控制”为核心的食品安全保障体系，以诚信经营为基础的企业社会责任得到政府、行业组织和消费者的全面肯定，进一步宣贯餐饮行业各项规范，建立以食品安全为主要内容的行业奖惩机制，行业自律成为行业道德准则。

（5）“中餐走出去”将有实质性进展，中餐国际化步伐加快。通过海外交流考察、鼓励赴海外投资开店、参与中餐烹饪技艺国际交流展示、参加国际烹饪技艺赛事等一系列活动，将积极向全世界宣传推广中华餐饮文化；通过支持海外华商多样化的“转型升级”提升海外中餐质量和服务水平；通过国内品牌企业在海外开设“单品招牌店”，树立时尚中餐新形象；通过“中餐海外推广中心”加强国际餐饮市场合作发展，创建国家间战略项目平台，尝试建立海外中餐体验区，诞生以海外市场为主体业务的外向型餐饮企业并走出国门。

三、政策建议，进一步优化餐饮产业发展环境

当前，中国餐饮业所面临的主要矛盾已经不再是经济下行这一外部压力所

带来的影响，而是经营理念、管理方式上的被动改革，及市场供应的传统方式与社会需求无法匹配，餐饮供给难以满足人民群众日渐增长的餐饮消费需求造成结构性失衡。政府有关部门应继续加大力度优化餐饮产业结构，加快发展大众化餐饮，推动餐饮业向现代生活服务业转变，促进行业健康可持续发展，引导餐饮业积极创新转型。

(1) 制定产业经济圈互惠政策。积极组建京津冀、长三角、珠三角、东三省、一带一路（西北）、川渝滇桂（西南）等餐饮业经济圈，根据区域战略发展的大局，各地尽快出台支持政策，制定区域合作机制，指导推进餐饮行业协调、联合发展，加强饮食文化交流，鼓励餐饮企业特别是大型品牌餐饮企业进行更加紧密的战略合作，促进资源优势互补和合作共赢，实现品牌对接、技术支持、人才共享、市场共建。通过建设“一带一路”国际美食长廊、举办国际美食节等举措，实现区域经济协调发展，不仅促进区域间餐饮服务贸易，还将带动餐饮业上中下游产业链商品贸易的发展。

(2) 减轻税费负担，优化发展环境。“营改增”试点在生活服务业全面推开，可以让餐饮企业真正分享到政策创新释放的改革红利，但仍需改善经营环境，出台相应配套细则措施，切实解决进项中可抵扣项目较少、法人公司汇总纳税等现实问题。国务院发布的《关于深化流通体制改革加快流通产业发展的意见》指出，完善社区商业网点配置，新建社区的商业和综合服务设施面积占社区总建筑面积的比例不得低于10%。应按政策抓落实，通过“公租房”等改革措施降低餐饮网点房租压力，以改善当前房租不断攀升而使得一些企业不得不退出餐饮业的窘境。

(3) 进一步扶持大众化餐饮发展。2014年6月，商务部出台了《关于加快发展大众化餐饮的指导意见》，指出：力争用5年左右的时间，健全大众化餐饮服务体系，大众化餐饮占全国餐饮市场的比重由现在的80%提高至85%以上，并提出21条引导型措施。各地政府部门应本着改善民生、便民的目的，加快制定支持大众化餐饮发展的财政、税收、金融政策，促进餐饮行业结构性调整，营造良好发展环境，加快发展大众化餐饮，鼓励发展社区餐饮、老年餐饮等，促进商超合作、自助餐配送站等模式，充分发挥餐饮业保障和改善人民生活、扩大内需、促进就业的功能和作用。同时高度重视进一步开放餐饮服务市场，促进公平竞争，使大众餐饮落脚在惠民服务上。

（4）大力支持餐饮连锁经营发展。连锁经营仍然是企业做大做强的利器，支持餐饮企业做大做强，大力推进发展餐饮连锁经营。鼓励引导连锁餐饮企业积极探索发展新途径：推动优势餐饮企业利用参股、控股、联合、兼并、合资、合作、众筹等方式做大做强；连锁餐饮企业逐渐趋于标准化、小型化、精细化、工厂化、智能化方向，大力发展冷链物流，支持中央厨房的建设发展；充分利用“互联网＋”、信息化所带来的发展机遇，并进行餐饮产业链整合来降低成本；支持中餐走出去，鼓励具备条件的品牌企业走出国门，拓展国际市场，打造中餐国际品牌和产业化园区。

（5）加强餐饮创新模式的规范管理。在当前“互联网＋餐饮”思维的指导下，餐饮业各种新兴商业模式不断涌现，且发展迅猛，但食品安全等各种问题随之而来，市场秩序亟须规范。为了进一步拓展网络消费领域，促进餐饮线上线下融合发展，应进一步完善互联网交易相关法律法规，优化电子商务发展环境；制定服务规范和标准，引导、规范“互联网＋餐饮”健康发展，并强化自身建设，提高风险抵御能力和盈利能力；加强监管和评估，坚决治理不符合标准、风险较高的交易行为。

（6）充分发挥行业组织的行业自律、规范行为等方面的积极作用，对其在行业指南制定、行业人才培养、共性技术平台建设、第三方咨询评估等方面给予相应的支持。加强餐饮标准和规范的贯彻落实，通过行业组织加大餐饮标准的组织培训、推广实施力度，全面提升餐饮行业标准化水平。鼓励行业组织协助各地举办饮食文化交流活动，支持地方餐饮经济特别是特色餐饮的发展。借鉴学习中国科协改革经验，将餐饮行业专业技术和管理人员职称评定权和认可权下放至行业组织。

“十三五”时期，餐饮业将坚持立足行业优势，认清面临的机遇与挑战，做好准备，趋利避害，不断探索积极作为，坚持以人为本、服务民生的基本原则，从业态创新、精细化管理、节能低碳绿色发展、品牌战略和“互联网+”五个层面进一步推动转型升级，优化结构，创新模式，优质服务，增强动力，系统谋划整个行业的前进方向。“十三五”期间，我们有理由相信，中国餐饮业仍将保持年均10％以上的增长速度，到2020年餐饮营业额力争实现4.6万亿元，开启迈向5万亿元规模的新天地。

创业创新篇

“大众创业、万众创新”态势下我国餐饮市场创新研究

韩凝春[①]

民以食为天，食以味为先。我国饮食文化源远流长，中餐为中华国粹。改革开放以来，我国餐饮行业发展迅速，是我国消费市场中发展速度最快的行业之一，也是充分竞争的行业之一。有竞争就有创新，餐饮市场也是富于创业激情、创新精神和创新实践，具有强大创新力的专业市场。2015 年，中国烹饪协会以“创业书写青春、餐饮成就梦想”为主题，举办了首届全国餐饮产业青年创业创新项目选拔赛，遴选出一批代表性的青年餐饮创业创新企业，该活动也表明大众创业万众创新是当前我国餐饮市场发展的重要内容，彰显了餐饮产业青年创业创新市场的价值。本文认为餐饮业是我国具有良好发展前景的朝阳行业，适应现代消费环境和社会主流人群生活方式，餐饮市场创新大有可为。

一、餐饮业是具有良好发展前景的朝阳行业

通常人们把刚处于兴起阶段，具有无限生机和发展的可能性，有大量上升空间的行业称为朝阳行业，如信息工程、生物工程等，而把已经过了黄金发展期，上升空间不大的行业称为夕阳行业。大量数据表明，我国餐饮业尽管有着悠久的历史，但多年来餐饮市场一直在持续攀升中，餐饮业态不断趋于多元，餐饮环境也在不断改善，老百姓对餐饮消费的需求度也在不断提高，从这个意义上看，餐饮市场具有良好的发展前景，是具有不断上升空间的朝阳行业。

首先看市场规模：2009 年，据中国社会科学院和中国烹饪协会联合发表

① 韩凝春：北京京商流通战略研究院副院长。

的《餐饮蓝皮书》，1990—2008 年 18 年间中国餐饮业连续保持了两位数的高速增长。2008—2014 年 6 年间，尽管受到政策因素的影响，高端餐饮受到打压，但餐饮市场总体上升的势头不变，2014 年我国餐饮业收入已达到 27860 亿元，占社会消费品零售总额比重为 10.6%，相较于 2000 年的 4123 亿元，约增长了 575.7%，相较于 2008 年，约增长了 80.9%。数据充分表明，我国餐饮业市场规模上升空间巨大（见图 1）。

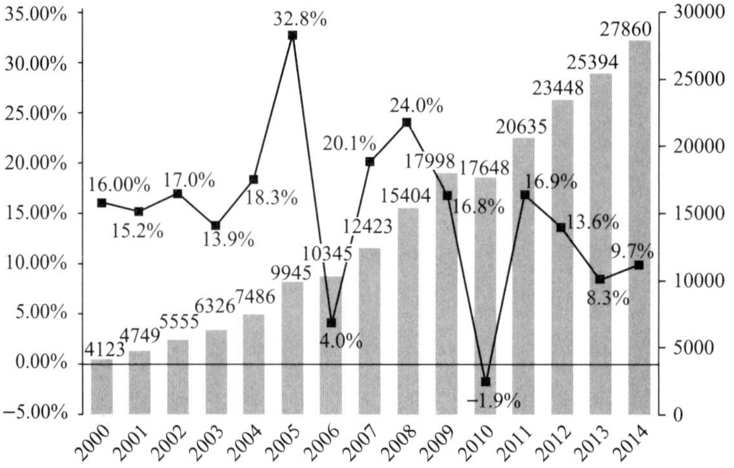

图 1　中国餐饮业零售总额增长速度（2000—2014 年）

数据来源：根据我国餐饮业历年统计数据整理。

再看餐饮业态的发展：我们知道，西式快餐进入中国大陆最早的是肯德基，1987 年肯德基在北京前门开了我国大陆第一家门店，1990 年麦当劳在深圳开设了第一家快餐店，在此之前，在我国餐饮领域还没有西式快餐这个业态。不到 30 年间，我国餐饮业业态格局发生了翻天覆地的变化，餐饮业态不断细分，不仅有各种类型的中、西正餐，快餐，还有火锅餐，多种概念的休闲餐、自助餐、团餐等等业态类型，多种菜系融合，国际国内餐饮文化荟萃，满足不同层次的餐饮服务需求。正如 2010 年商务部《全国餐饮业发展规划纲要（2009—2013）》所指出的，我国餐饮业已初步形成正餐、快餐、休闲餐、其他餐饮互为补充、相互渗透的发展格局。

再看餐饮就餐环境的营造：随着餐饮文化的发展，越来越多的餐饮企业将餐饮就餐环境的艺术设计作为品牌视觉呈现和消费者体验的重要组成部分，在就餐环境的营造上各具特色、深蕴匠心。如“雕爷牛腩”在购物中心中打造五星级酒店的就餐环境，“南京大牌挡”营造有穿越感的民国年间就餐氛围，“水货餐厅”营造时尚动感的海底世界等。特别是“外婆家”，其旗下众多餐饮品牌店铺每家都有独特的风格，在装修设计上拒绝标准化，其杭州西溪天堂店采用“内建筑”设计，将古旧的青瓦、精致的雕窗等江南水乡元素带入餐饮空间，让食客产生时空穿梭之感，同时也契合西溪湿地的文化意境。发展标准化快餐的麦当劳、肯德基在装修设计上也绝不固步自封，2014 年麦当劳在广州开设的中国风餐厅 eatery 采用了混搭风格设计，大红马赛克和中国仿古砖混搭，算盘屏风等中国元素与蘑菇状餐椅和谐共处，让人们感受到强烈的现代时尚的视觉冲击。

再看餐饮消费空间：据《餐饮产业蓝皮书：中国餐饮产业发展报告(2011)》对职场白领的餐饮习惯调查，当前 50%的白领人群除工作餐外，一周外出就餐次数为 1～3 次，26.47%的消费者外出就餐 4～6 次，接近 15%的受访者几乎每天都会外出就餐。由此可见，在城市白领消费群中，外出就餐已成为一种必需的生活方式。另据万事达卡 2013 年对餐饮人群的一项调研，我国大陆消费者外出就餐频繁，受访者平均每月在外就餐花费 163 美元，高出亚太平均水平 16%。然而从全国总体水平看，我国人均餐饮消费支出数额并不高，2009 年美国人均外出餐饮消费约 1600 美元，而我国当年人均外出餐饮消费支出约 140 美元，与之相较，我们确实还有很大的增长空间。

另外，我们还看到，餐饮业所具有的良好的体验性、参与性使其在新一轮商业革命中受益。近年受到电子商务等虚拟经济的冲击，实体经济普遍面临挑战，实体商业零售企业效益下滑明显。

在这种市场环境下，实体零售企业正在积极探索优化转型之路，与餐饮业的深度融合成为趋势。新世界百货、王府井百货、金鹰百货等诸多百货企业已开始大量引入餐饮服务项目。北京王府井百货将 6 楼 5000 平方米营业面积全部改为餐饮业态，引进了小尕子、第二乐章、外滩小镇等现代时尚餐厅，以瞄准城市时尚消费人群。当前，购物中心业态中购物、餐饮、娱乐“5∶3∶2”或“5∶2∶3”的固有业态格局已经被打破，购物中心以餐饮服务作为引力点的趋势明显，餐饮已逐渐成为购物中心招商的主力。以万达广场为例，2014 年万达集团果断调整了业态配比，将餐饮、服装服饰、生活服务三个业态比例进行重新调整，调整后餐饮占比达到40%～60%，服装服饰占比为20%～30%，生活服务配套占比为20%～25%，通过调整，万达确立了以餐饮为主的经营思路，也收到了良好的成效。2014年在全国63家零售上市公司中，万达商业营业收入排名第一（1078.71亿元），增长率达24.31%，实现净利148.24亿元，增幅为14.04%。

二、现代餐饮业发展应符合社会主流人群消费方式和生活方式

现代消费是以消费者为核心，以现代消费方式为主导的。现代餐饮作为现代消费形式，其价值蕴含于消费者价值中，消费者价值是餐饮业发展的根基。近年随着互联网、移动互联、云计算、大数据等现代信息技术的加速发展，伴随着电子商务等虚拟经济的深入发展，社会主流人群消费方式和生活方式均在不断变化中，餐饮业的发展应密切关注这种变化，顺应并符合这种变化。

（一）主流消费模式的变化与餐饮业的发展

我们研究认为，当前社会主流消费模式日益表现出四大基本属性：体验化、专属化、社群化和定位化。

消费的体验化是指消费者在消费中更关注消费过程的满足，愿意通过参与互动，进入情景化的体验环境，感受独特的氛围，体验独特的文化，而不仅仅是获得直接的产品和服务。正如1998年美国人B. 约瑟夫·派恩（B. Joseph Pine II）与詹姆斯·H. 吉尔摩（James H. Gilmore）在美国《哈佛商业评论》发表的《体验经济时代来临》（Welcome to the Experience Economy）一文中所阐述的：消费是一种过程，当这一过程结束后，体验的记忆将永恒存在。而提供体验的企业及其员工，必须准备一个舞台，如同表演一般来展示体验。显然，现代餐饮是一种能够提供更好文化体验的消费形式。代表国际餐饮文化最高水准的米其林三星餐厅很多都以现场体验感和强烈的艺术表现力而驰名。如意大利名厨Heinz Beck以在“杯盘上作画”闻名，亚平宁半岛连绵的山脉和博物馆里的历史名画均是他灵感的源泉；法国南部“感观花园餐厅”老板兼主厨le jardin des sens兄弟常常与设计师并肩工作，注重各种色彩的搭配与呼应，讲究菜肴的立体感，将视觉体验和味觉体验完美统一起来，被誉为“创造

感官回忆的盛宴”；被誉为日本“寿司之神”的东京数寄屋桥次郎寿司店老板兼主厨小野二郎88岁高龄仍工作在一线，坚持在店堂内手工做寿司，他的餐厅位于地下，毗邻地铁、门厅狭小，只有10个座位，没有菜单，没有独立洗手间，人均消费400美元，尽管如此，人们还是愿意提前一个月订餐，只为了现场感受大师的精神，感受最精纯的日本寿司文化。没有体验就没有回味，没有体验和回味的餐厅就不是好餐厅，在体验化经营和体验文化的营造方面，我们的餐饮企业还有很大的发展空间。

在现代信息互联环境下，商业智能和云数据的发展使个人化定制不再是少数人的特权，每个消费者都能在不额外付出成本的情况下，享受量身定制的专属的商品和服务，享受消费的尊崇感、自豪感，实现消费的专属化。近年不少餐饮企业尝试通过大数据分析会员消费习惯，定期给个人会员推送定制化的优惠菜品信息，在会员生日时送上蛋糕或定制菜品。类似“好厨师”等互联网私厨平台主打好厨师预约上门做饭，把美味、健康和品位带到消费者家庭。麦当劳开启“我创我味来（Create Your Taste)”汉堡定制服务，到家美食会为白领人群打造专属定制的工作便当“大牌午餐”等，都有大量专属化的特征，体现了餐饮行业专属化服务的趋势。

消费的社群化指人们在现代消费过程中，更加看重社群认同，愿意通过各种信息辐射渠道传播和表达消费意见，也乐于通过意见领袖或“群”友推荐，通过QQ、微信等网络平台扩散式传播达成消费意向。据美国有关专业机构的调查，80％的美国人在第一次光顾餐馆前会上网查询餐馆的讯息，88％的人会根据网络上对餐馆的评价来决定到底去哪一家。据中国烹饪协会发布的餐饮消费调查报告，85％以上的受访者倾向在朋友圈以文字（博客）或评论（微博、微信）的方式分享餐饮消费体验和评论，34.8％的受访者利用点评类网络获取餐厅信息。当前以大众点评为代表的独立第三方消费点评网站已经成为我国众多餐饮消费者了解餐厅信息，通过消费者点评引导消费的重要媒介。截至2015年一季度，大众点评网收录商户数超过1400万家，月活跃用户数超过2亿，月综合浏览量超过150亿，其中移动客户端的浏览量超过85％。近年我国越来越多的餐饮企业已尝试借助社群化消费开展针对性营销，如轻奢餐饮品牌“雕爷牛腩”开业前先邀请各路明星、微博大号、美食达人免费试吃，他们的传播给雕爷牛腩带来了品牌效应。在日常经营中，雕爷牛腩特别重视通过网络，利用微博、微信和顾客沟通互动，其菜单遵循顾客意见每月一小换，三月一大换，其菜品的淘汰都由顾客通过微博或微信投票决定，确定新菜品也由新老顾客试吃敲定。通过这种方式，餐饮企业更好地将自身融入消费者社群，也为企业带来更多的互联网口碑和影响力（见图 2）。

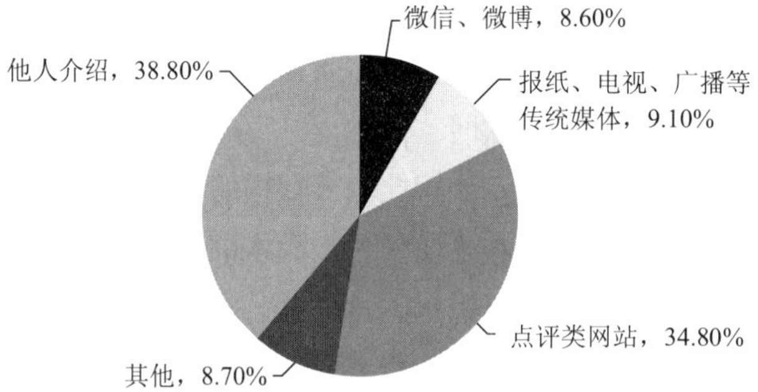

图 2　消费者获取餐厅信息的一般途径

数据来源：中国烹饪协会《2014 年餐饮消费调查报告》。

消费的实时化指消费者通过智能终端定位消费目标，以参与互动、移动搜索等满足消费者随时随地消费需求，特别强调消费的专属性和移动性。大量精准的网络地图搜索服务的出现，为消费的实时化提供了基础。当前基于实时化的互联网餐饮服务创新形式多样，如 2014 年腾讯推出的“半小时微信订餐”服务，通过用户分组和地域控制，实现精准的消息推送，直指目标用户，将微信用户与快餐外卖店联系起来，通过线上揽客，线下服务，达成交易。2013 年上线的“美味不用等”智能 App 平台，集“手机排队、智能预订、点菜支付、营销、CRM 服务”等功能于一体，给消费者带来新的用餐体验，同时也提高了餐厅进店率、就餐率、翻台率等经营指标。到 2015 年中，该平台已覆盖全国 200 多个城市 20000 余家火爆餐厅，用户数突破千万。

（二）社会主流生活方式的变化与餐饮业的发展

社会主流生活方式（Lifestyle）指社会主流消费人群衣、食、住、行、工作、娱乐、社交等方方面面的生活场景和模式，既包括物质生活，也体现精神生活。餐饮作为人们生活的重要组成部分，其发展应与社会主流生活方式的需求和变化同步。近年伴随我国人民生活水平的提高及消费模式的变化，人们的生活方式也随之发生变化，并带动餐饮业的发展。

适应我国城市居民主流生活方式变化，对于餐饮消费有几个明显的趋势性影响：

一是消费水平提升，带动餐饮消费向高品质升级的趋势明显。据国家统计局发布的数据，2014 年我国人均 GDP 约为 7485 美元（约合人民币 46531 元），全国已有北京、上海、天津等 7 个省市进入人均 GDP“1 万美元俱乐部”。从单个城市看，共有 10 个城市人均 GDP 超过 2 万美元，82 个城市超过 1 万美元，人均 GDP 超过 1 万美元的城市数较 2013 年大幅增加了 27 个，较 2012 年增加了 31 个。按照世界银行的标准，人均 GDP 超过 1 万美元是由发展中状态进入发达状态的标线，表明居民生活方式已经由基本需求保障向品质生活满足全面转型，人们日常消费已得到较充分满足，发展型、享受型消费比重上升，对消费提升的欲望更为强烈。高品质的餐饮消费作为一种典型的发展型消费形式，具有广阔的市场前景，也代表了消费者生活方式发展的需求趋势（见表 1）。

表 1　2014 年中国人均 GDP 排名的城市（前十）

排　名	市/州	人均 GDP（元）	人均 GDP（美元）
1	克拉玛依	223341.42	36358.24
2	鄂尔多斯	206303.84	33584.66
3	阿拉善	191207.55	31127.10
4	东营	163426.71	26604.60
5	深圳	155051.61	25241.19
6	大庆	138746.85	22586.91
7	包头	131464.57	21401.41
8	苏州	130081.11	21176.19
9	广州	129242.12	21039.61
10	无锡	126545.09	20600.56

数据来源：国家统计局相关统计资料。

二是生活节奏加快，对快餐特别是休闲时尚快餐的需求度明显增加。随着时代的发展、科技的发展，人们的生活节奏也在不断加快。与之相适应，消费也体现出快的特征，如 ZARA、H&M、GAP 等大量快时尚品牌的发展就体现了这一特征，ZARA 服装从设计到生产最快可以两天完成。这一特征反映在餐饮领域，突出表现在快餐市场的快速发展。

另据艾瑞咨询发布的数据，2014 年我国餐饮 O2O 外卖市场规模超过 1600 亿，占整体餐饮消费比例为 5.8%，到 2017 年，这一比例有望上升到 9%，外卖市场整体规模将超过 3000 亿元。显然，与人们快节奏生活方式相适应的餐饮细分业态会有良好的成长机会。近年一批具有轻模式、高流转、高性价比特质的快时尚餐饮品牌的迅速崛起也代表了这种趋势：如“绿茶”每 1.6m^2 就能布一个餐位，平均日翻台率 6 到 8 次，“呷哺呷哺”日翻台率超过 8 次，“外婆家”旗下品牌“炉鱼”在上海的一家餐厅，130 个座位一天接待 1300 人，日翻台率为 10 次。据有关研究，快时尚餐饮与快餐、大餐饮（正餐）的空间利用率比（每 10 平方米可容纳座位数）为 6∶5∶2 或 6∶5∶3，这也体现了此类餐饮的市场价值所在（见图 3）。

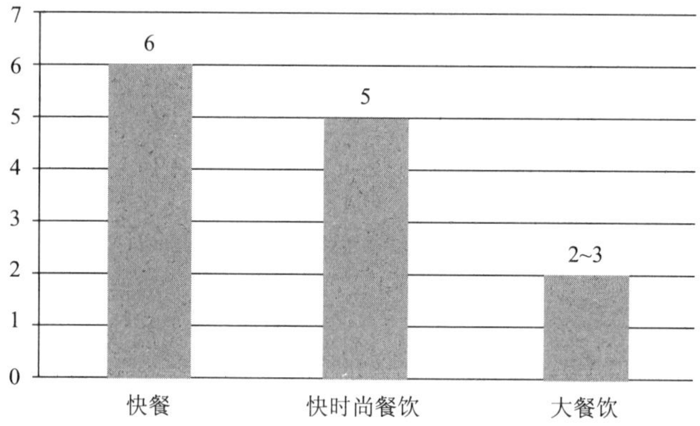

图 3　快时尚餐饮与其他类型餐饮空间利用率对比（每 10 平方米可容纳座位数）

数据来源：RET 睿意德中国商业地产研究中心。

三是与“80 后”、“90 后”年轻人消费观相适应，带动餐饮消费的休闲时尚化发展。“80 后”、“90 后”是与互联网共同成长的一代，他们在消费观上更突出表现为体验性、享受性、独特性，更重视消费的体验过程，以及消费接入方式的便捷高效。正如麦当劳广告语“我就喜欢”，他们有自己的消费主张，有自己的生活态度，更愿意为独特的生活方式埋单。在餐饮服务上，他们更倾向于独特的环境氛围，休闲的场景，融合的口味，多样化的品牌选择，更时尚的体验，他们需要的餐饮服务不是一日三餐的常态满足，而往往是 12 小时、18 小时，甚至 24 小时“零时差”、“全天候”的餐饮。与此相适应，如漫咖啡等休闲时尚的餐饮模式受到越来越多的欢迎，也有越来越多的餐饮企业正在向休闲时尚化方向调整，一些品牌正餐企业也放下身段，寻求休闲时尚餐饮新路且收效显著。如小南国集团在正餐小南国品牌之外，推出更为轻量化的时尚休闲新品牌南小馆、小小南国。南小馆以“精致上海点心 café”为品牌定位，以摩登上海为主调，配以简约时尚、中西兼容的环境氛围，为城市时尚人群提供时尚休闲的就餐体验。据有关资料，该品牌店铺毛利率在75%左右，一般营运当月便可实现盈利，预期平均投资回报周期在18个月以内。

四是与城市社会主流家庭的生活方式相适应，带动社区餐饮消费升级。当前城市主流家庭结构主要为有上学孩子的三口之家、单身或小两口年轻上班族、老年人家庭三类，不同的家庭结构有不同的生活状态和消费特征，其餐饮消费需求也有一定的差异性。有上学孩子的三口之家中父母多为双职工，收入稳定，孩子处于学龄期，此类家庭消费具有较强烈的以孩子为中心的特点，普遍追求快捷、安全消费。在餐饮消费上他们平日以快餐为主，周末有家庭外出就餐改善生活的需求；单身或小两口年轻上班族家庭多为35岁以下的年轻上班族，收入水平较高，工作节奏快强度大，此类家庭具有较高的消费能力，对新型消费形式接受能力高，容易产生兴趣型、冲动型消费。在餐饮方面，他们平时很少在家做饭，喜欢口味有特色、方便快捷、价格实惠的时尚简餐，闲暇朋友聚会多，有聚餐要求，且对就餐环境品质要求较高。老年人家庭以退休人群为主，他们的消费普遍倾向于保守，对消费的便捷化、平价化具有较高要求，在日常餐饮服务上对社区食堂及上门送餐服务有要求，周末儿女团聚有外出聚餐的要求。与这些城市主流家庭的生活方式相适应，也要求社区餐饮与之协调配套，在品牌上趋于更丰富，在口味上更多元，要形成多种快餐、简餐、休闲餐和品牌正餐的聚合式发展，就近满足居民餐饮服务需求并提供多种选择。图4为笔者所在研究团队对北京一家大型社区商业中心消费者的需求调研，调研显示64.5%的消费者光顾该商业中心的目的是就餐。当前我国一些城市中具有社区生活方式中心性质的社区型商业中心正在快速发展中，这些社区商业中心以大量餐饮品牌集聚为引力点，较好满足了周边社区居民餐饮服务需求。总体上，社区餐饮消费升级是我国餐饮服务升级的一个重要趋势。

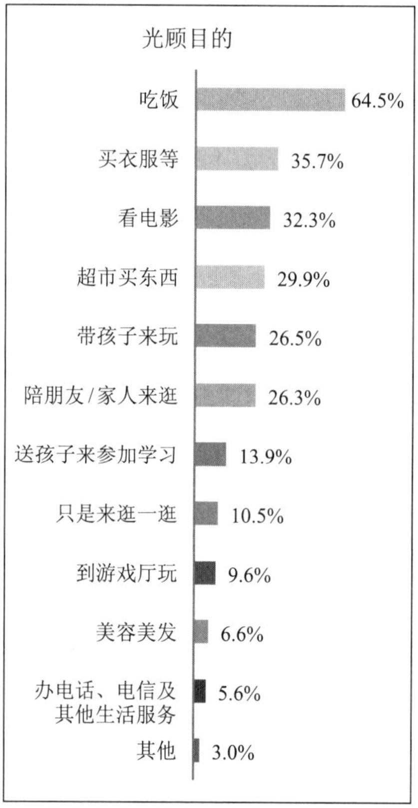

图 4　北京某社区商业中心消费者需求调研

数据来源：北京京商流通战略研究院。

三、青年餐饮创业创新正当时

积极鼓励“大众创业、万众创新”是我国在今后较长时期内一个明确的政策指向。2015 年 3 月，李克强总理在政府工作报告中强调指出：通过推动“大众创业、万众创新”，“既可以扩大就业、增加居民收入，又有利于促进社会纵向流动和公平正义”。我国今后要鼓励和倡导创业创新的文化，“让人们在创造财富的过程中，更好地实现精神追求和自身价值”。

青年人思维活跃、行动迅捷，激情有为，是我国创业创新的生力军。餐饮业是我国广大青年创业创新的重要领域，据 2015 年领英中国联合数字 100 市场研究公司针对全国“80 后”、“90 后”职场人群的一项职业调查，“80 后”

有创业想法的比例为77%，“90后”职场人希望创业的比例更高达82%，在所有有创业想法的年轻职场人中，餐饮在希望选择的创业行业中排名第一，高于互联网电商、服装等行业，可见餐饮业的创业创新具有强大的市场基础和人才储备。正因为大量年轻人的投入和创新实践，为我国餐饮业带来更多活力，呈现出年轻态、时尚态，多元发展、生机无限。

创新是成功创业的基础，解读中国烹饪协会首届全国餐饮产业青年创业创新项目选拔赛三十强企业，我们可以初步了解当前一代有志于餐饮服务的年轻人在餐饮创业创新上的想法、做法。

以创新为主旋律，首届全国餐饮产业青年创业创新项目选拔赛三十强企业主要可以归纳为六种类型：

一是传承创新，在传承经典美食文化的基础上创造现代餐饮文化的新体验。如“局气餐厅”用地道的北京方言命名餐厅，创造地道的京味餐饮文化体验氛围；老北京爆肚年轻的传承人通过连锁化、标准化经营将“老门框爆肚”这个品牌做大做精，在传承中走出家族餐饮文化的创新之路；“粗粮人家餐厅”在传承东北餐饮文化基础上，创造了特色健康的美食品牌；“渡娘火锅”传承重庆火锅文化，以差异化的新产品取胜；“伊斯美清真火锅”通过传承清真火锅文化，创新发展了民族餐饮知名品牌。

二是品类创新，此类企业往往通过创新产品概念，化传统为时尚，变技艺为创意。有代表性的如立志做中国鱼虾品类的第一品牌的“鱼恋虾火锅”，以干锅鱼恋虾为招牌产品并彰显特色；“中国意境养生锅”将艺术与养生相结合，创造了火锅文化的新品类；“赞啤精酿”以鲜、精为切入点，实现门店型啤酒销售酿造的品类创新；“爱汤餐厅”针对不同人群打造不同功效的贴心养生汤品，体现了专属化服务的特质。

三是味觉创新。用良心做品质，把产品做地道，把口感做独到，小产品做出大味道，也是典型的餐饮服务创新。这方面的代表企业如“辣家私厨”，运用中国辣椒文化，用辣的“辛香”打造“创意辣料理”；“1982BBQ”坚持食材的口感和味道，做好吃、安全、真实的烧烤产品；“放题餐厅”为顾客提供原汁原味的原产地海鲜产品现场饮食体验；“粮酷味道面”致力于粗粮美食的开发、研制与分享；“甘其味快餐”用“匠人”精神做快餐，让快餐也成为独特的饮食享受；“筷子面餐厅”强调现泼油辣子，现打佐料，以确保重庆小面的地道口味。

四是模式创新。当前越来越多的年轻餐饮人正尝试通过经营模式、管理模式、营销模式、盈利模式、服务模式等多种模式创新，实现企业的快速成长和优质发展。在首届全国餐饮产业青年创业创新项目选拔赛三十强企业中，以互联网服务为基础，通过模式创新谋求创业发展的企业是主流。如："和善园互联网早餐"创造了互联网早餐服务模式，将小包子卖出了大市场；"潘多拉美食广场"创新了"美食广场"的运营模式，尝试通过众创、众包，众扶、众筹实行多赢；"京少爷网餐"独创写字楼美食之家，创造全新的线上线下结合的白领美食解决方案；同样针对小龙虾产品，"虾 baby"创新互联网餐饮思维，用众筹+社交方式盘活线下店面，打造小龙虾新口味、新品牌，而"别人家小龙虾"则致力于打造"高端小龙虾外卖+小龙虾生鲜上门服务+线下连锁体验店+私厨培训"的综合服务模式；"点 Me 自动售卖平台"以中央厨房、全程热链为基础，实行自动售卖+线上下单周边配送模式供应快餐；"美厨秀秀"通过移动互联分享美厨，让美食社交更多地融入年轻人的生活；"比卡兹比萨"通过 B2B+B2C 模式迅速扩大市场，打造比萨品牌；"信食早餐"则通过线上线下结合以探索早餐服务的 O2O 模式。

五是跨界创新，青年餐饮创业创新没有局限，通过专业跨界、思想跨界、地域跨界、文化跨界等等跨界创新，创造了新的餐饮文化，从跨界到无界，也是青年餐饮创业创新的一个基本特征。青年餐饮创业创新三十强企业中如"异旅云主题餐吧"致力于旅行文化主题的世界美食文化交流；"热辣壹号火锅"将餐饮文化与影视、娱乐文化结缘，创造新的时尚文化体验；喝养生老火汤长大的香港白领把养生汤品文化带到北京、地域文化跨界嫁接创造的"一碗靓汤 O2O 汤品"；把咖啡文化与精品美食分享更深度地结合起来的"Keeny coffee"等均属于典型的跨界创业创新品牌。

六是技术研发创新。用现代科技点亮餐饮品牌，用科技力量整合餐饮服务，创新做大市场，也是近年青年餐饮创业创新的重要特征。青年餐饮创业创新三十强企业如自主研发移动餐车，用大数据优化外卖的"幸福小冒菜"；面向 B 端，为餐饮商户提供基于移动互联的餐饮信息化升级解决方案的"点单宝管理系统"等，都体现了青年餐饮创业创新的科技含量。

不断发展的市场，社会主流人群消费方式和生活方式的升级需求，"互联网+”所带来的产业生态的变革，均预示着我国餐饮产业具有良好的发展前景，具有无限可能的创新空间。我们拭目以待！

参考文献：

[1] 赖阳、韩凝春等．“云消费”时代［M］．中国经济出版社．2015 年 7 月．

[2] 中国烹饪协会．2014 年度中国餐饮市场分析和 2015 前景预测报告［R］．

[3] 中国烹饪协会．中国餐饮产业发展报告（2014）［R］．

[4] 中国烹饪协会．全国餐饮产业青年创业创新项目选拔赛项目资料［Z］．2015—10.

[5] 德勤中国与中国连锁经营协会联合．中国连锁零售企业经营状况分析报告 2014—2015［R］．

[6] 易观智库．中国互联网餐饮外卖市场专题研究报告 2015［R］．

[7] 艾瑞咨询．2015 年中国外卖 O2O 行业发展报告［R］．

[8] 韩凝春．国际商贸中心餐饮业发展的基本经验．北京财贸职业学院学报［J］．2011—02.

[9] 乐琰．销售增速放缓　中国连锁百强座次重排［N］．第一财经日报．2013—04—18.

[10] 姜煜．万事达卡调查：亚太地区中国消费者外出就餐花费最多［N］．中国新闻网．2014—04—21.

[11] 梁紫晨．寿司之神的衣钵——数寄屋桥次郎六本木店拜访记［J］．三联生活周刊．2013—09—09.

[12] 孔悦．90 后年轻人创业调查：餐饮排第一［N］．新京报．2015—08—31.

共生的餐饮生态体系
——餐饮众筹的创业商业模式解析

史 俊 王 璞①

中国餐饮行业走到今天，正站在历史的十字路口，如何彻底摆脱作坊式生产、低端竞争、行业从业人员能力素质不高的现状，真正和世界先进的餐饮服务水平对接，需要以文化来带动餐饮和消费者互动，提升行业整体水平。餐饮作为最接近消费者，最能传递中国文化核心内涵的行业，恰到好处地站在了互联网转型的风口浪尖上。餐饮行业的特质决定了他是最容易通过对消费者的研究和理解，来快速满足消费者需求的服务行业。所以，在现阶段的餐饮发展过程中，大众休闲餐饮的比重越来越大，更出现了大量带有互联网色彩的模式创新和探索，如皇太吉煎饼、雕爷牛腩、西少爷肉夹馍等餐饮品牌的出现，让餐饮行业感受到了一波互联网思潮的冲击。但由于创新者大多是非餐饮行业人员，在商业模式设计上还没有抓住行业的核心基因，导致产品、服务、环境等要素与消费者的预期有较大差距，这种简单依赖引爆眼球的商业炒作和互联网传播，直接导致的就是品牌持续发展能力不足，消费者会很快退去热情，回归理性。虽然如此，可这些品牌的出现的确把一个尖锐的问题摆在了餐饮人面前，我们真的理解消费者吗?

中国餐饮的发展必定会结束这种散乱无序的竞争状态，随着互联网经济的发展，中国餐饮会呈现两大趋势，一是多个大型餐饮连锁集团会控制大部分市场份额，每个集团会形成诸多小而美的餐饮品牌集群，有着强大的后台连锁服务支持体系，对大众消费者的需求变化非常了解，能够快速进行自身的品牌和产品创新来满足消费的需求，具备高效的盈利模式复制能力，对整个连锁体系人、财、物、信息的控制能力强大，能够成为餐饮生态圈的主导者，整合多种产业和业态来满足消费者体验，现在的西贝等餐饮企业已初具雏形。同时，会形成百家规模的中式米其林星级餐厅，以餐饮大师品牌和尖叫的产品为主导的

---

① 史俊：北大纵横管理咨询集团合伙人，王璞：北大纵横管理咨询集团创始人。

高端餐饮企业，来满足中高端消费者的需求，让中餐成为世界主流的文化餐饮，从而带动中国餐饮文化的全球化布局。

众筹这种商业模式的出现，正是站在了餐饮急速变革的浪潮上，传统餐饮的发展速度、质量、持久性等问题已经摆在了创业者面前，甚至国际化西式快餐品牌在中国遇到前所未有的萎缩和挑战。如何解决持久性的问题，是餐饮发展的瓶颈。众筹模式的出现，或许是餐饮创业者的利好模式，但是我们必须清楚其中的关键要素，只有明确众筹的目的，把握好内涵，才能运用好这种模式，每一个众筹企业必须回答好以下几个问题：如何解决餐饮盈利模式的问题？如何解决餐饮众筹体系控制的问题？如何控制好众筹的节奏和方式？

一、餐饮盈利模式设计问题

众筹的基础，就是你的项目是可以盈利的，可以为大家带来持续收益的，如果违背了这个原则，众筹就成了一个骗局。餐饮业的发展，已经经历了长期的低水平发展的局面，随着互联网基因的切入，诸多餐饮盈利模式的新探索让

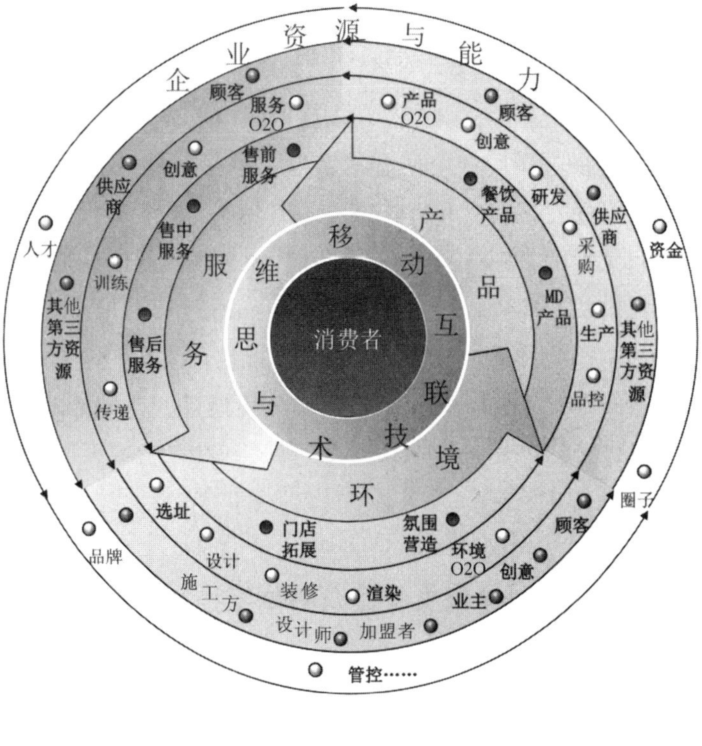

大家看到了餐饮持续发展的可行性。一个好的餐饮商业模式，必须是在实践中验证是盈利的，必须能够标准化地复制，才具备众筹的基础，不然，后续的风险就是不可控的，就会失去众筹的意义。餐饮商业模式创新的过程中，餐饮企业清楚自身的平台定位，必须围绕消费者需求来设定企业的产品、服务、环境等核心要素，同时设计线上线下互为融合商业模式，以保证消费者的满意度和忠诚度的提升。

通过这个模型餐饮企业会明确在转型过程中核心要解决的问题是什么：

1. 餐饮企业的目标消费者

2. 目标消费者的核心需求

3. 围绕消费者的核心需求的餐饮企业定位

4. 围绕整体定位的定位分解（包含环境定位、产品定位、服务定位）

5. 围绕消费者体验的多业态组合及盈利模式设计

6. 围绕消费者满意度的全服务链管理体系的设计

7. 线上粉丝管理体系的设计

8. 线下连锁单店的分类和网络布局

9. 资源能力的需求和获得

10. 组织体系的支撑和完善

这个模型对餐饮企业而言，是一张战略地图，是餐饮企业发展过程中的行动指引，如果餐饮企业通过这个模型切实地了解目标消费者的需求和消费习惯，从而明确自身的发展目标和整体定位，那么企业的所有行为都是有的放矢的，而不是盲目无序的。围绕消费者，餐饮企业必须设计出让消费者尖叫的产品、服务、环境的综合体验，让自身的文化内涵通过线上与消费者产生共鸣，引导消费者到线下体验，通过有文化的产品设计打动消费者，更能够让消费者参与到企业的管理活动中来，从菜品研发到环境设计、营销活动、营运标准，无处不存在消费者的意见和智慧，并且通过众筹等模式分享所带来的利益，从而增强消费者的黏性和忠诚度。

二、如何解决餐饮众筹体系控制问题

众筹体系的控制始终是模式发展中的瓶颈。众多的股权带来了众多的意见和分歧，这是餐饮众筹必须事先设定好的游戏规则。互联网的开放式文化基因，以及扁平化的组织，为众筹企业带来了新的组织思考，如何利用好众筹的资源，让大家群策群力，帮助这个商业模式成功。

1. 众筹对象问题

众筹不是人越多越好，也不是钱越多越好。众筹企业必须是一批认同企业价值观和商业模式的忠实伙伴，不然的话，唯利是图，利尽则散，难以形成稳定的组织，甚至会因此损失品牌发展的机会。众筹企业必须通过粉丝管理体系来进行有效筛选和培养，来保证众筹对象的准确性。大家从认识你到了解你到忠诚你，需要逐步的筛选和培养，不然后续的问题诸多。粉丝管理必须经历共鸣、共享、共建、共生的一个过程。

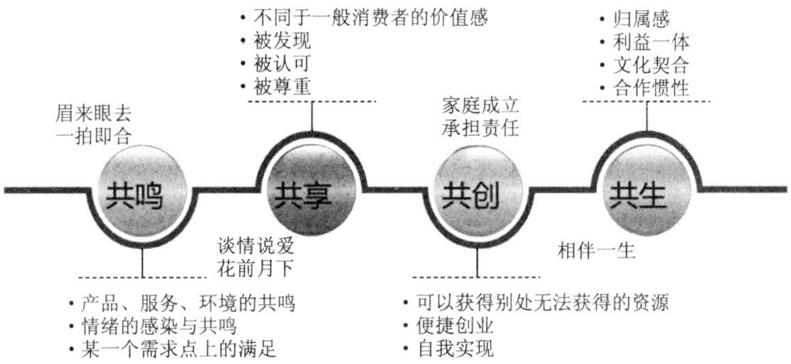

我们只有通过粉丝全生命链的管理，才能保证我们的众筹对象的准确性，才能保证众筹结果是良性的可持续的：

● 是否有清晰的价值主张？是否能够让目标人群产生共鸣？

● 是否能够让目标人群传播你？是否能够把盈利模式让大家认同并分享出去？

● 是否能够建立良好的游戏规则，让众筹对象参与到事业中来，成为你的事业伙伴？

● 是否能够通过众筹，形成餐饮产业的生态圈，让大家在里面都能有自己的发展空间，又互惠互利、持续发展？

2. 众筹管理机制问题

众筹是一个集合诸多零散资源形成合力的过程，如果不能有效地分配资源，扮演好各自的角色，就会出现散乱的局面，也会影响到众筹本身的持续性。一个组织不能把自己的流程机制打开，就不能利用好众筹平台的大规模资源，还限于自身狭窄的管理空间内，就失去了智慧集合的机会。众筹的根本目的是集合大家的资源和智慧，创造属于大家的事业平台，所以全服务链的管理是餐饮众筹创业的核心内涵，也是今后竞争的根本。任何商业模式，最后一定会落实到组织层面进行操作，所以必须设计合理的组织结构和管理流程、制度、表单来实现组织运行，来保障商业模式的实现。这也是企业知识管理体系的基础。餐饮企业在发展过程中会大量引入职业经理人，就必须有准确的游戏规则，把企业的知识管理体系建立起来，避免个体和小团队影响企业整体的发展，避免出现执行性颠覆的不良后果。

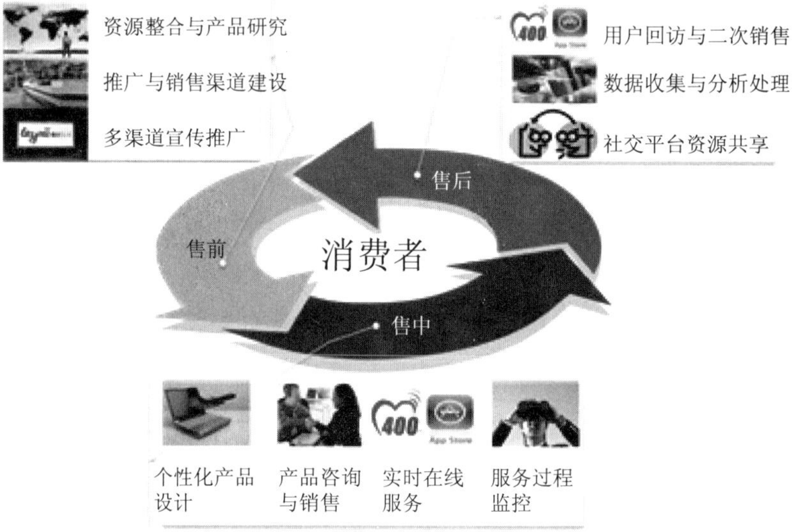

全服务链模式的提出，有别于以往餐饮企业常做的售前、售中、售后的工作，看似相同的步骤，责任和内容却大相径庭，这也对餐饮企业转型提出了较高要求。

售前，作为餐饮企业和消费者接触的最前端，核心的责任就是吸引和管理好企业粉丝，也就是对企业文化、理念、价值观认同的消费者，通过粉丝的获取、分类、选择、培养、使用、保留的过程，形成对线下单店的有效人流转移，保证单店盈利的稳定性。粉丝的获得和转化率是售前工作的最重要的考核指标。

售中是消费者充分体验餐饮企业文化的关键过程，主要是通过单店的产品、服务、环境来实现全方位的消费者体验。这就需要在每一个环节上精心设计，要有让消费者尖叫的内容，才是售中体验的目标。如何提升在服务动线过程中消费者满意度是这个模块的核心考核指标。

售后有别于我们过去餐饮企业的会员管理，不是产品活动的推销，更不是简单的投诉处理。其最核心的目标就是让在单店内体验过产品、服务和环境的消费者，在走出单店后，还能参与到企业的管理过程中去，包含我们的选址、营建、营运、菜品研发、营销等诸多管理环节，都需要打破过去本位主义的流程和管理机制，通过消费者的参与和意见主导，倒逼企业内部管理的完善和优化，这是餐饮企业今后实现自我修复的能力基础，也是消费者自我实现的重要体现，这样的游戏会培养出一批忠诚于企业的粉丝客户，更有利于企业社会化人才的选用。小米在针对千万粉丝的管理过程中，通过米 u 专注消费者的意见和智慧，每个月推出更新的版本来满足消费者，这种行为让米粉的忠诚度和满意度始终保持一个较高的水平，也为其他产品的推出做好了铺垫。

牢牢地抓住消费者，牢牢地围绕消费者需求和全服务链来设计餐饮企业管理手册，让我们的流程和动作都是围绕消费者的满意度来展开，这才是真正有用的流程和管理，不然所有行为都是脱离消费者的，是不具备效率和效果的。餐饮众筹创业企业必须务实地做到每一个细节，深入地了解消费者，把餐饮管理的流程打开，让消费者参与进来，才能真正成为企业的粉丝，才能陪伴企业一同成长。

三、如何控制好众筹的节奏和方式

餐饮众筹必须和企业的生命周期相匹配，不能过早或者过多地透支企业的盈利复制能力和管理控制能力。餐饮创业企业可以根据自身的需要，从产品众筹逐步延伸到单店众筹，最后完成整体的众筹，这种节奏的把握是现阶段众筹企业忽视的问题，往往看上去很好的项目，最后功亏一篑。

众筹过程中，企业必须牢牢地抓住经营控制这一红线，从股权和责权上给予明确，也可以采取托管的方式进行专业管理，保证盈利模式的有效复制和控制。在初期进行实物或服务众筹时，可以灵活财务粉丝折扣、预付卡等方式进

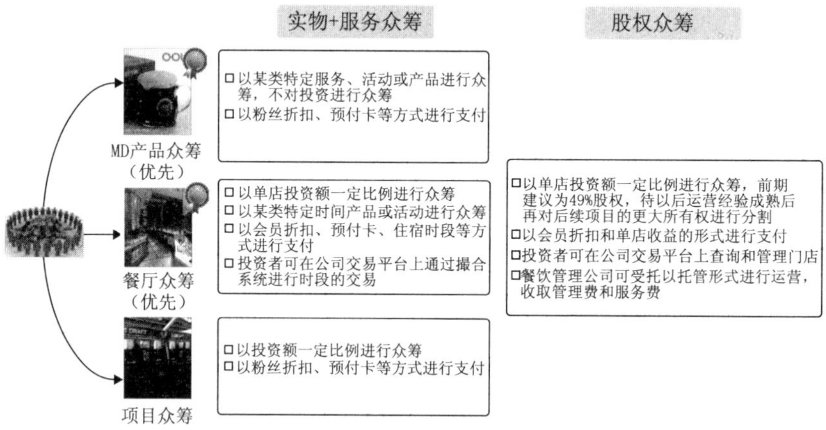

行支付，目的是聚拢人气，产生黏性。后期随着对项目管理控制能力的增长，粉丝管理能力的完善，可以开始尝试单店的众筹，这种众筹更倾向于对企业了解和忠诚的内部粉丝，比如店长、经理等，以保证单店经营的盈利能力。良品铺子实施的掌柜责任制就是一种单店众筹的模式，能够让店长充分发挥自身作用，带领团队有效作战，产生超出预想的业绩。最后，随着企业自身的众筹能力成熟，可以进行公司层面的股权众筹，这就需要清晰地进入和退出机制，需要明确的利益分配模式，往往企业需要对投资者进行偿付保证，也要控制众筹的规模人数，合理合法地进行众筹运营。

众筹作为一种创新的融资模式，还有诸多不完善的地方，餐饮作为一个具备永续发展动力的行业，需要在这种模式上尝试和完善。但根本而言，自身的盈利能力和管理控制能力的建设，是餐饮发展的核心基础，没有实际的操作，没有市场的检验，完全依赖逻辑和故事来吸引众筹的项目，势必会带来市场的混乱和无序，让一大批能够通过众筹成长起来的品牌丧失了发展的机会。餐饮人必须保持新鲜活力的创业状态，避免惯性思维和守成不变的习惯，牢牢抓住商业模式的创新机会，让自身的品牌借助市场和消费者的力量，走得更踏实、更持久！

餐饮业创业创新路径
——首届全国餐饮产业青年创业创新项目选拔赛案例分享

中国烹饪协会行业发展部①

摘　要： 中国烹饪协会为响应中央“大众创业　万众创新”号召，于2015年9—11月举办了首届全国餐饮产业青年创业创新项目选拔赛。本文通过对评审过程和优秀参赛项目的梳理，综合考虑餐饮业发展现状，就餐饮业创业创新路径提炼出五点问题，仅供读者参考。

关键词： 餐饮；餐饮创业；互联网

2015年国务院办公厅出台《关于大力推进大众创业万众创新若干政策措施的意见》，自此，“双创”成为社会经济发展的新引擎。推进“双创”也成为餐饮业打造发展新引擎、增强发展新动力、走创新驱动发展道路的重大举措。在这样的行业发展关键时期，中国烹饪协会在共青团中央的支持下，于2015年举办了首届全国餐饮产业青年创业创新项目选拔赛，发掘和扶持了一批对餐饮产业充满热情并拥有前瞻性商业才干的创业者及其餐饮相关项目。本次选拔赛是中国烹饪协会为青年创业创新搭建平台、创造就业机会的务实行动，也是全国首个针对餐饮行业的青年创业创新赛事。赛后，经过对评审过程和优秀参赛项目的梳理，我们发现，餐饮创业的门槛已经在无形中有了很大程度的提升。从某种意义上说，在当今现实环境下，缺乏创新精神的创业只能算作“就业”，真正的创业是青年人运用自身充满时代感的思考方式，对传统餐饮项目进行的时尚理解，这其中呈现出的，不论是方法、环境、路径、模式、元素等都使我们隐约地看到了餐饮业的明天。在黄太吉、西少爷、伏牛堂等第一拨少

① 主要撰稿人：张桐。

壮派引领的行业创新风暴后，2015 年版的创业创新看上去经验更加老道，思维更加缜密，行为更加务实，激情不减，创意无限。现围绕部分参赛项目作如下分享，希望对引导全国餐饮行业运用新思路、新模式、新品牌、新服务实现多元化转型和可持续发展产生积极作用。

一、将创业创新建立在别人的痛点之上

随着互联网技术的普及，餐饮市场在线上线下展开激烈竞争。商家不断完善产品和服务，再加上宣传和补贴力度的不断轰炸，巨额资本持续进入，都促使餐饮 O2O 呈现井喷式发展，餐饮 O2O 模式应用更加便捷，这其中外送服务是竞争最为激烈的一种模式。目前，美团外卖、饿了么、百度外卖占据较大的市场份额，寡头竞争趋势已经非常明显。随着 2015 年下半年资本寒冬的到来，平台补贴和优惠已经大量减少，消费者将回归理性，更加注重餐品的口味和品质以及服务体验。而诸如温度降低、食品安全、送餐速度等众多痛点慢慢浮现，且暂无明显改善。

首届全国餐饮产业青年创业创新项目选拔赛中有这样一家企业，恰恰是综合考虑外卖需求和外卖服务中已经显现出的痛点提出了一种新型服务模式。点 Me 以智能售餐机为核心，依靠中央厨房统一制作，自动分餐、热链配送，为上班族打造健康便捷的集约一体化供餐模式。点 Me 智能售餐机放置在写字楼大厅，机器支持多种支付方式，十秒出餐，解决了现今外卖平台送餐时间过长的问题，让用户中午有更多的时间休息。餐品放置在机器内实时保温，保证餐品 65 度的食用温度，当天制作当天售卖，保证用户的口味和菜品安全。中央厨房依照人对营养的摄取，精心计算每日所需能量，由营养专家专职调配每周菜品。所有食材均有指定农副产品生产基地专职提供，保证食材新鲜、无污染。

目前，点 Me 正在开发智能售餐机数据实时上传功能，记录用户的饮食爱好并传输到中央厨房，厨房根据对用户数据分析的结果调整餐品，并可以通过互联网与用户手机互联，提供用户近段时间内的营养摄取情况，并提出饮食建议，改善用户饮食习惯。未来，点 Me 还将围绕智能售餐机打造 7×24 小时不间断服务体系，开拓早餐、旅游景区餐等新的业务渠道。由此可见，从别人的

“痛苦”中看到商机，也是创业成功的一种模式。

二、“张冠李戴”不失为一种创新捷径

笔者认为“张冠李戴”这种思维方式是在创业创新疲态下的灵光一现，同时，这也是一种与时代精神相契合、与社会发展需要相适应的理念。身处知识经济时代，技术革新、知识更替、模式创造等一系列环节，无不以适应需求为动力，经济社会发展的知识驱动和创新驱动日渐凸显。而以换位思考为突破口，以“张冠李戴”的形式为支点，则是转变创新思维方式的途径之一。

“餐饮业未来之星”济宁潘多拉酒店管理有限公司以独特的“美食百货”形式，打造新式的美食广场，将最优秀的餐饮商户招商进入统一平台，并实行末位淘汰制，使其产品的竞争力与生命力保持在较高水平。潘多拉美食广场不仅提供丰富多样的美食，还借助互联网思维，提供很多免费体验项目并得到顾客的一致好评。潘多拉于 2015 年 1 月 8 日在上海股权交易中心挂牌，计划 5 年内扩展美食广场店面 100 家，并转入 A 股主板市场。

如果说潘多拉将商业美食广场打造为美食百货大厨房，是模式的升级，那么再把这种成功理念引入团膳食堂就是“张冠李戴”的高明之处了。潘多拉在考察了 Facebook、苹果、Twitter、哈佛大学等国外优秀食堂的基础上，否定了“食堂是吃饭的地方，而吃饭就是吃饭”的传统想法，以美食广场的形式来展现集食厨房概念，并将其打造为一个社交中心。在华为南京园区潘多拉以众包众创的方式，将温大大的煎饼果子、冒牌火锅菜、江明洞石锅拌饭、小米姑娘盖浇饭、杨铭宇黄焖鸡等登上大众点评等平台的高人气餐饮带入其中，并在装修方面给食堂增添了很多视觉设计，包括“80 后”、“90 后”熟悉的摆件，增加绿植、使用撞色等墙面装饰，让就餐环境更具有吸引力。此外，与团餐的直接客户深度互动也是潘多拉餐饮做好团餐服务最为用心的地方。比如在南京园区开园第一周，员工领取餐饮护照才能参与“万人霸王餐”活动，不然就不能进食堂吃饭，这种“反常规”的做法激发了员工的新鲜感，也调动了他们参与的活跃性。此后，包括超能运动会、票选女神、写给未来的自己的信、献给母亲的爱、员工家庭日等营销活动，都让潘多拉这个餐饮服务提供者和华为的员工加深了互动和了解。团餐服务上的创新做法让华为南京园区的员工们耳目

一新，从此上班吃饭不再是一个问题，而变成了一件有趣的事情。

三、一份情怀可以支撑多大事业

半步桥街是北京南城白纸坊西街南边的一条小胡同，里边不远有一座门口摆着兔爷，檐下挂着灯笼，墙上贴着脸谱的小四合院。大大小小的胡同名牌和林林总总的老北京话装饰占了一面墙。走进这家名为“局气”的餐厅，恍惚间你会觉得，很久之前那个失落了的老北京，仿佛在这里又找回来了。局气餐厅接连 25 周获得大众点评网“食客最想去餐厅”第一名，截止到 2015 年底，局气已经拥有了四家店铺，并且已经有了一个从北京南下、至上海、取深圳、到广州的全国的战略部署。局气凭借其精准的定位和超高的人气，一举夺得首届全国餐饮产业青年创业创新项目选拔赛“餐饮业未来之星”奖项。

在和局气创业团队的交流中，“情怀”和“文化”是被提及最多的字眼。局气之所以能在两年的时间里稳固扎根和迅速扩张，关键在于清醒定位和清晰规划，局气定位于“传承老北京，吸引年轻人”的老北京创意菜餐厅，在这里，客人吃的不光是一道道精雕细琢的老北京菜式，同时吃到的，还有源远流长的老北京文化，还有日久不变的岁月情怀，以及局气人那点儿始终坚持的信义与情意。在局气哪怕您不吃饭，光是坐一坐，看看周围古色古香的陈设，数数墙上老北京胡同的名牌，似乎都能感受到一种岁月的温度。由此，局气走出了属于自己的一条“立足京味文化，传承百姓情怀”的文化品牌之路。

在菜品方面，局气一直都在挖掘民间菜式，例如“局气妈妈菜”系列。该系列菜品的制作者，没有专业厨师，都是那些身怀绝技深藏不露的大爷大妈们。他们几乎做了一辈子的饭，闭着眼就能拿捏柴米油盐，他们又都有一两手“独创菜式”，属于那种只要吃过一回，就能想一辈子的独门秘籍。局气就是把这些散落民间的家传菜品抢救出来，让这些大爷大妈亲自到店，做上几回自家的拿手菜，从而把消费者心里那点儿最珍贵最温暖的饮食记忆，一点点地传承绵延下去。局气创始人韩桐说他真的见过这样的场面，有的人点了一道“妈妈菜”，吃着吃着眼泪都掉下来了，因为他说，这道菜的味道，跟去世的奶奶做的一模一样。正所谓：一鼎一镬，皆是岁月恩情，一粥一饭，都是温暖记忆。一份情怀支撑一份事业，一份事业承载多少情怀。

四、餐饮和互联网怎么“+”

在如今“双创”的大潮下，“互联网+”不仅成为给经济社会发展带来根本性变革的一大引擎，也成为创新创业的重要抓手和不可或缺的基本支撑。在首届全国餐饮产业青年创业创新项目选拔赛中，几乎所有参赛项目背后都有着互联网思维的影响，然而并非所有企业都能真正做好这道“加法”。

三年前，南京老牌连锁包子铺“和善园”在疲态尽显时，遇到了大三学生刘伯敏，他认为互联网给了餐饮创新十分开阔的选择空间，传统的包子应该主动触电，于是双方一拍即合，刘伯敏担任和善园总经理。经过市场调研，和善园开始对包子铺进行互联网改造。考虑到年轻人早餐时间少，和善园开展微博、网站营销，并开发了 App 和微信预订包子渠道，年轻人可以下午在网络上预订包子并付款，第二天直接到附近的包子铺取预订好的包子，并支持网上预约外送。此外，和善园认为做好网络营销的前提是东西要好，所以公司投资 7000 万元新建中央厨房，对面料和馅料进行标准化控制，保证了各店口味统一。成立蔬菜基地，加强对食材的控制，保证了对各个销售网点的供应链控制，从而实现成本控制与品质控制。三年间，和善园门店数量成倍增长，营收过亿元，并且已经将进军华尔街定为和善园的下一站目标。这种投身市场浪潮中的勇气，不只是坚持的胜利，更是一种思维方式和理念的成功。

事实上，互联网越是开放，越能吸引有创造力的人投入怀抱、大干一场，年轻人的活力也能充分释放出来。创新创业犹如一股源源不断的气流，它并非一定像具象的实物那样存在着，却在无形中塑造着文明的成果。

五、敢于自我颠覆是从 0 到 1 的关键

在万众创新的年代，企业唯一不变的就是变化。特别对于初创企业来说，从简单的产品与服务提升到一种有标准、有品牌、有市场的模式，就需要不断进行自我颠覆和自我超越，从量变发展到质变，而这个过程实际就是不断自我颠覆的过程。

“90 后”创业者徐莉凭借着对“鱼”的眷恋与执念，大学开始创业，多次

经历从0到1又从1到0的过程，产品从最初的鱼火锅到增加虾火锅，再从一次顾客为吃鱼还是吃虾的争论中开发出鱼虾火锅，至此鱼虾恋才真正发展为“1”，并延续着向N发展的趋势。两年间鱼恋虾已经在山东、湖南、河北、安徽等地发展9家门店，赢得投资公司5000万元的估值。鱼恋虾通过开发平台App并结合微信服务号打造自己专属的订餐渠道、运营平台，形成社群，通过后续维系，增加顾客黏性。在品牌运营方面进行双品牌运作，鱼恋虾火锅定位于喜爱传统鲜、香、辣口味的消费群，而鱼虾恋则专注于鱼虾类快餐的开发，打造短、平、快的适合新一代年轻群体的鱼虾快餐，目前已开发出汉堡鱼排、金玉良缘虾、情侣虾、藤椒无骨鱼、丫丫虾、伴鱼伴虾堡等鱼虾快餐产品，受到年轻群体消费者的青睐。“做最好的自己，才能欣赏最好的风景。”这位锐意创新，执着追求、敢于颠覆的“90后”美女创业者在自己的博客留言板上如是写道。

我们通过本届比赛看到了年轻人的激情与内心世界的渴望，也看到了年轻人运用超常规的见解去实现理想化事物的能力。同时，我们希望在不远的将来，看到全国餐饮业掀起创业创新高潮，将创新驱动发展和转方式调结构结合起来，将培育内生增长动力与改善民生就业结合起来，共同见证传统餐饮业的蜕变升华。就像李克强总理说的：“如果大多数中国人，因为从事挑战性工作和创新事业获得成就感，而不是通过消费得到满足的话，结果一定会非常美好。”

感谢北京世上餐饮管理有限公司、山东济宁潘多拉酒店管理有限公司、北京局气餐饮管理有限公司、北京尚品香国际餐饮管理有限公司、南京和善园餐饮管理有限公司的支持！

食品安全篇

强化餐饮企业预警交流 风险管理　全程控制

冯恩援[①]

一、餐饮行业整体发展趋势

2015年，全国餐饮收入实现32310亿元，同比增长11.7%，继2014年后持续回升，且比上年大幅提高2.0个百分点。经过行业洗牌和探索调整后，餐饮市场在回归本质和理性消费的正轨上不断前行，发展渐趋回暖，对拉动社会消费增长所起的作用也不断增强。

回顾近年来餐饮人共同经历的诸多所谓的“食品安全事件”，政府、媒体及公众对餐饮业都是高度关注。餐饮企业作为整个产业链的服务终端，要加强行业自律，把食品安全这个“天大的事情”放在“重中之重”的位置，要坚守诚信经营的底线，不折不扣地执行《食品安全法》的各项规定，认真履行企业社会责任和依法经营的各项义务。同时也要加强与上游产业链的合作，搭建餐饮企业食品和原材料的采购追溯体系，实现各环节实时、动态监测，确保“从农田到餐桌”的“舌尖上的安全”全过程管控。

二、调研情况及现状分析

（一）国家监督抽检总体情况

2015年初，国家食品药品监管总局召集中国烹饪协会和部分大型、连锁餐饮企业座谈，要求餐饮行业切实落实企业主体责任，加强食品安全管理，守法诚信经营。同时也结合国家食品药品监管总局2015年开展的重点工作提出

① 冯恩援：中国烹饪协会副会长，本报告来源于《2015年度餐饮食品安全（供应链管理）报告》。

了具体要求，根据本次会议精神，中国烹饪协会现面向广大餐饮企业发布2015年度餐饮服务业食品安全首个预警公告，请各餐饮企业高度重视，严格自查自检自律，诚实守信，自觉履行企业的食品安全主体责任（见表1）。

表1　2015年餐饮业食品安全抽检监测计划项目（部分）

食品类别	抽检项目
熟肉制品（自制）	铬、合成着色剂（日落黄、柠檬黄、胭脂红、诱惑红）、亚硝酸盐、苯甲酸、山梨酸、氯霉素；限畜肉：克伦特罗、沙丁胺醇、莱克多巴胺
酱腌菜（自制）	亚硝酸盐、沙门氏菌、金黄色葡萄球菌
火锅底料、麻辣烫底料及蘸料（自制）	罂粟碱、吗啡、可待因、那可丁、蒂巴因
糕点、面包（自制）	山梨酸、糖精钠、环己基氨基磺酸钠（甜蜜素）、乙酰磺胺酸钾（安赛蜜）、脱氢乙酸、沙门氏菌、金黄色葡萄球菌、霉菌计数
餐馆用餐饮具（含陶瓷、玻璃、密胺餐饮具）	游离性余氯、金黄色葡萄球菌、沙门氏菌、志贺氏菌

根据国家食品药品监督管理总局以往对餐饮食品抽检通报情况分析，餐饮食品不合格项目及主要产生原因有以下几个方面（仅以2014年第三季度为例）：

1. 发酵面制品（餐饮自制）样品不合格项目为铝、柠檬黄

此次发酵面制品（餐饮自制）中铝检出值区间范围为124.8mg/kg—431mg/kg，在《食品安全国家标准食品添加剂使用标准》（GB 2760－2011）中规定了发酵面制品产品铝≤100mg/kg。发酵面制品中铝超标的原因是使用了过量含铝膨松剂，如硫酸铝钾（钾明矾）和硫酸铝铵（铵明矾）。硫酸铝钾（钾明矾）、硫酸铝铵（铵明矾）是GB 2760规定的可以限量添加的膨松剂，适量添加可以使产品口感松软适口。过量加入上述膨松剂，直接造成食品中铝含量超标。

此次发酵面制品（餐饮自制）中柠檬黄检出值为5.46mg/kg，在《食品安全国家标准食品添加剂使用标准》（GB 2760－2011）中规定了发酵面制品产品中柠檬黄不得检出。超范围使用柠檬黄主要目的为调节食品色泽，增加卖相。

2. 发酵肉制品、酱卤肉、肴肉、肉灌肠、肉干、肉脯、肉松、其他熟肉干制品、烧烤肉、熏煮火腿（自制）样品不合格项目为苯甲酸

此次发酵肉制品、酱卤肉、肴肉、肉灌肠、肉干、肉脯、肉松、其他熟肉干制品、烧烤肉、熏煮火腿（自制）中苯甲酸的检出值为0.08mg/kg，在《食品安全国家标准食品添加剂使用标准》（GB 2760－2011）中规定为不得使用。苯甲酸是食品中最常见的防腐剂，GB 2760《食品安全国家标准　食品添加剂使用标准》规定肉及肉制品中不得添加苯甲酸及其钠盐，本次检出苯甲酸可能的原因是企业为片面追求延长保质期，违法违规使用防腐剂。

3. 生湿面制品（餐饮自制）样品不合格项目为硼砂

此次生湿面制品（餐饮自制）中硼砂的检出值为51.6mg/kg，在关于印发《食品中可能违法添加的非食用物质和易滥用的食品添加剂名单（第一批）》的通知（食品整治办〔2008〕3号）中规定为不得添加。检出硼砂的可能原因是企业违法违规使用硼砂。硼砂有防腐和增加面制品的弹性及膨胀等作用。

（二）相关建议

1. 对生产经营者

企业是食品质量安全生产的责任主体，企业的主要负责人是安全生产第一责任人，应全面负责食品质量安全生产工作，落实《食品安全法》及相关法律法规赋予的生产职责，主动履行安全生产责任。进一步加强原辅材料和生产过程中的环境、人员、加工工具和设备的卫生监督，规范加工行为，防范和消除微生物引起的危害。

2. 对消费者

建议消费者去正规餐饮机构消费，不到无证餐馆或摊贩就餐，理性消费，增强食品安全意识，正确认识假冒伪劣食品、质次价低食品的危害性。

（三）餐饮行业食品安全调研情况

中国烹饪协会2015年对25个大型连锁餐饮企业的285家门店进行了542次实地食品安全风险评估，部分企业存在着五个不安全的操作隐患（见表2）：

表2　餐饮业存在五个共性的不安全操作（共计542个现场考察）

排序	问题描述	潜在危害	出现问题次数	出现问题频率
1	食品包装上无合适的保质期和二次保质期标签	导致食品过期、变质	278	51.3%
2	食品没有储存在合理的温度范围内	导致食品变质、腐败	257	47.4%
3	清洁后的餐用具有食物残留、油污，或不干燥	不洁净的餐用具污染食品	229	42.3%
4	砧板、刀具、抹布未分类使用	造成交叉污染	210	38.7%
5	后厨操作员工没有正确洗手	造成交叉污染	172	31.7%

一是食品包装上无合适的保质期和二次保质期的标签，导致食品过期、变质；二是食品没有储存在合理的温度范围内，导致食品变质、腐败；三是清洁后的餐用具有食物残留、油污或不干燥，致使不洁净的餐用具污染食品；四是砧板、刀具、抹布未分类使用，导致造成交叉污染；五是后厨操作员工没有正确洗手，导致造成交叉污染等最容易忽视的问题。

同时实施过程中我们发现餐饮企业的食品安全工作主要面临以下几个方面：

1. 系统认识问题

部分餐饮企业依然缺乏系统食品安全知识，仍然有从业人员人为失误只要通过加热就能够保证安全，没有认识到有些疾病菌和致病菌在一般的加热条件下是无法被杀灭的。

2. 人才储备困难

餐饮业人员流动率要高于零售酒店等行业，员工的培训成本较高，食品安全操作也存在着误差。

3. 缺少外部的助力

长期执行内部监督检查，反而缺少了必要的外部监督，容易造成内部监督的工作僵化，形成食品安全工作的盲点。

4. 受到上游产业链的影响

餐饮企业通过建立收获台账，索证索票留样等措施逐步建立了可追溯制度，但来自上游供应链的食品安全危害事件仍时有发生，只有少数大型餐饮企业建立了供应商的审核制度，设立了主要原材料的快速检测、实施实验室自检或第三方的检测，但是绝大多数餐饮企业对食品原料的管控仅局限在产品标识的识别、供需双方长期信任的基础上。

三、积极开展普法宣贯　提升企业管理能力

随着《食品安全法》10 月 1 日正式实施。对于餐饮食品安全在各方面都提出了更加严格的要求，中国烹饪协会也在致力于食品安全法普法宣贯活动。7—8 月，中国烹饪协会参与到中国农业大学食品科学与营养工程学院与联合利华饮食策划共同发起的中国餐饮业供应链现状调查行动中，对餐饮企业食品

安全管理的总体情况进行摸底。中国烹饪协会利用自身优势，积极与各地餐饮行业组织开展协作，对北京、上海、广州、重庆、辽宁等12个省份的试点城市，几千家餐饮企业开展了不同形式的《食品安全法》宣贯活动，并同期开展关于餐饮业供应链现状专项调查研究工作，下发2000余份调研问卷，了解不同业态餐饮企业在食品安全管理方面的总体情况特别是原材料和供应商管理的情况。

《食品安全法》明确了企业法定责任，因此全国餐饮服务的单位及负责人、从业者都要认真学习新法规，贯彻新法规，加强行业自律，加强餐饮服务全过程控制管理。为了便于新法规的学习，着重强调以下几个方面的要点：

《食品安全法》在第四章第二节“生产经营过程控制”部分，新增了第五十五条至第五十八条，共计四条，657个字，专门阐述了对餐饮服务提供者过程控制的特殊要求。其中重点包括：餐饮服务提供者应制定实施原材料控制要求，倡导公开加工过程及食品原料信息；加工、贮存、陈列设备设施，尤其是低温储存设施维护的要求；餐饮具的洗消，包括对提供集中餐饮具洗消服务单位的要求；以及集体用餐单位的要求。

此外，《食品安全法》在第九章“法律责任”部分，又对违反餐饮具洗消、设备设施维护和生产经营过程控制等要求的情形给出了具体的处罚细则。

除这些针对餐饮业的特殊要求外，新法也首次明确了一些一般性要求。例如首次明确食品生产企业应制定和实施生产工序、设备、贮存、包装等生产关键环节控制。餐饮服务是一个人员密集，自动化生产程度较低，工序繁复，通过控制关键点，无疑有助于整体过程的控制效果。

新法还首次明确食品生产经营者应当建立食品安全自查制度，定期对食品安全状况进行检查评价，必要时采取整改措施，即自我监督。餐饮业人员流动率大，新的从业人员发生误操作的潜在风险相对较高，自查制度就像企业给自己做卫生体检一样，定期自检、定期更正，有利于长效保障食品安全。

从有法可依的角度来讲，新法已经从“如何做”，以及“不做，会有怎样的处罚”两个角度做出了空前细致的规定，这是强化餐饮服务提供者过程控制和监督的大前提。但新法在餐饮行业成功的落地实施，还需要多方助力。不仅要求执法监管部门做到执法必严、违法必究，同时行业自律和诚信经营是必不可少，这一点针对餐饮行业尤为重要。相比较食品加工业、零售、酒店等行业，餐饮业有自身非常鲜明的特点，其中一个特点就是散而多。例如仅北京、上海两个特大中心城市，就各有 6 万多家拿到餐饮服务许可证的单位。这意味着，仅北京一个城市，每天就有 6 万多个餐饮服务场所的餐饮具需要洗消，这还不包括小的食品摊贩。如果行业不自律缺少诚信意识，企业不严格要求餐饮具洗消操作过程，实难保证餐饮食品安全。

新法第一章总则第四条首次明确“食品生产经营者对其生产经营食品的安全负责”。主体责任的落实有利于行业自律的形成，有助于构建食品安全社会共治格局。同时，促成一个“良币驱除劣币”的市场机制的形成也尤为必要：应该让食品安全做得更好的企业，得到更多公众的认可。例如各地食品药品监督管理部门正在推行的餐饮服务食品安全量化分级制度。行业协会作为社会共治格局的主体之一，也应该在行业自律行动中发挥重要作用。《食品安全法》首次明确了行业协会应当“按照章程建立健全行业规范和内部奖惩机制，提供食品安全信息、技术等服务”，通过“引导和督促”等手段，“加强行业自律”，构建社会共治格局。

四、切实履行职能　发挥指导作用

为了更好贯彻落实《食品安全法》，更好地落实餐饮服务提供者的过程控制和监督，中国烹饪协会面向全国餐饮企业发布了餐饮服务业食品安全预警公告：

一是要严格规范原料管理，切实做好原料的索证索票和进货查验，保证原料的食品安全。不采购腐败变质、霉变生虫、混有异物、掺假掺杂、感官性状异常以及超过保质期等法律法规禁止生产经营的食品。严禁采购“三无”和无合格证、检验报告的食品；病死毒死或死因不明的禽、畜、水产动物；未经检验、检疫或者检验不合格的肉类及其制品。

二是要健全并切实落实企业的食品安全管理制度，严格规范员工的加工制作行为；严格落实《餐饮服务食品安全操作规范》要求，确保食品加工制作、贮存场所保持清洁、卫生，控制食品加工总量、加工温度和时间，加热食品应烧熟煮透，贮存食品应及时冷藏或热藏，应尽量缩短食品存放时间；严格规范过期食品、餐厨废弃物的处置行为，保证产品的食品安全。

三是要严格执行国家对于餐饮服务环节食品添加剂安全管理要求，杜绝一切添加非食用物质和滥用食品添加剂违法行为。

四是要主动公示消费者关注的质量与服务信息，如是否使用转基因食品、是否在火锅底料和调味料中使用食品添加剂等经营信息，倡导实施“明厨亮灶”，坦诚接受媒体和消费者的监督，主动回应媒体信息和消费者投诉。

五是要积极配合监管部门的监督检查，特别是近期国家食品药品监管局将在餐饮服务环节针对问题比较集中的食品安全高风险产品，如肉皮冻、散装熟食、掺假羊肉及火锅底料、调味料等开展的专项整治，及时、妥善、有效地排查食品安全问题和隐患。

《食品安全法》的颁布实施，相应的配套法律法规也在逐步制定，符合我国国情的食品安全法律监督体系正在建立健全。除了法律法规外，餐饮业食品安全监督机制还需要每位餐饮从业人员的支持与配合。食品安全社会共治格局的建成，有赖于政府监督和引导、公众媒体监督、行业自律等多个维度、多方力量共同推进。根据食安法“预防为主　风险管理　全程控制”的基本原则，以及国家食药总局《关于做好食品安全抽检及信息发布工作的意见》（食药监食监〔2015〕64 号）相关规定，2016 年中国烹饪协会食品安全工作，将重点围绕行业的食品安全风险信息收集与行业预警交流开展，主要包括：一是成立风险交流专家工作小组，建立行业收集、整理、分析、报送机制；二是 2016 年分季度在行业内进行“全国餐饮行业监督抽检结果及行业预警信息”的权威发布；三是编写“2015 年度餐饮业食品安全风险预警交流报告”并在行业大型品牌活动上发布等。

餐饮服务提供者在食品安全领域的躬行实践，必将引导一个更加健康的市场机制的形成，必将使真正做到食品安全的企业脱颖而出，为更多的老百姓提供安全的餐饮服务，定能不断推进中国餐饮业食品安全管理整体水平稳步提升。

中国餐饮业食品安全供应链管理现况调查报告

中国农业大学食品科学与营养工程学院营养与食品卫生研究室　联合利华饮食策划

摘　要： 本文是基于中国烹饪协会、中国农业大学与联合利华饮食策划于2015年共同开展的中国餐饮业食品安全供应链管理现况调查形成的简要报告。对于促进我国餐饮业建立健全完善餐饮企业原料采购及贮存环节的相关制度和规定、保障和提高餐饮食品安全具有参考价值。

关键词： 食品安全；食品供应；供应链

餐饮消费作为食品从“农田到餐桌”的最后一个环节，已经成为公众日常生活的重要组成部分。伴随着餐饮业发展的是接连不断的食品安全问题，作为整个食品供应链的最末端，餐饮消费的安全风险具有更强的积累性、复杂性和现实性。尽管在最近的二三十年以来，我国的食品安全水平有了很大的进步，过去普遍存在的蛔虫感染、夏秋季高发的肠道传染病已不多见。但依然存在一些问题，尤其是化学品污染，特别是人为掺假掺杂问题突出，苏丹红、三聚氰胺、塑化剂、瘦肉精、地沟油等食品安全问题频频发生，同时，食源性疾病、食物中毒仍然威胁着消费者的健康和人身安全。

而原料控制，恰恰是目前餐饮业面临的难题，这和其经营特点有很大关系，依靠食品安全检验进行控制存在着很大的缺陷性，一方面餐饮业的原料多为鲜活农产品，不适合需要较长时间的食品安全检验进行原料控制；另一方面，餐饮业的原料品种多，无法承受检验成本。因此，通过供应链管理，控制餐饮业原料的食品安全质量，是可行且有效地保证餐饮食品的安全质量的控制方法。

一、我国餐饮业食品安全控制现况

（一）我国餐饮业食品安全管理人员设置情况

1. 是否设置食品安全管理人员

是否设置食品安全管理人员，可以反映餐饮企业对食品安全的重视程度以及对食品安全法的执行程度，通过问卷调查，所调查的餐饮企业食品安全管理人员设置情况见图1。

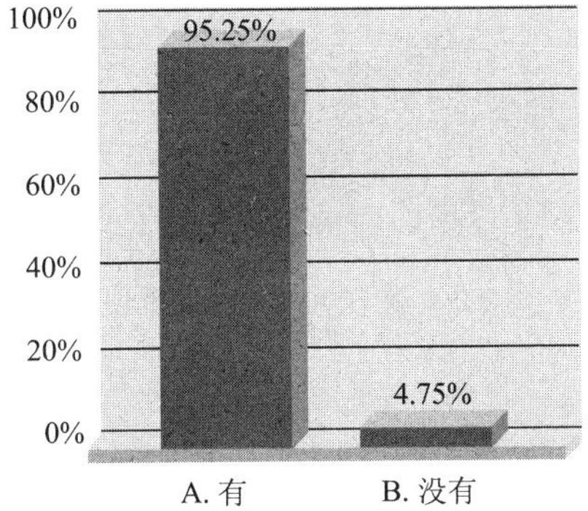

图1　餐饮业食品安全管理人员设置情况

由图1可见，在所调查的1914家企业中，设置了食品安全管理人员的餐饮企业达到了95.25%，没有设置食品安全管理人员的企业接近5%。说明在一定规模的、具有餐饮服务许可证的企业中，绝大部分设置了食品安全管理人员，但尚有部分企业没有设置食品安全管理人员。所以有95%的企业设置了食品安全管理人员，是因为食品安全法规定食品生产经营企业必须设置食品安全管理人员，是餐饮业取得餐饮服务许可所必需。

从调查结果看，尚有接近5%的企业没有设置食品安全管理人员，没有设置食品安全管理人员的原因可能是近期餐饮业人员流动较大，使一些兼职的食品安全管理人员离职；也可能是由于少数餐饮企业借证申请服务许可证造成的。而所调查的企业，均为具有餐饮服务许可资质的企业，如果为无证餐馆，没有食品安全管理人员的将会更多。

2. 食品安全管理人员分布情况

是否设置专职的食品安全管理人员，可以反映食品安全管理的专业水准，而兼职食品安全管理人员的职务，会影响对食品从业人员的管理力度，也间接反映食品安全管理水平和执行力度。通过问卷调查，所调查的餐饮服务企业的食品安全管理人员的分布情况见图2。

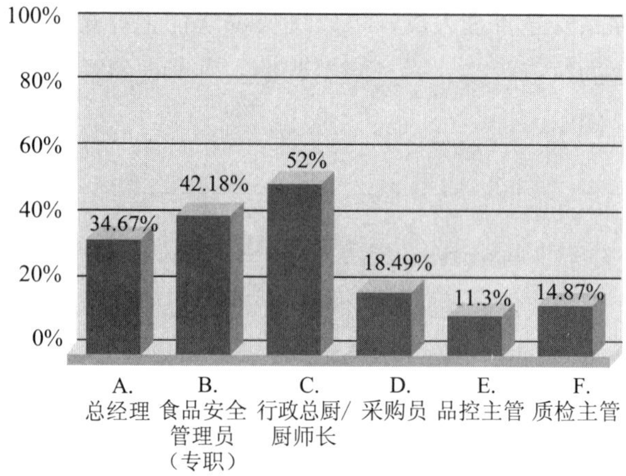

图2　餐饮业食品安全管理人员分布情况

由图2可见，在所调查的1823个企业中，设立专职食品安全管理人员的占42.18%，更多的企业（57.82%）由其他员工兼职，说明目前我国餐饮业的食品安全管理人员以兼职为主。

使用兼职的食品安全管理人员比较符合目前我国餐饮业的现实情况，在此次的调查中，由于存在连锁企业，以及部分中央厨房，因此也有相当比例的企业设立了专职的食品安全管理人员。

在设置兼职食品安全管理人员的企业中，行政总厨的比例最高，占52%，其次是总经理，占34.67%，其他人员还包括采购员、品控主管、质检主管等，说明在餐饮业，行政总厨兼职食品安全管理人员的比例最高。这是因为行政总厨处于工作第一线，了解食品的生产和食品安全的实际情况，同时也具有一定的领导权，因此容易被任命为食品安全管理人员。

在全部的企业，食品安全管理人员的人数远远超过了100%，说明有些企业的食品安全管理人员超过1人，也说明餐饮服务业越来越重视食品安全。

（二）我国餐饮业食品安全管理制度情况

1. 食品安全管理体系的设置情况

食品安全管理体系的建立与实施，能够反映食品安全的管理效果，通过问卷调查，所调查企业实施食品安全管理体系的情况见图 3。

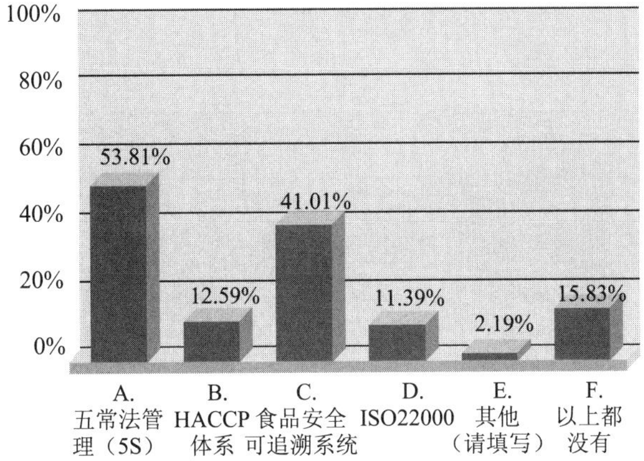

图 3　餐饮业食品安全管理体系实施情况

由图 3 可见，超过半数的企业选择了五常法（5S）的管理体系，选择 HACCP 和 ISO22000 管理体系的企业约 24%，说明餐饮业将五常法作为食品安全管理体系的最多。

这也符合餐饮业的特点，对以手工操作为主的餐饮业而言，加热的原料大小、均匀度往往存在差异，不宜确定一个固定的操作限值，因此餐饮业首选的食品安全管理体系并非 HACCP，而是五常法。

HACCP 作为以风险管理为主的食品安全管理体系，为许多食品加工企业所接受，也有部分餐饮业特别是拥有中央厨房的连锁餐饮所采用，因此本次调查，也有 24%的餐饮服务企业采用 HACCP 进行食品安全管理。

同时，有 41%的被访者填写了本企业采用了食品安全可追溯体系，这应该和对可追溯体系的理解有关，餐饮服务企业普遍认为，记录了原料购买的企业，进行了索证索票就是实施了可追溯系统，从而造成了本次调查，约有 41%的被调查企业认为本企业实施了食品安全可追溯体系。

本次调查中，尚有 15.8%的企业没有实施任何食品安全管理体系，说明即使是具有餐饮服务许可的餐饮企业，也还有一些没有采取任何食品安全管理体系。

2. 食品卫生标准操作程序（SSOP）的设置情况

SSOP 是食品企业在卫生环境和加工要求等方面所需实施的具体程序，这些文件有助于指导从业人员在食品生产中如何做到清洗、消毒、卫生保持等，从而有助于食品生产过程的安全控制。通过问卷调查，餐饮服务企业 SSOP 的设定情况见图 4。

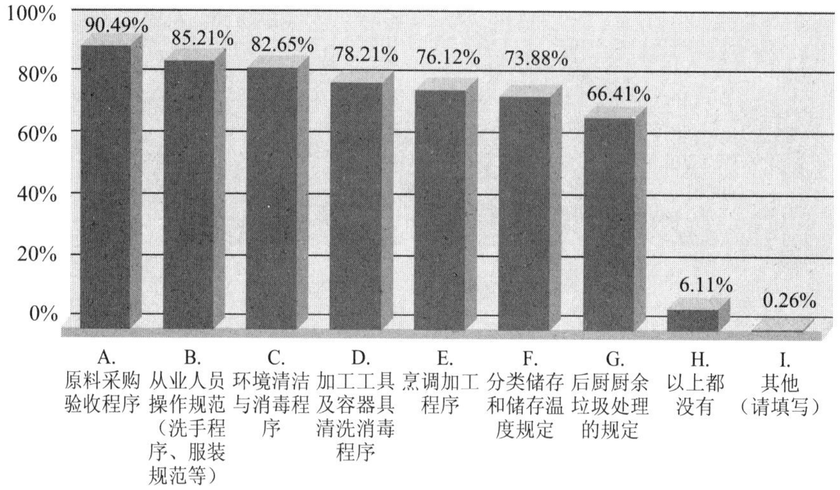

图 4　餐饮业 SSOP 设置情况

由图 4 可见，在原料采购与验收程序、从业人员个人卫生操作规范、环境清洁与消毒程序、加工工具及容器具的清洁与消毒程序、烹调加工程序、分类储存和储存温度规定、后厨厨余垃圾处理的规定等方面，66.4%～90.5%的企业设置了卫生标准操作程序，其中采购验收程序设置的比例最高，达 90.5%，后厨厨余垃圾处理程序的设置比例最低，为 66.4%，说明餐饮服务业在卫生管理方面，原料采购与验收较受重视，后厨厨余垃圾处理受重视的程度不高。

3. 食品卫生标准操作程序（SSOP）的告知方式

不同的告知方式，可以影响从业人员的行为规范的养成，能够间接反映企业 SSOP 的执行力，通过问卷调查，餐饮服务企业 SSOP 的告知方式见图 5。

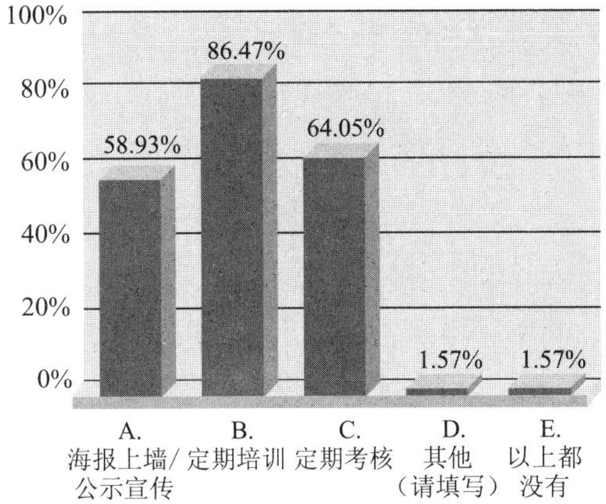

图 5　餐饮业 SSOP 的告知情况

由图 5 可见，通过定期培训来告知 SSOP 的企业最多，占 86.4%，其次是通过定期考核的方式告知，占 64.05%，通过海报上墙的方式告知的占 58.9%，没有任何告知方式的企业占 1.57%。这说明我国餐饮业比较重视食品安全培训，并在培训中告知员工基本的卫生标准操作程序，而通过海报上墙的方式告知员工的企业为 58.9%，还有很大的提升空间。

许多企业采用培训的方式，可能和食品安全法要求企业每年需要 40 学时的员工食品安全培训有关，有些企业不采用海报上墙的方式可能和食品企业的操作面积、操作间温湿度大等有关。

（三）我国餐饮业员工食品安全管理情况

1. 持证上岗情况

从业人员的健康对产品特别是直接入口的食品的安全有很大影响，我国食品安全法规定从事接触直接入口食品工作的食品生产经营人员应当每年进行健康检查，取得健康证明后方可上岗工作，对餐饮从业人员持证上岗情况的调查结果见图 6。

由图 6 可见，97.23%的受访企业要求员工需持证上岗，2.77%的受访企业没有坚持持证上岗。表明有一定规模的、具有餐饮服务许可的我国餐饮企业，绝大部分企业坚持持证上岗，说明我国餐饮企业要求从业人员持证上岗的比例较高，且制订了相应的管理规定。但尚有不足 3%的企业没有做到持证上岗，说明还是有少数企业未按照规定持证上岗。

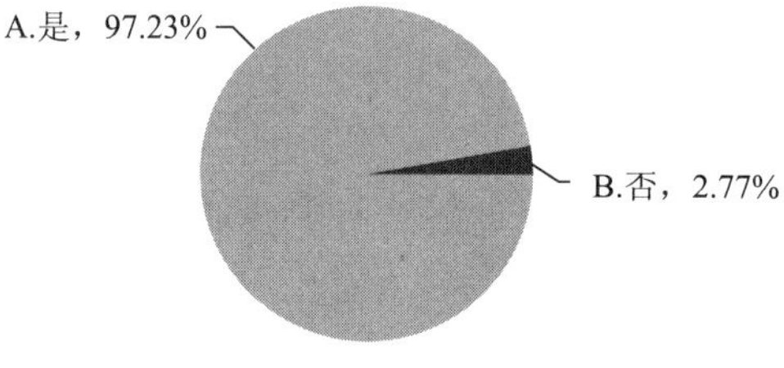

图 6　餐饮业持证上岗情况

持证上岗的比例较高是因为食品安全法规定了食品从业人员需持证上岗，也可能和监管人员加强了监督检查的力度有关。少数企业未能持证上岗可能和这几年餐饮业人员流动较低有关。

2. 从业人员体检频率

影响食品安全的疾病包括肠道传染病、皮肤感染性疾患等急性疾病，从业人员的健康状况会随时间而发生改变，因此食品安全法规定从业人员每年需进行一次体检，我国餐饮业从业人员体检频率的调查结果见图 7。

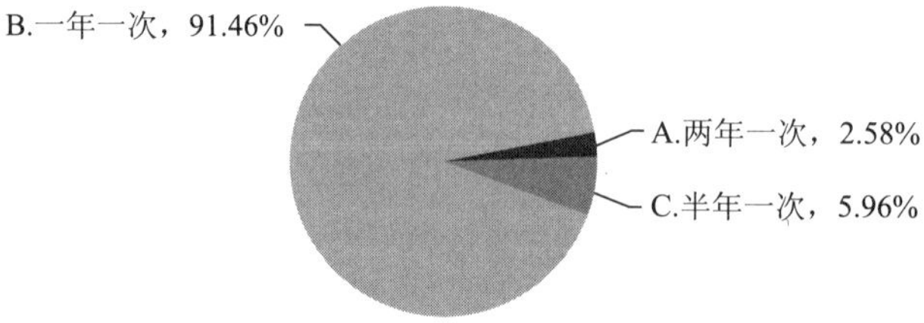

图 7　餐饮业从业人员体检频率

由图 7 可见，在所调查的餐饮企业中，所有餐饮企业都制订了体检制度，其中，91.46％的企业执行每年进行体检的制度，5.96％的企业每半年进行一次体检，2.58％的企业每两年进行一次体检。表明在我国有一定规模、具有餐饮服务许可证的企业中，超过 90％的企业制订了食品安全法规定的体检频率，有近 6％的企业制订了严于食品安全法规定的体检频率，只有不足 3％的企业制订的体检频率低于食品安全法的规定。

3. 从业人员食品安全培训频率

食品安全的培训频次间接和员工的食品安全素养有关，理论上培训次数越多，员工了解或掌握的食品安全知识越多，食品安全素养越高。我国餐饮业从业人员食品安全培训频率的调查结果见图 8。

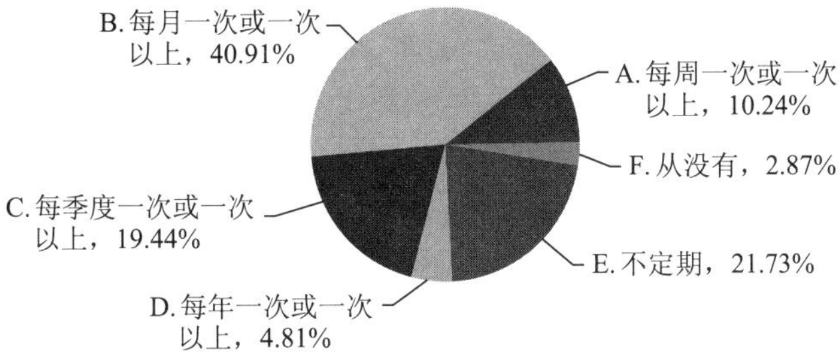

图 8　餐饮业从业人员培训频率

由图 8 可见，餐饮企业对员工的食品安全培训频次从每周一次以上到每年一次以上甚至从不进行培训的情况均存在，其中一月一次以上的最多，占 40.91％，其他依次为不定期（占 21.73％）、每季度一次以上（19.44％）、每周一次以上（10.24％），同时，还有 2.87％的企业从没有食品安全培训。说明大多数餐饮企业制订了食品安全培训制度，但实施频率不尽相同，同时尚有 2.87％的企业没有组织员工的食品安全培训。

员工培训次数只能间接反映培训效果，员工食品安全素养的提升还和培训内容、培训方式等相关，在相同情况下，培训频次越高，培训的效果越好，但相应的成本也越高，因此更多的企业选择每月培训一次。

（四）原料检验方法和设备

采用检验技术进行原料验收，即是索证索票的补充，又可以对不诚信行为起到一定的震慑作用，对餐饮企业是否有原料的检验设备和手段的调查结果见图 9。

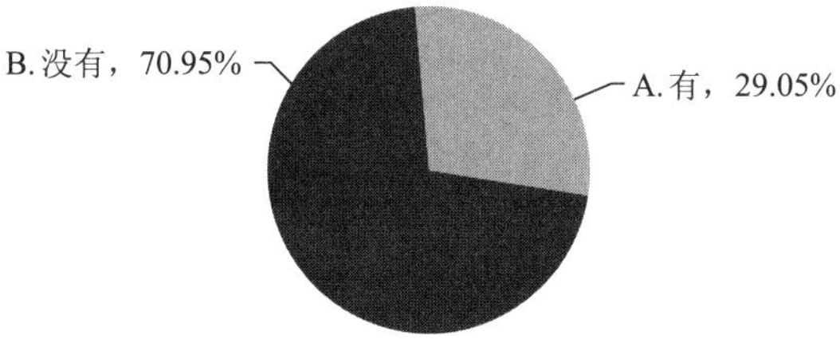

图 9　餐饮业原料检验制度的设定情况

由图9可见，具有原料检验验收手段和设备的餐饮企业仅有29.05%，说明我国餐饮业依靠检验进行原料验收的企业较少，即使在一定规模、具有餐饮服务许可证的餐饮企业也只有接近三成的企业采用检验进行原料验收。

二、我国餐饮业供应链管理情况

（一）餐饮业对可追溯体系的认知情况

食品安全可追溯体系要求通过标签中的编码可方便地到食品数据库中查找有关食品的详细信息。因此食品安全可追溯体系不是简单的溯源，免责，更为重要的是通过食品生产的信息，为食品的安全生产提供依据。因此食品安全管理人员对可追溯体系的认识会影响食品安全可追溯体系的实施过程、信息收集，进而影响对食品安全的控制效力。对我国这次餐饮企业食品安全管理人员对可追溯体系进行的调查结果见图10。

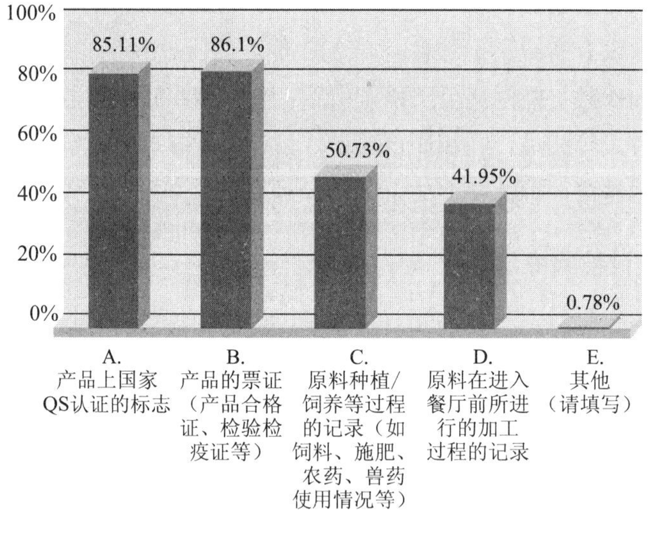

图10　餐饮企业食品安全管理人员对可追溯的认知

由图10可见，86.1%的食品安全管理人员认为产品的票证（产品合格证、检验检疫证等）属于可追溯范畴，85.11%的认为产品上国家QS认证的标志属于可追溯范畴，认为原料种植/饲养等过程的记录（如饲料、施肥、农药、兽药使用情况等）和原料在进入餐厅前所进行的加工过程的记录等内容属于可追溯范畴的分别为50.73%和41.95%。表明我国餐饮企业的很多食品安全管理人员对可追溯内容的认识尚停留在初级阶段，将合格证、检验检疫等信息作为可追溯内容，而对真正影响食品安全的生产过程的信息，仅有50%左右的管理人员认为属于可追溯的范畴，说明有必要在餐饮企业中开展可追溯体系的培训教育。

可追溯体系的实施，不仅能够对原料进行溯源，更为重要的是，通过可追溯体系的实施，对原料供应商生产过程的了解，能够判断原料的食品安全质量，加强对原料食品安全的控制，对我国餐饮企业实施可追溯情况进行的调查结果见图11。

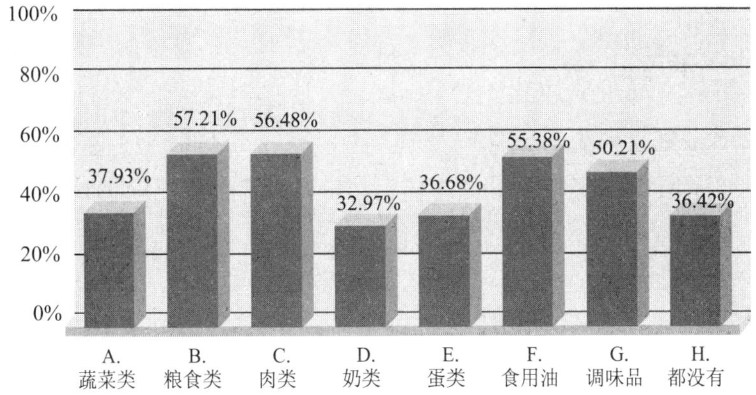

图11　餐饮企业食品安全可追溯的实施情况

由图11可见，在餐饮企业实施可追溯的食品原料中，开展的比例由高到低依次为粮食类57.21%、肉类56.48%、食用油55.38%、复合调味品50.21%、蔬菜类37.93%、蛋类36.68%、奶类32.97%，此外有36.42%的企业未实施可追溯体系。表明，我国餐饮企业中，接近2/3的企业对不同的食品原料实施了可追溯系统进行控制，在各种原料中，以粮食、肉类、食用油和复合调味品在可追溯的控制之下的比例较高，说明我国食品实施食品安全可追溯体系还需要供应商和客户的共同努力。

（二）餐饮业食品原料保存和记录

1. 我国餐饮业记录制度建立的总体情况

记录可以为食品溯源提供依据，而且可以通过记录查询，防止餐饮服务业使用过期食品，记录制度是记录及时、完整的保证，对我国餐饮企业建立记录制度的情况进行的调查结果见图 12。

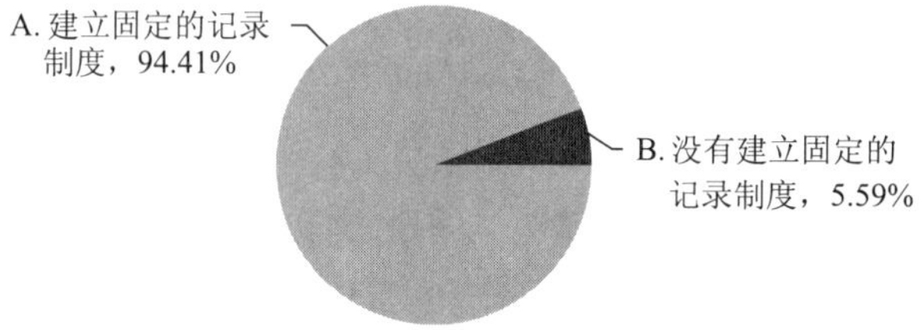

图 12　餐饮企业记录制度建立情况

由图 12 可见，建立了餐饮服务记录制度的餐饮企业占 94.41%，未建立的占 5.59%，表明我国餐饮企业绝大部分建立了餐饮服务的记录制度，尚有少部分（5%左右）企业未建立记录制度。

2. 餐饮业餐饮采购记录情况

对建立了餐饮服务制度的企业进行调查，调查其记录的内容，结果见图 13。

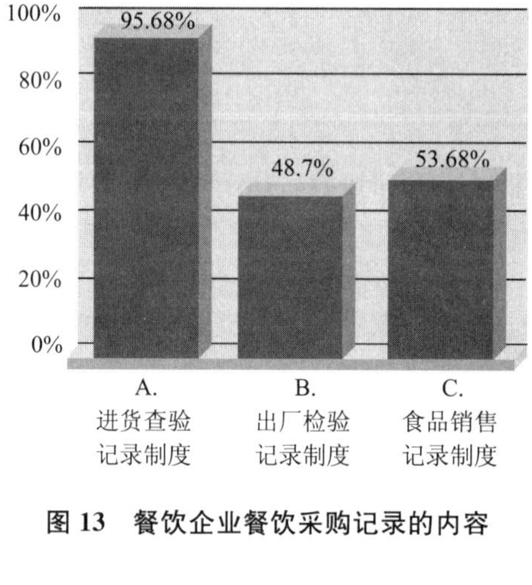

图 13　餐饮企业餐饮采购记录的内容

由图 13 可见，我国餐饮企业中，餐饮服的记录包括进货查验记录、食品销售记录、出厂检验记录，分别占企业的 95.68%、53.68%和 48.7%，说明餐饮服务企业绝大多数（超过 95%）会记录进货及验收情况，部分企业还记录食品销售和出厂检验情况，是因为餐饮工业化和快餐行业的发展，餐饮业存在一定数量的产品外销。

（三）原料储藏的情况

不同原料的存放条件不同，只有在最适合的条件下存放，才能保障原料的质量，因此餐饮企业的原料库的种类可以反映餐饮食品原料的储存情况，从而间接反映食品原料的安全状况，对我国餐饮企业的原料库情况的调查结果见图14。

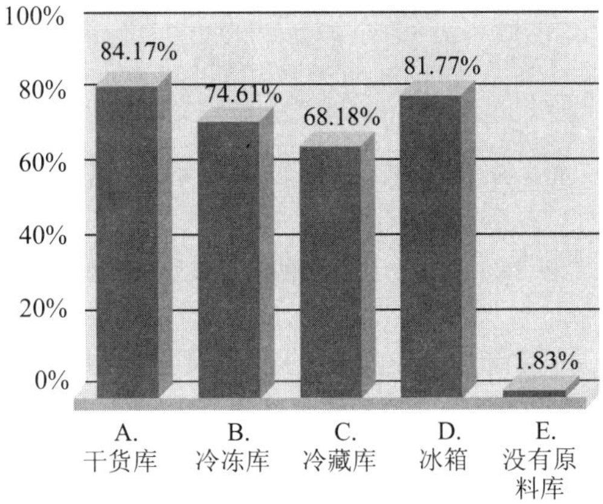

图14　餐饮企业原料库的设置情况

由图14可见，被调查的餐饮企业中，1.83%的企业没有建设食品原料库，其中，84.17%的企业设有干货库、81.77%的企业设有冰箱、74.61的企业设有冷冻库、68.18%的企业设有冷藏库。说明，我国餐饮企业绝大多数设有原料库，仅有不足2%的企业没有原料库，干货库设置的比例最高、冷藏库设置的比例最低。

干货库设置比例高，是因为企业存放粮食类食品原料、食用油、调味品等预包装食品等都需要干货库，而冷藏库设置比例低，是因为冷藏库一般用于存放蔬菜、水果、冷藏酱类，而目前我国市场繁荣，企业可以通过市场购买新鲜的蔬菜、水果，不需要冷藏，需要冷藏的酱类体积不大，使用冰箱即可。

（四）企业关注的食品安全控制问题

企业关注的问题，也是企业工作的重点问题，因此企业关注的食品安全控制的不同，可导致企业花费的人力、物力的不同，并导致食品安全问题控制效力的不同，对我国餐饮企业关注的食品安全控制的问题调查结果见图 15。

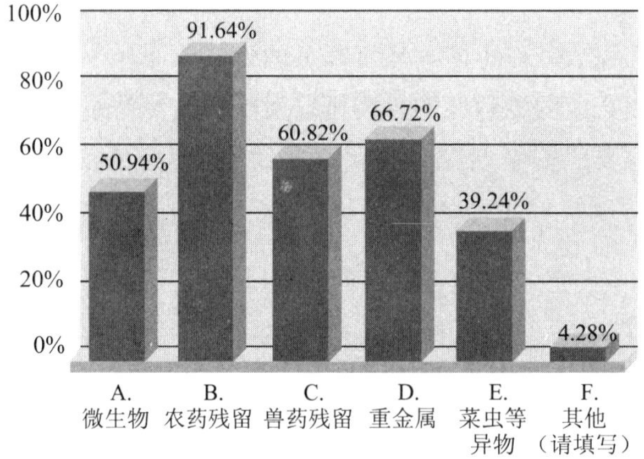

图 15　餐饮企业担心的食品安全控制问题

由图 15 可见，我国餐饮企业担心的食品安全问题包括农药残留、重金属超标、兽药残留、微生物污染和菜虫等异物，分别占所调查企业的 91.64%、66.72%、60.82%、50.95%和 39.24%，表明我国餐饮企业最担心的食品安全问题为农药残留等化学污染，仅半数企业担心微生物污染。

担心化学污染，一方面是因为在食品安全检验中，化学污染问题较多；另一方面化学污染较受媒体关注，报道较多。当然，也和企业对食品安全问题的危害性的认识有关。

三、从业人员食品安全法认知情况

（一）餐饮企业对食品安全法原料采购相关规定的认知情况

食品安全法第三十四条规定禁止生产经营的食品包括非食品原料或者添加食品添加剂、致病性微生物，农药残留、兽药残留、生物毒素、重金属等污染物质以及其他危害人体健康的物质含量超过食品安全标准限量的食品、食品添加剂、食品相关产品；用超过保质期的食品原料、食品添加剂生产的食品、食品添加剂等。熟悉食品安全法规定的不得采购的食品原材料，能够防止采购到存在食品安全风险的食品原料，同时也可以防止企业经营过程中不会违反食品安全法。对食品安全管理人员对食品安全法规定不得采购的原料的认知情况的调查结果见图 16。

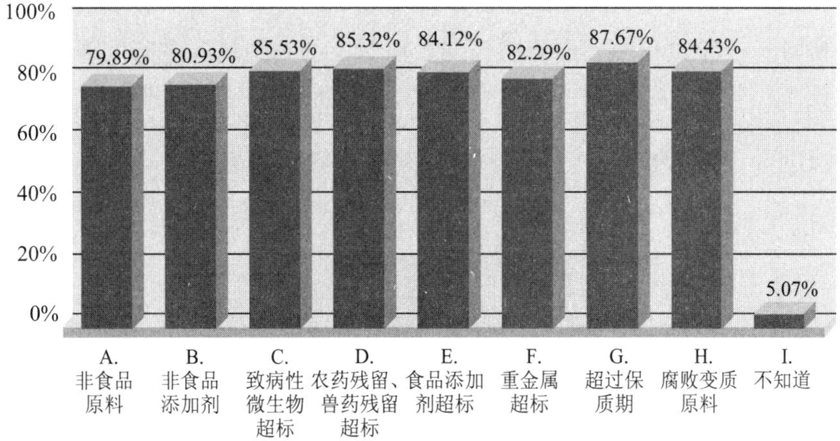

图 16　不得采购的原料的认知情况

由图 16 可见，对不得采购的食品原料的总体知晓率较高，达到了 94.93%，仅有 5.07%的被访者回答不知道。而对食品安全法规定的不得采购的食品原料非食品原料、非食品添加剂、致病性微生物超标的食品、农药残留、兽药残留超标的食品、食品添加剂超标的食品、重金属超标的食品、超过保质期及腐败变质原料等，餐饮人员的知晓率分别为 79.89%、80.93%、85.53%、85.32%、84.12、82.29%、87.67%和 84.43%；表明对食品安全法规定的不得采购的食品原料，并不是所有的餐饮企业食品安全管理人员都知晓，知晓率最高的是不得采购过期的食品原料，也只有 87.67%，尚有 13.33%的食品安全管理人员并不了解，而更为严重的是，知晓率最低的是最为严重的不得采购费食品原料的规定，只有 79.89%。说明对食品安全法的底线规定，不得采购的食品原料条款，在餐饮企业的食品安全管理人员中，尚有一定数量的人员并未知晓，提示有必要开展新法的宣贯和培训工作。

（二）餐饮企业需要建立的食品安全控制制度知晓情况

食品安全法第 46 条规定食品生产企业应当就下列事项制定并实施控制要求（1）原料采购、原料验收、投料等原料控制；（2）生产工序、设备、贮存、包装等生产关键环节控制；（3）原料检验、半成品检验、成品出厂检验等检验控制；（4）运输和交付控制。由于餐饮企业的经营特点，应当制定原料采购、原料验收、原料检验、产品检验等制度，对餐饮企业食品安全管理人员进行经营过程中，应当制订的操作制度的知晓情况进行问卷调查，结果见图 17。

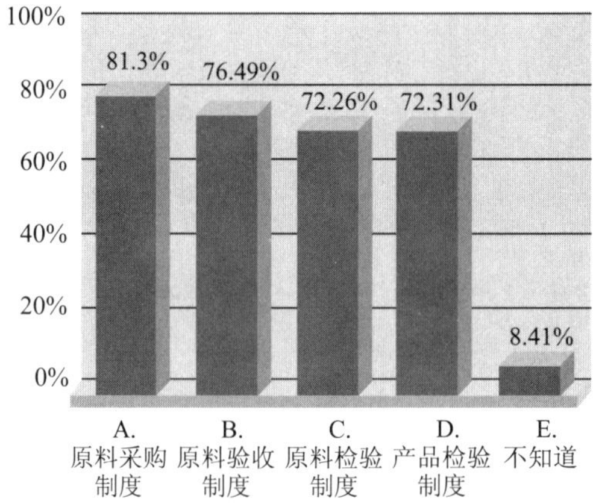

图 17　食品安全管理人员对餐饮企业应制订的制度的知晓情况

由图 17 可见，在被访的餐饮企业食品安全管理人员中，有 81.3%的认为企业应建立原料采购制度，76.49%的认为企业应建立原料验收制度，有 72.26%的认为企业应建立原料检验制度，72.31%的认为企业应建立产品检验制度，表明大多数餐饮企业的食品安全管理人员知道食品安全法要求餐饮企业应建立哪些企业制度，但也有少数（8.41%）不知道应建立哪些制度，说明对食品安全法建立企业制度的规定，餐饮企业的食品安全管理人员有较高的知晓率。

（三）餐饮企业对食品安全法规定的原料采购标准认知的情况

食品安全法第 46 条规定食品生产企业应当建立原料采购、原料验收、原料检验等制度，食品原材料在采购验收时，有些指标、标准是强制执行的，这些规定的了解，有利于在原料采购验收的食品安全控制。通过问卷调查，进行了餐饮企业的食品安全管理人员对食品安全法规定的强制标准的识别情况调查，结果见图 18。

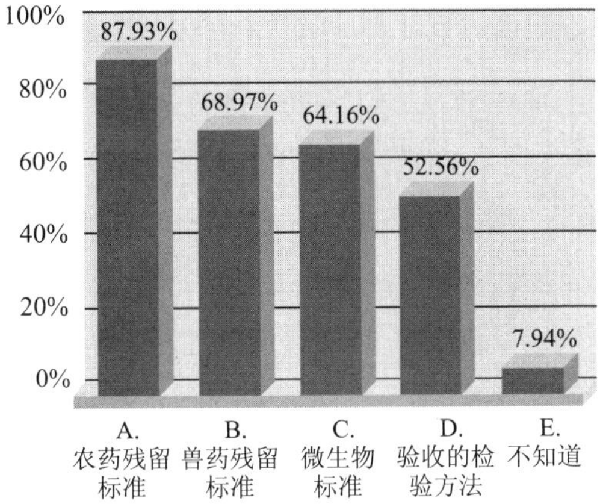

图 18　原料采购强制标准的认知情况

由图 18 可见，餐饮企业的食品安全管理人员对食品安全法规定的食品原料的安全标准中，哪些是强制标准的识别正确率分别是农药残留标准 87.93%、兽药残留标准 68.97%、微生物标准 64.16%、验收的检验方法 52.56%。表明我国餐饮企业的食品安全管理人员对这些强制标准的知晓率不高，对微生物标准强制性的知晓率更低，仅 64.16%，说明餐饮企业的食品安全管理人员不仅对食品安全法的熟悉程度不高，而且食品安全的思维意识出现了偏差，忽视了食品的微生物污染。

（四）食品安全管理人员对食品安全法关于可追溯规定的认知情况

食品安全法第 42 条规定食品生产经营者应当依照本法的规定，建立食品安全追溯体系，保证食品可追溯。国家鼓励食品生产经营者采用信息化手段采集、留存生产经营信息，建立食品安全追溯体系。从本条款规定看，食品生产经营企业应建立食品安全可追溯体系，此规定是强制性规定，同时鼓励企业应用电子化技术进行食品安全可追溯，此规定是非强制性的，通过问卷调查，对餐饮企业的食品安全管理人员对此条款的了解程度进行了调查，结果见图 19。

由图 19 可见，被访者中，69.8%的认为建立食品安全可追溯体系是强制执行的，14%的认为建立电子信息化技术的可追溯系统是强制的，另有 16.25%的回答不知道。表明在新的食品安全法所规定的企业实施可追溯系统的规定上，约有30％的被访者并不清楚条款的具体规定。

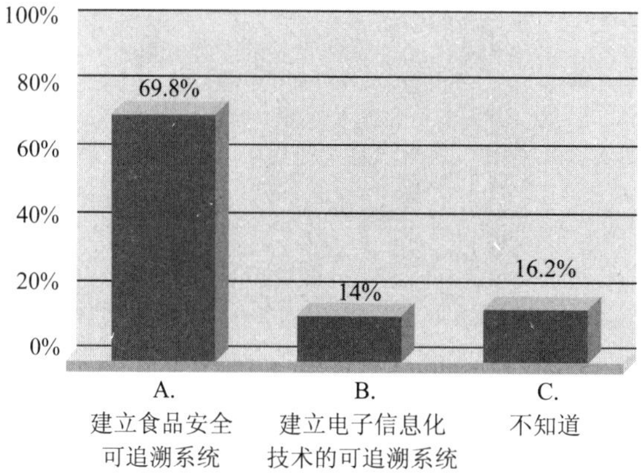

图19　对食品安全法的可追溯规定的知晓情况

对于可追溯系统的实施，需要政府、企业等部门互相配合才能顺利进行，因此了解企业在实施可追溯系统上所面临的困难，有利于政府对可追溯系统的实施进行政策调整，对我国餐饮企业食品安全管理人员的调查结果见图20。

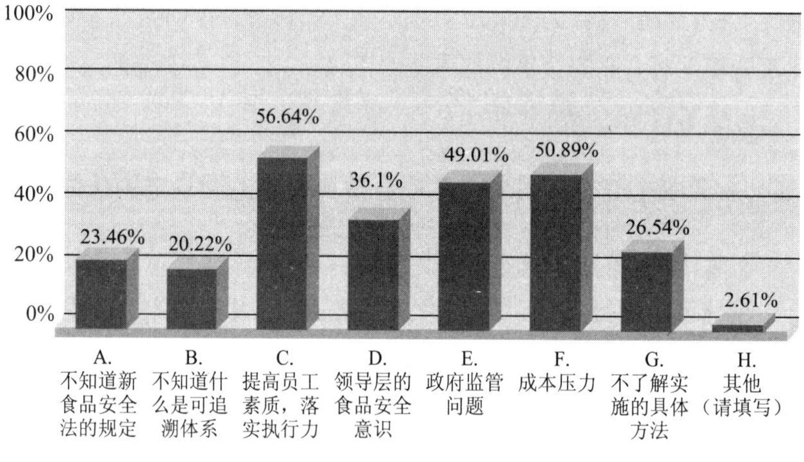

图20　企业对实施可追溯系统所面临的困难

由图20可见，被访者中，有56.64％的选择企业在实施可追溯系统上所面临的困难是如何提高员工素质、落实执行力，50.89％的选择成本压力是企业所面临的困难，此外49.01％的选择的是政府监管问题，36.1％的选择的是企业领导层的食品安全意识，23.46％的选择的是不知道视频安全法的规定，

20.22%的选择的是不知道什么是可追溯体系，还有 2.61%的选择的是不知道。表明从企业层面看，实施可追溯体系面临的多种困难，包括企业员工素质低，担心执行力不够，成本增加导致企业利润下滑，政府监管力度不够导致不公等等，说明企业认为可追溯系统的实施，尚有很多困难。

（五）对实施新法，企业拟采取的应对措施

从企业为迎接新法的实施，所采取的应对措施，可以看出企业在保障食品安全方面所付出的努力，也能反映企业在对待食品安全的态度，通过问卷调查，对企业的应对措施进行的调查结果见图 21。

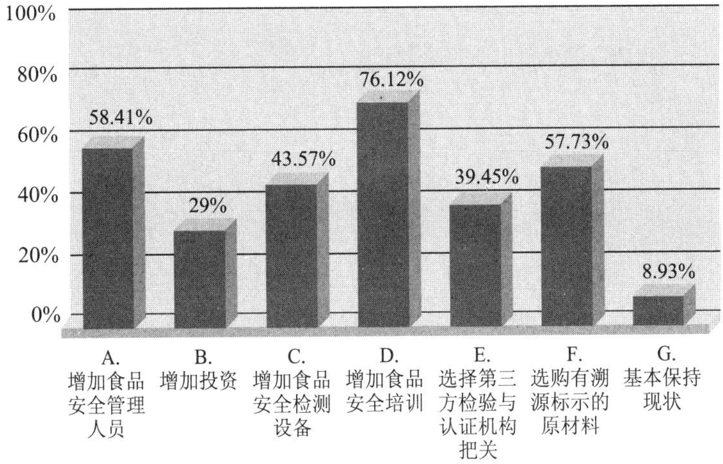

图 21　企业为迎接食品安全法实施的应对措施

由图 21 可见，76.12%的被访者选择增加食品安全培训，58.41%的被访者选择增加食品安全管理人员，57.73%的被访者选择购买有溯源标示的原料；但也有 43.57%的被访者选择增加食品安全检测设备，39.45%的被访者选择第三方检验与认证机构把关，29%的被访者选择增加投资，同时有 8.93%的被访者选择维持现状。这表明，更多的被访者选择不增加成本或少增加成本的方式如选择增加食品安全培训、增加食品安全管理人员、购买有溯源标示的原料、维持现状等，同时也有部分企业能够承受增加成本，选择了增加食品安全检测设备、选择第三方检验与认证机构把关、增加投资等。

从调查结果看，我国餐饮业在食品原料的控制上、制度的制订上，还有提

升的空间，可针对调查结果，开展有针对性的监督管理、宣传培训以指导企业完善各种管理制度等工作。食品安全的控制贯穿于从田间到餐桌的全过程，今后可密切关注国家食品药品监督管理总局的工作重点，开展其他环节的食品安全控制的调查与控制研究。

本报告节选于《2015 年度餐饮食品安全（供应链管理）报告》。

餐饮食品安全供应链调研报告
打造稳定的餐饮企业供应商合作模式

中国烹饪协会　联合利华饮食策划

摘　要：随着人们对生活品质要求的提升，外出就餐享受美食已经成为人们生活中的重要部分，餐饮食品安全问题更是越来越被社会各界所重视。近年来发生的餐饮食品安全事件，给涉事餐饮企业造成了重大的经济损失和信誉危机。而透视事件背后，由于原材料管理和上游供应商的管理出现问题导致的食品安全问题较为集中。其中，由于采购渠道选择不当和供应商管理不当产生的原材料不稳定性诱发的食品安全事故更加不容小觑。2015年10月1日，号称“史上最严”的新食品安全法即将全面实施，对餐饮企业与整个餐饮行业上下游的食品生产经营企业都提出了新的规范和新的要求，对于餐饮企业而言，建立较为完善、科学的供应商管理机制，促使餐饮企业与供应商形成长期、稳定的合作关系是实现餐饮食品安全供应链高效管理的途径，也是餐饮食品安全的基础和保障。

关键词：餐饮行业；食品安全；供应商管理

一、餐饮企业的供应商管理

（一）定义

供应商或称为“厂商”，即供应商品的个人，是指直接向零售商提供商品及相应服务的企业及其分支机构、个体工商户，包括制造商、经销商和其他中介商。餐饮企业供应商指为餐厅提供所需物品包括食品、后厨设备、清洁用品等的个人或企业及其分支机构，而由于餐饮企业业态的多样性、采购原料的多样性，餐饮企业供应商可以是农户个人/生产基地、制造商、代理商、批发商（限一级）、进口商等。

供应商管理是在新的物流与采购经济形势下提出的管理机制，是指对供应商的了解、选择、开发、使用和控制等综合性管理工作的总称。其中，考察了解是基础，选择、评估、开发、控制是手段，使用是目的。供应商管理是供应链采购管理中一个很重要的问题，它在实现准时化采购中有很重要的作用。

现代管理学将供应商管理分为竞争式及双赢式两种模式。对于餐饮企业来说，稳定和有品质的原材料供应保障是企业运营的基础，因此，餐饮企业供应商管理的目的就是要建立起一个稳定、可靠的供应商队伍，与供应商建立一种战略性合作关系，共同优化整个供应链管理，确保原材料的品质。

（二）法律法规规定

《中华人民共和国食品安全法》（2015 年修订）第五十条规定，食品生产者采购食品原料、食品添加剂、食品相关产品，应当查验供货者的许可证和产品合格证明；对无法提供合格证明的食品原料，应当按照食品安全标准进行检验；不得采购或者使用不符合食品安全标准的食品原料、食品添加剂、食品相关产品。

第五十二规定，食品、食品添加剂、食品相关产品的生产者，应当按照食品安全标准对所生产的食品、食品添加剂、食品相关产品进行检验，检验合格后方可出厂或者销售。

《中华人民共和国食品安全法》（2015 年修订）第五十三条规定，食品经营者采购食品，应当查验供货者的许可证和食品出厂检验合格证或者其他合格证明（以下称合格证明文件）。

食品经营企业应当建立食品进货查验记录制度，如实记录食品的名称、规格、数量、生产日期或者生产批号、保质期、进货日期以及供货者名称、地址、联系方式等内容，并保存相关凭证。记录和凭证保存期限应当符合本法第五十条第二款的规定。

实行统一配送经营方式的食品经营企业，可以由企业总部统一查验供货者的许可证和食品合格证明文件，进行食品进货查验记录。

新食品安全法中对农产品有了更多的规定，而这也正是对下游餐饮企业的保护，也显示了餐饮企业规范索证索票和选择合法供应商的重要性。第六十五条规定，食用农产品销售者应当建立食用农产品进货查验记录制度，如实记录食用农产品的名称、数量、进货日期以及供货者名称、地址、联系方式等内容，并保存相关凭证。记录和凭证保存期限不得少于六个月。

（三）餐饮企业采购渠道和供应商管理现状

此次调研中最为重要的问题之一即为餐饮企业对于采购渠道的选择管理以及对于供应商的选择和管理。通过多项的数据分析和比对，我们发现，不同业态、模式和地区的餐饮企业由于餐饮规模，经营模式，采购需求的不同，在采购渠道和供应商选择上有较大差别。

1. 不同品类原材料采购渠道和供应商存在较大差异

总体上，从粮食、蔬菜、肉类和预包装食品这四类餐饮企业采购量最大的原材料的采购渠道（即供应商类型）上来看，存在一定差异，因此不同原材料面对不同的供应商管理风险和挑战。

由于具有一定品牌知名度的厂商具有较为完备和公开的资质信息以及较为完善的进出货记录、管理系统，而比较长期的生产经营活动也使其在行业中有一定的信誉度，因此，从知名品牌及其经销商处采购原材料相对较容易实现可追溯，从而相对能够控制风险。

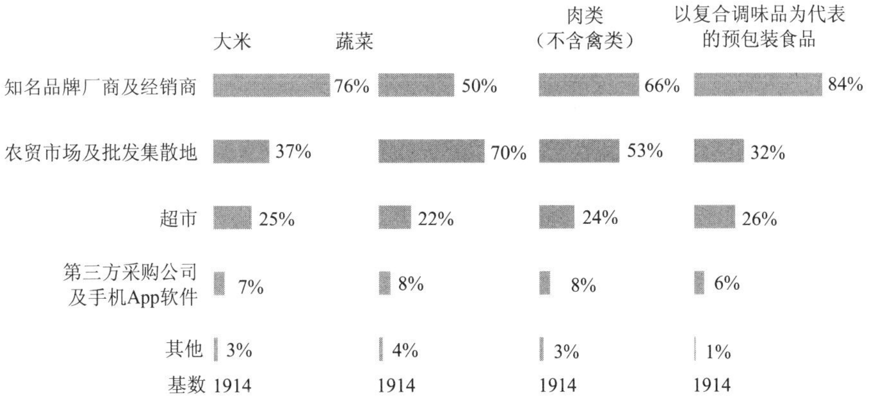

问卷中相对应题目：

11 您的餐厅粮食类（仅以大米为例） 食品的主要采购渠道是？

13 您的餐厅蔬菜类食品的主要采购渠道是？

15 您的餐厅肉类原料（不含水产品）的主要采购渠道是？

17 您的餐厅复合调味品（鸡汁、鸡粉、包装酱料等）的主要采购渠道是？

图 1　餐饮企业采购不同原材料的渠道及供应商类型

而调研显示，在餐饮企业采购量最多的四类原材料中，蔬菜在“农贸市场及批发集散地”渠道采购的比例较高，供应商的稳定性较差，对于采购渠道和供应商的控制能力也较低，而以复合调味品为代表的预包装食品，大米等粮食较集中在“知名品牌厂商及其经销商”处采购，原材料的稳定性都较高；肉类（不含禽类）从采购渠道看，“知名品牌厂商及其经销商”的占比已经接近70%，不过仍然存在半数“农贸市场及批发集散地”供应商处采购情况，也可看出对于肉类这种风险较高的原材料，餐饮企业已经给予了一定的重视（见图1）。

从数据中可以进一步看到，相对于粮食和预包装食品（以复合调味品为代表），禽类、蛋类、水产、蔬菜、水果五个品类的原材料，本身种类繁多，原材料个体差异大，最重要的是在自然生长过程中所受到的外界影响因素（如水、空气以及农药、兽药等）较多，产品标准化管理较难，产品储存条件要求也较高，因此原材料本身管理难度就很大，而从采购渠道上来看，这五类原材料从“知名品牌及其经销商”处采购的比例明显低于以复合调味品为代表的预包装食品、粮油、肉类，是需要投入更多精力来关注的原材料类型，也是在采购渠道和供应商选择上需要更多关注的原材料类型（见图2）。

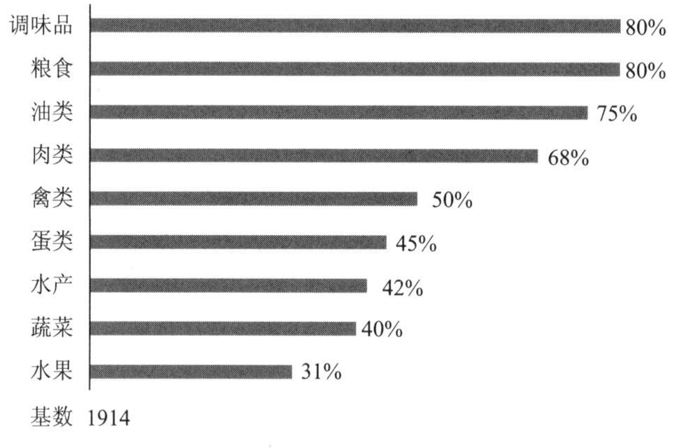

问卷中相对应题目：
20 您的餐厅对以下哪些原材料的采购通过知名品牌及其经销商进行采购？

图2 不同类型原材料通过知名品牌及其经销商渠道采购所占比例

（1）粮食类原材料供应商。

调研数据显示，这一品类原材料（仅以大米为例），不同城市级别、不同餐饮业态、不同餐标的餐饮企业，在选择供应商存在一定差别，以下A组的供应商更多集中于“知名品牌厂商及其经销商”，相对来说这组餐企该品类原材料供应商的管理更容易实现追溯，其管理风险更多集中于供应商的诚信、品控方面（见表 1）。

表 1　粮食类原材料供应商对比

对比角度 \ VS.	A 组	B 组
城市级别	一线城市的餐饮企业	二线城市的餐饮企业
业　态	中餐（连锁）	其他四种业态
餐　标	餐标＞80 元/人的餐饮企业	餐标＜80 元/人的餐饮企业（主要是 B 组从农贸市场及批发集散地采购比例明显高于 A 组）

B 组虽然主要也是从“知名品牌厂商及其经销商”处采购粮食（仅以大米为例），但是从“农贸市场及批发集散地”采购的比例高于 A 组，较松散的管理模式使这些原材料面临风险相对较大，因此，对于 B 组来说，对于和农贸市场及批发集散地的供应商合作应当投入更多管理精力（见表 2）。

表 2　粮食类原材料采购渠道及供应商类型

粮食类（仅以大米为例）的采购渠道占比－%	总体	城市级别		业　态						餐标	
		一线	二线	中餐（单店）	中餐（连锁）	火锅	快餐	酒店（餐厅）	其他	<80 元/人	>80 元/人
基数	1914	511 (A)	1403 (B)	567 (A)	550 (B)	224 (C)	206 (D)	346 (E)	21 (F)	1081 (A)	833 (E)
知名品牌厂商及其经销商	76	83B	74	78CE	82CDE	67	72	72	86	76	76
农贸市场及批发集散地	37	19	44A	36F	37F	42F	41F	37F	10	40B	33
超市	25	19	27A	26	24	29	26	22	10	24	27
第三方采购公司及手机 App 软件	7	4	8A	8B	4	5	9B	8B	5	6	8
其他	3	6B	2	2	3	3	6AE	2	5	3	3
问卷中相对应题目：11 您的餐厅粮食类（仅以大米为例）食品的主要采购渠道是？											

（2）蔬菜类原材料供应商。

蔬菜是四种原材料中风险管控挑战较大的品类，因为它的主要采购渠道是农贸市场及批发集散地，这个渠道将是蔬菜品类供应商管理的重点，这在城市级别和餐饮业态上差别不明显。但是不同城市级别、不同餐饮业态的供应商渠道存在差异的方面，主要体现在其渠道的集中程度（采购渠道数量平均值，此值越低则表示采购渠道越少而越集中），以上 A 组相对 B 组的采购渠道相对集中于“农贸市场及批发集散地”和“知名品牌厂商及其经销商”，因此供应商管理所面临的挑战相对较小。

农贸市场作为餐饮企业重要的采购渠道，与餐饮食品安全管理息息相关。而目前农贸市场食品安全管理却往往不够完善，市场经营主体多样却复杂、整体食品安全观念意识淡薄、整个市场流动性较大等等现状决定了餐饮企业对这类供应商管理具有一定难度和挑战（见表3）。

表3　蔬菜类原材料采购渠道及供应商类型

蔬菜类的采购渠道占比－%	总体	城市级别		业态						餐标	
		一线	二线	中餐（单店）	中餐（连锁）	火锅	快餐	酒店（餐厅）	其他	<80元/人	>80元/人
基数	1914	511 (A)	1403 (B)	567 (A)	550 (B)	224 (C)	206 (D)	346 (E)	21 (F)	1081 (A)	833 (E)
知名品牌厂商及其经销商	70	60	74A	68F	69F	76AF	75F	68F	43	72B	67
农贸市场及批发集散地	50	41	54A	51	50	52	50	49	43	51	50
超市	22	9	27A	23	19	27BF	21	23	5	22	22
第三方采购公司及手机App软件	8	5	9A	10B	5	6	7	12BC	24BCD	8	9
其他	4	4	4	4	3	4	7EE	3	—	4	3
采购渠道数量平均值	1.5	1.2	1.7	1.6	1.5	1.7	1.6	1.6	1.2	1.6	1.5

问卷中相对应题目：13 您的餐厅蔬菜类食品的主要采购渠道是？

（3）肉类原材料供应商。

在肉类（不含禽类）的原材料采购中，不同城市级别、不同餐饮业态、不同餐标的餐饮企业，在选择供应商存在一定差别，以下A组的供应商更多集中于“知名品牌厂商及其经销商”（见表4）。

表4　肉类原材料的采购渠道（供应商）对比

VS. 对比角度	A组	B组
城市级别	一线城市的餐饮企业	二线城市的餐饮企业
业　态	中餐（连锁）	其他四种业态
餐　标	餐标>80元/人的餐饮企业	餐标<80元/人的餐饮企业

以上B组的肉类（不含禽类）的原材料在农贸市场及批发集散地的采购比例显著高于A组。A组知名品牌厂商及其经销商与农贸市场及批发集散地的采购的分布大约7∶3，而B组则接近5∶5。因此，对于B组来说，管控肉类（不含禽类）的供应商时，农贸市场及批发集散地的固定合作商户的选择、日常管理以及检查是重要工作（见表5）。

表 5　肉类（不含禽类）原材料采购渠道及供应商类型

肉类（不含禽类）的采购渠道占比－%	总体	城市级别		业　态						餐标	
		一线	二线	中餐（单店）	中餐（连锁）	火锅	快餐	酒店（餐厅）	其他	<80 元/人	>80 元/人
基数	1914	511 (A)	1403 (B)	567 (A)	550 (B)	224 (C)	206 (D)	346 (E)	21 (F)	1081 (A)	833 (E)
知名品牌厂商及其经销商	66	70B	65	68D	74ACDE	61D	50	64D	71	65	67
农贸市场及批发集散地	53	25	63A	54BF	46F	61BF	60EF	57BF	10	56E	50
超市	24	12	28A	24	25	21	23	24	5	24	24
第三方采购公司及手机App 软件	8	4	9A	9B	4	10B	10B	8B	19B	7	8
其他	3	6B	2	2	3	4	6AE	1	—	3	3

问卷中相对应题目：15 您的餐厅肉类原料（不含水产品）的主要采购渠道是？

（4）预包装类原材料供应商。

以复合调味品为代表的预包装食品一类原材料中，通过知名品牌厂商及其经销商的渠道进行采购的餐饮企业所占比例较高，总体达到 84%，从本次调研的四个主要类别的原材料来看，以复合调味品为代表的预包装食品在采购渠道上较为稳定，从整个行业来讲，供应商的成熟度也较高。而不同城市级别、不同餐饮业态的餐饮企业，在此类原料的供应商存在一定差别，以下 A 组的供应商更多集中于“知名品牌厂商及其经销商”，因此它们面对的经销商管理的风险小于 B 组（见表 6）：

表 6　预包装类原材料的采购渠道（供应商）对比

对比角度　VS.	A 组	B 组
城市级别	一线城市的餐饮企业	二线城市的餐饮企业
业　态	中餐（连锁）、地方小吃简餐	其他三种业态，中餐（单店）、火锅、酒店（餐厅）

以上 B 组的此类原材料从“农贸市场及批发集散地”采购的比例显著高于 A 组，对于预包装食品来说，品牌标准化程度较高，而辨别产品真假、保质期、标签标识等问题是重点，也是考验供应商的诚信。因此对于 B 组来说，管控以复合调味品为代表的预包装食品的供应商时，“农贸市场及批发集散地”也是一个有必要加强管控的渠道，即对此类渠道中的个体商户的资质、稳定性、进货渠道的合法性等餐饮企业需要特别注意核验（见表 7）。

表 7　预包装类原材料采购渠道及供应商类型

以复合调味品为代表的预包装食品的采购渠道占比－%	总体	城市级别		业　态						餐标	
		一线	二线	中餐（单店）	中餐（连锁）	火锅	地方小吃简餐	酒店（餐厅）	其他	<80 元/人	>80 元/人
基数	1914	511 (A)	1403 (B)	567 (A)	550 (B)	224 (C)	206 (D)	346 (E)	21 (F)	1081 (A)	833 (E)
知名品牌厂商及其经销商	84	9B	82	84CE	90ACE	77	85	78	81	85	83
农贸市场及批发集散地	32	16	38A	37BDF	27F	33F	25	39BDF	5	31	34
超市	26	16	29A	26F	28DF	28F	20F	25F	—	27	24
第三方采购公司及手机App软件	6	4	7A	8B	4	5	4	6	19BCD	5	6
其他	1	4B	0	1	1	2	4ABE	0	—	1	1

问卷中相对应题目：17 您的餐厅复合调味品（鸡汁、鸡粉、包装酱料等）的主要采购渠道是?

（5）总结。

针对于不同类型原材料，不同城市级别、不同业态的餐饮企业，对于采购渠道和供应商的选择存在差异，因此不同餐饮企业所面对的供应商管理风险有一定差异。

一线城市的餐饮企业粮食、肉类、禽类、蛋类从知名厂商及其经销商处采购的比例显著高于二线城市。

中餐（连锁）在诸多原材料品类上，相对其他四种餐饮业态更集中在“知名品牌及其经销商”处采购，其次是中餐（单店）、酒店（餐厅）。

五种餐饮业态中，对几乎所有品类，火锅、地方小吃简餐从“知名品牌及其经销商”处采购比例相对较少，是对于采购渠道选择和供应商以及原材料管理投入更多关注的业态（见表 8）。

表 8　不同类型原材料从知名品牌厂商及其经销商处采购占比

从“知名品牌厂商及其经销商”处采购比例－%	总体	城市级别		业　态						餐标	
		一线	二线	中餐（单店）	中餐（连锁）	火锅	地方小吃简餐	酒店（餐厅）	其他	<80 元/人	>80 元/人
基数	1914	511 (A)	1403 (B)	567 (A)	550 (B)	224 (C)	206 (D)	346 (E)	21 (F)	1081 (A)	833 (E)
粮食	80	90B	76	78C	87ACDE	68	78C	80C	86	80	80
调味品	80	80	80	80D	86ACD	75	67	82CD	95D	80	81
油类	75	70	77A	69	79A	75	73	78A	81	75	75
肉类	68	82B	63	68CD	74ACD	57	54	73CD	81D	67	70
禽类	50	66B	44	55CD	55CD	37	40	50CD	52	48	53
蛋类	45	56B	42	56CD	51CD	33	35	49CD	67CD	45	46
水产	42	34	45A	40	46CD	34	35	48ACD	71ABCD	41	44
蔬菜	40	39	40	44C	40C	30	37	40C	52	40	39
水果	31	26	33A	34CD	34CD	19	23	35CD	38	32	31

问卷中相对应题目：20 您的餐厅对以下哪些原材料的采购通过知名品牌及其经销商进行采购?

2. 供应商选择标准

调研显示，餐饮企业选择供应商时，大部分的企业对“产品质量和检验报告”，“品牌知名度”的考虑和要求是最高的。同时，产品价格一样很重要，这是餐饮企业盈利要求的现实情况（见图 3）。

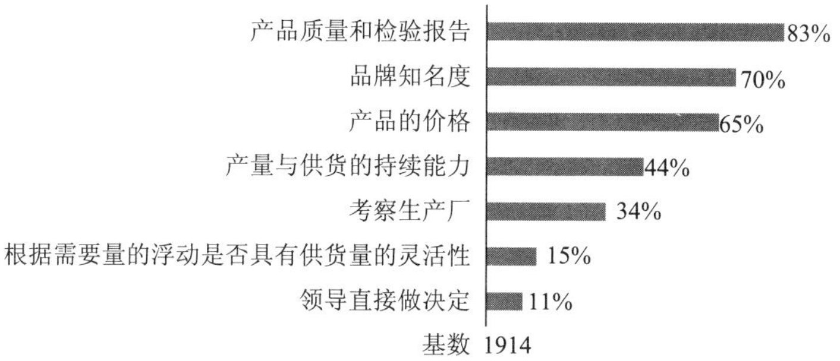

问卷中相对应题目：
21 如果通过知名品牌及其经销商等供应商进行采购，选择供应商的标准有哪些？

图 3　餐饮企业对供应商（以知名品牌厂商及其经销商为例）的筛选标准

在对“知名品牌厂商及其经销商”的筛选上，不同城市级别、不同业态的餐饮企业，考察内容存在一定差异，在供应商质量先行的筛选标准上，对于“产品质量和检验报告”进行考察的较多。除此之外，餐饮企业还会考量供应商的“品牌知名度”。以下 A 组比 B 组筛选标准更加严格，因为 A 组的筛选标准数量的平均值明显高于 B 组（3.5VS.3.1）（见表 9）。

表 9　供应商选择标准对比

VS. / 对比角度	A 组	B 组
城市级别	一线城市的餐饮企业	二线城市的餐饮企业
业　态	中餐（连锁）	其他四种业态

数据显示，中餐连锁在供应商筛选标准中也较为重视供应商“产量与供货的持续能力”，“考察生产厂”。

目前大部分餐饮企业对供应商的选择标准是质量先行，同时兼顾价格；在供应商选择方面以“产品质量和检验报告”为主，“品牌知名度”为辅；目前一线城市的餐饮企业相对二线城市的，中餐连锁相对其他四种业态对供应商考察更多项目（见表 10）。

表 10　不同城市、业态和规模的餐饮企业对供应商的筛选标准对比

供应商筛选标准（针对“知名品牌厂商及其经销商”）—%	总体	城市级别		业态						餐标	
		一线	二线	中餐（单店）	中餐（连锁）	火锅	地方小吃简餐	酒店（餐厅）	其他	<80 元/人	>80 元/人
基数	1914	511 (A)	1403 (B)	567 (A)	550 (B)	224 (C)	206 (D)	346 (E)	21 (F)	1081 (A)	833 (E)
产品质量和检验报告	83	84	83	83	86CE	79	90ACE	79	86	85B	81
品牌知名度	70	84B	65	72DE	79ACDE	65D	54	65D	67	69	71
产品的价格	65	66	65	66	67	61	63	65	48	65	65
产量与供货的持续能力	44	54B	40	33	58ACDE	40	39	43A	52	45	42
考察生产厂	34	36	34	28	45ACDE	31	33	32	24	35	33
根据需要量的浮动是否具有供货量的灵活性	15	16	15	12	18AC	11	15	18AC	24	15	15
领导直接做决定	11	7	13A	13	10	12	8	14	5	11	11
筛选标准数量平均值	3.2	3.5	3.2	3.1	3.6	3.0	3.0	3.2	3.1	3.3	3.2

问卷中相对应题目：21 如果通过知名品牌及其经销商等供应商进行采购，选择供应商的标准有哪些？

3. 供应商管控与评估

数据显示，餐饮企业对“知名品牌厂家及其经销商”的管控及评估最普遍的是通过“定期/不定期对产品进行检验和评估”（见图 4）。

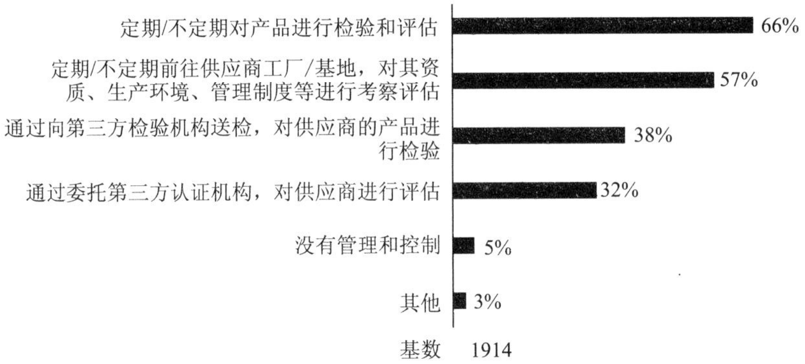

问卷中相对应题目：
22 如果通过知名品牌厂家及其经销商等供应商进行采购，对供应商和他们所提供的产品质量进行控制的方法是？

图 4　餐饮企业对供应商的管控及评估方法对比

对于餐饮企业来说，最关注的还是产品质量，因此餐饮企业普遍对于供应商的管控与评估表现在，一旦选定了知名品牌厂商及其经销商，对其产品“定期/不定期进行检验和评估”是相对较高效可行的管控及评估方法。这也是大部分餐饮企业的普遍做法。

除此之外，部分餐饮企业会选择“定期/不定期前往供应商工厂/基地”，对其资质、生产环境、管理制度等进行考察评估，这一方式在地方小吃简餐类餐饮企业中较为明显，然而，对于供应商考核的具体内容、标准以及现场考核情况的真实性缺乏标准。

另外向第三方检验机构送检，对供应商的产品进行检验；通过委托第三方认证机构，对供应商进行评估也是部分餐饮企业会采用的供应商考核方法（见表 11）。

表 11　不同餐饮企业对供应商的管控及评估方法所占比例

供应商管控及评估方法（针对“知名品牌厂商及其经销商”）－%	总体	城市级别		业态						餐标	
		一线	二线	中餐（单店）	中餐（连锁）	火锅	地方小吃简餐	酒店（餐厅）	其他	<80 元/人	>80 元/人
基数	1914	511 (A)	1403 (B)	567 (A)	550 (B)	224 (C)	206 (D)	346 (E)	21 (F)	1081 (A)	833 (E)
定期/不定期对产品进行检验和评估	66	74B	63	60	71ACE	63	77ACE	62	57	67	63
定期/不定期前往供应商工厂/基地，对其资质、生产环境、管理制度等进行考察评估	57	41	63A	52	56	63AF	68ABEF	56	38	58	56
通过向第三方检验机构送检，对供应商的产品进行检验	38	29	40A	33	33	47AB	44AB	41AB	43	37	38
通过委托第三方认证机构，对供应商进行评估	32	20	36A	35EF	23	35BF	34BF	38BF	10	30	35A
没有管理和控制	5	5	5	5	4	5	6	4	—	7B	3
其他	3	8E	1	2	4	2	3	1	5	2	3

问卷中相对应题目：22 如果通过知名品牌厂家及其经销商等供应商进行采购，对供应商和他们所提供的产品质量进行控制的方法是？

4. 发现与总结

（1）从不同业态和原材料类型来看采购渠道和供应商的选择。

1）从原材料品类角度看。

a. 四类原材料品类的供应商的类型存在一定差异，提示我们进行供应商分级管理时应该考虑区分不同的原材料类型。供应商稳定可靠的原材料品类——以复合调味品为代表的预包装食品、粮油、肉类，大都从知名厂商及其经销商处采购，接近或超过 70%。供应商相对不稳定的品类——禽类、蛋类、水产、蔬菜、水果，从农贸市场及批发集散地采购的比例高于 50%。

b. 特别针对蔬菜和肉类（不含禽类）这些风险较高的品类，其供应商风险管控的重点在于采购渠道主要集中在农贸市场及批发集散地中的合作商户，由于农贸市场以及批发集散地商户的不稳定性，以及摊贩的资质和进货渠道的正规性难以核实等问题，为供应商管理带来更大难度。

2）从餐饮业态角度看。

a. 不同的餐饮企业对供应商的选择能力存在一定差异，提示我们在给企业做出供应商分级管理建议时应该依据餐饮企业的实际情况。数据显示，以下餐饮企业A组比B组选择的供应商类型相对更加容易管控与追溯（见表12）。

表12 不同业态餐饮企业供应商情况对比

VS. / 对比角度	A组	B组
城市级别	一线城市的餐饮企业	二线城市的餐饮企业
业　态	中餐（连锁）	其他四种业态
餐　标	＞80元/人的餐饮企业	＜80元/人的餐饮企业

b. 五种主要业态中，中餐（连锁）在四大品类原材料的选择和供应商管理上显现出相对稳定、规范的方式——它们尽可能选择知名品牌厂商及其经销商，特别是对于供应商已经相对规范的以复合调味品为代表的预包装类食品，粮食（仅以大米为例），油。而蔬菜类原材料的供应商尚未品牌化、规范化。

c. 对于同样是连锁的另一种业态——地方小吃简餐，其供应商的选择与中餐（连锁）有相似也存在差距：

· 以复合调味品为代表的预包装类食品，均以知名品牌厂商及其经销商为绝对主导

· 粮食（仅以大米为例）、油上，地方小吃简餐从知名品牌厂商及其经销商处采购比例显著低于中餐（连锁），而从农贸市场及批发集散地处采购显著高于中餐（连锁）

· 均存在较高风险（相同）：蔬菜均以农贸市场及批发集散地为主（70%+）。

（2）餐饮企业筛选供应商考虑的主要因素。

1）目前大部分餐饮企业对供应商选择标准是质量先行，同时兼顾价格，这是餐饮企业盈利要求的现实情况。

2）质量保证以“产品质量和检验报告”为主，“品牌知名度”为辅。

3）不同的餐饮企业对供应商的筛选标准严格程度有一定差异，这是受现实情况制约的，提示我们在给企业做出经销商筛选建议时应该依据餐饮企业的实际情况。

（3）供应商管控与评估的主要方式。

1）目前，一旦选定了知名厂商及其经销商，对其产品定期/不定期进行检验和评估即是相对较高效可行的管控方式。

2）第二种常用的评估方式是——定期/不定期前往供应商工厂/基地，对其资质、生产环境、管理制度等进行考察评估，然而，对于供应商考核的具体内容标准以及现场考核情况的真实性缺乏标准。

3）第三种比较普遍的做法是——通过向第三方检验机构送检，对供应商的产品进行检验；通过委托第三方认证机构，对供应商进行评估。但是对于第三方检验的指标选择以及有效性，企业并不是十分清楚（来自定性采访）。

二、在餐饮企业选择采购渠道和供应商管理中的问题和困难

餐饮食品安全的源头是原材料，而原材料的不稳定和不安全关键在于提供原材料的供应商，所以餐饮企业在进行食品安全中，首先要对源头进行把控，即控制和管理好原材料的供应商。

基于对餐饮企业供应商选择、筛选、管控评估现状的分析，我们已经对此有了一定程度上的共识，由于餐饮企业采购的原材料种类非常多，不同规模的餐饮企业在不同原材料的采购渠道上也难以达成一致，对于不同原材料和供应商管理的标准也难以形成统一的标准，同时，不同的采购量也使得不同规模的餐饮企业对于供应商的控制能力有很大的差异。因此对于餐饮企业来说，供应商管理是非常庞杂而有难度的问题，但是却是每个餐饮企业必须面对和解决的问题。

基于上述对餐饮企业供应商管理现状的诸多分析，结合此次调研和访问中餐饮企业反馈的具体问题，将关于供应商管理具体问题汇总如下。

（1）对于不同类型的供应商应采取不同程度的管理，即按照风险等级来管理供应商，但餐饮企业如何进行判断？具体如何实现？

·在进行供应商等级划分时，要考虑哪些因素？

·根据不同原材料的特点在供应商分级上应关注哪些不同因素？

·不同餐饮业态、不同餐标、不同城市级别的餐饮企业现实状态、盈利水平不同，在供应商的分级管理上有什么区别吗？

（2）对供应商品质考量中，产品质量和检验报告是目前最有效的方式吗？

·产品质量和检验报告应该如何审核？谁出具的检验报告是足够的，合格

的？不同原材料供应商的检验报告有哪些内容？

·对不同城市级别的餐饮企业、不同的餐饮业态是否有对原材料的重点管理？

（3）在对供应商的考察方法中，对产品进行检验和评估是餐饮企业主要的做法，然而，对于餐饮企业所采购的特殊原材料或高风险原材料，需要对供应商进行整体考察，了解供应商生产加工过程，否则难以保障产品品质。

·深入供应商的考察通常是否是“样板生产线”的考察，能否达到考察目的呢？

·如果有能力对供应商进行实地考察，哪些是特别需要关注和重点考察的方向？

·对于特殊原材料（例如动物内脏或者特产性的植物原料等）的供应商选择和培养在时间和人力成本上投入较高，在寻找，评估和确定此类供应商上，餐饮企业能否遵循一个规律性步骤？

（4）对于餐饮企业来说，临时采购是经常面临的问题，对于供应商更加难以控制。

·所需要的原材料种类不同，购买数量和购买时间不确定，难以对供应商提出要求

·在出品时间的要求下如何进行快速验收以及完成必要的记录，难以保障。

针对此次调研发现的问题，餐饮食品安全领域的专家给予了很多具有指导意义的建议，而在餐饮行业中，也有很多具有一定规模的企业摸索出了一些具有普遍借鉴意义的实践和管理经验，而对于不同规模的餐饮企业来说，也可以根据自身情况来部分的借鉴以用于企业自身对于供应商管理中。

三、建立风险等级管理意识，逐步形成利益共同体，建立高效稳定的供应商管理模式

1. 供应商风险等级管理的定义

供应商风险评估是指企业通过对供应商的产品分析及企业过程的诊断，判断管理体系的综合水准，规避供应商选择风险。①

① 吴发明编著．生产物料供应与管理操作手册［M］．人民邮电出版社，2008.5.

供应商风险评估与管理一般有两大步骤：

1）评估供应商风险，制定供应商风险评估表。

做好供应商风险管理，首先要学会制定供应商风险等级，而为了保证评估标准的科学合理，在建立风险指标体系时应遵循六大原则：科学性原则、完备性原则、简明性原则、可比性原则、灵活性原则、可扩充性原则。[①]

2）根据供应商风险等级的划分，制定供应商风险等级管理措施，如表13所示。[②]

表 13　不同风险等级供应商的管理措施

供应商风险等级	管　理　措　施
高风险	◇ 每批次物料需严格进行检验 ◇ 每种物料需提供有效化学测试报告，且最长不超过 6 个月 ◇ 每年至少对供应商进行 1 次实地考察
中风险	◇ 对每批次物料进行检验 ◇ 每种物料需提供有效化学测试报告，且最长不超过 12 个月 ◇ 每年对供应商进行 1 次实地考察或书面审查
低风险	◇ 对每批次物料进行检验，若供应商的历史交货质量状况良好，可降低抽样检测频率 ◇ 每年提交有效的化学测试报告 1 次 ◇ 必要时，可对供应商每年执行 1 次书面审查

2. 对供应商划分风险等级进行不同等级的风险管理

（1）根据原材料风险不同对供应商划分不同等级管理（见表 14）。

表 14　不同风险等级原材料的具体划分

类　别	等　级	界定标准
原材料风险等级	高	蔬菜及其制品，肉类及其制品，农作物等品类供应商
	中	调味品，复合调味料，食品添加剂等
	低	单一化合物，盐，味精等

表格来源：联合利华。

餐饮企业与供应商之间最紧密的纽带就是原材料，因此对供应商进行风险等级划分，首要考虑因素必定是其所供原材料的风险性，详尽的原材料风险等级划分可以参考《餐饮行业食品安全原材料管理》的专题报告，那么对餐饮企业来说，供应高低不同风险原材料的供应商如何管理？

① 于长可．供应商风险评估方法研究［D］．长安大学，2001.

② 吴发明编著．生产物料供应与管理操作手册［M］．人民邮电出版社，2008.5.

1）票证验收、细化审核。

首先，在选择供应商时，经历一再实地实样考察调研，严格检查三证：营业执照、食品生产许可证 QS、出厂检验报告。对于不具备其中任何一项的供应商不合作。当然，不同的企业对三证等票证的验收也有各自的要求，眉州东坡集团在选择供应商时标准第一条就是严格检查基本票证，即供应商必须具备法人营业执照、税务登记证、企业组织机构代码证，其次，对一般饮用食品供应商和特殊货品供应商都有着不同的票证检验。

同样的，新辣道集团为了加强对供应商资质、票证的审核，自制了供应商审核量化。在供应商的筛选时就以专业性分工为重点，以专业纵向为路径，缩短整个合作链条，选择中间环节更少的供应商，减少环节风险。同时，根据供应商采购品类的不同，对供应商制定不同的量化指标和操作规范的文件，这些量化指标同样会作为对供应商的评估记录，从而决定与供应商之间的合作。

2）实地勘察、严格要求与评估。

针对所供原材料风险性更高的供应商，我们更应该建立长期的、稳定的合作关系，所以日常管理中，除了对其批次原材料严格验收，还应做到对供应商的工厂、基地、人员操作状况、资质等进行不定时审核考察。通过调研与深度访问，我们发现很多企业如半秋山西餐厅、炳胜饮食集团、七加七餐饮、眉州东坡酒楼、新辣餐饮、亚惠美食、家食乐餐饮等等都将实地考察作为评估、管理供应商的手段。以半秋山西餐厅为例，由于部分原材料采购的特殊性，半秋山对于供应商的选择和管理有着极为严格的标准和方法。首先，大宗采购即餐厅重点原材料的采购会选择直接与厂家合作，尽量减去中间环节的干扰和不稳定性。以羊肉采购为例，鉴于该类原材料的重要性和特殊性，半秋山在对供应商的筛选上就制定了严格的标准，往往会前往呼伦贝尔草原进行实地勘察、试样，并且当地羊群的生长环境、供应商的合作关系等各项考察数据都将形成一份独立的评估，从而根据各个供应商的状况进行合作。同样的，以西餐调料为例，个别进口调料会选择与国内直接代理商合作，避免假货、多层管理弊端等问题的产生。

对于蔬菜类供应商的管理，炳胜饮食集团同样将实地考察作为供应商管理的重要方法，炳胜饮食集团的蔬菜类供应主要来源于长期合作的农场，而这类农场前期就需要通过非常严格的考证，即前期对农场的水源、土壤、气候进行分析，且要求供应商提供详细的土壤及水的检测报告，确保蔬菜成长环境的安全。在对供应商前端管理的沟通基础上，炳胜饮食集团对供应商的物流运输也进行协商，针对生鲜等需要保鲜的食材，运用低温冷藏库保证生鲜食材品质。

在对供应商考察这个方法上，江苏七加七集团除了与供应商正常的沟通、考察，集团还设置专门的稽查部，即对供应商进行暗访，通过专业人员对供应商的供货、环节管理，并观察其所供产品质量与价格是否符合合作标准等，从而形成对供应商的详细评估。

另外，对于高风险原材料，餐饮企业可以与供应商直接沟通原材料相关要求并提出标准，进行监督。以酸菜原料为例，新辣道集团直接与当地专业农户签订合同，对这些供应商进行培训、管理，包括从蔬菜生长管理到人员操作都严格执行公司标准，尤其是对酸菜的施肥量、农药使用、土壤水质等与食品安全密切相关的环节进行监管，真正从源头上做到对供应商严格管控。

同样，以鸡肉等风险较高的禽类为例，餐饮企业可以做到自主养殖或与农户一起共同养殖，在选择农户的时候的要求农户有富余劳动力，愿意从事养鸡致富、诚实、诚信、品行端正，有饲养鸡的场地，当农户确定为合作养殖关系后，老乡鸡会为农户提供优质肥西老母鸡鸡苗并统一培训养殖专业知识，在养殖期间定期检查农户并给予指导，从而与农户建立一个诚信、稳固、共担责任的合作关系（见图 5）。

图 5　养殖基地

图片来源：老乡鸡。

老乡鸡的自有养殖场，共有 4 个养殖基地，养殖场选址远离村庄 300 米以外，并且养殖场所的废弃物处理以最新型的处理方式——发酵床处理方式、杜绝污染周围农田。另外，老乡鸡养殖场采用了舍内每天消毒、舍外每周消毒的频率、发酵床形式处理粪便、严格按照 5S 规范要求操作，以保证鸡群有良好的生长环境。同时，对饲料的选择、使用老乡鸡也严格管理。根据土鸡的生理特性与生长周期，公司投入大量的专业人员与物力自主研发出适合其生长的独一无二的饲料配方，由公司采购中心统一采购符合农业部要求的动物饲喂饲料原料，饲料中不添加任何违反食品安全的药品。

当然，对于很多餐饮企业来说，很多特殊的食材不仅受到消费者的喜爱，也是餐饮企业经营重点原料，因此对于这样的原材料供应商应该进行更加严格的管理。眉州东坡集团的鸭血类原材料在供应商选择初期，由于其供应商普遍品牌化较弱、实力与规模也都不够完善、产品不稳定，需要大量考察、多家比对，即通过现场考察、生产环节监督、人员操作等多方面的管理，也会根据实时社会新闻等状况对供应商提出与时俱进的改善要求。

（2）根据供应商资质及日常合作状况划分不同等级管理。

由于餐饮行业的复杂性，每个餐饮企业涉及到的供应商从数量到种类都是一个巨大的管理对象，因此除了通过所供原材料的风险性对供应商进行风险等级划分，供应商的日常合作状况、自身资质能力也是进行风险管理的重要标准（见表 15）。

表 15　根据供应商资质及合作状况判定供应商等级

类别	等级	界定标准
根据供应商规模及日常合作表现	高	管理较为松散的农贸市场、批发集地等地的无品牌、分散供应商
	中	较为固定，合作时间较长，但合作信用、供货记录等略显不足的供应商
	低	品牌化，规模化，且自身管理较为完善、服务水平较高的供应商

1）农贸市场、批发集散地等较为松散的供应商管理。

第一，在供应商的选择时，严格检查其原料合格证或市场出具的出摊资格证明、原料出厂检验报告等。

第二，针对这类供应商应该固定摊位、市场购买。

第三，做好每批次采买的票据保存的工作。

第四，日常沟通频繁，且对其出现的不符合企业标准的行为和产品立即指导改正。

当然，基于市场的灵活性和丰富性，当大型门店、餐厅出现需要临时采购的情况时，更需要注重与商贩的固定沟通与采买票据保存。

2）固定合作但合作信用、供货记录等略显不足的供应商管理。

与这类供应商合作期间，做好一切票据、证明的记录，包括供应商送货质量、数量、时间及服务态度等多种评估值，例如餐饮企业可以自制供应商审核量化表，根据供应商采购品类的不同，对供应商制定不同的量化指标，操作规范的文件记录，对发现的不规范行为立刻纠正并记录。通过量化指标对供应商进行评估，决定是否延续长期合作关系，同时根据量化指标的打分状况对供应商合作分量进行重新协议。

3）自身管理较为完善、服务水平较高的供应商管理。

第一，审查供应商提供的资质证明，保持基本的日常管理；

第二，与一些规模较大、特别是品牌类的供应商合作，确保从正规渠道合作，避免真品牌假产品的情况发生；

第三，通过长期合作中的优秀表现，可以对供应商进行奖励，积极沟通反馈企业需求，帮助其改善产品情况，从而增加供货分量等。

对供应商建立风险等级管理，很多餐饮企业已经在日常管理中运用，其中，大连亚惠集团已将供应商分为A/B/C三个等级进行管理，不同风险等级分别制定不同的管理方法（见表16）。

表16　大连亚惠的供应商分级管理

等级划分 分级管理	A	B	C
划分标准	主要为米面粮油类、以复合调味品为代表的预包装类食品	主要以肉类、低风险蔬菜等为主	以豆制品等原料供应商为主，包括一些资质、规模较小的供应商
管理方法	主要管理方法就是对供应商的相关证书、信息记录的工作	除了日常票证检查，还会定期/不定期地抽查检测	前期实地考察、现场检测来进行筛选，同时委托第三方机构检测，并要做到管控其加工过程、采购来源、储存运输等多方面

3. 对于企业战略性原材料，要逐步与供应商建立利益共同体

对于很多餐饮企业，个别原材料成为其经营的根基，对企业未来发展起到决定性影响，如果此类原材料出现问题会对企业产生致命打击。此类餐饮企业不在少数，如黄豆类、鱼类原料等，那么，如何与这些战略性原材料的供应商形成稳定的合作机制对于餐饮企业来说显得尤为重要。

（1）对供应商的审查和管理体系。

通过对供应商进行严格甄选与控制，包括资质审核、产品测试、现场审核等，严格进行把控，最终录入企业内部管理体系，方可进行产品供应，能最大程度地保证原材料品质，同时更为餐厅食品安全加注一道保护墙，很大程度上降低了原材料食品安全隐患，从源头控制餐厅的食品安全，为顾客的身体健康提供有力的保障。

以永和大王的供应商审查为例，首先，针对新的供应商选择，公司采用统一采购，供货，并进行严格供应商资质审核。供应商需提供营业执照、原料外检报告等证件，同时，永和大王相关部门会与供应商共同制定、签署原料规格书，以保证货物质量达到出品要求。

同时，在供货前，每一家原料供应商都要经过严格的资质审核、产品测试、现场审核，并在采购委员会的会议上由团队通报，最终批准。

公司针对供应商进行有效电子录入管理，新的供应商在通过资质审核、现场稽核后，由 IT 录入 NS 系统，成为合格供方。计划部在 NS 系统中向供应商订货，原料到达仓库后，物流部将原料的相关信息录入 NS 系统，门店在 NS 系统中向仓库订货。（NS 系统：一种内部信息记录、管理系统）

同时，公司制定《不合格产品处理程序》《产品召回程序》等流程，完善原材料追溯、召回体系，全面把握黄豆质量。所有食品原料都通过内部 NS 管理系统实施批号管理，保证顾客手中的每一杯豆浆都可以追溯到所使用的黄豆的批号、供应商、产地等。一旦发现黄豆不符合标准要求，我们随时都可以启动召回程序，在 12 小时内完成问题产品的封存和数量的统计，并由总部物流统一回收、处理。

（2）进行统一标准管理与技术指导。

对供应商进行定期绩效评估，完善供应商奖罚机制，同时对供应商进行技术与要求上的规范也非常重要。餐饮企业应该主动为保证稳定的货品质量，时时监督供应商供货以及各项供货能力，对于正在供货的合格供应商，企业审核小组可以对其定期/不定期现场稽核，也可以暗访的方式进行抽查。

以永和大王为例，为了对供应商统一标准化的管理，年度审核和季度评估都是很重要的方法。因此，具有一定规模和部门划分的餐饮企业可由质量管理部、研发部、采购部组成的审核小组，通过考察供应商质量体系、生产工艺控制、设施设备及工器具、清洗消毒、持续供货能力，新品开发能力等方面，全面进行供应商审核，审核通过的供应商，才能够继续供货。

另外，餐饮企业也可以对供应商采取绩效评估制度。质量管理部、研发部等共同对供应商进行评定。永和大王制定了《供应商绩效考核标准》，针对食品安全和质量稳定性的评估、成本、产能等项目，对供应商进行严格打分。

同时，规模较大的餐饮企业可举行供应商大会，对现有供应商进行评比。以永和大王为例，在年度供应商大会上会通过该供应商季度评估的总成绩，来进行评比排名。年度评比结果直接决定了供应商下一年度的需求量分配。

（3）促进双方信息共享。

餐饮企业在对供应商的日常考核、评估，或批次验货完成后，都应对供应商进行信息反馈，特别是发现的问题、企业需求的变化反馈给供应商，提出改进要求；另外，餐饮企业作为最接近消费者的上游，当获取最新信息时，应该与自己的供应商进行分享，共同探讨寻求更好地解决策略，带领供应商一起改善。

供应商在生产加工、运输储存、新产品研发、包装更换等多个方面，有任何变化与需求都可以与餐饮企业进行研究讨论，通过双方努力共同完善供应链管理。

以联合利华对供应商的技术拜访为例，针对高风险的供应商，联合利华对目标供应商会进行定期的拜访来评估其质量管理水平和风险，同时，在拜访过程中，也会了解供应商遇到的问题，并与其共同寻找解决方案。联合利华跨团队形成专家小组，涉及质量部、研发部和法律法规等部门。

首先，在技术拜访过程中，专家小组会根据 A 至 D 等级对供应商作出风险评估并提交至公司供应链部门，为不符合供应商管理标准的供应商提供帮助和建议。专家小组会特别针对供应商容易出现质量管理问题的关注点进行有针对性的评估和检查。以食品类的供应商为例，专家小组将更关注运输储藏、原料包材、加工工艺、清洗清洁、加工工厂整体设计以及相应法律法规执行等容易出现食品安全问题的关键点来进行评估（见表17）。

表17 以洋葱采购为例，联合利华对供应商技术拜访关注点列表

（包括但不限于以下内容）

运输储藏	（1）仓库，车辆卫生状况； （2）混放，混运； （3）仓库过敏源管理
法律法规	（1）重金属，农残，致病菌检测； （2）新法规执行； （3）标签符合性； （4）联合利华标准符合性
原料包材	（1）原料包材检测计划—质量风险； （2）食品添加剂添加记录—食品安全； （3）原料保质期—食品安全； （4）原料包材储藏环境—过敏原，质量风险
工 艺	（1）是否去根—微生物风险； （2）是否有漂洗—微生物，化学残留风险； （3）是否有交叉污染风险—过敏原； （4）关键点控制—质量稳定性
清 洗	（1）人员卫生，发网—异物风险； （2）清洗流程，消毒剂—微生物，化学危害； （3）在线涂抹测试—微生物风险； （4）清洗消毒验证
工厂设计	（1）外围虫害管理—异物风险； （2）实验室设计—交叉污染； （3）生产大厅流动性—交叉污染； （4）工艺水—微生物，化学污染

资料来源：联合利华。

4. 单一品类原材料采用多供应商竞争机制

随着餐饮行业的发展，整个餐饮供应链变得更加丰富且多样化，对于餐饮企业来说，同品类的原材料存在较多供应商可选择，通过单品类多供应商竞争机制，不但可以分散风险，还能对供应商之间形成价格平衡，减轻餐饮企业的自身成本，维护与供应商合作的关系。

（1）供应商筛选设立一道门槛、多个入口。

餐饮企业在对原料进行供应商招标时，可以设置“一道门槛，多个入口”，即一套餐饮企业根据自身规划定制的供应商合作标准，但是在选择上可以与

2—3 家供应商同时合作；

（2）供货份额进行多维度考核的科学匹配。

根据各个供应商的原料质量、数量、服务形式等划分不同的份额，同时以对供应商的定期考核为基准，根据每个供应商的一阶段表现进行原料供货的重新匹配，如此不仅分散了原材料突发事故的风险，也能通过供应商之间的良性竞争形成一个平衡。

四、结　论

此次调研历时两个多月，覆盖全国 12 个省份城市，2000 余家餐饮企业，包括北京、广州、武汉等多地餐厅的深度走访，通过对我国餐饮服务业原料采购渠道以及餐饮行业从业者对于供应链管理和新食品安全法认知的调查，对我国不同地域、不同业态的餐饮服务业原料采购的总体情况以及对企业供应商筛选与管理进行摸底，在企业与供应商关系方面发现了很多可以完善、提高的方面。

第一，需要加强对供应商的风险等级管理，通过不同标准衡量对供应商进行风险等级划分，从而实行不同的管理方法；第二，对于本企业而言战略性原材料的供应商管理，更加要严格筛选、审查与评估，从而与供应商进行稳定的合作；第三，特别是风险性较高或者合作量较大的原材料，可以选择多供应商竞争模式，通过多供应商形成风险的分担与价格的制衡，提高餐饮企业食品安全高度与经营利润。

因此，对于餐饮企业而言，应建立将供应商进行等级划分的意识，对于核心/战略型供应商逐步打造“利益共同体”模式，即与供应商形成长期稳定的合作关系，通过对供应商提要求、促改进，让供应商形成和餐饮企业共同盈利的模式，让供应商与餐厅有更加深入与信任的合作。

餐饮食品安全供应链调研报告 建立风险等级与过程控制体系 做好原材料管理

中国烹饪协会　联合利华饮食策划

摘　要：近年来，餐饮食品安全事件时有发生，每一次食品安全事件，都给涉事餐饮企业带来重大的经济损失和信誉危机，也影响了整个餐饮行业的发展。透视事件背后，部分餐饮企业食品安全问题是由于自身运营过程中出现问题，也有一部分源于采购的原材料存在质量安全隐患。如何从源头把控食品安全问题，且在对原材料的全环节中实现有效管理，是餐饮企业控制自身食品安全管理的重要环节。而今年十月一日，新食品安全法即将全面实施，对餐饮企业提出了更加严格的要求，对于餐饮企业来说，强化原材料的采购与验收、加工及储存等多环节的管理将会为餐饮企业未来发展赢得先机与保障。

关键词：餐饮行业；食品安全；食品供应链

一、餐饮行业的原材料管理

（一）定义

餐饮行业的原材料使用涉及采购、储存、加工等多方面的办法与制度。其中，原材料的采购是整个原材料管理中的第一关，餐饮企业要对其所需的原材料进行市场调查研究、选择、购买、储藏。

（二）法律法规的规定

中华人民共和国《食品安全法》（2015 年修订）对餐饮行业的原材料管理

提出了新的要求和规定。其中第四十六条规定，食品生产企业应当就下列事项制定并实施控制要求，保证所生产的食品符合食品安全标准：

（1）原料采购、原料验收、投料等原料控制；

（2）生产工序、设备、贮存、包装等生产关键环节控制；

（3）原料检验、半成品检验、成品出厂检验等检验控制；

（4）运输和交付控制。

第五十条规定，食品生产者采购食品原料、食品添加剂、食品相关产品，应当查验供货者的许可证和产品合格证明；对无法提供合格证明的食品原料，应当按照食品安全标准进行检验；不得采购或者使用不符合食品安全标准的食品原料、食品添加剂、食品相关产品。食品生产企业应当建立食品原料、食品添加剂、食品相关产品进货查验记录制度，如实记录食品原料、食品添加剂、食品相关产品的名称、规格、数量、生产日期或者生产批号、保质期、进货日期以及供货者名称、地址、联系方式等内容，并保存相关凭证。记录和凭证保存期限不得少于产品保质期满后六个月；没有明确保质期的，保存期限不得少于二年。

第五十三条规定，食品经营者采购食品，应当查验供货者的许可证和食品出厂检验合格证或者其他合格证明（以下简称合格证明文件）。食品经营企业应当建立食品进货查验记录制度，如实记录食品的名称、规格、数量、生产日期或者生产批号、保质期、进货日期以及供货者名称、地址、联系方式等内容，并保存相关凭证。记录和凭证保存期限应当符合本法第五十条第二款的规定。

实行统一配送经营方式的食品经营企业，可以由企业总部统一查验供货者的许可证和食品合格证明文件，进行食品进货查验记录。

从事食品批发业务的经营企业应当建立食品销售记录制度，如实记录批发食品的名称、规格、数量、生产日期或者生产批号、保质期、销售日期以及购货者名称、地址、联系方式等内容，并保存相关凭证。记录和凭证保存期限应当符合本法第五十条第二款的规定。

第五十四条规定，食品经营者应当按照保证食品安全的要求贮存食品，定期检查库存食品，及时清理变质或者超过保质期的食品。食品经营者贮存散装食品，应当在贮存位置标明食品的名称、生产日期或者生产批号、保质期、生产者名称及联系方式等内容。

第五十五条规定，餐饮服务提供者应当制定并实施原料控制要求，不得采购不符合食品安全标准的食品原料。倡导餐饮服务提供者公开加工过程，公示食品原料及其来源等信息。餐饮服务提供者在加工过程中应当检查待加工的食品及原料，发现有本法第三十四条第六项规定情形的，不得加工或者使用。（第三十四条第六项规定，腐败变质、油脂酸败、霉变生虫、污秽不洁、混有异物、掺假掺杂或者感官性状异常的食品、食品添加剂。）

食品安全法中，除了对于餐饮原材料直接的要求，也对于餐饮服务提供者对原材料的食品加工、贮存、陈列的设备及设施要求也提出了相应的规范。

（三）餐饮行业原材料管理现状

1. 采购及验收现状——餐饮企业均对原材料设有采购及验收制度，但是验收标准不一

调查显示，几乎所有的餐饮企业均对原材料有采购及验收制度，但是不同城市级别、不同餐饮业态、不同餐标的餐饮企业验收标准不一，有很大差别，这与餐饮企业的规模、实力、企业自身需求、经营者经营理念等多种因素相关。

表 1　餐饮企业食品原材料采购验收制度建立情况

食品原料采购验收制度建立情况－%	总体	城市级别		业态						餐标	
		一线	二线	中餐（单店）	中餐（连锁）	火锅	地方小吃简餐	酒店（餐厅）	其他	<80元/人	>80元/人
基数	1914	511 (A)	1403 (B)	567 (A)	550 (B)	224 (C)	206 (D)	346 (E)	21 (F)	1081 (A)	833 (B)
是	99	99	99	99	99C	97	99	100C	100	99	99
否	1	1	1	1	1	3BE	1	0	—	1	1

问卷中相对应题目：10 您的餐厅是否建立了食品原料的采购和验收制度

索证索票是目前餐饮企业最主要的原材料验收手段，其中粮食、肉类、以复合调味品为代表的预包装食品比较容易实现，而蔬菜相对实现比例较低，这主要由于蔬菜从农贸市场及批发集散地采购。

第二个主要验收的手段是感官评价，在四个主要原材料品类上，60%～70%的餐饮企业对感官验收有相关规定。其中不同城市级别、不同业态的餐饮企业对感官评价的规范参差不齐，在后文中将有详细数据论述。

除了以上两种验收手段，其余验收手段在企业中应用较少。包括：

有大约 20%的餐饮企业宣称会对粮食、蔬菜、肉类进行“企业内部或委托第三方采用专业仪器检验”，而在以复合调味品为代表的预包装食品上，这一比例仅为 12%。参与调研的企业更多来自一线城市，餐饮业态中的中餐连

锁、地方小吃简餐、中餐单店。

快速检验是主要应用于蔬菜或肉类的验收方式，目前有21％的餐饮企业对蔬菜进行快速检验。

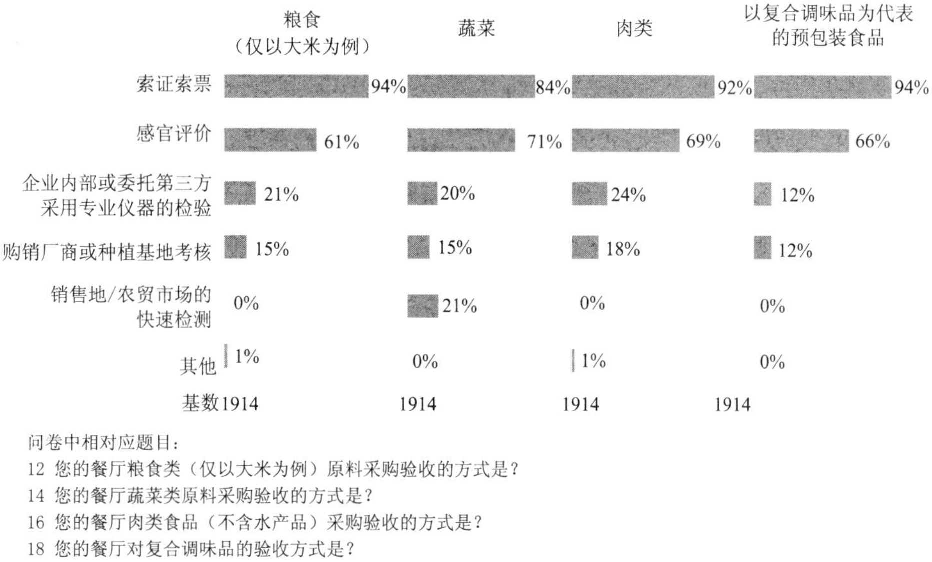

图1 不同原材料验收类型所占比例

（1）索证索票。索证索票是目前餐饮企业最主要的原材料验收手段，然而调研及深访发现，索证索票的具体内容对于餐饮企业而言是没有标准答案的，不同种类原材料的票证内容也并不清晰。

（2）感官评估。感官评价是餐饮企业原材料验收的第二个主要手段，在四个主要原材料品类上，60％～70％的餐饮企业对感官验收有相关规定。以下是目前餐饮企业在四大品类原材料感官检验的主要指标经验，有一定借鉴意义，但是需要更多的具体建议。

表2 原材料验收中感官评价对照指标

品　类	主要指标
粮食（仅以大米为例）	颜色、色泽、气味、大小/外形（指标从主要到次要排序，下同）
蔬菜	色泽、新鲜度、气味及味道
肉类	气味及味道、新鲜度、颜色
以复合调味品为代表的预包装食品	国家认证的QS标志、生产日期、外包装完好程度、生产企业/品牌、主要成分表

从整体被调查样本来看，粮食、蔬菜、肉类，以及预包装食品感官评价验收的规范参差不齐，以下A组相对于B组有关感官评价的验收规定的细项相对更加明确和具体：

表3　原材料验收中感官评价对比分析

对比角度 VS.	A组	B组
城市级别	一线城市的餐饮企业	二线城市的餐饮企业
业　态	中餐（连锁）	其他四种业态

表4　不同原材料感官验收分析

感官验收主要指标	总体	城市级别		业　态						餐标	
		一线	二线	中餐（单店）	中餐（连锁）	火锅	地方小吃简餐	酒店（餐厅）	其他	<80元/人	>80元/人
基数	1176	280	896	344	358	116	128	219	11	660	516
粮食（仅以大米为例）－%		(A)	(B)	(A)	(B)	(C)	(D)	(E)	(F)	(A)	(B)
颜色	92	98B	91	90	99ACDE	93	84	89	100	94B	90
色泽	92	96B	91	89	99ADE	96AE	89	87	100	95B	89
气味	89	94B	87	84	96ADE	92A	86	84	91	91B	86
大小/外形	66	75B	64	61	66	57	77ABC	74ABC	64	64	69
问卷中相对应题目：12b您的餐厅粮食类（仅以大米为例）原料采购验收的方式，感官评价，主要指标是（可多选）？											
基数	1357	354	1003	362	403	153	168	257	14	784	573
蔬菜－%		(A)	(B)	(A)	(B)	(C)	(D)	(E)	(F)	(A)	(B)
新鲜度	98	98	97	97	98	97	98	98	100	98	97
色泽	95	97	95	94	96D	97D	90	98D	93	94	97A
气味及味道	93	93	93	89	95A	95A	96A	93	93	93	93
其他	2	2	2	1	3	1	1	3	—	2	2
问卷中相对应题目：14b您的餐厅蔬菜类原料采购验收的方式，感官评价，主要指标是（可多进）？											
基数	1322	329	993	363	398	146	162	242	11	770	552
肉类－%		(A)	(B)	(A)	(B)	(C)	(D)	(E)	(F)	(A)	(B)
气味及味道	95	97	95	93	96	96	95	98A	100	95	97
新鲜度	93	97B	92	96CDE	98CDE	90	82	89	100	92	94
颜色	90	97B	88	93D	96ACDE	88D	73	88D	100	89	92A
其他	1	2B	1	1	2	3	1	1	—	1	1
问卷中相对应题目：16b您的餐厅肉类食品（不含水产品）采购验收的方式，感官评价，主要指标是（可多选）？											
基数	1266	305	961	373	371	133	154	225	10	733	533
复合调味品－%		(A)	(B)	(A)	(B)	(C)	(D)	(E)	(F)	(A)	(B)
国家认证的QS标志	91	98B	88	89	91	86	92	95AC	100	88	94A
生产日期	88	94B	86	82	91AC	74	97ABC	95AC	100	88	88
外包装完好程度	86	90B	85	77	91A	86A	90A	87A	100	88E	83
生产企业/品牌	85	90B	83	78C	90AC	68	94AC	92AC	80	85	84
主要成分表	63	76B	58	60C	73ACDE	37	60C	64C	90C	62	64
其他	2	1	2	1	3E	2	—	0	—	2	1
问卷中相对应题目：18b您的餐厅对复合调味品的验收方式，感官评价，主要指标是（可多选）？											

（3）企业内部及外部的检测。“企业内部或委托第三方采用专业仪器检验”并不是主要的原材料验收方式，仅有约20%的餐饮企业表示会对粮食、蔬菜、肉类这样验收，而在以复合调味品为代表的预包装食品上，这一比例仅为12%，这与预包装食品的品牌化和标准化管理息息相关，也减轻了餐饮企业检测的步骤。这些被访企业更多来自：一线城市的餐饮企业、中餐（连锁）、地方小吃简餐、中餐（单店）。

以下是目前企业内部或委托第三方采用专业仪器检验的指标经验，对于进行自检及送检的餐饮企业有一定借鉴意义，但是需要更多的具体建议。

表5 原材料检验指标

品类	检验指标
粮食（仅以大米为例）	农残、霉菌毒素、细菌、重金属（指标从主要到次要排序，下同）
蔬菜	农残、细菌、重金属
肉类	兽药残留、细菌、重金属

表6 餐饮企业内部或委托第三方对原材料进行检验的内容

企业内部或委托第三方采用专业仪器的检验指标	总体	城市级别		业态						餐标	
		一线	二线	中餐（单店）	中餐（连锁）	火锅	地方小吃简餐	酒店（餐厅）	其他	<80元/人	>80元/人
基数	398	124	274	127	133	27	52	55	4	239	159
粮食（仅以大米为例）—%		(A)	(B)	(A)	(B)	(C)	(D)	(E)	(F)	(A)	(B)
农药残留	81	90B	77	78	83	89	71	87	75	79	84
霉菌毒素	62	56	65	57	62	59	65	71	100	61	65
细菌	55	32	65A	45	53	56	75AB	64A	25	56	53
重金属	47	21	59A	39	43	48	63AB	62AB	25	50	43
问卷中相对应题目：12c您的餐厅粮食类（仅以大米为例）原料采购验收的方式，企业内部或委托第三方采用专业仪器的检验，检验指标包括（可多选）？											
基数	392	110	282	113	118	35	55	68	3	234	158
蔬菜—%		(A)	(B)	(A)	(B)	(C)	(D)	(E)	(F)	(A)	(B)
农药残留	92	97B	90	93	91	86	93	96	100	92	92
细菌	59	37	68A	51	61C	40	64C	76ABC	33	51	72A
重金属	52	25	63A	50	42	34	67ABC	74ABC	33	51	54
其他	2	2	2	2	3	6	2	—	—	3	2
问卷中相对应题目：14c您的餐厅蔬菜类原料采购验收的方式，企业内部或委托第三方采用专业仪器的检验，检验指标包括（可多选）？											
基数	457	113	344	139	121	42	60	92	3	249	208
肉类—%		(A)	(B)	(A)	(B)	(C)	(D)	(E)	(F)	(A)	(B)
兽药残留	78	84	76	64	82A	76	82A	92ABC	100	79	77
细菌	71	59	75A	51	77A	81A	67	92ABD	67	66	77A
重金属	58	45	62A	46	54	64	78AB	65A	67	62	53
其他	8	3	10A	19BDE	2	12BE	5	—	—	6	11
问卷中相对应题目：16c您的餐厅肉类食品（不含水产品）采购验收的方式，企业内部或委托第三方采用专业仪器的检验，检验指标包括（可多选）？											

其中，约30％的餐饮企业表示有原材料检验的手段及设备，其中，中餐连锁及火锅相对其他餐饮业态此比例更高。有原材料检验手段及设备的餐饮企业目前主要的检验手段及设备是——农药残留及微生物检验。

表7　餐饮企业内部对原材料进行检验的手段

餐饮企业内部原材料检验手段－％	总体	城市级别		业态						餐标	
		一线	二线	中餐（单店）	中餐（连锁）	火锅	地方小吃简餐	酒店（餐厅）	其他	<80元/人	>80元/人
基数	1914	511 (A)	1403 (B)	567 (A)	550 (B)	224 (C)	206 (D)	346 (E)	21 (F)	1081 (A)	833 (B)
有	29	28	30	27F	34ADF	33DF	22F	28F	—	28	31
没有	71	72	70	73B	66	67	78BC	72	100ABCDE	72	69

主要检验手段和设备依次为：

1）农药残留检验，其中方法	20	2）微生物检验，其中方法包	19	3）重金属检验，其中方法包	4
a）农药残留速测卡	13	a）培养法设备	13	a）原子吸收色谱	3
b）农药残留速测仪	11	b）纸片法设备	12	b）等离子色谱	3

问卷中相对应题目：9 您的餐厅是否有原料检验的手段及设备？

2. 原材料记录的现状——企业均设有原材料记录制度，但是对于记录内容、保存方式等尚不明确

90％以上的餐饮企业在原材料或食品进出及销售方面，建立了固定的记录制度。它们所建立的记录制度主要是进货查验记录制度。但是建立出厂检验记录制度、食品销售记录制度的企业不足50％，相对来说，一线城市餐饮企业、中餐（单店），中餐（连锁）更多地建立了该制度。

表8　餐饮企业建立原材料或食品进出及销售记录制度的情况

	总体	城市级别		业态						餐标	
		一线	二线	中餐（单店）	中餐（连锁）	火锅	地方小吃简餐	酒店（餐厅）	其他	<80元/人	>80元/人
基数 原材料或食品进出及销售记录制度建立情况－％	1914	511 (A)	1403 (B)	567 (A)	550 (B)	224 (C)	206 (D)	346 (E)	21 (F)	1081 (A)	833 (B)
是	94	90	96A	91	96A	92	95	98ACD	100	94	95
没有建立固定的记录制度	6	10B	4	9BE	4	8E	5E	2	—	6	5
问卷中相对应题目：25 您的餐厅在原材料或食品进出及销售方面，是否建立了固定的记录制度？											
基数 建立的记录制度－％	1807	459 (A)	1348 (B)	516 (A)	528 (B)	207 (C)	195 (D)	340 (E)	21 (F)	1018 (A)	789 (B)
进货查验记录制度	96	97	95	97	96	96	93	95	95	95	97
食品销售记录制度	54	63B	50	57	51	51	54	55	33	54	53
出厂检验记录制度	49	62B	44	59BCDE	48CD	39	37	45	71CDE	49	49

问卷中相对应题目：25a 请选择以下具体记录制度

总体上，餐饮企业原材料或食品进出及销售记录电子化、纸质化各占一半。在记录的电子化程度上，以下 A 组企业相对领先于 B 组：

表 9　餐饮企业建立原材料或食品进出及销售记录制度情况的对比

对比角度 VS.	A 组	B 组
业　态	酒店（餐厅）	其他四种业态
餐　标	人均餐标＞80 元的餐饮企业	人均餐标＜80 元的餐饮企业

而其中，火锅类餐饮企业的记录电子化程度相对较低。

接近 65％的餐饮企业会对餐厅记录保存 1 年及以上（保留 1 年即符合政府规定）。与记录方式对照后发现，电子化程度越高的餐饮企业记录保存的时间相对较长，领先的餐饮业态形式主要包括：酒店（餐厅）、中餐连锁、人均餐标＞80 元的餐饮企业。

相关规定要求餐厅原材料相关记录保留一年，目前尚有 35％的企业没有做到。相对来说，火锅、地方小吃简餐没有做的比例高于其他三种业态。

表 10　餐饮企业对原材料或食品进出及销售记录的方式

	总体	城市级别		业　态						餐标	
		一线	二线	中餐（单店）	中餐（连锁）	火锅	地方小吃简餐	酒店（餐厅）	其他	＜80 元/人	＞80 元/人
基数	1914	511	1403	567	550	224	206	346	21	1081	833
记录方式－％		（A）	（B）	（A）	（B）	（C）	（D）	（E）	（F）	（A）	（B）
电子/数字	58	58	58	55D	58DF	58DF	42	71ABCDF	33	54	63A
纸质	55	53	55	55E	56E	52	67ABCE	44	86ABCE	59B	49
问卷中相对应题目：26 您的餐厅采用何种方式对以上内容进行记录？											
基数	1807	459	1348	516	528	207	195	340	21	1018	789
记录保留时间－％		（A）	（B）	（A）	（B）	（C）	（D）	（E）	（F）	（A）	（B）
2 年	22	24	22	17	27ACD	18	19	25A	43ACD	19	26A
1 年	43	39	44	47EF	42	43	42	40	19	45	41
保质期满后 6 个月	19	18	19	20	18	22D	13	18	19	18	19
产品售出后 2 个月	16	19	16	16	12	17	25ABE	17B	19	18B	14
记录保留时间不足	35	37	35	36	30	39	38	35	38	36	33
问卷中相对应题目：27 您的餐厅的记录保存时间是？											

3. 原材料的储存现状

干货库、冰箱是餐饮企业常规的原料储存设备。有进一步需要，企业会采用冷冻库、冷藏库等设备。以下 A 组餐饮企业相对于 B 组，更多配有冷藏、冷冻库这类储存空间。

表 11 餐饮企业原材料储存方式对比

对比角度 \ VS.	A 组	B 组
城市级别	一线城市的餐饮企业	二线城市的餐饮企业
业　态	中餐连锁，酒店（餐厅）	其他三种业态
餐　标	人均餐标＞80 元的餐饮企业	人均餐标＜80 元的餐饮企业

绝大多数（95%）的餐饮企业建立了库存"先进先出"制度。大部分通过定期检查来贯彻制度的实施，配合的手段是人员培训。

表 12 餐饮企业原材料库拥有情况以及先进先出规定执行情况

	总体	城市级别		业　态						餐标	
		一线	二线	中餐（单店）	中餐（连锁）	火锅	地方小吃简餐	酒店（餐厅）	其他	＜80 元/人	＞80 元/人
基数	1914	511	1403	567	550	224	206	346	21	1081	833
原料库拥有情况－%		(A)	(B)	(A)	(B)	(C)	(D)	(E)	(F)	(A)	(B)
干货库	84	74	88A	80	85A	88A	88A	86A	81	84	85
冰箱	82	88B	80	74	85A	79	90AC	86A	86	82	81
冷冻库	75	78B	73	68	79ADF	74F	67	86ABCDF	48	73	77A
冷藏库	68	68	68	64F	70ACF	58	69CF	81ABCDF	33	66	71A
没有原料库	2	4B	1	3E	2	1	1	1	—	2	2
问卷中相对应题目：30 您的餐厅的原料库有？											
基数	1914	511	1403	567	550	224	206	346	21	1081	833
先进先出规定情况－%		(A)	(B)	(A)	(B)	(C)	(D)	(E)	(F)	(A)	(B)
有	95	97B	95	91	98A	97A	97A	96A	100	96	94
没有	5	3	5A	9BCDE	2	3	3	4	—	4	6
问卷中相对应题目：31 您的餐厅的库存原料使用是否有先入先出的规定？											
基数	1826	497	1329	518	539	217	200	331	21	1039	787
先进先出制度保证措施－%		(A)	(B)	(A)	(B)	(C)	(D)	(E)	(F)	(A)	(B)
定期检查	88	91	88	87	89	87	92	88	95	89	87
制度保障	76	75	76	71	77A	72	77	82AC	86	75	77
人员培训	74	90B	68	74C	78C	65	78C	72	86	73	76
其他	1	1	0	—	1A	—	2A	0	5A	1	0
问卷中相对应题目：32 您的餐厅保证先入先出的措施有？											

目前餐饮企业主要靠定期检查、专门人员管理来保证不使用过期的预包装食品（以复合调味品为例）。

表 13 餐饮企业保证不使用过期原材料（以复合调味品为例）的方法

如何保证不会使用超过保质期的复合调味品－%	总体	城市级别		业　态						餐标	
		一线	二线	中餐（单店）	中餐（连锁）	火锅	地方小吃简餐	酒店（餐厅）	其他	＜80 元/人	＞80 元/人
基数	1914	511	1403	567	550	224	206	346	21	1081	833
		(A)	(B)	(A)	(B)	(C)	(D)	(E)	(F)	(A)	(B)
定期检查	74	81B	72	77DEF	78DEF	74	66	71	52	74	75
专门人员管理	69	68	69	60	71A	65	79ABC	75AC	76	70	67

续表

如何保证不会使用超过保质期的复合调味品－%	总体	城市级别		业态						餐标	
		一线	二线	中餐（单店）	中餐（连锁）	火锅	地方小吃简餐	酒店（餐厅）	其他	<80元/人	>80元/人
基数	1914	511 (A)	1403 (B)	567 (A)	550 (B)	224 (C)	206 (D)	346 (E)	21 (F)	1081 (A)	833 (B)
制度保障	52	49	53	47	57A	55A	54	50	43	54B	49
其他	3	1	3A	5BCE	1	1	2	0	10E	2	3
问卷中相对应题目：19 您的餐厅如何保证不会使用超过保质期的复合调味品？											

二、餐饮企业在原材料管理方面的问题和困难

对于餐饮企业来说，要采购包括粮食、蔬菜、肉类、水果、水产、预包装食品、蛋类、禽类、油类等数十个品类的原材料，对于某一种品类的原材料，例如蔬菜，又要采购数十个品种才能够满足餐厅日常菜品呈送所需要的原材料数量。因此，餐饮企业对于采购渠道的管理十分复杂，采购来的原材料也是情况复杂。同时，基于对餐饮企业在原材料的采购验收、进出记录、储存等现状的分析，我们已经对此有了一定程度上的共识，那么到底该如何做好餐饮企业的原材料安全管理呢？在原材料管理中又有怎样的问题呢？

（一）对于餐饮行业来说，原材料种类繁多，采购渠道分散

本次对全国12个城市发放的调查问卷中，对餐饮企业的原材料采购渠道进行了一定的统计与分析：

表14　餐饮企业采购原材料渠道分析

原料类型 / 采购渠道	粮食类（仅以大米为例）原料	蔬菜类原料	肉类（不含禽类）原料	以复合调味品为代表的预包装食品
超市	25%	22%	24%	26%
农贸市场及批发集散地	37%	70%	53%	32%
知名品牌厂商及其经销商	76%	50%	66%	84%
第三方采购公司及手机App软件	7%	8%	8%	6%
其他	3%	4%	3%	1%

调查显示，即使是同一种原材料，其采购渠道也是差别很大，会涉及包括超市、农贸市场、批发集散地、固定品牌和厂商，品牌经销商，农产品生产基地，甚至包括线上销售平台的渠道在内。特别是以蔬菜类原料为例，缺乏品牌化、标准化的市场环境，采购渠道更是多种多样。

（二）关于验收，验收方式不明确，验收标准不完善

虽然几乎所有的餐饮企业均对原材料有采购及验收制度，但是对于不同种类的原材料，验收方法和标准不一。不同地域、业态和规模的餐饮企业也由于自身经营情况不同，对于原材料的采购和验收管理有着明显的差异。

1. 索证索票

（1）索证索票的具体内容并不清楚。

（2）不同类型原材料索证索票的要点是什么？能够索要何种证票？

（3）不同采购渠道餐饮企业能够索到何种证票？

2. 感官评价

（1）不同类型原材料感官评价的重点内容及标准是什么？是否有可以借鉴的规范？

（2）不同采购渠道感官评价重点是什么？在农贸市场和超市采购原料是够采用一致验收标准？

3. 企业自检以及第三方送检

（1）不同类型原材料检验的重点是什么？如何才能做到真正有效的检验？

（2）哪些检验报告是可以要求供应商提供的？

（3）检验成本控制和效果的预期并不成正比？

（4）易发生食品安全问题的高风险/特殊原材料的验收标准？

（5）临时采购原材料应制定怎样的验收标准？如何才能保证安全又满足出品需求？

（三）关于记录

（1）原材料采购/使用记录不清晰，不完整，记录难以查找，造成问题难以排查？

（2）为了配合可追溯，企业到底需要做哪些记录？如何能高效实现记录制

度，既节省时间，又不给企业造成更大的人力成本？

（3）这些记录到底需要保留多久？如何记录/保留才能方便查找？

（四）餐饮企业的担忧以及挑战

1. 农药残留与微生物污染的担忧

农药残留是餐饮企业目前在原材料上最担心的问题。重金属、兽药残留、微生物也是餐饮企业较为担心的问题。而专家表示，对于餐饮企业来说，食品安全的首要风险是微生物污染。微生物污染，原材料在后厨的加工、储存和运输过程中，如果不能按照规范进行温度控制，有效防止交叉污染，就会出现食品安全隐患。

2. 企业成本与政府监管的挑战

大部分餐饮企业意识到，原材料安全的控制中，企业本身和政府部门都存在挑战——企业的挑战在于检验成本和时间周期难以承担，也难以在餐饮企业快节奏的需求下，实现对于原材料的严格把控。而政府的挑战在于社会诚信体系的建立以及监管力度。

表 15　餐饮企业对原材料食品安全担心的主要问题

	总体	城市级别		业态						餐标	
		一线	二线	中餐（单店）	中餐（连锁）	火锅	地方小吃简餐	酒店（餐厅）	其他	<80 元/人	>80 元/人
基数 原料食品安全担心的问题—%	1914	511 （A）	1403 （B）	567 （A）	550 （B）	224 （C）	206 （D）	346 （E）	21 （F）	1081 （A）	833 （B）
农药残留	92	96B	90	89	94AF	94	94	90	81	93B	90
重金属	67	71B	65	63C	69AC	55	72AC	71AC	76	65	69
兽药残留	61	39	69A	54	60	66A	64A	68AB	52	63B	57
微生物	51	38	56A	45	53A	53A	62ABE	49	71A	53	48
菜虫等异物	39	33	41A	36	49ACDE	37	33	34	48	42B	36
其他	4	8B	3	7BCE	4	3	3	2	10	3	5A
问卷中相对应题目：28 在原料食品安全控制方面，哪些问题是您担心的？											
基数 农残、药残的控制难点—%	1914	511 （A）	1403 （B）	567 （A）	550 （B）	224 （C）	206 （D）	346 （E）	21 （F）	1081 （A）	833 （B）
农残、药残的检验成本	64	72B	61	64	65	66	64	63	52	64	65
农残、药残的检验周期	60	58	61	58	56	62	70AB	64B	48	58	64A
社会诚信危机	56	58	55	48	56A	58A	72ABCE	56A	76A	58B	53
政府监管不力	51	50	51	43F	53AF	51F	68ABCEF	51AF	19	55B	46
问卷中相对应题目：29 原料采购验收中，关于控制农残、药残超标，您认为存在的难点是？											

针对调研发现的餐饮企业所面临的实际问题，食品安全专家提供了建议参考，同时，也有一些优秀的餐饮企业在实践中积累了行之有效的经验可供其他餐饮企业来参考。

三、建立风险等级管理意识，严格执行过程控制

（一）建立原材料风险等级管理的意识及规范

1. 原材料风险等级划分

（1）建立原材料的风险等级评估意识。

在整个餐饮行业供应链中，原材料从田间到餐桌“游走”在供应链的每一个环节，是最需要进行多环节共同管控的对象。

不同的原材料有着不一样的风险，例如蔬菜可能会有重金属、农药残留问题，肉类会有瘦肉精、微生物感染等问题，预包装食品可能会有食品掺假、违法添加、包装不合格等风险，因此对于餐饮企业而言，原料安全是餐饮企业经营的根基，更加需要建立原材料的风险等级评估意识，从而采用更加针对、有效的管理方法，提高食品安全水平。

（2）原材料风险等级划分标准。

餐饮行业有着独特的多样性和丰富性，不仅基于其业态、形式的不同，餐饮企业在菜品的不同设置上也影响着这种复杂性，而更多的是来源于原材料的不同。因此餐饮企业在原材料管理上也应该建立一种“多样化”的管理理念，如何根据原材料的自身特性、加工需求等来划分原材料的风险等级显得尤为重要。

表 16　原材料风险等级划分

风险等级 项　目	高风险	中风险	低风险
原料类别	蔬菜及其制品，肉类及其制品，农作物等等	调味品，复合调味料，食品添加剂等	单一化合物，盐，味精等
首要风险因素	微生物	非法添加物	加工不合格
其他风险因素	重金属，农药残留，兽药残留	违法添加，超量添加，物理异物风险	密度，含量

资料来源：联合利华饮食策划。

2. 原材料管理中的风险等级管理

表 17　原材料风险等级管理规范

风险等级 管理方法		高风险原材料	中风险原材料	低风险原材料
采购渠道		合法渠道且固定化； 单品类 2～3 家供应商	合法渠道且固定化	合法渠道采购
验收管理	索证索票	每批次产品票证； 不定时检查供应商资质票证	每批次产品票证； 定期检查供应商资质票证	每批次产品票证； 年度抽查供应商资质票证
	感官判断	标准成文对比化； 比对项目科学化； 每批次严格比对	标准成文对比化； 每批次严格比对	成文化标准或经验型判断； 每批次比对
	自检与送检	批次送检或自检	批次送检或自检	选择性检验
	信息记录	每一环节严格； 产品详细信息记录； 记录信息化保存； 定时跟踪产品信息； 不定时检查产品记录	每一环节严格记录；产品详细信息记录；记录信息化保存	每一环节严格记录；产品详细信息记录；记录信息化保存
储存管理		微生物污染严格防范；仓储卫生与温度控制；定时检查储存状况； 每批次储存信息记录；产品不定时自检	微生物污染防范； 仓储环境卫生与温度控制； 每批次储存信息记录； 不定时检查储存状况	微生物污染防范； 仓储环境卫生与温度控制； 储存信息记录

（1）原材料采购渠道固定化。

a. 不同类型原材料建立稳定的采购渠道。

因为规模、业态类别的多种不同，餐厅的原材料采购途径多有不同，而通过调研数据分析及深度访谈发现，固定原材料采购渠道利于信息反馈与提升，对于高风险的原材料，更要对采购渠道进行固定化，并且有明确的管理规范。

沈阳家食乐在分享原材料采购时表示，作为一家中式快餐连锁，每天对蔬菜、粮副产品的需求都是极大的，因而为了保证到产品口感的稳定性及每日用量的稳定性，中央厨房的统一采购都会选择固定的供应商，如蔬菜类都会和固定供应商进行长期合作，而这类供应商都会从沈阳市最大的批发地中进行筛选，即通过对各个商户的资质、规模及日常供货水平和能力进行考察，从中选出最优合作商。同样，肉类采购也是长期固定在两家供货商中进行选择。

同样作为中式快餐连锁的江苏七加七集团，在对四季高频率使用的蔬菜品类，如西红柿、青椒、黄瓜等原材料，也会固定与农业生态机构合作采购，通过长期合作，农户会根据七加七的单品需求量合理规划自己的种植。通过这种方式，餐厅不仅保证了供货量的稳定性，也能对农户种植过程有一定的了解与管控。同时，七加七集团的部分原材料也会从大型市场进行采购，鉴于市场的流动性餐厅可以进行的管控较为局限，因此更加会选择固定的供应商进行合作，减少风险的同时也能有一定的成本优势，为餐厅的食品安全与经营管理效率都能有所提高。

b. 应急采购的固定化。

中央厨房的统一采购、验收及配送，不仅减轻了餐厅采买的压力，也保证了原材料餐厅使用前的安全性。但是，当门店出现部分原材料用量告急，或个别产品需要就近鲜活采购的时候，餐厅门店采取的自我判断采购行为需要进行标准化规定。

江苏七加七餐饮集团在对门店出现应急采购情况时表示，首先，会避免采购人员前往相对流动性高、管理松散的摊贩市场；其次，采购人员与餐厅就近的大型商超建立合作，保证临时采购的稳定性，同时做到采买的证票保留及记录。

c. 特殊原材料采购的供应商培养。

对于小龙虾、鸭血、猪血等这类食材来说，其食材的特殊性导致其风险把控极其严格，即品牌化供应商缺乏、生产者水平层次不齐、生产管理标准不统一。然而，对于餐饮企业来说这类原材料由于深受广大消费者青睐，菜品的设置有助于竞争力的提升，因此特别是对于一些大型连锁，且业态较为丰富的餐饮集团来说，这类特殊原材料如何更好地选择与管理更加重要。

眉州东坡谈及其鸭血原料采购时表示，首先，对原材料的产地、生产环境进行严格考察，通过多种标准的衡量以及判断后才进行合作，且定期对供应商进行考察，保证原材料加工、养殖标准的稳定化。同时，对这类原材料的社会新闻事件进行舆情关注与监控，有相关事件发生时，也会对其原材料进行自检或第三方送检，既是对消费者安全的保障，也维护了餐厅不被舆论风险所影响。

d. 利用现代化手段进行采购。

信息化的发展，为餐饮企业的采购搭建了一个更加自主、方便的平台，即利用手机 App 下单、上门送货，不仅免去了物流、运输的压力，同时，基于第三方平台的保证，餐饮企业既能做到信息可溯，由于平台背后公司的统一管理，也简化了验收、检验工作。部分独立中餐的企业表示，现在 App 对他们的原材料采购增加了很多便捷性，餐厅可以通过其进行各品类、数量的下单，形成记录。

（2）抓住不同类型原材料的风险点，验收方法更加高效和标准。

a. 索证索票内容明确。

对于餐饮企业来说，采购验收的一大难点就是做好索证索票的工作，同时根据不同原材料的风险点，企业应该明确不同标准的票证内容，如原材料的生产日期、保质期、QS 认证、厂家信息以及成分营养等的标准。

对于原材料不同风险的管理和验收，江苏七加七餐饮集团根据自身企业原材料采购特点制定了《原辅料进货检验标准》，根据原料特性及其风险性，明确了采购原料分类及其相关检验和验证要求，如：

b. 感官判断标准要成文化。

通过经验丰富的采购员、行政总厨等人员的配合，在对很多原材料的验收时大家都会采用感官评估的方式。江苏七加七餐饮集团在《食品安全法》及各原辅料相关法规的基础下，根据集团对产品质量的要求，制定《原辅料进货检验标准》，其中对原材料的感观要求、制成率、含水率等进行了严格规定。

如：制作梅菜扣肉的原料五花肉，其感观要求为：外表及切面微湿润，不粘手，剔除肋骨及脊骨，肥瘦相间，脂肪白色或淡黄，边缘无赘肉，无瘀血和霉点、肉质鲜红或深红，肉质紧密有坚实感，三层者最佳，肉温 5℃以下。

c. 企业自检和送检。

企业对于原材料验收，除了检查相应票证，可以根据企业自身能力与需求，进行原材料的常规检测与送检；同时，对于高风险性原材料，提高抽检频率，并且注意原料餐厅后厨使用前的“二次检验”。当然，除了常规的验收、检验后的信息记录外，沈阳家食乐对原材料验收管理还有着独特的“最后一步”——留样，通过验收入库的各批次产品以及中央厨房加工的半成品都是家食乐留样的对象，在保证各家门店对该批次产品安全使用的情况下，家食乐才会对留样的产品进行更新处理。另外，为了方便门店对产品的追溯，家食乐对中央厨房所有出品的产品包装信息进行严格要求，特别是产品批次信息、保质期等与食品安全紧密相关的内容。

表 18　原辅料进货检验标准

类别			供货资格	每批提供检疫报告	产品标签（九标）	QS标志	包装要求		农残	感官抽检	化验室抽检
							I类	II类			
A类	a. 鲜荤类	鲜畜肉类	√	√	所有定型包装均需九标齐全	国家规定的28类产品		√		√	
		鲜禽肉类	√	√				√		√	
		鲜水产类	√					√		√	
	b. 冷冻类	冻畜肉类	√	√			√			√	√
		冻禽肉类	√	√			√			√	√
		冻水产类	√	√			√			√	√
	c. 肉制品类	畜肉制品类	√				√			√	√
		禽肉制品类	√				√			√	√
		水产制品类	√				√			√	√
B类	d. 粮油类	米、面、杂粮	√				√			√	√
		油脂类	√				√			√	√
	e. 包装及附件类	包装类	√				√			√	√
		附件类	√				√			√	√
		佐料类	√				√			√	√
	f. 一次性用品		√				√			√	√
	g. 调辅类	调料类	√				√			√	√
		干货、坚果类	√					√		√	
		罐头类	√				√			√	√
	h. 洗消类		√				√			√	
	i. 饮品类		√				√			√	
C类	j. 素菜类	鲜素菜类						√	√	√	
		冻素菜类						√		√	
		腌渍素菜类						√		√	
	k. 豆制品		√					√		√	
	l. 蛋及蛋制品类		√					√		√	
	m. 水果类							√		√	
	n. 杂货类（食品级的容器具）		√					√		√	

资料来源：江苏七加七餐饮管理集团。

对于农药残留这样较为敏感的问题，很多企业也建立了内部的检验机制。炳胜饮食集团配备专业的检测员，且所有人员经过设备生产厂家专业操作培训，并接受广州市食药监局相关食品安全知识指导后，根据应季热卖菜，对用量较大的十几种时蔬，通过蔬菜安全快速检测仪，进行两天一次的严格检查。同时，在每次检测中抽去22～28种常规蔬菜进行抽查。每次农残检验由一名食材检验员单独进行，同时餐厅安排2～3名工作人员担任食材检验员，以备应急替换。蔬菜安全快速检测设备可同时进行10种菜品的检测，检测过程约需要30分钟；整个过程检测员独立完成，同时店面总厨助理进行严格监督。检测后检测员将如实记录，记录信息将保存6个月，以便查询。

（3）根据原材料的风险性，有针对性的制定储存管理方法。

餐厅无论是从中央厨房角度还是门店角度来看，都应该制定详尽的储存管理办法。通过调研发现，餐厅会设置常温库、冷藏库、冷冻库及蔬菜瓜果保鲜库，从而形成完整的供应链。通过严格要求后厨环境卫生，餐具尤其是对冷藏柜的清洗卫生，保证食材仓储安全。不压缩厨房面积，设置不同冰柜，通过合理布局，保证对不同食材的仓储要求，划分果蔬区与肉类等专用区域，根据品种以及生熟等因素分类摆放，防止交叉感染。

a. 食材分类储藏、后厨生熟合理布局。

肉类、蔬菜是餐饮企业最为常用的原材料，却也是较难和需要加强管理的环节点，即原材料要如何储存、而储存环境要如何规避食品安全风险，都是需要把控的点。通过调研我们发现餐饮企业有初加工和储存的方法。例如：对于肉类储存来说，腌制肉要先确认冷冻或缓化程度，通过不同缓化程度来保证不同温度的存储，从而防止微生物污染。

对于蔬菜类储存来说，蔬菜在初加工间洗净后才能进入部门的操作间或冰箱内储存保管；将新到的蔬菜先洗净后沥净水分、铁托盘内晾干或用吸油纸包好后放入指定的盒子类冷藏储存；新的食材放入最下层，把旧的食材放入上层、先到的物品先用，做到先进先出的原则使用，避免蔬菜储存不当导致腐烂。

当然，原材料的储存环境也要得到有效管理从而规避食品安全风险，例如冰箱可以采用专人管理，且做到定期清洗冰箱。以汉拿山为例，每周两次对冰箱大清洁，每天两次小清理，并做好记录，保证清洁卫生。食材贮存要做到生熟食品、半成品分层分开存放、分类存放，摆放整齐，并设熟食专用冰箱。所有冰柜、冰箱必须贴有标签，标明储藏食品名称。后厨所有冰箱门把手放置专用的消毒毛巾（毛巾用消毒液浸泡，每天清洗三次），确保员工开冰箱的时候，保持洁净。

b. 科学控制存储温度。

温度的多变会极大影响原材料的安全性，特别是当原材料从采购到加工及储存会经过不同的空间和时间，导致温度也产生相应变化，因此如何根据原料的特点科学制定储存温度显得尤为重要。

以汉拿山对原材料的储存温度管理为例，蔬菜必须是4℃～5℃，肉类－18℃以下，肉类放到订制冰箱进行缓化，因为常温缓化会导致食材与空气直接暴露导致危险温度时间过长，有害微生物数量超标引发食品安全问题，同样储存时间不宜过长，保证肉类的质量。蔬果类0℃冷藏，肉类根据部位、品种以及是否腌制等因素进行分类，每种肉类的缓化温度不同，如：牛舌，油性大，缓化温度在－4℃～－5℃、牛肉较瘦，缓化温度－2℃～－3℃、肥牛，肥与瘦相结合的肉类缓化温度－1℃～－2℃。猪肉－6℃～－8℃缓化等。不能忽视的是，冰柜需要设专人看管，每2个小时调节温度，根据实际情况适当调整。此环节缓化时间为24个小时。通过冰箱的缓化可以避免肉类长期接触空气而导致微生物数量超标，出现食品安全问题。

肉类作为餐饮企业极为重要的一类原材料，其温度控制也是一大要点和难点。武汉半秋山餐厅对肉类原材料的管理正是极为看重温度控制，半秋山西餐厅设立了2000立方米的冷冻库，保持温度在－18℃以下从而保证大量原料的低温储存，同时用于切割、腌制等加工流程的车间更是有着严格的温度控制。另外，冷藏解冻库保持温度在－2℃～－5℃以降低细菌滋生率，同时为了保证采购肉类的新鲜度设立了10米场的速冻带，保证所过原材料在极短的时间内中心温度达到－30℃。另外，从中央厨房到门店的配送过程也是餐厅不容忽视的管理环节，半秋山全程冷链配送的温度控制在－18℃，到达门店后再根据原材料特点送入相应储存库，例如－18℃的冷冻库，以及－2℃～5℃的保鲜库，主要存放蔬菜及肉类解冻等，以及常温库搭配使用。

科学仓储会对餐厅提供极大的食品安全保障，炳胜饮食集团仓储的管理遵循原料摆放要求、包装要求、温度存储等的严格要求。餐厅人员根据材料的性质，划分摆放区域和专门的保温储存柜。设置干货库、冷藏库、冷冻库及蔬菜瓜果配料摆放区。一般情况下，保证蔬菜瓜果 0℃～6℃，半成品－1℃～－5℃，生鲜在－10℃～－18℃。冷藏库控制在 10℃以下，冷冻库在 5℃以下，干货库控制在常温 16℃左右。对半成品和成品，按照储存要求标准，清晰标注：产品名称、生产日期、保质期、制作人、监管人及保存条件。对各种成品、半成品的使用确保"先进先出"原则彻底执行。

同时，餐厅根据食材贮藏要求，自主设计制作储存粉末类、油类等食材调料的储粉箱。存储箱采用不锈钢材质，分格分类，可将面粉、糖、盐等粉末类、油脂类食材放置其中，可达到防潮防湿，防虫防鼠等作用。

（二）严格建立原材料过程控制理念，把握温度控制，防止交叉污染

原材料在后厨加工、储存及运输等过程中，通过过程控制，防范微生物污染。

表 19　原材料微生物污染防范准则

措施 环节	防止交叉污染	温度把控
加　工	1. 分色管理（抹布、砧板等为例） 2. 原材料的灭菌去除微生物方法 3. 其他防止交叉污染的措施手段	根据不同加工需求进行不同温度及空间的分类储存
储　存	分库储存，规范的标签使用 隔墙离地等规范 特殊的装置设备使用	冷藏库、冷冻库、常温库的分类使用
运　输	车辆卫生 包装	物流运输的温度控制

1. 加工和储存环节，抓关键点，控制防止交叉污染

在原材料的加工和储存环节，餐饮企业如何防止原材料二次污染是一个重要难点。调研发现，目视管理是餐饮企业基础的管理方法，且行之有效。目视管理是指利用形象直观而又色彩适宜的各种视觉感知信息来组织现场生产活动，达到提高劳动生产率的一种管理手段：颜色的区分，使员工一目了然，物品颜色不同，用途也就不同，有效做到了污染源的隔离，避免交叉感染的发生。整齐有序的存放，方便拿取，大大提高了员工的工作效率。

以旺顺阁的加工和储存管理为例，分别在加工设备、加工区域、储存空间等多个方面运用了目视管理的方法：

地板颜色区分高清区和低清区。对后厨地板进行严格划分，以不用颜色的地砖区分高清洁区和低清洁区，洗菜区、洗碗区、水台、菜库区域是低清区，负责不同区域工作的人员采用专门的抹布、手套等配套设备，防止交叉污染。

手套的分色管理。针对手套用品管理，以不同种颜色的手套代表不同的用途。黄色胶手套：洗涤毛巾专用；黑色胶手套：清理沟道使用；白色粗线手套：洗蔬果使用。

刀具、砧板分色管理。切配砧板和刀具均根据不同用途用颜色进行了区分，刀把和砧板上缠有红色标记的用于切配生食、生肉，刀把和砧板上缠有绿色标记的用于切配熟食类。

储物盒的分色管理。原材料储存方面，原材料配有专门的储存盒，存储按照不同颜色，分类进行储存管理。

另外，除了分色管理的运用，在后厨设计上也运用了一定技巧来帮助管理。一些企业在加工间设立倾斜多层储存架，通过储存架及加工间环境的设计，既帮助原材料沥干水分，保证新鲜，避免潮湿环境中细菌滋生。同时，也避免了水流各层滴漏，保证储存间相对干燥、卫生的环境，避免造成交叉污染。

根据食材不同划分不同空间，通过划分区域、隔断等把控卫生细节，生熟分开，防止交叉感染。例如，肉类储存分为使用需求，冷冻或缓化程度划分冰柜的储存区域；蔬菜类根据加工程度划分不同的储存区域。对于储存设备、储存空间的定期清理整洁，并做好记录。

2. 运输环节，做到过程控制和温度把控，防止交叉污染

为了保证原材料从中央厨房到餐厅的物流运输中的食品安全，企业应该建立现代化的全程冷链物流，配送专业物流车辆，控制车厢温度、路线及运输时间，同时进行全程 GPS 监控，并配备应急车辆，避免因运输产生交叉污染。

运输过程的管理已经成为了餐厅重要管理的环节。大连亚惠企业通过中央厨房的统一采购、加工后，为各个门店进行配送以此减轻门店的压力，提高食品安全水平，而这正是对其物流运输能力的极大考验。首先，大连亚惠选择自己管控运输车辆，并对车辆中物料配送的温度及运输时间进行统一制定，其次，每种半成品都必须根据其特点划分不同的温度车辆，或冷藏、或常温、或速冻进行配送。同样的，炳胜饮食集团也高度重视物流运输管理，配置了 8 辆冷链车，且保证全程温控方便所采购原材料的安全性。例如，为了保证海鲜类原材料的安全性，炳胜饮食集团直接从渔场码头对采购原材料进行速冻处理，然后利用自有的冷链车进行全程温控的运输，保证当天所用食材都是前一天冷冻运输到库，既避免了海鲜类甲醛浸泡等风险，也能维持原料的新鲜与品质。

四、结　论

此次调研历时两个多月，覆盖了全国 12 个省份城市，包括了 2000 余家餐饮企业的问卷调查，以及北京、广州、成都等多地走访餐厅的深度访问，对我国不同地域、不同业态的餐饮服务业原料使用和采购的总体情况进行摸底，也发现了各省市、各业态的餐饮企业都在日常食品安全管理中开展的诸多工作仍不尽完善。特别是面对即将实施的新食品安全法，餐饮企业在原材料管理方面更是需要获得更多丰富且专业的意见来得到提高。

因此，对于餐饮企业而言，做好原材料管理需要建立一个风险等级与过程控制体系，即通过对原材料进行不同风险等级的划分，从其采购、验收、加工、储藏及运输环节就实施不同程度的管理方法，并且在原材料“游走”的每一环节做好完备的过程控制。当然，第一，对原材料采购渠道的管控，即固定采购渠道，维持稳定合作；第二，要合理地对所采购原材料进行风险等级的划分，其次通过不同标准执行与本企业实际情况相符合的管理方法；第三，面对微生物防范这一重要战役需要对原材料加工的环节进行全方面的规划与管理，目色管理、分区储藏、温度控制等等都是值得借鉴的手段。每个企业都要摸索出适合自身需求且可行的管理方法，因此为了更好地提高整个餐饮行业食品安全管理水平，餐饮企业之间应该互相学习借鉴，共同完善提高。

大众餐饮篇

大众化市场下的餐饮品牌铸造
——2015年度“中国餐饮好案例”的启示

李亚光①

摘　要：中国餐饮业在经历了高速增长的30年后，随着消费者需求的升级、市场竞争的升级，进入了优胜劣汰、重新洗牌的转型调整阶段，其重要的特征就是“品牌的竞争”。2015年，中国烹饪协会从中国餐饮业的标杆企业中进行选拔，推出“中国餐饮好案例”系列活动，通过深入地走进这些标杆企业，解密其在转型过程中的创新运营模式，以提升整个行业的竞争水平，为中国餐饮企业创新发展发挥出示范引领作用。每一期活动都取得热烈的反响，每一个案例也受到了各地餐饮企业的高度关注。本文将以典型标杆企业为例，浅析在大众化为主导的餐饮市场环境中，如何运用创新模式，实现品牌的塑造和维护，铸就具有国际竞争力的餐饮品牌。

关键词：餐饮品牌；餐饮案例；餐饮创新

2015年，宏观经济形势放缓，面对复杂的内外部市场发展环境和转型中遇到的各种新问题，每一位餐饮人都感受到了前所未有的竞争压力。随着品牌及其市场份额越来越集中，将有大批没有品牌优势的企业被淘汰。面对数万亿级的中国餐饮市场，谁会在未来的格局中占有一席之地，取决于能否在这黄金的3—5年迅速脱颖而出。

竞争虽然激烈，但我们仍然欣喜地看到一批优秀的餐饮品牌企业，通过不断改进、不断创新、不断搏击，正在迅速崛起。下面将以成功转型、顺势发展的典型案例为例，分析如何运用创新模式，铸造品牌，实现新常态下餐饮品牌

① 李亚光：中国烹饪协会副会长。

的突破发展。

一、西贝莜面村：个性定位，非常好吃战略成为赢家

作为餐饮行业近年来爆发力最强劲的黑马之一，西贝莜面村的成功备受行业瞩目。经历了一次又一次的摸索和改进，西贝成功完成品牌转化和定位，短短五年时间，让“西贝莜面村”这个别具一格、特色鲜明的品牌在广大消费者心目中，从模糊到清晰，从熟悉到喜爱，营业模式也向“精而美”成功转型，从街边大店转为 Shopping Mall，营业额从 7 亿元增长到 20 亿元，成为目前商圈最火的餐饮品牌之一。

西贝到底赢在哪里？笔者认为，西贝品牌能量的储备、升温和爆发，得益于其精准的定位和营销战略。

做好定位是餐饮企业塑造品牌、运营部署的先决条件。众所周知，西贝先后经历了四次更换招牌的探索：从 2010 年开始，由最初的“西贝莜面村”改为“西贝西北民间菜”，又到“西贝西北菜”，再到“西贝烹羊专家”，最后又重新回到“西贝莜面村”。四年经过了四次“折腾”，2014 年品牌完成转化，I♥莜（you）让西贝莜面村品牌一下时尚起来。然而，这看似弱化品牌认知度的“折腾”，却是在每一次更名的尝试中不断强化品牌的本质，塑造品牌在消费者心目中的印象，升级品牌鲜明的个性特点。

事实上，品牌对于餐饮企业而言，重要性不言而喻。餐饮市场的竞争最后必将是归结于品牌之间的竞争，谁的品牌力更强，谁就能拥有更广阔的市场，品牌力成为餐饮企业逐鹿市场的关键。因此，在日益激烈的市场竞争里，餐饮企业除了在物质层面要狠下功夫外，餐饮品牌的塑造显得异常的重要，这也是国内众多餐饮品牌不得不面对的重要课题。

为了强化品牌力，西贝莜面村提出了“非常好吃”战略，然而，众所周知，让每个人都觉得好吃是一个高难度的问题。尤其是西贝这种大型连锁餐饮企业，真正让每家店的每一道菜品都做到非常好吃，简直就是难上加难。应对这个不小的挑战，西贝的“非常好吃”战略主要呈现以下几个特色：小而美的店面；少而精的菜单；邀请全世界的大厨和美食家参与西贝菜品研发；搭建西贝传统手工美食大师平台；打造精益的优质原材料供应体系；重新设计中央厨

房功能；打造职业化的西贝厨师队伍；行政总厨主导店面运营；精英厨师创业当老板……这几个特色充分适应了大众化市场的转型需求，从多个维度全方位地打造简约、时尚、绿色、健康的用餐环境，牢牢吸引消费者驻足，提升顾客对品牌的黏合度。

此外，西贝莜面村善于借势的营销策略也在一定程度上推高了西贝的品牌力。凭借着《舌尖上的中国》黄馍馍、张爷爷挂面以及“中国美食走进联合国”活动等营销界普遍认可的大事件，西贝的品牌知名度节节向上，赢得了不少的赞誉和更多粉丝的慕名光顾。

正是重视并坚持对品牌进行打造，最终形成强势品牌力和市场影响力，从而实现企业持续、良性的发展。使西贝成为餐饮业界品牌铸就的成功案例。

西贝的创新模式值得每个餐饮人学习和思考。没有足够的品牌力的餐饮品牌在激烈的竞争中将很难长期立足。毕竟，市场的竞争最终是品牌的竞争，只有形成独特的品牌力，才能真正形成品牌的核心竞争力，才能与竞争对手形成差异化区隔。

二、眉州东坡：迭代积累，餐饮与食品工业齐展双翼

19年来，在王刚董事长和梁棣总裁的带领下，眉州东坡从一家小小的酒楼，发展成为旗下拥有眉州东坡酒楼、眉州小吃、王家渡火锅3个子品牌，连锁店数量超过百家的大型连锁集团，年营业额超过20亿元，已然成为中国川菜的时尚先锋，中国餐饮业的领军代表。

眉州东坡之所以可以在竞争激烈的餐饮市场中占据一席之地，可以说有两大制胜法宝：

其一是始终坚持专一化发展战略。无论是“眉州东坡酒楼”、“眉州小吃”，还是“王家渡火锅”，均坚持做地道的川菜，坚守川菜定位。这样的发展战略的好处，一方面是形成了多品牌协同发展的格局，另一方面，三个品牌同属川菜，在味形、原材料、制作工艺等方面都有共通之处，可以共用一个中央厨房，就可以最大化的节约人力、物力、财力，实现快速复制。同时，在菜品和产品的研发上，坚持精益求精、做到极致，在原有老产品的基础上不断升级迭代，即在原材料，制作方式，甚至菜品盛器等方面进行创新，打造有生

命力的产品，而不是一味盲目地追求推陈出新，凭空创造。这样既能激发产品的活力，又能通过过硬的产品拉动品牌发展，带动企业良性循环螺旋式上升发展。

其二是中央生产配合餐饮发展，实现双翼齐飞。眉州东坡早在 1999 年就建立了中央厨房，并创造性研发了“模拟手工技艺”的生产工艺及工业化生产模式，从而，在实现产品的标准化批量生产的同时，有效地解决了菜品中央生产的风味丢失难题，成为中餐企业依托中央厨房连锁发展为数不多的成功案例。经过 16 年的不断探索，眉州东坡中央厨房从最初的 5 种菜品发展到如今的 172 种菜品，从东坡肘子、眉州东坡香肠再到眉州小笼包，越来越多的菜品实现了模拟手工技艺的标准化作业生产线，食品公司通过核心技术创新对眉州东坡的拳头产品和原辅料进行批量生产。一方面，旗下三大品牌三箭齐发确保多业态多品牌协同发展；另一方面，中央厨房标准化批量生产也保证了菜品的品质和口感，确保眉州东坡具备开遍全球的能力。这就犹如两只渐丰的羽翼，带动眉州东坡在日新月异的餐饮市场中飞得更快更久，更高更远。

事实上，企业成长具有两种模式，第一种是看到机会、抓到机会而成长，称为“机会基础成长策略”。多数公司属于这种，但其崛起速度很快，而当市场消失、机会不见时，公司也就走入历史。第二种则称为“能耐基础成长策略”，这是一种以企业核心竞争力为基础的成长策略。因为核心能力强大而成长的公司，通常都是好公司，且可长远。

眉州东坡正是“能耐基础成长策略”的典范，从起初的街边大店到成功转战 Shopping Mall，从多品牌协同发展，到由农业公司、中央厨房、食品工厂组成的三位一体后台生产线的建立，眉州东坡每一次都把握住了时代发展的趋势，牢牢守住了定位大众这一基本原则，通过模式创新成功蜕变，从源头到加工生产、再到成品输出每一个环节都保证眉州东坡的品质，有计划、有目的地推动企业螺旋式稳步上升，为下一步的升级奠定了坚实的基础。

三、外婆家：顺势而为，让偶然变成必然

审视外婆家的 17 年，从默默耕耘到声名鹊起，我们看到的是对趋势的把握与坚持；从一直被模仿但从未被超越，我们看到的是对创新的执着与智慧；

从让排队成为时尚的模式到以创造粉丝留住客的回归，我们看到的是对顾客的精准定位与洞悉……外婆家把这一切归结为：顺势而为！

外婆家可谓是餐饮行业中的一个典范传奇。17 年间，从默默无闻到名声大震，外婆家始终坚持自我，利他在先，顺势而为，把握趋势，自主创新，用心经营，围绕顾客精准定位。

外婆家的顺势而为，是顺全球餐饮大势，即餐饮进入追求个性、品质和体验的快休闲时代；是顺国内餐饮大势，从小而美的特色品牌做起，减少人力因素，从食材和工艺和环境设计上保证产品的高性价比。新副牌们一店一主题，比如说“炉鱼”宣扬的是朋友聚会的最佳选择，“蒸年青”强调健康主题，“锅殿”则以“旅行”为主题设计了店面，面对不同的消费人群布局，突破品牌瓶颈，利用自身的迭代能力很强的优势，布局更多与用户群相关的品牌，在熟悉的消费人群和消费场景中不断营造新鲜的消费契机，多个消费层次反复布局。外婆家的顺势而为以及其在解决餐饮成本结构及品牌再造方面的尝试，都值得我们思考。

成功企业之所以能做大做强，其根本的原因在于比别人更先一步思考“如何让偶然变成必然”的问题。

海尔张瑞敏先生近年一再警示：没有成功的企业，只有时代的企业。他认为，海尔的成功只是因为踏准了时代的机遇和节拍，一旦停下创新的步伐，无法跟上时代的节奏，下一个柯达可能就是你家。

2015 年 7 月，外婆家对未来的战略进行了调整：提出“永远 100”，即未来每个品牌的规模永远不超过 100 家；不仅扩张的规模收缩，同时在品牌定位上也更明确作“地区代表”与“个性化代表”。外婆家的“永远 100”无疑颠覆了行业的传统扩张思维，我们常常耳熟能详的是“做中国的麦当劳”，或者立志开上几千家的店等等。为自已设规模上限倒是头一遭。而且，是一家风头正强劲，门店所到之处无不大排长龙的“旺店”！究竟是什么原因驱动外婆家做出这样的战略调整？

外婆家创始人 Uncle 吴告诉我：这两年，他目睹了杭州的时装与奢侈品品牌连锁店关的比开的多……也许是对未来的竞争格局的预判，让他们选择了稳健。

所以，外婆家提出了“永远 100”的 12 字方针：控数量、调品质、比数据、扬品牌。将“品牌比数量重要”上升到战略高度。

品牌是企业保证利润活力的关键要素，所谓利润活力除了表示利润率的高低外，更重要的是指持续盈利的能力。

事实上，但凡能够追求规模扩张的餐饮业者，其对品牌的认识与重视均非同一般，问题出在思维的优先上，90 年代曾经红极一时的烧鹅仔、红高粱等品牌，正是凭借领先的品牌意识造就了辉煌，但是，当“数量”过度进而掏空了“品牌”基础时，“数量大厦”的坍塌便难以避免了。

因此，品牌比数量更重要的思维，应该是 2016 年乃至未来，餐饮业者需要确立的一种战略思维。

四、北京宴：“中国服务”，高端餐饮逆市崛起

2012 年，北京宴西四环靛厂路店开业。6 层欧式建筑，营业面积达 1.7 万平方米，装修花费 2 亿元，异国异代各具风情的装修陈设，绽放着中西文化的魅力，精致奢华的形象深入人心。作为曾经高端餐饮的代表之一，从“国八条”出台前的最高日营业额破百万元，到之后最惨淡时一天不足 2000 元，然后三个月扭亏为盈，再到目前日均营业额 30 万元，北京宴在两三年的时间里，坚持最初目标和定位，冷静思考，转变思路，顺利完成面对客群策略的调整布局，成为了高端餐饮转型升级的成功案例。

笔者认为，北京宴的成功之处有两方面：

从经营战略上看，清晰的定位和实行顾客至上为核心的“中国服务”助力北京宴逆势崛起。

在遭遇高端餐饮市场寒冬时节之时，北京宴仍然选择了坚持最初的方向：打造中国商务宴请一流品牌，创造亲情的“家和”文化，建立科学和艺术的管理模式，造就餐饮专业人才孵化基地。面对政务宴请道路阻塞的困境，北京宴重新梳理企业市场定位，将着眼点放在个人和商务消费上，瞄准高品位普通消费者的高端消费市场，开发出 EMBA 市场、婚宴市场、外宾市场、同行市场等 6 大客群市场，吸引了大量自费消费者，取代原来占比 90%以上的高端商务市场，同时也通过这些平台充分利用和展示了北京宴自身的天然优势，塑造了良好的口碑，扩大了知名度。北京宴还推出经济实惠的套餐，面向普通百

姓，在降低价格的同时不降低档次和品位。伴随客群变化，北京宴又先后建设了以电影和戏剧为主题的华贸店、金宝街店，选址更靠近高端客群，开始进驻购物中心，走起了精致、时尚路线，在环境和服务上都增强宴会市场的定制化。

北京宴深耕服务，实行顾客至上为核心的“中国服务”。根据客群进行了大量服务产品的研发，重在服务的创新性、体验性，北京宴董事长杨秀龙认为，中国服务就是在规范化、标准化、程序化基础之上的亲情化、个性化服务，在北京宴，每天都发生着这样的感动：当看到客人咳嗽时，北京宴的员工会给客人悄悄上一碗银耳雪梨汤；当得知客人胃不好，吃得不多时，会给客人端一碗热腾腾的小米粥；当看到客人喝酒过多时，会给客人准备一杯蜂蜜水解酒：当客人因感动而坚持要给小费时，会准备好平安果并把小费包在里面，写好爱心卡说明，在客人临走时送还给客人。

很多时候，企业经常幻想留住所有顾客，这不现实。但是像北京宴这样的服务，真的可以留住顾客。

服务来自于对每一个顾客的体验的认识，来自于对每一个顾客价值的理解，能够站在顾客的角度来看待问题，同时又超越顾客的想象，给顾客带来惊喜。这样的服务不是单纯的承诺，而是创造性的承诺，是用心和创意带给顾客超值的体验。

为此，北京宴在管理上采用“倒金字塔”结构的管理模式，以“家和文化”贯穿始终。所谓“倒金字塔”管理模式，即上道工序不对下道工序说不，二线部门不对一线部门说不，上级不对员工提出的困难说不，下级不对上级的命令说不，被检查者不对检查者提出的问题说不，全员不对客人说不。按照这个倒金字塔，一线服务员的权威最大，而总经理是全酒店最大的店小二。“家和文化”，则指的是要视员工为家人，把客人当亲人，视社会为恩人，把供应商当朋友，视股东为兄弟。通过这套管理模式，把所有人的心凝聚在一起。

笃定灵活经营战略部署与以中国服务为核心的管理体系，成就了北京宴今天在餐饮行业，在消费者心中，乃至扩张到了媒体领域、社会咨询公司、连锁企业、互联网企业等其他领域所受到的关注和赞誉。成为了在高端餐饮行业中逆势上扬，突破困境，触底反弹的经典示范。

五、结　　语

通过上述四个典型案例，不难得出以下的结论：大道至简，餐饮业回归本质，回归市场才是王道。在日益激烈的市场竞争里，餐饮企业除了在物质层面要狠下功夫外，餐饮品牌的塑造显得异常的重要，这也是国内众多餐饮品牌不得不面对的重要课题。

每一个品牌在调整转型，适应市场新发展时，都是经过反复的摸索与尝试，在徘徊中探索前进方向，在成败间建设发展之路。问道餐饮品牌如何崛起，只有在餐饮市场严酷的竞争浪潮中激流勇进，静下来沉淀下来去挖掘餐饮业的本质，完善管理，升级产品，满足顾客的需求，拥有这种善于思考，勤于改进，勇于搏击精神，才能铸就这些品牌多年来不断做大做强，赢得举足轻重的地位，在大众化餐饮回归新常态中显出新的生命力。

2015 年中国火锅产业发展报告

中国烹饪协会火锅委员会[①]

摘　要：2015 年是"十二五"的收官之年，据国家统计局公布数据，全国餐饮行业收入实现 32310 亿元，同比增长 11.7%，比上年提升 0.2 个百分点；线上餐饮收入 8667 亿元，同比增长 7%，高于上一年 4.8 个百分点。据美团·大众点评研究院数据调查显示，全国共有超过 35 万家火锅商户，渗透率达 7.3%，中国火锅产业发展稳中求实、与日俱进，已经成为大众美食经典业态。本文通过对 2015 年火锅行业发展的整体情况分析，结合火锅企业发展状态，对火锅连锁品牌经营模式、上下游产业链发展情况、相关行业管理问题以及行业未来发展趋势进行概述性总结分析。

关键词：火锅；连锁品牌；火锅行业发展

有一种菜系，是不管独乐乐或众乐乐，都一样不会失其风味且有"一菜成席"之美誉的，那就是火锅。近年来，各种类型的火锅吃法层出不穷，在风味、菜品、服务模式上都有很大提升。回望 2015 年，火锅行业发展态势与特征总体上可以概括为：连锁经营扩张、新生力量异军突起。作为大众餐饮发展的主力军，火锅产业依然保持着它高亢的生命力。

一、火锅连锁品牌分析

随着市场经济的发展，餐饮消费市场日趋成熟，火锅产业竞争越来越表现为连锁品牌的竞争。近些年来火锅连锁品牌占据中国餐饮百强的比例平均达到 25.32%，因此打造个性化品牌以及凸显品牌特色，对火锅产业的可持续发展

① 主要撰稿人：康斓，中国烹饪协会火锅委员会秘书长。

来说非常重要。

（一）以规模效应树品牌，以连锁经营促发展

1. 规模化发展是促进火锅连锁品牌发展的有力支撑

规模化发展，其意义是要提高品牌知名度与品牌价值，在保证其质量稳定及特色的基础上拓展市场。火锅店内生产加工环节逐渐减少、调料和底料有统一的配置，标准化程度逐渐增高，使火锅店具备开展连锁经营的优势。品牌是否有足够的影响力，决定了火锅企业在市场竞争中是否能够胜出，企业重视品牌打造，才能形成强势品牌力，使连锁品牌经营扩张，并且持续良好的发展。2015 年以海底捞、黄记煌、东来顺、朝天门等为代表的连锁品牌发展规模持续壮大，在营业额上也表现出了良好趋势。因此规模化发展自营连锁品牌以及加盟连锁，依然是火锅企业品牌扩张和累积资金的好方式。

2. 过百家店品牌企业发展路径

（1）推动品牌意识社会化。首先要做的就是“特色”，有自己的风格才能很容易被消费者识别出来；其次是“服务”，服务入心、尊重顾客、满足顾客的个性化需求，但不必过度服务。网络信息时代，人们只能通过品牌与口碑增加对企业的辨识度，增加企业对品牌营销的意识，从而提高顾客对品牌的认知感，对于企业品牌的建设及发展有着举足轻重的作用。

（2）注重产品品质一体化。很多火锅企业的主要利润都集中在中央厨房建设和品牌加盟连锁，许多创业者认为“火锅产业门槛低，易复制”，纷纷加入，其实做好品质并非易事。火锅品牌自营或加盟，把关好产品质量，做到产品品质统一化，管理要执行到基层并进行监督，管控和服务好加盟商、维护好品牌的统一是如今品牌企业发展的重中之重。

（3）发展创新理念制度化。火锅产业的“创新意识”一直是企业在食品安全以外最应关注的问题。在火锅业态不断创新发展的时代，一个企业如果墨守成规没有创新，只能逐步萎缩甚至灭亡。企业发展过程中，创新间接决定了其潜在发展空间，通过观察自身优势和市场形势进行定位，围绕定位来制定餐厅菜品及特色、品牌创新和传播推广，改变品牌火锅所坚持的“旧经营”，推进火锅企业欣欣向荣。

（二）区域连锁火锅品牌的发展情况分析

任何一个城市的餐饮消费都有所不同，包括地域特征、饮食习惯和人均消费支出等，企业运营流程的不善可能导致管理标准化和消费者需求产生冲突。2015 年火锅产业出现“关店潮”现象，例如郑州火锅行业在经历大规模扩张后，迎来了史无前例的“关店潮”，据不完全统计，2015 年郑州已经有近 500 家火锅店关张歇业，火锅店转让消息比比皆是，同质化严重和概念化过度使市场遭遇寒冬。很多人认为火锅行业门槛低、易经营而盲目跟风，使行业同质化严重、经营无创意、产品无特色，从经营模式来看过度概念化也是造成这一泡沫迹象的根本原因。近两年，伴随着许多连锁品牌与互联网+融合的不断炒作，令火锅产业空前浮躁。在市场经济的作用下，优胜劣汰是不破的规律，火锅企业应树立该区域独特的可以被消费者识别并认同的品牌形象。每一家企业都应该根据自己的经营模式制定属于自己的运营体系，去除概念化，从产品口味到服务理念，重视食品安全，要有企业自身危机感以及定位管理模式，使其“独树一帜”。

（三）“单品特色店”火锅行业崛起的新结构

近些年火锅行业竞争越来越激烈，常见类型火锅都有强势的品牌，除非有重大创新否则很难有突破性进展。小企业需要更多去挖掘自身的独特性、找到差异化、寻找产品特色的发展空间，让自己在传统火锅品牌“围剿”中突出重围。现在有许多正在发展之中的小型新型餐饮模式如：旋转小火锅、烧烤带涮、超市+火锅店等，特色的服务模式、新型的食品设计、简单的装修风格，是这些餐饮企业给人的第一印象。在这种看似简单的业务模式下，这些新模式却有着自己独特的商业道理，特点就是与传统火锅相比投入成本低、翻台率高、主营项目特色明显，其中包括服务特色、产品特色、环境特色。近年来迅速发展成为代表的特色品牌有：呷哺呷哺、巴奴、虾吃虾涮。凭借其特色服务吸引顾客，小店铺大后台，小产品大市场成为未来行业发展新力量。

二、火锅上下游产业链发展情况分析

火锅产业链的标准化对于企业自身质量管理体系中各个环节的监督管理至

关重要。通过观察火锅产业目前发展情况，分析火锅上下游产业链发展状态，具体内容如下：

（一）上游产业链发展的服务体系系统性和完整性

2015 年消费者最新调查显示，餐饮行业回归市场大趋势，“基础服务”成为主导因素，火锅企业除了将产品的口味、品质、特点充分表现外，更重要的是能面对不同顾客做出针对性服务，因此建立完整服务体系对火锅产业发展有重要的意义。除了管理模式和经营模式之外，口味、卫生以及服务是影响消费者选择的主要因素。在如今的物价形势下，许多顾客想要选择一个既能吃得放心又能吃的开心的餐馆。传统观念下的服务定位只要求简单满足顾客所提到的需求，而在市场竞争日益加强的形势下，服务定位是在于满足顾客需求的前提下，高效性的针对不同类型的顾客，做出不同的服务。中国餐饮百强企业中名列前茅的海底捞是现在火锅行业争相效仿的对象，服务文化的治理让海底捞超越了单纯的品牌竞争，其倡导的“一站式亲情服务”，逐渐发展成为企业自身品牌特点。

（二）店铺场地节约及用人分析

多年来困扰火锅企业的关键因素就是店铺租金及人工成本，怎样有效地节约店铺场地以及节省人工成本需要企业共同面对。高租金造成了火锅产业的高成本，在我国经济保持中高速增长的形态下，节约场地、提高人均消费、降低人工成本，成为企业关注的问题所在。许多餐饮企业相继推出自助式点餐传菜服务，顾客可以自己通过手机进行下单也可以自行取餐，大大降低了人工成本，提高经营效益。最具代表性的呷哺呷哺，其主打特色是用餐范围：吧台式火锅，餐位品台、座位间距小。颠覆传统火锅的吧台式布局，除了让店铺单位面积内的顾客容量增加了 30%以上，并且一名服务员最多能同时为 20 位顾客服务，不仅节约了餐厅面积的使用率降低成本，还使员工与顾客之间有很好的互动。

（三）下游产业链消费市场与需求

火锅是一种适合多种消费层次的产业，有广泛的消费群体，由于消费者的消费水平和生活环境处于不同层次，随着居民收入水平的提高、消费主体结构的变化、消费市场空间的扩大，消费者将产生巨大的消费心理以及需求。消费人群细分：普通工薪阶层与白领阶层消费习惯和消费档次不同；老人喜爱偏清淡营养，青年人偏好口味厚重；男性和女性对于火锅的菜品类型，口味、锅品选择上也有一定的差异；不同区域不同民族的消费者对火锅锅品的要求千差万别，应当加以区别。简单来说消费对拉动市场内需、促进行业经济增长仍起到一定积极作用，面对不同层次消费者的消费心理和消费行为，如何把脉消费者的需求，更清晰地了解消费者的心理，正是当下火锅产业需要面对的实质性问题。

三、火锅行业管理相关问题的分析

（一）互联网+与实体店经营的对接困难

火锅外送服务是近几年崛起的新型服务模式，互联网餐饮平台连接用户和商家两端。就火锅企业而言外送服务调节了高峰期等位问题、满足部分用户的需求，但也要看到其中存在的不足，额外的配送成本使许多企业望而却步。不少创业者热衷于互联网 O2O，热衷于寻找风投融资，但却忽略了产品本身，互联网思维确实很好的提升了企业竞争力，却也使火锅产业脱离本质，线下产品品味一般，而线上营销却做得出类拔萃，反差之悬殊，令业界深思。

（二）食品安全关注度不够

创建营养健康消费，成为大多数火锅企业的共识，火锅产业在对火锅调料、火锅底料以及原料菜品的选择加工，须更重视安全健康和营养均衡方面。各种节能型锅具的使用将有效降低火锅产业的成本，同时也保障了消费者的饮食健康。今后人们对火锅将会提出更加多元化的要求，火锅企业重点还是要放在对食品安全的把关上，要把火锅的营养健康理念做出概念，让消费者理解、体验并接受。

（三）坚持倡导绿色环保，走可持续发展之路

网络上对餐饮企业卫生环境调查表明，火锅餐饮室内的 CO、CO_2、可吸入颗粒物等污染物最为严重。火锅企业的升级改造，首先要寻找资源节约和环

境保护问题的解决途径，控制空气污染物和温室气体排放，促使火锅行业尽快制定严格的资源综合利用标准，从而达到国家环保要求。2015 年，中国烹饪协会火锅委员会参加了“安全用纸、清风行动”交流会，火锅行业作为中国餐饮行业中的用纸大户，为倡导餐饮企业关注用纸规范、推进餐饮用纸的安全性和标准化、提升餐饮业食品安全作出了表率，以“节能、生态、环保”为核心理念，推动火锅行业可持续发展。

（四）同一产品相同质量

火锅企业连锁属性包括：直营连锁、合作经营、加盟连锁，实现精准化管理需要火锅产业完成现代化、工业化、规范化的品牌管理。目前很多连锁火锅企业都建立了中央厨房和物流配送站，现代化的加工基地和工业化物流配送中心是火锅产业不可缺少的组成部分，同时对加工完毕的半成品、肉类、火锅调料底料进行包装，采用冷链保存和自配送环节，结合大型火锅的特有品牌实现对火锅产业的精准化管理。

（五）建立营销方案

对消费人群进行划分，做好营销定位策略，做好创新，关注顾客消费中的尝新心理，引导顾客对企业和产品有新的认知，喜欢并享受来此消费的过程。做好客户营销是宣传品牌发展的有效途径，不仅仅是简单品牌宣传，还要使客户对企业品牌的味道、环境、服务有认可性，并使消费者通过互联网可以了解到企业营销“利好消息”。

（六）员工凝聚力与成长计划

随着连锁产业的发展，人力资源成为企业发展最大动力，管理团队的建设越来越重要。连锁店是由无数个单店所组成的，店长的选拔以及员工的培养直接影响单店的成长，成熟门店的“一岗双员”管理机制，便于迅速培养和转战新开区域，建立一套完整、科学的管理体系是企业发展连锁品牌所必不可少的。

（七）提升创新意识

随着时代迅猛的发展人民生活水平的不断提高，人们对原有的老的事物不再感兴趣，火锅产业需要追求新生的、有特色的事物，这也就对火锅市场提出了要求。低门栏、盲目跟风和过度概念化，这些问题致使创业者把火锅推到“老龄化”的边缘，企业开发新技术、新产品、新服务、新环境的应用迫在眉睫。火锅业态要高度重视投融资渠道，加大发展后劲培育，同时保持风险防范意识。

四、火锅业2016年发展趋势展望

通过对火锅产业发展现状、市场走向、行业管理、和竞争业态等多方面的了解和分析，未来火锅产业发展趋势具体呈现以下特征：

（一）以国家政策为导向，紧跟时代步伐

“在适度扩大总需求的同时，着力加强供给侧结构性改革，着力提高供给体系质量和效率。”这是习近平总书记在2015年底中央经济工作会议上首度提出来的，是中央为了全面部署“十三五”开局之年工作的一项针对下个阶段经济改革的政策总纲，是一种寻求经济消费增长的新动力新思路。经济发展对火锅的影响其中包括了消费者对火锅的需求不断增高以及现有火锅产业存在档次不同的结构性矛盾。消费的不稳定性、房租和人工成本的上涨、创新意识的缺乏是火锅产业的“老病根”，国家供给侧结构性改革措施正在有效缓解这些问题，不仅对餐饮行业发展起到了巨大的推动作用，也给火锅行业带来了一缕春风。多元化、多层次的消费是国家指导消费市场的重要措施；政府减政放权，减轻企业负担为火锅行业发展改善了宏观管理环境；老百姓对火锅美食美味热情不减，促使火锅行业加快供给侧的质量提升和效率增速。

（二）走单品路线打造“小而精”餐厅

单品店说的是主品+副品的小组合模式，在品牌连锁遍天下、市场同质化严重的传统行业里，许多经营者出于成本及其他方面因素的考虑开始走“小而精”的路线，即小门店小经营、精菜品精设计。单品店最大的优势就是主营项目特色明显，可以更好地抓住顾客的需求，适合广泛消费人群阶层可高可低，足够可持续发展。现在火锅市场创新基因需求过盛，未来火锅风格将朝着时

尚、简洁、小资的方向推进，单品店这种新型餐饮结构，已成为时代发展的前沿，单品店也不会影响连锁经营模式的推广。

（三）把关食品安全，品牌核心竞争力的优势

食品安全是一直以来群众最关心的问题，近些年来火锅产业所发生的食品安全事故层出不穷，例如“罂粟壳”“老汤老油”“辣椒精”“飘香剂”等，每一起恶性事件的曝光，都是对产业的重创。由此可见，注重食品安全维护企业品牌形象的重要性。食品安全法实施条例第三条中明文规定：食品生产经营者应当依照法律、法规和食品安全标准从事生产经营活动，建立健全食品安全管理制度，采取有效管理措施，保证食品安全，食品生产经营者对其生产经营的食品安全负责，对社会和公众负责，承担社会责任。未来火锅产业发展的基本原则，首先就是对食品安全的管控，落实企业主体责任，把关食品安全将是品牌核心竞争力优势。我们要把对食品安全法的框架理解转化成企业食品安全工作的自查程序和管理规范，使“把关”转化成为管理方法。

（四）大数据时代，发展火锅产业与互联网的融合

餐饮这一传统行业在与“互联网+”融合的热潮中，已成为业界关注的焦点，火锅产业作为餐饮业的一个重要类别，更要利用好这一趋势。火锅没有企业参与的直接烹调过程、标准化程度高、容易控制这些是其优点也是缺点，现在人们都在追捧“互联网餐饮”模式的现象，也昭示着“互联网”餐饮已成为新的创新风口，发展火锅产业与互联网的融合需要企业做好线上打造流量和品牌，线下实体店和供应商直供的经营体系已是大势所趋。

（五）品牌火锅中国行

为了进一步拉动餐饮上下游产业链，加快促进餐饮行业转型升级，中国烹饪协会火锅委员会将继续带领全国的火锅品牌企业走进各地寻找火锅好食材、好设备、好产品。将持之以恒为搭建安心、放心、健全的火锅产业链，更好地打造便捷高效的食材对接采购直链，提高广大企业菜品创新水平，加快推进行业平稳跨越健康发展而不懈努力。“品牌火锅中国行”是中国烹饪协会火锅委员会打造的服务品牌活动之一，在新的一年中“品牌健康火锅”将更加贴近消

费者，更具有指导意义，“中国行”将把我国火锅的优秀文化、产品、服务实现业内体验式交流，更多的交流会促进火锅行业健康可持续发展。

2016年，面对新的机遇与挑战，火锅产业将牢固树立创新、协调、绿色、开放、共享的发展理念，积极落实供给侧改革，优化产业结构，健康持续快速发展。

2016 年快餐产业发展趋势分析

中国烹饪协会快餐委员会①

摘　要： 据国家统计局最新数据，2015 年全国餐饮营业收入实现 32301 亿元。同比增长 11.7%，比上年提升 2.0 个百分点。快餐业态是大众餐饮、刚性需求、民生工程！2016 年，快餐业态将从 6 个维度演绎商业逻辑。

关键词： 快餐业；餐饮业；快餐发展

一、互联网时代的快餐业态

互联网时代快餐业态，商圈布局重新定义，外卖市场平台经济，数字媒体重磅来袭，智能餐饮持续升级！这一切都重新定义着快餐业态！一切产业皆为媒体，一切媒体皆为营销，一切营销垂直落地，这就是逻辑。

【关键词语】商圈布局、外卖市场、数字媒体、智能餐饮

1. 互联网对商圈布局解构

互联网改变了快餐业态市场属性、商圈结构、店址布局，改变了主流顾客工作模式、生活模式、交往模式，互联网时代真的来了。

2. 互联网对外卖市场逆袭

当互联网公司运用平台优势导入外卖市场时，我们不但认识了互联网平台的优势，而且还认知了外卖市场空间到底有多大的份额。

3. 互联网对数字媒体诠释

传统媒体包括电台、电视、杂志、报刊，互联网时代数字媒体对传统媒体有巨大冲击，企业官网、微信平台、微博组合做了诠释。

4. 互联网对智能餐饮推举

21 世纪餐饮是智慧餐饮、智力餐饮、智能餐饮。德国工业企业从 1.0 版

---

① 主要撰稿人：夏连悦，英特莱斯管理顾问公司总经理。

跃迁到 4.0 版，让我们认识了智能在背后的驱动作用与价值。

二、四高一低消杀利润分析

快餐事业发展要直面四高一低挑战！食材高位驱动餐企成本水平提升，人工高位驱动餐企人工费用提升，能源高位冲抵餐企能耗给用管理，房租高位消杀餐企盈利水平。四高一低对餐企有直接、间接、潜在影响。

【关键词语】食材高位、人工高位、能源高位、房租高位

1. 食材高位消杀利润水平

随着农业产业结构持续调整，我们经历了食材价格单品上升、总体上升、循环上升过程。须知：食材价格上升消杀餐企利润水平。

2. 人工高位消杀人口红利

当人力、人员、人才资源短缺成常态时，我们清晰地认识到人口红利不在了！人工水平上扬，是蚕食餐饮企业整体利润水平利器。

3. 能源高位冲抵损益管理

水费、电费、燃气、热力能源价格持续涨价、结构涨价、滚动涨价，使餐企运营能耗高位增长，能耗直接消杀着餐饮企业的利润。

4. 房租高位通吃餐饮盈利

当房地产终于绑架了餐饮行业的时候，我们清醒地认识到：一线城市街边店铺 1.5 美元起叫，店中店铺 2 美元起叫的残酷现实。

三、供应链条环节掘金分析

快餐企业发展要经历单店、连锁、产业、资本经营 4 个阶段，从连锁经营向产业经营过渡时，供应链条降本是不能回避的命题！总体成本、环节成本、作业成本，产业经营要打造产业链、供应链、价值链、利润链。

【关键词语】供应降本、产销降本、配销降本、销售降本

1. 供应链降低总成本逻辑

餐企连锁经营要把握从规模经济向集约经营的转型，除了在销售环节获利还要实现产销环节、配销环节掘金。利润就藏在环节中。

2. 产销环节降本整合分析

产销环节包括十二个品类供应厂商，关于战略采购、集中采购、季节采购，关于账期设计、扣点设计、交易规则！您准备好了吗？

3. 配销环节降本一体分析

配销环节包括采购、仓储、加工、配送、信息五大环节。配销执行着链接产销，支持销售功能。配销通过分销为销售做稳定的支持。

4. 销售环节降本分差分析

销售环节服务体系、厨务体系、行政体系运营，通过运营、管理、作业体系设计，为顾客提供高性价比的产品、服务、环境价值。

四、生活方式定义快餐逆袭

生活方式是人们居住方式、休闲方式、出行方式、饮食方式的集合！以生活方式定义为核心，当新的快餐业态、店态、业种成为人们的生活方式选择时，也成就了快餐业的创业、创造、创新，民生的才是时代的。

【关键词语】社区快餐、家庭送餐、生活餐饮、便当模式

1. 社区快餐需要重新定义

档口模式作为社区快餐的主流模式，会有很大的发展空间。档口快餐通过包子档、饼屋档、米粉档呈现，成为人们饮食生活选择。

2. 家庭送餐创造新的业绩

快餐店铺送餐、网络公司送餐、家庭厨房送餐，注释着家庭送餐的概念。当然，送餐通过呼叫、网络、微信运作有巨大机会与空间。

3. 生活体验餐饮重磅来袭

主食厨房、杂粮体验、熟食外卖作为社区餐饮的重要配套，影响人们的一日三餐。便利性、易达性、性价比是生活体验店的关键。

4. 便当模式吸引受众注意

便利店铺、便当组合、快餐车辆告诉我们：当快餐业与速食业组合时，将赢得巨大市场空间！一切都在重新定义着人们生活方式。

五、创新经营维度经济逻辑

创新是快餐企业实现永续经营的关键！中国快餐企业创新从来没有停止过！2016 年，快餐企业创新以智慧为核心，通过智能、技术、环境、产品四个维度，以数字、数码、数据、数理为主线，将演绎智能模式的升级。

【关键词语】智慧餐饮、技术升级、环境创新、产品定制

1. 智慧餐饮创新的快餐业

智慧餐饮在环境、产品、服务、交易、体验环节的持续创新，告诉人们在生活空间与工作空间之外，存在第三空间，存在第四空间。

2. 技术持续升级的快餐业

餐企技术创新前场服务：照明、收银、饮品设备设施；后场厨务：设备、设施、机械技术水平；行政、办公、数字智能水平持续升级。

3. 商业环境创新的快餐业

餐饮企业外部环境：指示、视觉、数码广告，内部环境：照明、温度、音响指标，空间环境：色彩、私密、舒适指标一直在升级。

4. 产品模式定制的快餐业

21 世纪的今天，快餐业引以为傲的标准化受到了定制化挑战，定制化是在标准基础上的 DIY，顾客可通过 App 选择定制所需产品。

六、回归本质不忘初心分析

快餐业态发展要回归本质经营、尊重规律经营、不忘初心经营！回归本质是为顾客提供高品位的品质、服务、清洁；尊重规律是尊重商圈布局、产品组合、性价之比原理；不忘初心是指快餐要满足顾客刚性需求！

【关键词语】产品品质、环境服务、价格价值、快捷便利

1. 产品与品质的灵魂分析

产品选型、产品组合、产品设计生成产品力/吸引力/领导力！原料新鲜、分量充足、味道到位、品质稳定、品相养眼是品质定义。

2. 环境与服务之逻辑分析

环境产生颜值、产生价值、产生增值，店铺环境创新一直都在持续；服务有定义，快速的、准确的、微笑的把事情做正确是追求！

3. 价格与价值感性价分析

价格竞争从来没有、也永远不会退出舞台，产品定价要有依据、有数据、有逻辑，配合产品味道、温度、分量让顾客感受性价比！

4. 快捷与便利性指标分析

易达性、快速性、便利性指标，是顾客享用快餐、小吃、便当的评价心理。满足快捷与便利指标，才能为顾客节省时间提供便利！

七、结　　语

2016 年，中国快餐产业在互联网络时代、4 高 1 低常态，产业环节掘金、生活方式定义、创新经营逻辑、回归本质分析的迭代中演进，要取得令人瞩目的数字、物质、发展成就，需要做好 6 个维度功夫设计。

2016年团餐产业发展趋势分析

中国烹饪协会团餐委员会[①]

摘　要：中国团餐业态是有巨大发展空间的朝阳产业，是国民经济餐饮产业中最大、最吸引人的利润单元，势必会引发激烈竞争！2016年中国团餐企业从连锁经营向产业经营过渡，产业链打造与精细化管理是主题！

关键词：团餐业；餐饮产业；团餐发展

一、团餐业态发展空间分析

经济体制改革、产业结构调整、教育体制改革、劳务派遣升级四个维度驱动中国团餐业态发展！团餐业态是国民经济产业留下的朝阳产业！是有巨大市场空间的业态！将成就后勤、服务、餐饮一体化的产业平台。

【关键词语】改革深化、产业结构、教育体制、劳务派遣

1. 经济体制改革机会

中国经济体制改革深化，驱动了中国团餐业态发育！中国团餐业态也从初创、向成长、向成熟、向稳定阶段跃迁展示了发展轨迹。

2. 产业结构调整机会

产业结构调整、产业政策出台、景气产业指标为中国团餐业态发展提供了产业意义机遇。实践证明景气产业是团餐业态的大客户。

3. 教育改革赋予机遇

教育体制改革沿着从高校、到中学、到小学的顺序下行，教育体制改革有个重大信号，即后勤服务社会化为团餐进入提供了机遇。

4. 劳务派遣迎来机遇

随着企业、事业、公司、单位、学校、军队、商务、医院、机构后勤事务

① 主要撰稿人：夏连悦，英特莱斯管理顾问公司总经理。

社会化进程提速，外包也成为劳务派遣发展的主流模式。

二、好食堂的评价标准分析

环境等级分析、产品等级分析、服务等级分析、食安等级分析四个维度生成中国团餐好食堂根基！好食堂有定义、有标准、有规范！显然，好食堂评价标准推广将指导 2016 年中国团餐百家好食堂生成规范逻辑。

【关键词语】环境等级、产品等级、服务等级、食安等级

1. 好食堂的环境等级

好食堂环境指标包括：空间布局、色彩设计、照明指标、温度指标、湿度指标、背景音乐、动线指标、交易模式八项内容指标设计。

2. 好食堂的产品等级

好食堂产品指标包括：原料新鲜、数量充足、质量上乘、温度指标、味型指标、营养指标、健康指标、出品速度八项内容指标设计。

3. 好食堂的服务等级

好食堂服务指标包括：餐前服务（美食组织、告知服务），餐中服务（现场服务、危机处理），餐后服务（俱乐部制、微信反馈）。

4. 好食堂的食安等级

好食堂食安标准包括：生态的、无污染、有机的食材；天然的、有机的、本质的味料；转基因、地沟油、过期货需要做严格规避。

三、好食堂的星级评价分析

星级管理生成、一星标准定义、二星评价轨迹、三星等级逻辑四个维度驱动好食堂标准升级！2016 年中国团餐产业要导入星级评价管理方法，中国团餐百强好食堂星级标准评价要持续评价、持续优化、持续升级。

【关键词语】星级管理、一星定义、二星轨迹、三星逻辑

1. 星级管理产生思考

国家旅游局对饭店酒店业态实施星级管理取得了令人瞩目的成就。显然团餐业态也能导入星级评价，以实现好食堂星级评价管理。

2. 一星标准定义设计

一星标准沿用环境指标、产品指标、服务指标、食安指标、管理体系、顾客满意六个维度设计：基础指标、评星内容、评价标准。

3. 二星标准定义设计

二星标准也用环境指标、产品指标、服务指标、食安指标、管理体系、顾客满意六个维度深化：优化内容、概念升级、提炼升华。

4. 三星标准定义设计

三星标准要用环境指标、产品指标、服务指标、食安指标、管理体系、顾客满意六个维度升级：持续优化、持续跃迁、持续升级。

四、团餐业态品牌集中分析

品类品牌成型、地域品牌成型、行业品牌成型、标杆品牌成型四个维度驱动中国团餐产业品牌排序！2016 年是团餐业态品牌排序力度加大的年份。品牌知名度、美誉度能让团餐企业生存下来、走得更远。

【关键词语】品类品牌、地域品牌、行业品牌、标杆品牌

1. 品类品牌成型分析

团餐业态品牌发育：沿着品类品牌逻辑呈现！上述九类业态都是品类品牌产生的沃土！品类品牌做成一单、成为示范、签下一类。

2. 地域品牌成型分析

团餐业态品牌发育：沿着地域品牌轨迹呈现！一方水土养一方人，任何团企进入都要考虑地域性、传承性、趋同性、差异化指标。

3. 行业品牌成型分析

团餐业态品牌发育：沿着行业品牌数据呈现！每年中国团餐协会平台都有品牌企业评选，都在做着团餐企业品牌排序的增值设计。

4. 标杆品牌成型分析

团餐业态品牌发育，标杆品牌企业为我们演绎了品类的、地域的、跨区的、行业的品牌领先概念！展示着跨地域品牌排序的道理。

【案例】团餐业态品牌集中分析

①品类品牌分析，团企入市进入一个业态，做成一个品类，生成商业模

式，得到市场认可，做活一个品类，做活一类市场，做活一个区域。

②地域品牌分析，团企起家确立地域属性，川派团餐品牌，湘派团餐品牌，粤派团餐品牌，做活一个区域，做活一个地域，做成一派定义。

③行业品牌分析，团企成为行业影响品牌，参与团餐平台，参与活动设计，不断提升自己，得到行业认可，获得行业奖项，品牌逐步升级。

④标杆品牌分析，团企跨品类跨地域发展，跨越不同品类，跨越不同地域，跨越不同业态，行业标杆企业，行业领军企业，行业领导企业。

五、团餐业态模式升级分析

食堂升为餐厅、餐厅升为广场、广场升级整合、整合持续升级四个维度驱动中国团餐店态发展！需要牢记：团餐业态是复合餐饮，包括食堂、餐厅、广场升级，快餐、简餐、中餐整合，休闲、自助、宴会的配比。

【关键词语】食堂升级、餐厅升级、广场升级、持续升级

1. 食堂升为餐厅分析

食堂经济实惠、食堂不可或缺、食堂刚性需求……当然，食堂也是不好吃的代词！原始的、初级的、粗放的食堂要向餐厅转型。

2. 餐厅升为广场分析

餐厅整体水平有了提升，但以固定客为主的客群决定了单一品类、简单品种、餐单固化生意不会持续！团餐要从餐厅向广场转型。

3. 广场升级整合分析

广场产品组合分为三类：米饭类快餐、小吃类组合、小菜类组合；美食广场还包括：快餐类、简餐类、零点类餐单整合经营设计。

4. 整合持续升级分析

团餐是食堂、餐厅、广场的集合；是快餐、休闲、零点的集合；是宴会、包房、自助的集合！团餐业态的本质是跨业态的差异连锁。

【案例】团餐业态模式升级分析

①食堂升为餐厅，规模从大食堂变小餐厅，粗放变为精细，安全只是入口，稳定才是必须，环境人文关照，家私尺度设计，餐品美味设计。

②餐厅升为广场，经营从小餐厅变为广场，菜饭组合快线，面点组合设

计，小吃当家逻辑，符合饮食习惯，呈现多种选择，持续创新设计。

③广场升级整合，广场业态层面整合分析，快餐部分组合，小吃部分组合，简餐部分组合，零点部分组合，自助部分整合，正餐部分整合。

④团餐持续升级，店态业态业种层面升级，环境持续升级，产品持续升级，服务持续升级，客服持续升级，网络持续升级，业绩持续升级。

六、团餐业态链式降本分析

供应链条降本、社会分工配销、设备设施升级、批量生产复制四个维度驱动团餐业态降低成本！供应链降本是系统工程，是产销环节、配销环节、销售环节总体降本，因为，成本、费用、利润都藏在产业环节中。

【关键词语】降本分析、配销分析、升级分析、复制分析

1. 供应链条降本分析

团餐业态连锁经营、规模经济、集约经营必然要考虑销售终端、配销中心、产业前段总体要实现打通链条，统一降本、阳光利润。

2. 社会分工配销分析

配销包括信息、采购、仓储、加工、配送五个部门。配销左手牵产销，右手牵销售，通过契约订单、外包分销、实现价值链运作。

3. 设备设施升级分析

团餐企业商业模式持续升级包括要素升级、管理升级、技术升级、智能升级、运营升级五个维度。背后是设备设施技术驱动支持。

4. 批量生产复制分析

团餐企业出品要实现好吃、稳定、快速的预期，要真正理解标准运作的内涵。实现定量化、流程化、规范化、制度化四化运作经营。

【案例】团餐业态链式降本分析

①供应链条降本，作为指导思想评价依据，产销环节降本，配销环节降本，分销环节降本，销售环节降本，总成本要降低，团企才有盈利。

②社会分工配销，配销是团企五部门运作，信息中心智商，采购部门作业，仓储安全货期，加工订单排序，配送准时设计，配销确保盈利。

③设备设施升级，团企商业模式持续升级，要有科技导入，要有设备保

障，要有设施升级，生产方式改革，劳动密集规避，运营成本降低。

④批量生产复制，团企差异连锁出品设计，要有标准导入，要有预制设计，要有现场合成，要有锅气香气，要有批量复制，要讲速度第一。

七、结　语

互联网时代虽然市场变了、环境变了、玩法变了、规则变了，但是规律没变、规则没变、规范没变！中国团餐产业从连锁经营向产业经营跃迁，要培育、打造、完善供应链，这是团餐同仁直面的机会与挑战。

科技生态篇

2015 年餐饮 O2O 消费调查报告

中国烹饪协会行业发展部①

摘　要： 继 2013 年、2014 年中国烹饪协会联合中国网开展全国性的餐饮消费调查后，今年双方在以往合作的基础上，重点研究互联网背景下餐饮消费的新特点，总结消费者的餐饮消费偏好、消费习惯、消费方式等需求的新变化、新动态，并对餐饮企业提出具体建议，引导餐饮行业健康、可持续发展。

关键词： 餐饮 O2O；餐饮消费；消费调查

随着餐饮企业及相关周边产业提供的互联网服务更加多样且日趋完善，我国消费者对电子商务的接纳度日益提升，而其对餐饮消费与互联网应用结合的迫切程度更是远超预期。消费者发出的“上帝之音”拿捏着企业的命脉，要想“叫好又上座”，就得明确知晓消费者的需求，只知其一还不行，还要探求消费行为的变化趋势和原因，只有这样才能于不断前行中占得先机。

一、受访对象

本次调查的受访对象（详情见表 1）男女比例相当，以一二线城市（直辖市和省会城市）为主，兼顾三四线城市及乡镇居民，教育程度各种类别也均有涉及。受访对象的收入水平以 3000～8000 元的工薪阶层为主，这些都充分体现了餐饮消费需求的普及性和本次餐饮消费调查的大众代表性。

值得一提的是，本次调查 18～50 岁受访者占 89.8%，本科以上学历的受访者占 80%，这两个数字一方面是充分考虑到当前市场的消费主力，以具有较高学历的上班族为主。另一方面也与本次调查的调查方式为网络调查，渠道

① 主要撰稿人：张桐。

相对单一有关。

表 1　餐饮消费调查受访者基本情况

类　别	项　目	百分比
性　别	男	45.2%
	女	54.8%
目前所在城市	直辖市	60.0%
	省会城市	20.0%
	其他城市	15.0%
	县城或乡镇	5.1%
年龄段	18 岁以下	5.2%
	18～30 岁	49.9%
	31～50 岁	39.8%
	50 岁以上	5.1%
教育程度	初中及以下	5.1%
	高中/中专/技校	4.9%
	大学专科	10.0%
	大学本科	60.4%
	硕士及以上	19.6%
月收入	3000 元以下	20.0%
	3000～5000 元	30.1%
	5001～8000 元	30.0%
	8001～12000 元	10.0%
	12000 元以上	10.0%

二、消费习惯

（一）追本溯源，回归本质，基础服务成主导因素

在餐厅的选择上，受访者看重的因素依次为：就餐环境、菜系风味、服务水平、安全卫生、价格水平、口碑评价、地理位置和促销信息（见图 1）。环境、口味与服务是餐饮产品的根本构成要素，此三项内容在调查中排在前三也体现出整个餐饮行业重新追本溯源，回归本质、回归市场的大趋势。

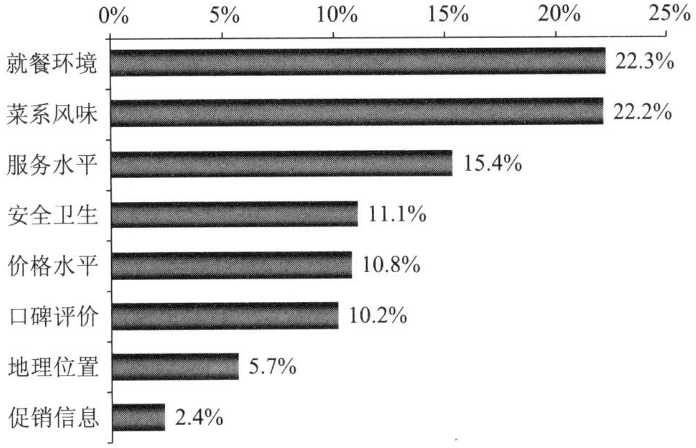

图1　影响消费者选择餐厅的因素

（二）食品安全关注度降低，消费者信心获提升

与2014年调查结果明显不同的是，"安全卫生"由第二因素下降到第四因素，选择比重仅为前次调查的三分之一。这一变化反映出，在"史上最严"的《食品安全法》酝酿、发布和宣传过程中，国家监管部门重拳出击打击食品安全犯罪的大环境下，餐饮企业认真履行依法经营的各项义务，加强食品安全管理和诚信服务措施，得到了消费者的一定认可，使消费者的安全感有所提升。

（三）餐饮O2O使口碑传播的效果放大化

获取餐厅信息渠道的调查结果显示，"美食类网站或App"以45.1%的占比排名第一，"他人介绍"占40.1%，"社交媒体""报纸、电视、广播等传统媒体"和"其他渠道"合计占14.8%（见图2）。

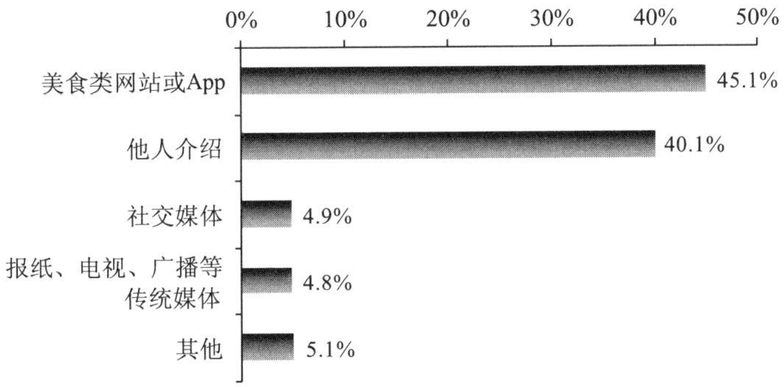

图2　消费者获取餐厅信息的一般途径

互联网时代，餐饮业最大特征便是餐饮企业的口碑传播被放大化。互联网是一面放大镜，它既会成倍提高优质餐饮品牌的知名度，同时也会加速淘汰那些诚信度较低的品牌，要想在开放的社交平台占据一席之地，口碑营销十分重要。有接近85％的受访者有在网络（点评类网站、朋友圈、微博）分享美食自拍、餐饮消费体验或发表评论的经验。反之，这些信息也极大程度地影响着消费者选择餐厅的行为，其中，近90％的人会受朋友在社交媒体的分享影响（见图3），有超过70％的受访者会选择美食类点评网站上普遍好评的餐厅（见图4），仅有5.0％的受访者表示他人的评价对其没有任何影响。

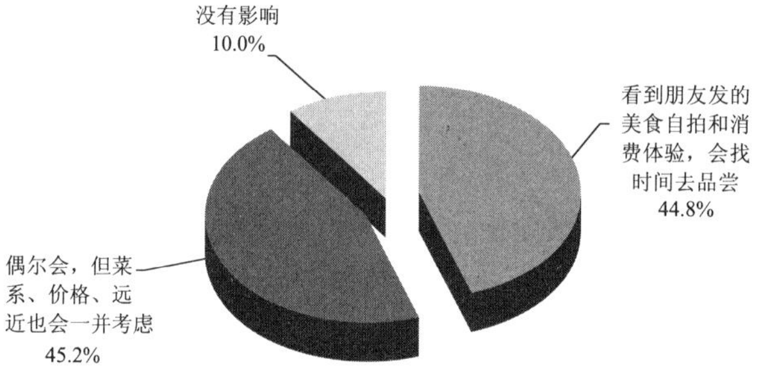

图3 好友美食自拍及分享消费体验对餐厅选择的影响程度

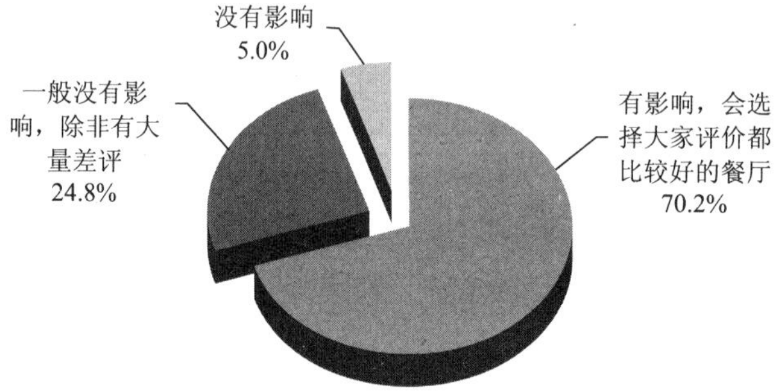

图4 美食点评类网站其他消费者的评价对餐厅选择的影响程度

（四）餐厅电话预约订单比重大幅下降

传统的电话预订方式延续了众多预订方式当中首选的地位，但比例相比于去年的52.8％已经下降至40.0％（见图5）。越来越多的第三方网络平台和企业App都具备预订、点餐和支付的综合功能，可以为消费者提供一站式服务。通过企业官网、企业App、第三方网络平台预订的比例达到39.9％。有

20.2%的受访者无预订习惯，会直接前往餐厅。排号方面，“远程排号”和“到号提醒”两种新式体验得到消费者的广泛认同。

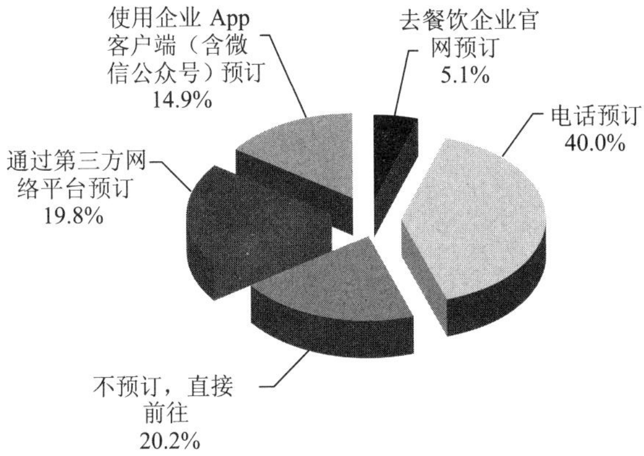

图 5　消费者预订餐厅的一般方式

（五）餐饮消费现金支付比例进一步降低

在支付方式上，现金支付的比例从 39.3%大幅下降至 20.3%，现场第三方平台支付、第三方平台预付和刷卡消费的比例都有不同程度提高（见图 6）。这反映出第三方网络平台的服务日趋完善，应用日益深入，极大地方便了消费者提前通过网络支付参与团购等活动，提高了消费者的使用意愿。支付宝钱包、微信钱包等电子支付方式功能日趋强大，在年轻人一代中深受欢迎，并有扩大使用群体的趋势。

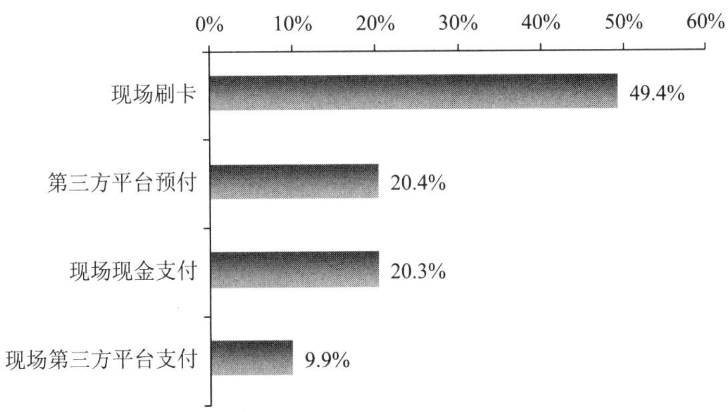

图 6　消费者在餐饮消费时的支付方式

（六）餐饮互联网服务向移动终端偏移

随着移动终端设备和 4G 网络的迅猛发展，互联网应用呈现出多元化、便捷化发展的特征。本次有超过 80%的受访者认为手机、平板电脑等移动终端的餐饮互联网体验（包括搜索、预订、评价、分享等）已经可以代替传统台式电脑。

因此，作为移动终端下载普及程度极高的微信则成为了企业互联网营销的重点渠道。调查显示，受访者中关注或者关注过餐饮微信公众账号的比重超过一半，其中关注 5 家以上的达到 30.3%（见图 7）。而消费者关注这些公众账号的原因多种多样，或主动或被动，这也导致了有 35.2%的受访者很少查阅企业微信公众账号推送信息（见图 8）。

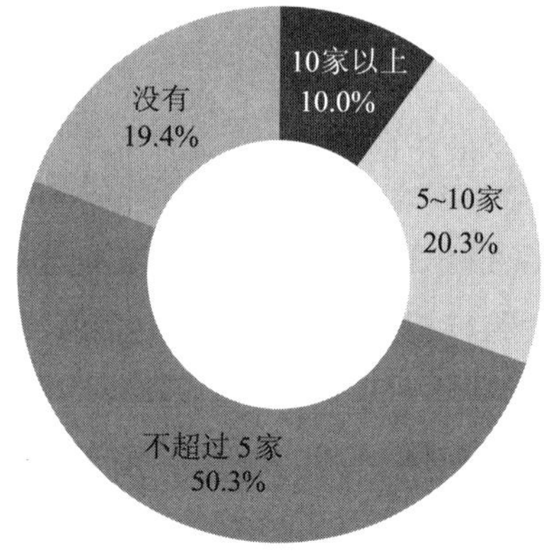

图 7　受访者关注餐饮微信公众账号的企业数量

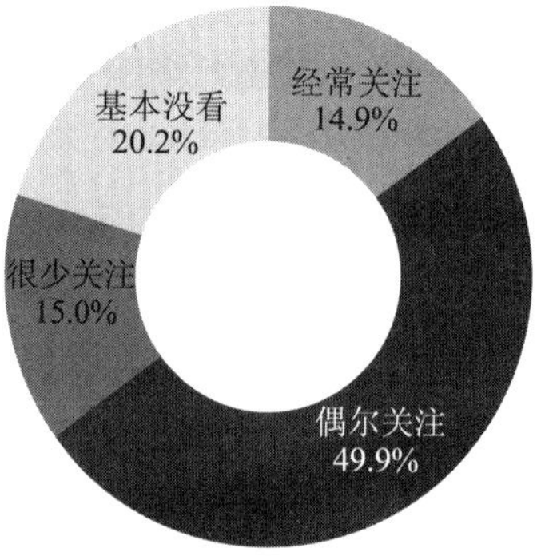

图 8　餐饮微信公众账号推送信息的浏览情况

受访者最关注的微信推送信息依次是，“打折或优惠信息”“新产品上市尝鲜提醒”“饮食小贴士”和“其他有趣信息”（见图 9）。有 20%左右的人经常因看到微信公众账号的推送内容而决定前往就餐，只有 9.9%的人对这些信息“无动于衷”。

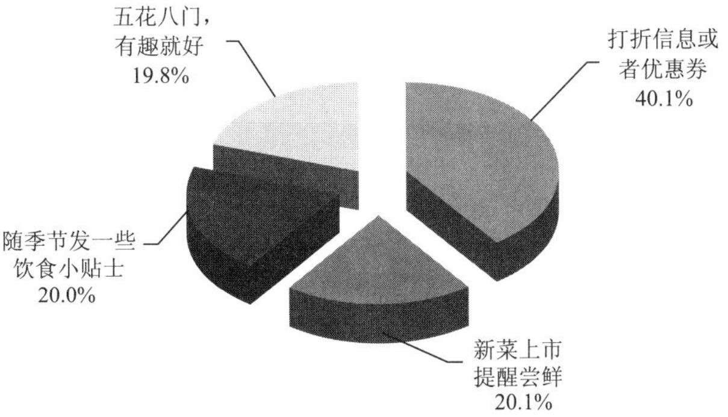

图 9　餐饮微信公众账号推送信息的受欢迎程度

（七）外送服务市场不断扩大，满意度仍有上升空间

O2O 使餐饮外送服务实现了跨越式提升，近 60%的受访者表示经常体验餐饮外送服务。而这其中，饿了么、美团、百度外卖等专业综合外送服务平台业务份额超过 80%，餐饮自建平台份额逐年下降。

从用户分布情况上来看，北京、上海、广东位列前三甲，是全国餐饮 O2O 外送用户覆盖率最高的省市，餐饮 O2O 的发展也是从一线城市开始展开，并逐步向二三线城市扩散。经济发达省市的人口密度大，生活节奏快，市场很快被占领，在一线城市餐饮 O2O 接近饱和的情况下，二三线的城市就逐渐成为商家们的争夺要点。

消费者最关心的外送服务问题中，送餐速度排在首位。调查显示，实际消费体验中，虽然“非常准时”服务仅占 5.1%，但误差 10 分钟以内的消费体验率大约占到六成，总体满意度尚可（见图 10）。

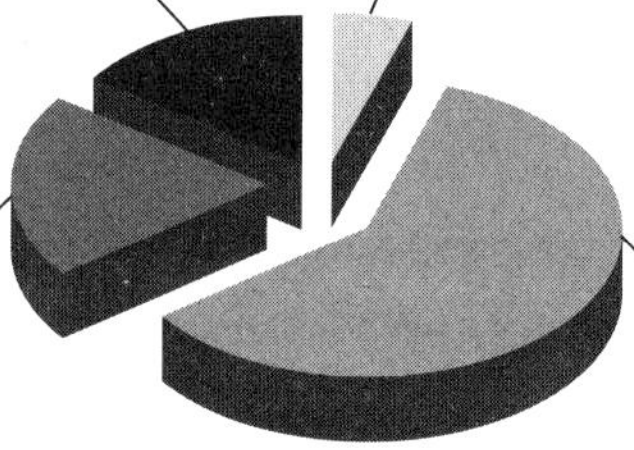

图 10　外卖订单送达所需时间情况

三、企业建议

对餐饮企业来说，任何时候提供的产品和服务都必须适应消费者的需求，并根据消费者的心理变化趋势来制定有效的经营策略。依据 2015 年度餐饮消费调查的结果，现提出如下建议供广大餐饮企业参考：

（一）顺势而为，变被动为主动

多年的发展情况显示，现代科技逐步改变传统餐饮行业的服务内容和消费习惯已经是不可逆的趋势。在这样的大环境下，餐饮企业与其被动接受自下而上的颠覆，不如主动拥抱以求得自上而下的洗礼。贴近时代、贴近需求是当前餐饮企业的制胜法宝。

（二）注意区分“互联网+”和“+互联网”

O2O 不是一种商业模式，也不是一个产业，它仅仅是一种概念的归类，是一种营销手段。没有良好产品基础的花俏营销行为，都是沙中筑塔。餐饮行业向互联网转型是一个必然的趋势，但这更应该是“+互联网”而不是“互联网+”。“互联网+”是以互联网作为主体，颠覆传统行业的运营模式，其本质是互联网，“+互联网”则是将互联网作为一种优化工具，提升传统餐饮行业自身的运营效率。

（三）以人为本，提高员工素质和服务效率

无论消费习惯如何变化，在现阶段，人依然是提供餐饮服务的主体。在硬

件条件、软件技术、营销理念飞速发展的环境下，要求所有员工，特别是一线服务人员不仅要具有强烈的服务意识和沟通能力，还要有与时俱进的技术知识和操作能力，因此，保持与技术发展相配套的员工素质和服务效率是确保资源发挥最大效能的基本要求。企业要注意吸收和培养复合型人才，提高员工综合素质，只有这样才能保障“技术”达到应有的“效率”。

（四）提供满足消费者个性化需求的产品与服务

为每个消费者提供不同的产品或服务，不仅对于传统餐饮行业来说是天方夜谭，似乎也与餐饮业标准化趋势相悖。但综合考虑互联网特点后不难发现，除了将产品的口味、特点、品质以及服务充分加以显示外，更重要的是能以人性化的方式，针对客户需求做出针对性的服务。所以企业应充分利用网络的一对一和交互式功能加强与顾客的沟通，进一步了解消费者需求及其变化，提供高附加值的信息，共同创造和满足个性化的需求，这样自然而然就提高了消费者的满意度。

基于工业 4.0 的智能时代对餐饮业发展机遇与对策的思考

杨铭铎①

摘　要： 工业 4.0 及中国制造 2025 的提出引发了各个行业智能化的狂潮，餐饮业作为传统服务行业在智能化的发展中迎来了“餐饮 4.0”智能整合时代。本文介绍了工业 4.0 与中国制造 2025 的概况以及餐饮 4.0 时代的产生，并从餐饮经营模式、餐饮营销、餐饮产品、餐饮服务、餐饮文化、餐饮管理等维度分析了智能整合时代餐饮业发展的机遇。最后，从政府、行业协会、企业三个层面对迎接“餐饮 4.0”智能整合时代提出对策建议。

关键词： 餐饮业；工业 4.0；餐饮 4.0；智能整合

21 世纪是信息化、网络化、智能化的时代，机器逐渐代替人工，生产效率成倍增长。中国一直是制造业大国，在智能整合时代为了向制造强国的方向发展，提出中国制造 2025 的战略计划。中国制造 2025 是在德国工业 4.0 的基础上，结合我国制造业实际情况推出了战略性发展计划，为我国制造业的发展提高前进的方向。工业 4.0 和中国制造 2025 的作用不仅仅在于指导制造业发展，更在于引起全社会、各领域、各行业智能整合时代的到来。餐饮业在智能整合时代到来之际，需要把握好时机，借助工业 4.0 和中国制造 2025 的东风，开启餐饮 4.0 时代。本文介绍了工业 4.0 和中国制造 2025 的发展背景，分析了智能整合时代餐饮业发展的趋势与对策建议。

---

① 杨铭铎，黑龙江省科学技术协会副主席，中国烹饪协会专家委员会指导专家。

一、工业 4.0 与中国制造 2025

(一) 工业革命与工业 4.0

迄今为止，人类历史已经历了三次工业革命。第一次工业革命诞生于 18 世纪末，英国人瓦特发明的蒸汽机彻底改变了货物的生产方式，提高了动力系统和运输效率，也被称为蒸汽机时代。第二次工业革命开始于 19 世纪 70 年代，以电力和电气技术的应用实现工业产品的大规模化生产，也被称为电气化时代。20 世纪 70 年代初，全球开始第三次工业革命，电子信息技术是这次工业革命的核心，机器不仅承担了部分“体力劳动”，而且还承担了部分“脑力劳动”，从而提高了工业生产的自动化水平，人类从此进入信息化时代[1]。全球已经发生的三次工业革命，都极大地促进了社会生产力的发展，给工业带来了新的变化，并对世界经济格局产生了巨大的影响。自第三次工业革命以来，传统的工业技术一直占据着制造业的主导地位，支撑着该产业的发展。但随着人类科学技术的进步，其发展模式出现较多弊端，如生产效率低、资源浪费等问题都亟待解决。因此，传统制造业的转型升级势在必行，第四次工业革命即“工业 4.0”呼之欲出。“工业 4.0”时代是利用信息化技术促进产业变革的时代，也就是工业智能化发展的新时代。

“工业 4.0”是以智能制造为主导的第四次工业革命。世界主要发达国家，都有自己的“工业 4.0”战略发展计划，其中德国作为全世界制造业竞争力最强的国家之一，其“工业 4.0”受到世人瞩目，在全球最为关注。德国“工业 4.0”战略，本质就是以机械化、自动化和信息化为基础，建立智能型的新型生产模式和产业结构[2]。“工业 4.0”概念包含了由集中式控制向分散式增强型控制的基本模式转变，目标是建立一个高度灵活的个性化和数字化产品与服务生产模式。在这种模式中，传统行业界限将消失，并会产生各种新的活动领域和合作形式。创造新价值的过程正在发生改变，产业链分工将被重组。同时，“工业 4.0”主要包括三大主题：一是“智能工厂”，重点研究智能化生产系统及过程，以及网络化分布式生产设施的实现；二是“智能生产”，主要涉及整个企业的生产物流管理、人机互动以及 3D 技术在工业生产过程中的应用等。该计划将特别注重吸引中小企业参与，力图使中小企业成为新一代智能化生产技术的使用者和受益者，同时也成为先进工业生产技术的创造者和供应者；三是“智能物流”，主要通过互联网、物联网、物流技术等，整合物流资源，充分发挥现有物流资源供应方的效率，而需求方，则能够快速获得服务匹配，得到物流支持。

总之，工业 4.0 时代，高度自动化、信息化和网络化将成为新的技术标准；技术创新和金融资本将扮演核心驱动力的作用[3]。

（二）中国制造 2025

《中国制造 2025》是中国版的“工业 4.0”规划，已由国务院于 2015 年 5 月 8 日公布。《中国制造 2025》提出，坚持“创新驱动、质量为先、绿色发展、结构优化、人才为本”的基本方针，坚持“市场主导、政府引导，立足当前、着眼长远，整体推进、重点突破，自主发展、开放合作”的基本原则，通过“三步走”实现制造强国的战略目标：第一步，到 2025 年迈入制造强国行列；第二步，到 2035 年我国制造业整体达到世界制造强国阵营中等水平；第三步，到新中国成立一百年时，我制造业大国地位更加巩固，综合实力进入世界制造强国前列。

《中国制造 2025》将智能制造作为主攻方向，推进制造过程智能化。在重点领域试点建设智能工厂、数字化车间，加快人机智能交互、工业机器人、智能物流管理、增材制造等技术和装备在生产过程中的应用，促进制造工艺的仿真优化、数字化控制、状态信息实时监测和自适应控制。加快产品全生命周期管理、客户关系管理、供应链管理系统的推广应用，促进集团管控、设计与制造、产供销一体、业务和财务衔接等关键环节集成，实现智能管控。

《中国制造 2025》的实质是从资源驱动变为信息驱动，随着移动互联网和云计算、大数据等新一代信息技术的发展，工厂车间内越来越多功能强大的智能设备以无线方式实现了与互联网或设备之间的互联。由此衍生出物联网、服务互联网，推动着物理世界和信息世界以 CPS（Cyber Physical Systems，信息物理系统）的方式相融合，推动产业变革和发展。

二、工业 4.0 助推餐饮 4.0 的智能整合时代

随着工业 4.0 概念的引进，以及中国制造 2025 的提出，智能整合时代已

经到来，利用网络化、数字化、智能化等技术实现工业化和信息化的深度融合，必将推动产业的信息化和智能化变革。高度自动化、信息化和网络化将成为新的技术标准，着力在一些关键领域抢占先机、取得突破，实现产业的智能化革命。餐饮服务行业正面临着转型升级的关键时刻，工业 4.0 和中国制造 2025 对餐饮服务行业的转型起到了至关重要的作用。现代餐饮企业的发展经历了三个阶段：第一阶段是运用收银计算器来解决财务监管问题；第二阶段是多数餐饮企业使用局域网系统进行财务监管，实现传输订单到厨房打印，也可以通过 VPN（Virtual Private Network，虚拟专用网络）等技术手段扩充到更大的广域网，实现总部和分店的管理；第三阶段是餐饮业通过“局域网+互联网”平台，增加接口打通和互联网平台对接，实现了形式上的 O2O（Online to Offline，线上线下电子商务）。如今，由于餐饮需求的个性化进一步加强、互联网的高度普及、商业地产价格上升、原材料价格涨价、人力成本增加、各种税费较多等多方面原因，餐饮行业需要通过转型升级来适应时代的变化，工业 4.0 与中国制造 2025 为餐饮行业发展提供了新机遇，餐饮服务行业的智能整合时代不仅仅在于技术上的升级，更广泛涉及到企业经营模式、服务方式、生产配套等方面。

三、迎接餐饮 4.0 智能整合时代的发展机遇

面对租金、人工、原料等成本的不断上涨，餐饮业已经不是一个暴利行业，甚至有些餐饮企业的盈利水平入不敷出。面对这种形势，餐饮业需要通过节省开支、提高效率来增加企业经营利润。餐饮 4.0 时代的智能化餐饮为餐饮行业带来 O2M 模式、精准营销、优质产品、高效服务、网络化文化、移动化管理的发展机遇。

（一）餐饮经营模式由 O2O 向 O2M 转化

随着移动终端的普及与网络的覆盖以及人们消费方式的转变，许多现代餐饮企业采用 O2O 的经营模式，即线上线下电子商务。也就是消费者在网络上进行订餐，然后在实体店中进行体验的一种经营模式。在餐饮 4.0 中，传统 O2O 平台将进一步发展为 O2M 模式，O 代表线下组织能力的建设，M 代表移

动互联解决方案和以数据分析、客户定制、产品设计构成的综合能力。O2M模式除了可以覆盖传统O2O平台的一般功能外，更多是利用物联网、移动支付等先进技术，实现线下实体店与移动互联网紧密融合。在这种经营模式中，餐饮企业以渠道营销为主，通过手机终端进行顾客服务，线下餐饮实体店负责消费体验。目前在餐饮行业中已经有餐饮企业率先与相关企业联合推出“安心食品智能便民配送站”项目，推动餐饮行业进入O2M经营模式。嘉和一品作为一家中式快餐店，在经营过程中遇到了店面的难题，于是决定拓展外卖业务，通过智能餐饮配送站进行线上订餐、线下自主取餐的模式降低了经营成本、提升了消费满意度、保证了外卖质量。消费者可以根据自己的时间与喜好选择菜品与取餐时间，到最近的取餐柜地点准时取餐，节省了就餐的时间。嘉和一品通过O2M经营模式为消费者打造一种生活场景：早晨在床上完成订餐，进公司前在设定的时间节点准时拿到一份冒着热气的早餐；中午不用挤电梯和占餐位，避开人流，连大厦楼宇都不用出，直接拿到一份营养丰富的午餐；下班后，在小区拿到半成品食材，回家直接烹饪[9]。通过餐饮的智能化实现餐饮经营模式的转变。

（二）餐饮营销由粗犷化向精准化转化

营销是增加企业知名度、扩大企业客源、增加企业收益的有效手段。传统餐饮营销手段的针对性不是很强，餐饮4.0的营销与传统的营销相比会更加注重精准性。在未来智能化的餐厅中宣传的菜单将采用人脸识别功能，使宣传更加具有针对性。主要的操作是当有顾客靠近店内的电子屏幕时，人脸识别系统会自动识别顾客的性别、年龄等基本信息，并针对性地播放相应广告，例如男性就推送啤酒广告，女性就推送果汁广告。也可根据存储数据的分析，自动推送这类消费者喜爱程度最高的菜品广告，由此引导顾客点餐的决策。智能化的广告系统还能够将顾客的关注点进行统计与分析，自动生成数据报告，为餐饮企业的管理者提供经营营销依据，进一步实现精准化营销。

现代餐饮业注重培养忠实顾客，许多餐饮企业实施会员制度，在餐饮4.0中，采用CRM（Customer Relationship Management，客户关系管理）系统对不同会员等级的顾客提供更加有针对性的服务。通过CRM系统可以将会员管理和营销系统联系起来，记录会员信息、消费轨迹、营销途径，既可以管理维护会员，又可以针对会员实施精准营销。在没有 CRM 系统时，餐饮企业都是通过手工操作，计算数据，没有明确的目标，营销活动的效果不好观测，CRM 系统能够明确营销活动目的。金汉斯提倡“以消费者为中心”，采用 CRM 系统帮助进行实践，更好地服务消费者，实现良性循环。为维护会员，金汉斯设专业部门负责分析消费者消费记录、喜好、消费频率，定期进行分析，通过自己的分析模板，有针对性地策划一些优惠活动。如金汉斯某位消费者在啤酒的消费频率上很高，得出他特别喜欢喝啤酒，就会送他关于啤酒的优惠券[8]。

（三）餐饮产品由质量差向质量优的转化

目前，餐饮行业的食品卫生安全问题十分严峻，随着人们对食品卫生安全的关注度不断加强，越来越多的餐饮食品卫生丑闻被媒体曝光，致使保证食品卫生安全成为了餐饮业经营的首要前提。餐饮 4.0 时代的智能餐饮为食品卫生安全提供了保障，实现了餐饮产品质量由质量差向质量优的趋势转化。

在生产环节，智能化厨房一改传统餐饮厨房脏乱差的形象，采用视频通信技术，消费者可以通过大屏幕看到菜品的制作过程，保证原料的质量与操作过程的卫生，做真正的“安心厨房”。另外，顾客通过视频通信技术还能和厨师进行对话，增加互动和趣味性，除了近距离的操控，视频通信技术还可实现不同门店之间的远程聚餐。

对于餐饮质量控制环节，智能整合时代的餐饮管理者将通过视频通信与各种移动终端相连接，管理者只需要通过平板电脑、手机等设备，即可对生产过程进行监督、控制。

在食品配送环节，针对传统餐饮配送的时间不对称、温度控制能力低的问题，智能取餐柜设置了智能监控系统以对餐品的出品时间、温度和实时状态进行严格管控，对超过保质期的食品一律及时报废。并且智能取餐柜只接收有品牌、有品质的餐饮企业产品，实现源头检测、全程质控、保险公司承保等措施。为广大餐饮消费者提供物美价廉、质量放心的即食性食品或者即烹性食品原材料，满足更多的消费需求。

（四）餐饮服务由低效率向高效率的转化

智能整合时代的餐饮服务将完全不同于传统餐饮服务方式，在餐饮 4.0 时代餐饮工作被数字化、信息化、网络化，餐饮业工作效率在前厅和后厨有很明显的提高。

首先是点餐由低效率向高效率转化。目前社会上已经有很多餐饮企业都打出了“智慧”概念，龙策餐饮智库首席顾问田广利认为，“智慧餐厅”其实就是利用互联网技术与智能化设备来减少可取代的服务环节，让消费者自主服务，当然，这个过程一定要便捷[5]。实现智能餐饮，消费者只需用手机扫描餐饮企业的二维码，或下载企业的 App（Application，应用程序），就可以直接在手机上自主点菜、提交，结账也可以通过手机支付，甚至在就餐过程中也可以通过手机“叫”服务员来进行加水、送纸巾、加菜等餐饮服务。总之，整个就餐过程都是以消费者“自主”为主。除了“自主”消费，餐饮 4.0 还可以升级点菜方式，现在的餐饮企业多数用 iPad（苹果平板电脑）进行点餐，而智能时代中消费者仍可以使用 iPad 进行点餐，不同之处在于在点餐时，同步看到所选择的菜品以立体漂浮的形式出现在金字塔形的展柜里，也就是全息菜品成像。通过先进的科学技术还原了菜品的色彩和立体感，消费者的视线能从任何一面穿透这个金字塔展柜，仿佛看到真实的菜品在转动[6]。相对于其他类型的餐饮企业，快餐企业做“智慧餐厅”的可能性更大，主要由于消费者对于快餐厅的服务并没有太高的要求，企业与消费者更注重的是服务的速度。因此，消费者不介意自主点菜、取餐、支付。然而对于一些经营正餐的餐饮企业，消费者的需求越来越注重就餐环境、人性化服务以及菜品的质量与营养方面，在这里让消费者自主点菜、取餐、支付，会使其觉得消费需求没有得到满足。当然也有例外的情况，当餐饮企业经营非常红火时，排队等位的情况就天天发生，尤其类似海底捞或者外婆家这样的餐饮企业，一到饭店，门口候餐区就排起长队。这时运用互联网技术与智能化设备就很有必要。可以在线上预约、点餐，到店后不用排队等候，可以直接就餐。或者引入在线支付，通过支付宝、微信、网银支付可以提高结账速度。

其次是结账由低效率向高效率转化。传统的结账方式用时时间长，影响餐饮企业翻台率。在智能餐饮时代，可以实现现金自助交易，顾客可自助完成点餐及结账的操作，然后将打印的小票交给服务员备餐。自助点餐、现金结账、会员卡结账、会员卡发卡、充值等功能可充分满足餐厅的经营需求。通过现金自助交易可以为顾客在等位时提供人性化的自助服务，既能够提高服务效率，增加餐厅翻台率，同时能够降低服务员的工作强度、减少餐厅服务人员员工的数量，在很大程度上缓解餐饮业人工成本不断上涨带来利润下降的问题。

再次是厨房由低效率向高效率转化。传统的餐饮后厨在工作量大时，往往只根据经验进行操作，缺乏科学合理性，这导致了出菜速度慢、上错菜品、菜品质量不达标等一系列问题，直接影响到餐饮消费者满意度。餐饮4.0通过智能厨房显示系统，利用大后台系统对食品加工进行合理化的排程设计。例如，菜品加热问题，众多菜品加热时间长短不一，选择哪种菜品优先加热最合理是一件苦恼的事情。在智能化的后厨中，可以通过智能排产系统按照统筹学的原理进行合理化安排，既保证出品质量又保障出品的及时性。后厨只需要通过屏幕上显示的计划进行备餐工作，既提高了出品效率和质量，也通过合理的资源配置提高了企业可接待顾客的能力，进而提升餐饮营业利润[7]。同时，在智能化的餐饮厨房中，机器将在一定范围的工作中代替人工，炒菜机器人是由扬州大学联手上海交通大学研制成的，现已投入使用，主要负责一些常规的菜肴烹制，对于一些菜品的创新还有工艺复杂的菜品还需要人工操作。

（五）餐饮文化传播由传统化向网络化转化

当今智能手机越来越普及，网络逐渐成为消费者获取信息的主要途径之一。当时代更迭，餐饮4.0到来的时候，人人都是自媒体，都是事件报道的第一当事人。餐饮企业在信息化、网络化、智能化的时代，想要制造并传递良好的企业文化需要将宣传方式由传统方式向网络化方式进行转变。企业文化主要包括精神文化、制度文化和物质文化3个层面。企业文化作为企业发展的精神支柱和动力源泉是企业所有成员共同信守的价值观。

第一，以人为本塑造餐饮企业内部文化，让员工成为餐饮企业品牌的代言人。智能时代下，每个员工都可以通过网络发表自己的看法，企业可以利用人人在网络可以说真话这一点，让员工发自内心地为企业宣传正面的形象。这就需要餐饮企业一方面要加强内部管理，在招聘、薪酬、考核、激励和福利等方面力求做到公平合理，为员工提供个人发展的空间和锻炼的机会，不断提升员工的满意度。另一方面餐饮企业也要不断创新、改进经营、提高管理水平，切实让员工感受到企业的进步，增强员工的归属感与认同感。

第二，实现企业内外畅通的信息沟通，增强企业凝聚力。在网络发达的时代，沟通变得更加便捷和简单，餐饮企业的管理者可以通过微博、微信、QQ、社交网站与员工建立联系，了解员工的思想状况、工作状态和所遇到的困难，及时加以解决。可以对员工有关于餐饮企业积极的信息进行评论、点赞、转发，增强员工的存在感，而对于员工的负面情绪，管理者应及时采取措施帮其化解，不仅可以减少负面影响的传播，而且还可以加深员工与企业之间的感情。

第三，宣传企业活动，传递企业社会责任和正能量。以前餐饮企业内部或对外进行的活动只能通过传统媒体进行宣传报道，并需要支付一定的公关费用。在餐饮 4.0 中，餐饮企业可以直接通过网络对各类活动进行“现场直播”。让外界真实了解到企业的福利、关怀和社会责任，拉近餐饮企业与外界的距离，树立餐饮企业值得信任的企业形象，宣传餐饮企业文化。

（六）餐饮管理由固定化向移动化转化

餐饮 4.0 时代下，中国餐饮制造 2025 将会改变目前的餐饮管理模式，传统的餐饮企业管理者工作任务繁重，包括排班管理、值班管理、订货、收货、业绩分析等等。而中国餐饮制造 2025 将会采用“智能监控+移动 BI（Mobile Business Intelligence，移动商业智能）”将云计算、监控系统、手机应用等技术与商业智能分析系统相结合，使餐饮管理层实现真正的智能管理，由固定化向移动化方向转化。智能化餐饮管理使管理者的工作量大幅度减少而工作效率大幅度提高，通过移动互联一体化应用解决方案，管理者可以把办公室放在“手”中，利用移动终端随时随地实现轻松管理。在智能电子排班方面，以手工排班系统的逻辑为理论依据，将所有手工操作简化为智能电子计算，较大幅度地提升了排班速度，同时简化了后续的工资核算工作；在智能电子值班方面，实现了“值班工作流程”由手工版向电子化的转变，改善了历史数据存储方式与餐厅值班办公模式；在门店订货方面，餐饮企业根据订货模型生成建议订货，避免计划外非合理的估清、资金占用等，整体提高门店经营效率；在货物收取方面，智能化餐饮企业运用移动设备（Personal Digital Assistant，PDA）使收货智能化，提高收货速度的同时大幅降低了错误率，降低了采供管理控制的业务成本；在业绩分析方面，将管理人员的 BI 应用模块与移动终端连接，通过平板电脑、手机等移动终端就可以实时查看餐饮企业经营的各项指标情况，提高管理者的策略传递的及时性，实现餐饮管理的可移动化。

四、迎接餐饮 4.0 智能整合时代的对策建议

（一）政府层面

1. 建立“餐饮 4.0 实验”试点

虽然很多餐饮企业看到了智能整合时代的机遇，但是大部分餐饮企业只是将营销环节搬至线上。而对于以互联网技术与智能化设备取代某些餐饮服务环节难以接受。餐饮消费者和餐饮企业还需要一段时间适应并接受真正的“智慧餐厅”。为了快速使消费者和餐饮企业接受餐饮 4.0，政府可以鼓励餐饮业发达区域建立“餐饮 4.0 实验”试点。例如在人口众多、消费能力强、餐饮业发达的北京、上海、广州三个城市中选取经营状况良好的餐饮品牌作为“餐饮 4.0 实验”试点，尝试餐饮服务、餐饮结账、餐饮配送、餐饮生产、餐饮管理、餐饮营销、餐饮文化等方面智能化经营。“餐饮 4.0”在新一代信息技术革命和新产业革命融合对接的背景下，将成为我国餐饮发展的历史性机遇。但也不是所有的餐饮企业都必须做到智能化转化，我国政府应该鼓励大型餐饮集团先行，随着智能化改造的推进，逐步在打破试点各自边界，建立餐饮行业互联互通的信息物理融合系统网络，逐步扩大影响范围，拉动中小型餐饮企业智能化转变，为建立全国范围“餐饮 4.0”提供管理和实践经验，对于微小型个体经营的餐饮店可以保持原有的餐饮服务方式，最终形成我国餐饮业多种服务方式并存的发展局面。

2. 制定相关政策与标准

政府对我国“餐饮 4.0”的发展具有举足轻重的推动作用。政府应该在政策、法律、制度、资金方面给予大力支持，为智能化餐饮企业的发展提供良好的外部环境。一是政府应加强法律、法规、制度建设，制定好智能化餐饮发展规划、标准法规、规范等。同时，对现有法律、法规进行修订、完善与补充，使其更好地促进智能化餐饮企业的发展。二是政府要协调各方面关系，为“餐饮 4.0”的推进提供良好的环境与氛围。例如，政府可以协调金融机构与智能化餐饮企业，以帮助餐饮企业解决智能化过程中的资金问题。

3. 发挥媒体、大众的舆论监督作用

舆论代表着社会公众的意见，监督指的是监察与督促。在舆论方面，政府应该鼓励新闻、媒体发挥其舆论传播的作用。舆论传播的目的是揭示智能化餐饮企业发展过程中存在的相关问题，通过广播、电视、新闻、报纸、杂志、网络等媒介对其进行揭示，发表本群体内部的观点和看法，促使问题妥善解决；在监督方面，政府要积极倡导并鼓励大众树立主人翁意识与社会责任感，发挥公众对智能化餐饮企业的监督作用。餐饮行业智能化的发展离不开大众的支持，它既能促进企业的良性循环，又能使政府、企业、大众之间的关系更加融合并实现共赢。

（二）行业组织方面

1. 解决智能化餐饮企业各种诉求

在国家政策的指导范围内，行业协会要积极反映并有效解决企业的诉求，对行业发展秩序、智能化餐饮企业的利益进行大力维护，以促进智慧餐饮企业更好、更快发展。例如，客观的核实媒体所曝的食品安全问题，在维护智能化餐饮企业的基础上，给予媒体与公众满意的答复；及时地解决智能化餐饮企业内厨师队伍出现的用工、税费、养老保险费等问题，为其营造更好的事业环境；协调引导智能化餐饮企业市场运营过程中出现的恶性竞争现象。

2. 发挥行业组织的带动与沟通作用

行业协会作为各省市、各地区智能化餐饮企业组成的行业组织要充分发挥自身的倡导与带动作用。在技术交流方面，在区域范围内对智能化餐饮企业中名企、名店、名餐进行认定、组织经营状况良好的餐饮企业积极的参与到全国的各类赛事中来、推荐智能化餐饮企业中的精英人士参政议政，并且举办相关主题活动，带动区域内餐饮企业的经营热情，以充分发挥并运用行业协会、组织自身的权威性与引导性作用，带动餐饮企业更好、更快发展；在加强沟通方面，由于智能化餐饮需要对其餐饮企业内部的硬件设施进行安装和维护，所以餐饮行业需要与相关的信息、制造行业保持一定的合作关系，行业协会需要加强与相关行业的沟通，促进餐饮行业智能化经营的正常运作。

3. 加强对智能化餐饮企业的监督与规范

在中国制造 2025 的推动下，餐饮 4.0 时代终会到来，但是由于地区经济科技发展程度不同、消费者接受能力不同、餐饮企业经营状况不同，导致智能化餐饮在各地区的发展速度、发展模式也大有不同。北、上、广科技传播快、生活节奏快、公众接受新鲜事物快，决定了其庞大的智能化需求数量；而中西部欠发达地区及中小城市，科技水平有限、经济发展速度慢，这些地方的智能化餐饮发展较为缓慢。因此，对于智能化餐饮发展较快的区域，行业协会应协助有关部门对市场进行规范、整合，避免恶性竞争，严格控制其扩张的速度，保证其发展的质量。而对于智能化餐饮发展较慢的区域，一方面，对原有餐饮企业进行规范、整合；另一方面，对新建餐饮企业要高标准、严要求、信息化、网络化，积极倡导智能化餐饮企业在本区域内协调发展。

（三）餐饮企业

1. 加强队伍建设，为发展机遇提供人力支撑

餐饮业属于服务性行业，服务行业实现大幅度的机器换人不太现实，同时，我国是人口大国，以机器全面代替人工也不符合我国国情。实现“餐饮4.0”，需要实现人的智能与机器的智能的融合，提升人的理念、知识、技能，使之符合经营模式、营销、产品、服务、企业文化、管理的智能化转变的需求。“餐饮4.0”时代的餐饮业竞争不再是成本竞争，而是靠创新的驱动，创新的核心动力就是人，所以人才在智能化餐饮中尤为重要。在智能化餐饮企业经营中，那些有标准的、量大的工作将逐步被机器人、自动化执行单元所代替，人更多是需要进行创造性工作或者一些变化大、产品复杂、工艺不完善的工作仍需要人完成。这就要求餐饮企业加强学习型员工队伍的建设，转变用工机制，改变员工收益的模式，转变员工的考核方式，形成灵活、高效、高质量、创新的餐饮企业人力资源体系，驱动智能化餐饮企业的发展。通过员工队伍建设，为智能发展的机遇提供人力支撑，真正意义上实现餐饮服务高效率、高智能，发展人机结合的服务方式。

2. 完善餐饮设备，为发展机遇提供硬件保障

“餐饮4.0”需要构建智能的餐饮企业，需要实现人与机的链接、机与机的链接、机与物的链接，实现信息化物联网。为了达到餐饮4.0的目标，餐饮企业需要以全面、总体、统筹的观念进行大数据应用，促进基于大数据、云计算的问题解决、企业决策、预测和创新，提升餐饮服务效率。通过餐饮设备智

能化的转变，为经营模式、营销、产品、服务、企业文化、餐饮管理等在“餐饮 4.0”中的发展提供硬件保障。在物流方面，餐饮企业已经进入电子商务环境，这时的物流配送系统是物联网技术与智能配送系统的有机结合，包含配送信息资源收集系统、配送设备监控系统、配载和送货路径规划以及优化系统、客户服务智能系统等。利用物联网技术在降低餐饮物流成本和提高餐饮物流效率的同时，实现餐饮物流智能化。在生产设备方面，基于物联网技术可以建立餐饮企业油烟实时监测移动平台。餐饮生产排放的油烟气体中含有多种对人体及环境有害的化合物，与工业废气、机动车尾气一起并列为大气的三大“污染杀手”。工业 4.0 和中国制造 2025 都提出绿色生产的理念，强调走低碳发展道路，餐饮 4.0 时代自然也提倡走高效率、低投入、低污染、可持续的低碳绿色发展道路。油烟实时监测系统实现了油烟排放的统一检测，有利于加强监管工作。餐饮智能设备的完善是实现餐饮 4.0 的基础，是实现智能化餐饮经营的有力保障。

3. 建立保障制度，为发展机遇提供环境支持

“餐饮 4.0”的智能整合时代实现了餐饮经营管理的高度信息化、网络化、智能化，在享受智能化带来的效率与方便的同时，餐饮企业需要建立安全机制，保障“餐饮 4.0”顺利推进。餐饮生产相关系统出现的安全问题不仅影响餐饮企业生产，同时直接影响企业财产、环境污染、网络安全等问题。餐饮企业在开展智能化经营管理之前，需要建立智能化餐饮保障制度，为餐饮智能化发展提供环境支持。重点考虑网络安全及保障内容，深入借鉴信息安全的攻防知识及产品体系，防止餐饮企业与外界联网后受到企业内外恶意网络攻击、恶意软件入侵，杜绝第三方运行维护人员对现场设备的非法操作，防止未经授权使用生产设备获取产品，防止使用权滥用，制定保障网络安全的对策及解决方案。在进行智能化管理的同时，为“餐饮 4.0”的发展机遇提供安全的内部环境，促进智能化餐饮健康有序发展。

参考文献：

［1］贺正楚，潘红玉．德国“工业 4.0”与“中国制造 2025”［J］．长沙理工大学学报（社会科学版），2015，3：103—110.

［2］乌尔里希·希德勒．邓敏，李现民，译，工业 4.0：即将来袭的第四次工业革命［M］．北京：机械工业出版社，2014.

[3] 胡权．技术与资本是工业4.0时代核心驱动力［N］．中国电子报，2015—04—14（008）．

[4] 丁纯，李君扬．德国“工业4.0”：内容、动因与前景及其启示［J］．德国研究，2014，4：49—66.

[5] 蒋永霞．“智能化”餐饮离完美服务还有多远［N］．中国商报，2014—11—04.

[6] 天子星．融合IT与文化创意——未来餐厅创意无限［J］．信息与电脑，2012（10）：83—85.

[7] 未来餐厅开启餐饮智能化新时代［J］．信息与电脑，2013（8）：31—33.

[8] 通卡网络技术（北京）有限公司．智能CRM颠覆餐饮企业精准营销新技术变革［J］．信息与电脑，2012（3）：73—74.

[9] 嘉和一品，创建餐饮O2O零售化蓝海［J］．餐饮世界，2015（7）：30—31.

人机融合，服务机器人引领餐饮新潮流

吴季泳[1]

摘　要：中国餐饮企业进入消费服务型朝阳行业，2015 年底，全国餐饮收入实现 32310 亿元，正式宣告进入 3 万亿元的历史新时期。但随着 2016 年“互联网+餐饮”的热潮继续深入，餐饮消费行为发生改变，加之房租、人力等成本持续上升，服务机器人成为应用于餐饮业的一个新契机且具有十分重要的意义和推广应用价值。

关键词：餐饮业；互联网+餐饮；智慧餐厅；服务机器人

一、餐饮在“互联网+”下的变革

（一）餐饮成“互联网+”首当其冲的领域

2015 年，李克强总理明确地提出制定“互联网+”行动计划，推动移动互联网、云计算、大数据、物联网等与现代制造业结合，促进电子商务、工业互联网和互联网金融健康发展，引导互联网企业拓展国际市场。

互联网的迅猛发展彻底改变了人们的日常工作和生活，特别是移动端的极速普及，迫使各行各业与时俱进，陆续加入现代科技应用大潮中。2016 年“互联网+餐饮”的热潮将继续深入，餐饮行业发展的同时，面临着食品原材料成本上升、劳动力成本提升、管理人才匮乏、成本控制难等多方面问题，行业竞争愈演愈烈，全国各地传出的信息除了显示餐企营收增幅放缓、成本高起、利润下滑外，更是出现了较高的倒闭潮。

毋庸置疑，餐饮业正在面临“互联网+”所带来的新一轮机遇和挑战！

---

① 吴季泳，塔米智能科技（北京）有限公司总裁。

（二）餐饮行业网络化环境中，用户消费习惯改变

智能手机的普及，移动应用不断更迭，移动互联网不断占据人们的碎片化时间，越来越多传统行业开始重视互联网，积极探索与移动互联网结合的方式方法。移动互联网中的社交平台属性及轻应用特性，为传统餐饮连接互联网提供了条件。利用这些平台排队、点菜、支付、客服等功能正被餐饮企业积极尝试和运用中。今天，在餐厅这个普通老百姓去得最频繁的消费场所，几乎随时可以看到在点菜时用支付宝、用餐时分享美食照片的微信族。

根据中烹协发布的《2015 年餐饮消费调查报告》，餐饮市场的消费主力人群在餐厅的选择上，看重的因素依次为：就餐环境、菜系风味、服务水平、安全卫生、价格水平、口碑评价、地理位置和促销信息。在互联网大环境下，用户的生活方式和消费习惯已经发生巨大的变化，作为传统型行业，一些餐饮企业需要主动调整思维，积极寻求互联网转型、完成餐饮互联网的升级。

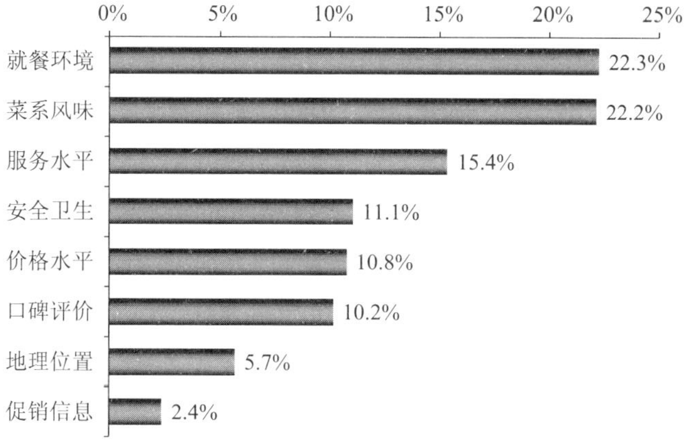

图 1　2015 年餐饮消费因素影响力排名

数据来源：中烹协发布《2015 年餐饮消费调查报告》。

（三）服务前置，消费更注重体验价值

在物质丰富的今天，食客不再为了吃而吃，仅仅盯着菜品是否卫生味道好，还将逐渐重视进店之后的环境、氛围、文化等方面的综合性体验，往往那些注重细节，推出极致服务的餐饮企业更容易博得客户青睐，赢得更多回

头客。

餐饮是一个以体验和服务经济为主的行业，它以消费者的主观感受为衡量标准。餐饮不像传统制造行业存在客观的数据检测标准，因此餐饮商家必须重视客户服务和顾客体验。

为此，餐饮消费体验需与时俱进，人性化个性化是大势所趋。提供贴心的人性化服务、满足消费者的个性化需求、提升消费者的消费愉悦度是一门必修课。为了减少排队等候食客的不满与焦虑，保留客源，现在已有不少餐厅开始注重人性化服务，比如等候区的休息座椅、茶饮零食以及依赖程度越来越高的 WiFi 等吸引举措。提升了消费者就餐的消费体验，也促进餐饮企业提高自身管理水平。

二、服务机器人开启了餐饮经营新模式

（一）大数据下，机器人满足餐饮业的新需求

送餐机器人开启了餐饮经营新模式。餐厅可以利用先进技术提高效率，顾客也会因为这样的新鲜感而在消费中产生广泛传播。送餐机器人对于餐厅价值有了很大的自主发挥空间，超越了传统餐饮消费的定义。因此，送餐机器人对于餐厅的真正含义不仅仅在于让其帮助送餐、收拾桌子，而在于正视消费者的变化，去迎合消费者的需求。

餐饮企业的送餐机器人，绝不是简单地送餐加上收拾桌子，而是将机器人在餐饮经营服务要素的配置中的优化和集成作用充分发挥出来，与行业特质深度融合，进而提升餐饮企业的创新力和生产力。

（1）精细化：餐饮企业为降低人工成本，不断提高生产率的要求，精细化将成为重要发展趋势，送餐机器人应运而生。

（2）精益化：随着用户对送餐机器人产品要求日益提高，促进送餐机器人产品制造过程质量控制精益化。

（3）精致化：由于用户需求趋向于多样化、个性化，精致化品类开发已经成为不可逆转的趋势，这就要求送餐机器人企业可以针对不同类型餐厅可以提供多样化选择。

据不完全统计，2015 年内，大陆地区已经超过 15 个城市出现了“机器人

餐厅”。其中，5 月和 6 月，就先后有 10 个城市出现“机器人餐厅”。在北京、青岛、沈阳等多个城市，不少餐厅已经陆续引进送餐机器人担任服务员的角色，短期利益可以为餐厅企业提升客流量，长期利益则是餐饮企业进入智慧餐厅的开始，引领行业发展。

（二）口碑营销中，机器人增加消费者体验附加值

一份来自移动互联网情景下餐饮服务接触对顾客行为意向的专业学术报告阐述，“移动互联网情境下良好的顾客体验价值能有效提升顾客再次购买意向和口碑宣传意向。”这对餐饮企业有效抓住老顾客、提高餐饮服务企业知名度和美誉度有非常重要的意义。根据体验价值中最重要的效率价值和情感价值，餐饮机器人不仅可以增强顾客“物超所值”“服务优越”“休闲放松”“精美独特”等体验，还为餐饮行业带来消费附加值。

餐饮机器人中的迎宾机器人是集语音识别技术和智能运动技术于一身的高科技展品，该机器人为仿人型，身高、体形、表情等都力争逼真，亲切、可爱、美丽、大方、栩栩如生，给人以真切之感，体现人性化。

（1）使用餐饮机器人，可以“勾引”媒体关注，让餐厅一夜成名，火爆全城。什么“媒体报道”、什么“话题营销”，都随之而来。

（2）使用餐饮机器人，让客流量实现两倍或三倍增长。机器人吸引了孩子，也就吸引了一个家庭。媒体报道之后，就可以吸引全城人的眼球。

（3）餐厅的科幻感十足，送餐机器人送餐、唱歌、卖萌，样样都会，这些亲切互动，让餐厅火爆微信朋友圈。如果你的菜品也很出色，形成口碑，黏住粉丝，根本就不是事儿。

因此，服务机器人是餐饮行业保持旺盛生命力和可持续发展的需要，同时，还将引领餐饮行业的潮流。

（三）机器人开启“互联网+智慧餐厅”新模式

对于“餐饮互联网”方面的发展趋势，大致判断如下：

（1）信息化建设：优质餐饮企业不再只是满足于平台导流，吸引客户到店消费，而会逐渐转向注重企业的信息流、资金流、物流等基础性信息化建设和发展。

（2）数据性管理：领先餐饮企业从市场拓展、宣传推广、业务运作、日常经营、菜品消费、客户群体等方面，建立健全网络系统，聚合数据，以求精益求精。

（3）标准化建设：任何商业模式的迅速扩张，都离不开标准化和快速复制性，在“互联网+”的帮助下，餐饮菜品、服务、业务流程等方面的标准化建设具备了更为现实的基础。

那么智慧餐厅的本质又是什么？餐饮专栏作家汪章博认为，智慧餐厅是一个庞大的餐厅管理系统，从迎宾到就餐结束，整个过程中的预定、排队、点餐、服务、出品、收银等诸多步骤，都应该是用一套系统来解决的。另外，包括会员管理、营销管理、原料库存管理、成本管理、运营分析、连锁多店管理、员工管理、财务分析等管理功能也应该在一个系统中实现，即软硬件一体化，打通多终端、连接餐厅每个服务员，实现交互零延迟、服务最快捷、餐厅接待能力最大化、人力利用效率最大化。

未来的智慧餐厅将会延伸开发更多更全面的功能，如后台管理的各项数据，为你经营服务提供前瞻性的参考，甚至可以为餐厅的员工订制个性餐单。智能平台将满足就餐者从进入餐厅选座到点菜、结算全过程的自助快捷操作，体验更佳的服务，而移动端的发展更能远程进行预订、查询等服务，真正成为物联网时代的智慧餐厅。

机器人开启的“智慧餐饮服务模式”，让餐饮企业员从复杂的事务性工作解放出来，电子菜单取代纸质菜单等还能显著降低企业经营成本，而线上提前预订下单和智能结算等方式也能显著提高交易效益。餐饮企业可以有更多的精力进行菜谱创新，富余出来的人员可以用来发展外卖送餐、企业订餐等增值服务，因此基于移动互联网的餐饮服务机器人将为餐饮行业经营管理、营销拓展、客户体验等带来切实的应用价值。

三、餐饮服务机器人将会引领行业发展

在整个餐饮业，快餐市场占比23%，中餐市场占据了62%，而剩下不到5%的高端餐饮在面临转型的压力；那么在中餐领域，传统的就餐流程通常是：进店—等位（找位）—上菜单—点菜—下单—制作—上菜—支付—离店，将机

器人引入餐饮业，可以促进餐饮服务从手工劳动到机械化，再到自动化、智能化方向发展，从而节省了厨师、传菜员等劳动强度大的岗位，还可以应对当前餐饮业的用工荒。

随着人工成本在企业生产成本中比例的不断上升，越来越多的生产企业开始关注“机器人”产业。不同种类的“机器人”设备的出现，正在对包括餐饮、饮料生产在内的食品行业带来影响，对解决行业中人力成本不断升高的现状起到了积极作用。

机器人有助于餐饮行业标准化建设，据媒体综合据美国《华盛顿邮报》消息，如今的餐厅后厨出现越来越多的机器人。而机器人也因其高准确度、高时效和低成本广受欢迎。

除了为餐厅节约人力成本，机器人在餐饮中的普及还对餐饮产品标准化起到了积极作用。餐饮机器人的专业称呼为烹调用机械设备。目前此类设备除了可用于前端服务的“机器人”，后方烹饪设备还可以炒出包括宫保鸡丁、炝炒圆白菜、酸辣土豆丝等三十余种菜品，而且保证了菜肴优秀的口感和味道的一致。此类产品的优势在于复制力强、生产速度快，适合菜式种类固定、客流量大且用工成本高的餐企选择。此外，烹调用机械设备的普及对企业在生产环节把控、菜品标准统一方面起到了积极作用。同时，机械设备的普及应用，在未来还将带动餐饮上游原料环节的标准化进程。

站在餐饮由消费到生产的流程和环节角度理解，互联网公司正在从各个细节上入手，帮助传统企业在前端引流、餐厅信息化、菜品与服务标准化、体验极致性、业务网络化、客户数据化、经营精细化等方向改造和优化，智能餐厅将是未来的发展趋势！

“智能餐厅”通常会走向两个方向：一是智能机器；二是系统智能。智能机器方向的思路是，用智能机器人接手机械性的人工操作，用智能餐具代替传统餐具；系统智能方向则是，创造排号预约，智能点餐及智能管理于一体的智能化系统。随着智能化的发展，两个方向将走向统一。

3 月 9 日，谷歌的人工智能 AlphaGO 战胜韩国棋手李世石，让我们更坚信，未来是机器人的时代。

我国的服务机器人发展已经提前进入了机器人时代，服务机器人市场需求提前爆发，餐厅机器人的出现给我们不一样的用餐体验，客户用餐的同时还能感受智能科技带来的独特服务。而且，以机器人为卖点的主题餐厅，不仅能节约成本或提高客流量，还可以打造品牌，以此让服务员有更多的时间放在高附加值的服务上，例如听取客户反馈或为客户介绍菜品等。

中国餐饮企业属于消费服务型的朝阳行业，2015 年底，全国餐饮收入实现 32310 亿元，正式宣告进入 3 万亿元的历史新时期。但随着 2016 年“互联网+餐饮”的热潮继续深入，面临的用工荒、房租高等问题，引进餐饮服务机器人不仅可以减少运营成本，缓解人员紧缺的局面，还能实现老板的轻松管理。

服务类机器人具有广阔的市场，中国机器人产业虽处于上升阶段，但服务类机器人被公认为是未来最具发展潜力的新兴产业。随着服务机器人日益智能化和个性化，餐厅机器人是一个前景广阔的市场。

参考文献：

[1] 曹磊．“互联网+”：产业风口［M］．北京：中国电子商务研究中心．

[2] 李军，李宏．网络环境下现代服务接触研究评述［J］．科技管理研究，2014（6）．

[3] 朱水根．以“体验经济”理论引导餐饮业发展［J］．旅游科学，2014（3）：17—18.

[4] 周以升．服务管理中的体验价值研究［J］．商业时代．

[5] 张芳．移动互联网情景下餐饮服务接触对顾客行为意向的影响研究［D］．杭州：浙江大学，2015.

专题研究篇

2015 年中餐国际交流成果报告

边　疆[①]

摘　要：2015 年，中国烹饪协会全方位、立体化推动中餐国际交流工作，在贯彻国家战略、美食文化推广、烹饪技艺交流和人才培养、促进实体投资、中餐申遗等层面积极进行战略布局，在国内外产生了广泛的影响，取得了丰硕成果。

关键词：中餐走出去；国际交流；投资考察

2015 年，中国烹饪协会积极践行十八大提出的“树立高度的文化自觉和文化自信”和“民间团体加强对外交流”精神，以中国美食为载体在世界舞台开展民间外交，提高了中国文化软实力、促进了中外餐饮行业的经贸往来。

一、国家战略层面

（一）中国美食首次走进非洲

受文化部委托，由中国烹饪协会组织来自河南、四川、广东的五位中国名厨组成中国国家美食代表团，于 2015 年 2 月 3 日至 15 日赴非洲北部重要国家突尼斯参加由文化部主办、中国驻突尼斯大使馆与突尼斯 Residence 酒店承办的 2015 突尼斯“欢乐春节”中国美食周活动。此次活动是中国国家美食代表团首次走进非洲，带去了正宗的中餐，具有历史意义。活动受到突尼斯文化部部长、突尼斯旅游部常务副部长、突尼斯市市长和 40 多个国家驻突尼斯大使与外交官等高层的高度赞扬。

① 边疆，中国烹饪协会副会长。

（二）开创海外中国文化中心举办美食文化推广活动先河

3 月与 11 月，中国烹饪协会与巴黎中国文化中心合作举办了“中国非遗美国品尝会”与“中国（顺德）美食文化品鉴会”，在法国文化艺术界引起轰动。海外中国文化中心是中央政府大力扶植的在海外推广中国文化的高级平台，两次开创了在海外中国文化中心举办美食文化推广活动的先河，具有重要意义。

（三）中国美食走进朝鲜，为促进两国友谊做出重要贡献

7 月 27 日至 8 月 2 日，在文化部的推荐下，应中国驻朝鲜大使馆邀请，由中国烹饪协会组建的中国名厨代表团飞赴朝鲜，参加由中国驻朝鲜大使馆举办的“庆祝中国人民解放军建军 88 周年”招待会系列活动。中国驻朝鲜大使馆李进军大使在活动举办过程中高度赞扬团员们所制作的菜品与现场进行的烹饪绝技绝活表演体现了国家队水准，中国名厨代表团为促进中朝两国的友谊做出了重要贡献。

（四）在中法高级别人文交流机制框架下举行中法两国餐饮职业教育及美食交流活动

2014 年中法两国元首就建立中法高级别人文交流机制达成共识。2015 年 6 月底 7 月初，在中法高级别人文交流机制框架下，由中国烹饪协会举办的“巴黎国际杯中国美食国际文化节”在法国巴黎隆重举行，在冯恩援副会长的带领下，中国美食文化代表团拜访法国著名甜点培训学校雷诺特，并在法国展开相关美食交流活动。教育部副部长、第 37 届联合国教科文组织大会主席郝平莅临活动现场对活动给予大力支持。

（五）协助国际知名媒体拍摄中国美食宣传片

受国务院新闻办公室委托，中国烹饪协会协助新加坡国家电视台热播栏目《异乡人》栏目组在北京拍摄中国特色美食节目。推荐栏目组赴北京那家小馆和羊大爷两家餐饮企业进行实地拍摄。《异乡人》节目已于 2015 年 9 月登录新加坡国家电视台 8 频道，有大批新加坡及东南亚电视观众通过《异乡人》节目

了解中国饮食进而了解了中国文化。

（六）接待海外餐饮侨领来访、宣讲中国餐饮业发展

为响应国务院侨务办公室“海外中餐繁荣计划”，中国烹饪协会先后接待了美国中餐联盟、美国中餐联盟密西根分会、大芝加哥地区华侨华人联合会、法国国际烹饪协会、奥地利中餐业联合会、西班牙中餐业联合会、荷兰中厨协会、中比美食协会、日本中国料理协会、斯里兰卡华人华侨联合会、委内瑞拉全国华人华侨联合总会、秘鲁中华通惠总局等多批次在海外从事餐饮业的华人华侨精英来访，向他们系统全面地介绍国家餐饮行业近年来的发展情况及推动中餐“走出去”的国家发展战略。7 月，由国务院侨办主办、扬州市侨务办公室、扬州大学旅游烹饪学院等承办的第 29 期海外华人华侨社团负责人研习班在扬州市开班，来自美国、日本、新加坡、泰国等国的 50 位餐饮侨领负责人及骨干回国进行学习。通过这些活动，使海外华人华侨对于推动中餐“走出去”、在海外弘扬优秀中华饮食文化形成广泛共识，增强了海外华人侨心向祖国的凝聚力。

二、文化推广层面

（一）中国意境菜荣登世厨联官方杂志封面

在中国烹饪协会的努力下，2015 年 1 月出版的 2014 年 12 月号世界厨师联合会官方杂志封面，刊登了北京大董餐饮投资有限公司设计制作的意境菜照片，这是中国企业首次荣登世厨联官方杂志《世界厨师》（*World Chef*）封面，同时也是该杂志首次以中式菜品作为杂志封面，在世界范围内弘扬了中国饮食文化。《世界厨师》作为世厨联唯一官方杂志，是一本颇具影响力的全面介绍全球餐饮业态、饮食文化及烹饪技艺的专业性期刊。该杂志始终立足于推进全球餐饮业的发展，引领“食尚文化”的风潮，受到了全球业内人士及读者的广泛关注和好评。

（二）成功承办世厨联亚太主席峰会

为促进亚太地区国家厨师间的交流合作、加速亚太地区餐饮业的繁荣发

展、向世界展示中国餐饮业改革开放形象、宣传中国优秀饮食文化，2015 年 9 月 6 日至 9 日，2015 年世界厨师联合会亚太地区主席峰会（APF）在华西村和扬州两地隆重举行。本届峰会由中国烹饪协会和世界厨师联合会联合主办。在中国著名的美食之乡和现代化新农村举办亚太主席峰会，使亚太地区国家和地区的餐饮、厨师组织领导人通过亲身体验，感知了中国美食文化的魅力，了解中国餐饮厨师行业的进步与发展，进而认知了发展中的中国社会。

（三）中国（顺德）美食文化交流团访法

为扩大我国顺德美食国际影响力，进一步深化顺德获得“世界美食之都”后的发展建设，由中国烹饪协会与顺德区政府联合组织的“中国（顺德）美食文化交流访问团”一行于 2015 年 11 月 8 日至 15 日对法国马赛、巴黎等城市进行交流访问。通过此次访问，顺德区与法国普罗旺斯地区建立了友好联系，今后双方将在美食、家电、服装等行业加强往来。代表团共进行了多场公务活动，弘扬了中国（顺德）美食文化，促进了顺德与法国多层次的务实交流。

三、烹饪技艺交流和人才培养层面

（一）组织参加世厨联三文鱼菜品设计大赛

1 月初，由世界厨师联合会主办、英国苏格兰海产机构协办的“三文鱼菜品设计大赛”活动获奖选手名单揭晓，中国烹饪协会代表中国推荐参赛的 9 位中国专业厨师均荣获优胜奖。此次比赛的成功举办不仅搭建了中国当代餐饮美食与世界交流互鉴的平台、促进了中国厨师与海外厨师的密切联系，也是对中国烹饪技艺的提高做了铺垫，更为餐饮业和广大烹饪工作者美食烹饪理念和饮食文化带来了一次新提升和弘扬。

（二）在马德里国际美食峰会展示中国美食魅力

马德里国际美食峰会是由西班牙政府支持的国际美食交流活动，是全球最具影响力之一的美食峰会。每届峰会都邀请世界各地美食产业发达国家代表出席，并选拔一个美食国家作为主宾国参会，2015 年由中国担任主宾国。我国组建了由中国烹饪大师、著名美食家、著名餐饮企业家、时尚美食媒体为主的强大阵容的代表团。中国烹饪协会会长姜俊贤亲自担任代表团团长，中国烹饪协会副会长、大董餐饮投资有限公司董事长兼总经理、中国烹饪大师董振祥任主讲嘉宾，团员包括扬州大学教授、旅游烹饪学院副院长、中国烹饪大师周晓燕等。此次峰会，中国名厨集体亮相西班牙，通过董振祥大师大董意境菜的演讲、周晓燕大师展示极具中国特色的刀工技法，中国美食文化在最具影响力的国际美食文化平台得到全方位的展现，奏响了中国最强音。

（三）举办澳洲野生鲍鱼菜品创新设计大赛

为提升中国厨师对国外优质海产食材的认知，促进海产烹饪技艺交流与创新，“澳洲野生鲍鱼菜品创新设计大赛”于11月初在北京隆重举行，中国烹饪协会与澳洲鲍鱼协会作为主办单位，组织了此项赛事，并得到了澳大利亚驻华大使馆的大力支持。

（四）中餐烹饪世界锦标赛成为全球首个经世厨联认证的中餐赛事

首届“中餐烹饪世界锦标赛”作为世界厨师联合会认证的全球唯一中餐国际赛事，于2015年11月中旬在北京国家会议中心盛大开幕，来自意大利、美国、新加坡、泰国、马来西亚、尼泊尔、韩国、菲律宾、中国香港、中国澳门、中国台湾在内的11支非中国大陆代表队与中国国家烹饪队、中国奥林匹克烹饪队、山西、云南、浙江5支中国大陆代表队以两天单轮分组的竞赛模式进行激烈角逐。该赛事旨在长期深远地推广优秀中华饮食文化，并为其塑造全球影响力，同时依托中餐元素为主题，鼓励全球厨师交流切磋中餐烹饪技艺，实现中西餐交流互动，推动中国美食加快走向全球化国际化。

（五）组建奥林匹克国家烹饪队

德国奥林匹克烹饪大赛自1900年开赛至今已经经历了百年发展，是世界厨师联合会认证的国际顶级专业赛事，百年间越来越多的不同国家选手参与此项比赛并将在比赛中获奖视为从厨生涯的至高荣誉。为了通过国际顶级赛事舞台展示中餐悠久深厚的文化积淀和与时俱进的烹饪技艺，加强与世界各国同行的文化、技艺交流，提升民族自信心和行业凝聚力。时隔20年，中国国家烹饪代表队于2015年7月在北京组建，将参加于2016年10月在德国爱尔福特举办的第25届德国奥林匹克烹饪大赛，为国争光。

（六）建立中餐海外培训推广机构

2015年，经过多方面慎重研究，先后在英国、美国、法国建立了“中国烹饪协会海外（英国）合作培训基地”、“中国餐饮海外（美国）发展服务中心”、“中国餐饮海外（法国）发展服务中心”三个重要机构，在海外培养中餐企业所需要的各类人才。

四、促进实体投资层面

（一）中餐国际化发展论坛

为贯彻党的十八大促进中国经济“走出去”战略方针，更好地掌握海外国家和地区投资及移民相关法律法规，交流中餐海外发展成熟经验，引导中国餐饮行业健康有序地发展海外事业，进一步推动中餐国际化，“2015中餐国际化发展论坛”于2015年1月下旬在海南神州半岛举行。论坛邀请国务院侨务办公室国外司领导、美国驻华大使馆商务处专员、英国亚洲餐饮协会领导、美国中国之城代表和已经成功在海外投资的眉州东坡集团、花家怡园餐饮有限公司负责人出席，与协会的各位理事、各地协会及餐饮企业代表交流中餐国际发展的成功经验，也介绍了海外投资发展的法律法规。

（二）中国餐饮业代表走进英国

为推动中国餐饮企业赴英国投资兴业、推进国内餐饮行业中央厨房产业化、规范化建设进程，“英国餐饮市场和中餐中央厨房建设考察团”于2015年3月下旬访问英国，考察英国餐饮市场环境状况，就中餐在英国的发展前景、投资开店所涉及到的法律、税务、店铺租赁、劳务雇佣及餐厅设计装潢等问题进行深度了解，并考察学习了英国先进的现代餐饮经营管理模式。

（三）中国餐饮业投资考察团走进美国

为推进中国餐饮业国际化发展，为有意在美国投资发展的餐饮及相关企业提供主流渠道信息和项目，切实推动中餐“走出去”，在美国商务部、美国驻华大使馆等的大力支持下，全国餐饮行业的近 40 位企业家组成“中国餐饮投资考察团”，于 2015 年 5 月 18 日至 30 日前往美国芝加哥、纽约、西雅图、洛杉矶 4 个地区进行专项投资考察。通过此次考察，中国餐饮企业家代表对于美国吸引外来投资的政策及美国餐饮业的情况有了更加深入的了解，进一步加强了中餐企业赴美国发展的信心。

五、中餐申遗层面

（一）中国非遗美食走进联合国教科文组织

为扩大中国非遗美食的国际影响力，加深联合国教科文组织各国委员和国际非遗组织专家对中华美食的了解，动员更多的国际国内有关人士和社会各界关注和支持非遗保护事业，实现中国美食早日进入世界非物质文化遗产名录，“2015 中国非遗美食走进联合国教科文组织”活动于 2015 年 3 月下旬在法国巴黎联合国教科文组织总部举行，取得圆满成功。

本次活动经联合国教科文组织总部批准，由中国烹饪协会和联合国教科文组织餐饮办公室共同主办，中国常驻联合国教科文组织代表团、联合国教科文组织为支持单位，益海嘉里食品营销有限公司为协办单位。是中国在联合国这一国际舞台首次进行的大规模美食非物质文化遗产推广介绍活动，活动也得到国家文化部、商务部、中国驻法大使馆、国际民间艺术组织 IOV 等的大力支持。

（二）联合国教科文组织总干事伊琳娜·博科娃考察中国餐饮业发展

联合国教科文组织总干事伊琳娜·博科娃于 2015 年 9 月来华访问，应邀出席中国人民抗日战争暨世界反法西斯战争胜利 70 周年阅兵式。在京访问期间，中国烹饪协会安排博科娃及联合国教科文组织驻中国官员考察中国著名餐饮企业大董烤鸭店。中国烹饪协会会长姜俊贤向博科娃介绍了“2015 中国非遗美食走进联合国教科文组织”活动的盛况以及各方面的称赞，并详细汇报了正在积极开展的中餐申请进入世界非物质文化遗产名录、中国美食文化国际推广系列工作，博科娃对于这些工作给予高度评价，并在随后的书面题词中表示：中国美食文化是世界瑰宝，是最好的中国非物质文化遗产，应该早日列入世界非物质文化遗产名录。

（三）加强中国烹饪协会与商务部、文化部、教育部等部门的联动，为中餐申遗凝聚国家力量

2015 年，中餐申遗工作得到联合国教科文组织及中国常驻联合国教科文组织代表团等国际相关机构官员的大力支持。商务部、文化部、教育部、中国烹饪协会等单位积极联动，努力争取国家高层的重视，动员餐饮业和社会各界对中国美食文化的关注和支持，通过申报世界非遗在世界范围内树立中餐业的良好形象，提振国内餐饮业的发展信心，以新常态下的优质中国餐饮产品与服务回报社会。

六、中国烹饪协会下一步中餐国际交流工作计划

2016 年，中餐国际交流活动将以组织多种形式的出访团组和主动联系邀请海外有关国家和组织为主要抓手，以参与和执行国家部委外事活动、文化交流任务为龙头，以主办大型国际化品牌活动为重点，以推动中外餐饮行业、烹饪技艺、美食文化交流为主要方式，紧紧围绕弘扬优秀中华饮食文化、促进中国餐饮企业进军海外、推动中餐申遗三大中心，扎实有效地予以推进。

一带一路国家战略与中国清真餐饮业发展

中国烹饪协会清真委员会①

摘　要：习近平主席一带一路国家战略思想，中国伊斯兰文化思想浪潮。提高丝路清真餐饮企业核心竞争力，让丝路清真餐饮企业成为中国烹饪文化的传承者、中国文化的传播者、世界烹饪文化的引领者。国外丝路沿线国家有可供中国清真餐饮业发展的、庞大无比的良性市场。中国清真烹饪文化是少数民族大文化，清真原料、清真食品、清真菜肴是人类健康生活的标志。发挥同源跨国民族的积极性，将中国清真餐饮业推向全球。中国清真餐饮业人才数据库的建立要有世界观，筹建全日制中国清真烹饪学院。建立国家级清真原材料配送中心，打造丝路清真餐饮航母。中国西部大开发战略与一带一路国家战略对接，建立中国丝路清真餐饮投资援助基金。设立中国丝路清真餐饮咨询研究中心。

关键词：清真；伊斯兰；餐饮业；一带一路

古代丝绸之路简称古丝路，由陆上丝绸之路和海上丝绸之路组成。

中外学者研究认为：古丝路是远古以来发展形成的多条路线复杂地“连接亚洲、欧洲、非洲的东西文化贸易大通道”②。“几千年丝绸之路兴衰的历史证明，任何国家只要参与沟通丝路贸易，共享文化交流，就能获得极强的生命力”，而达到“文明共享共存，利益共享共赢”③。

今天，古丝路得到划时代振兴的一带一路大战略下的中国清真餐饮业发展

① 特邀撰稿人：何顺斌，西南财经大学特聘教授，四川旅游学院教授，四川省保健科技学会学术委员会专家，四川省经济文化协会理事，中国高科技健康产业委员会营养讲师，中国清真烹饪文化研究中心主任。

② 长泽和俊．丝绸之路与东西文化交流［J］．西北史地．1984（3）．

③ 马曼丽．丝路盛衰四大历史共识［J］．瞭望．2014（42）．

也正在证明①，并将继续证明其依靠这一大战略走向世界具有无限美好的前景。

一、习近平主席一带一路大战略格局下的中国伊斯兰文化思想浪潮迎来中国清真餐饮业革命性的历史发展机遇

（一）习近平主席一带一路国家战略思想

一带一路国家战略是习近平主席外交活动的卓越成就之一。

一带一路国家战略是习近平主席借用古代丝绸之路所形成的“丝路经济带”和“海上丝绸之路”两个名称而提出的具有世界性视野的伟大战略。

一带一路国家战略是对古丝路的传承与提升。一带一路贯穿欧亚非三大洲，连接亚太经济圈、欧洲经济圈和非洲经济圈。

1. 一带一路国家战略理念

一带一路国家战略秉持和平、联动、引领、治理、交融、包容、合作、共商、共建、共存、共享、共荣、共赢理念，对促进丝路沿线国家的经济发展、民生改善、产业结构调整、基础设施建设、高新技术研发、危机应对等都有积极意义。

2. 一带一路国家战略构建人类命运共同体

一带一路国家战略促进地球上不同国家、不同地区、不同民族、不同信仰、不同经济发展水平的人们共融一体，构建人类命运共同体。将人类社会数千年以来所聚集的冲突、对抗意识化干戈为玉帛。中国的一带一路国家战略是21世纪人类文明最浓墨重彩的一页，是人类文明史上的壮举，必将改变人类文明的进程。

（二）中国伊斯兰文化思想浪潮

纵观中国伊斯兰文化的发展历史，大体上可以分为三次大的思想浪潮。

1. 中国伊斯兰文化第一次思想浪潮在宋朝的公元11世纪

中国伊斯兰文化第一次思想浪潮的著名学者：玉素甫·哈斯·哈吉甫、马

① 哈丽娜．张家川人卖拉面一年挣回8个亿．将兰州拉面开到迪拜 张家川人卖拉面一年挣回8个亿．兰州晚报．2015－07－23.

赫穆德·喀什噶里等。主要著作有：《福乐智慧》《突厥语大词典》《喀什噶尔史》等。

2. 中国伊斯兰文化第二次思想浪潮在明朝末年至清朝初年

伊斯兰教义学家是中国伊斯兰文化第二次思想浪潮的标志。王岱舆、马注、刘智和马德新是明末清初伊斯兰教义学家的杰出代表，他们学识渊博，精通儒家、道教、佛教、伊斯兰教，以儒释回、以回论儒。他们的汉文译著，是中国伊斯兰文化在思想、哲学、科技、生活、艺术等领域的最高成就。主要著作有：《正教真诠》《清真大学》《希真正答》《天方性理》《天方典礼》《天方至圣实录》《四典要会》。

3. 中国伊斯兰文化第三次思想浪潮是中国全面推进一带一路国家战略时期

信息化、市场经济、资本运作、高新技术输出、产能对接、创新驱动等等是这一时期的主要特征。第三次思想浪潮涉及政治经济文化安全等诸多领域，其面之广泛、内容之深刻、情形之复杂，几乎囊括人类社会所有问题的全部，前两次思想浪潮根本无法比拟。随着丝路基金和亚投行的建立，中国的一带一路国家战略稳步向前推进，当今世界乃知识经济时代，在这次思想浪潮的行进过程中，中国必将产生一大批穆斯林各专业类型的专家学者。

习近平主席一带一路国家战略是在出访伊斯兰国家哈萨克斯坦和印度尼西亚时提出的；2016 年 1 月 19 日至 23 日，习近平主席又对沙特、埃及、伊朗等典型伊斯兰国家进行了国事访问，共签署五十多项合作文件，为中外穆斯林文化交流与经贸合作提供了人类社会有史以来前所未有的广阔舞台。中外伊斯兰文化经贸的发展必将给中国清真餐饮业的开放发展带来革命性的历史机遇。

（三）中国清真餐饮业迎来革命性的历史发展机遇

1. 中国伊斯兰文化第三次思想浪潮给中国清真餐饮业带来革命性的历史发展机遇

中国清真烹饪文化是中国伊斯文化的重要组成部分，中国清真餐饮业是中国清真烹饪文化的载体。中国伊斯兰文化、中国清真烹饪文化、中国清真餐饮业具有连带关系，中国伊斯兰文化、中国清真烹饪文化、中国清真餐饮业同步发展。一带一路国家战略成就中国伊斯兰文化第三次思想浪潮，必将给中国清真餐饮业带来革命性的历史发展机遇。

2. 中国清真烹饪文化与丝路烹饪文化实现无缝对接，给中国清真餐饮业带来革命性的历史发展机遇

“万里丝绸路，千年清真菜”①，清真烹饪文化是万里丝绸路的原根文化。中国清真烹饪文化在万里丝绸路上有先天基因，与丝路烹饪文化完全可以实现无缝对接，有效促进中国清真餐饮业在丝路上健康发展。

二、中国丝路清真餐饮业发展顶层设计

中国丝路清真餐饮业发展顶层设计的具体实施可由国家民委、中国烹饪协会牵头、中国烹协清真委员会组织，相关的科研院所、中国清真餐饮企业协助完成。

（一）加快中国丝路清真餐饮企业企业文化建设，提高丝路清真餐饮企业核心竞争力，让丝路清真餐饮企业成为中国烹饪文化的传承者、中国文化的传播者、世界烹饪文化的引领者

做企业就是做文化。丝路清真餐饮企业文化包括菜肴文化、服务文化、经营管理文化、餐厅装饰文化、具备现代餐饮企业的本质特征以及丝路清真餐饮的独特个性等等。现代餐饮企业的本质特征是标准化、规模化、科学化、集团化、连锁化、快捷化②。丝路餐饮的独特个性是绿色烹饪、健康烹饪、科学烹饪，以此引领世界烹饪文化。以丝路清真菜肴文化论之。

1. 整合中国清真餐饮企业菜肴文化之资源优势，打造中国特色丝路清真菜肴文化，将资源优势转化为经济优势

中国餐饮企业的资源优势主要体现在菜肴文化上，菜肴是中国文化的符号。钱穆说：“中国为世界上历史最完备之国家”，悠久的历史厚重的文化内涵。就中国文化延续时间、完善程度、受众人数、对世界的影响力③，没有哪

① 何顺斌．中国清真烹饪［M］．中国轻工业出版社．2014.

② 何顺斌．中国烹饪刀工文化［J］．人力资源管理，2010（7）．

③ 何顺斌．人体健康新论［M］．中国书籍出版社，2014.

种中国门类文化能与中国的烹饪文化相提并论。比如：中国一系列烹饪原料从新石器时代开始①，至今活跃于中国烹饪文化的舞台，纵使穿过万年岁月，也能依稀见到中国烹饪文化的本来面目。中国烹饪文化是中国文化的主轴之一，“中国人的日常生活、人情世故、文学艺术、音乐舞蹈、情感表达、民俗礼仪、治国方略等等，无一例外地融入到中国的烹饪艺术之中”②，“治大国若烹小鲜”早已深入人心。菜肴展现了中国人的审美情趣和价值观念，是中国文化特有的表现形式。民族的才是世界的，中国菜肴是审视中国文化的风景线。中国东西南北中清真餐饮企业的菜肴呈现丰富多彩的文化背景及地域特色，它们是中国清真菜肴文化的细胞，这些菜肴适应当地的土壤，未必适合丝路清真餐饮市场。不能简单地将它们复制到丝路清真餐饮企业中，根据丝路餐饮市场的情况来决定菜肴的搭配或者菜肴数量上的增减。比如 80 克四川老麻抄手、80 克江苏蟹黄包子、80 克山东虎酱生菜、80 克广东风味的豆腐海带煲仔汤、50 克新疆产的水果小拼盘，将它们组合在一起差不多刚好是一个人一餐的分量。这样的搭配不但科学而且合理，抄手用羊肉或牛肉馅、蟹黄是淡水产动物原料、生菜与水果有丰富的维生素和矿物质、海带富含碘、豆腐是优质蛋白、大蒜是抗癌之王、甜面酱是发酵制品有活性物质、花椒除湿、辣椒油富含辣椒素促进血液循环。无论从文化的视角还是从营养的合理性、搭配后所呈现的风味以及人的味觉审美等等，都比单独使用要丰富得多。只有通过中国清真餐饮企业菜肴文化的资源整合，按照丝路餐饮市场的特点，才能设计出适应丝路市场的菜肴文化，才能提高中国丝路清真餐饮企业的核心竞争力，才能将中国清真餐饮企业的资源优势转化成经济优势。

2. 丝路清真菜肴文化贵在“文化特色”

如何在浩如烟海的中国清真原料、清真菜肴中寻找到适合丝路清真餐饮的原料和菜肴呢？文化特色是关键。历史上丝绸、茶叶、陶瓷活跃于古丝路，因为样样都极具中国文化特色，在食物中，牛羊肉是丝路清真原料、清真菜肴不二的选择，除此之外，笔者认为：能与丝绸、茶叶、陶瓷这些丝路文化符号比肩的清真原料、清真菜肴非中国的豆腐、豆花、豆浆、豆腐菜莫属。

豆腐或豆花是中国古代科学技术的结晶，是中国对世界烹饪文明的巨大贡

① 何顺斌．中国烹饪饮食保健文化与石器时代农业文明［J］．科学中国人，2015（6）．

② 何顺斌．人体健康新论［M］．中国书籍出版社，2014.

献，是人类最优质的蛋白质来源，是中国人的健康载体。由于豆制品含大豆异黄酮，它是很强的抗氧化剂，能有效清除人体内的自由基，具有抗癌作用，豆制品是人类21世纪最健康的食品。

豆腐或豆花洁白如玉、如脂如膏，最符合人的审美情趣，是最有东方神韵的食物。豆腐或豆花的制作过程妙不可言、趣味横生。一锅醇汤，在石膏水、胆水或内酯的作用下，瞬间白花花一片，顿时化无形为有形，让人瞠目结舌。是科学中的生活，是生活中的科学，是艺术中的生活，是生活中的艺术。豆腐或豆花像一张白纸，可以穷尽一切烹饪法而烹之。麻婆豆腐、文思豆腐、镜箱豆腐、锅塌豆腐、豆腐鲜鱼、大煮干丝、菊花豆腐、毛豆腐、臭豆腐、酱烧豆腐、小葱拌豆腐、炸收腐竹、家常豆腐、八宝豆腐箱、豆腐饺、豆腐宴等等，样样都是文化的音符，一同奏响了东方豆腐文化的交响乐。在一带一路国家战略的当今时代，豆腐、豆花、豆浆、豆腐菜是否能引领中国丝路清真餐饮成为中国丝路清真烹饪的文化符号呢？回答是肯定的！把豆腐或豆花的形成过程以西方人最容易接受的方式呈现出来，比如以动漫的形式，让豆制品深入丝路人心。中国丝路清真菜肴文化是丝路沿线国家无法复制的核心竞争力，中国清真餐饮企业像豆腐这样的原料和菜肴还有不少，需要仔细研究，以丰富丝路清真菜肴文化，将中国清真餐饮企业的资源优势转化为经济优势。

（二）分析研究丝路餐饮市场特点，拓展中国清真餐饮业在丝路餐饮市场的发展空间

当今世界是以市场为导向的市场经济时代，弄清丝路餐饮市场的基本情况，在丝路餐饮市场上做到准确定位、精准落点。

丝路餐饮市场由中国国内餐饮市场和国外丝路沿线国家餐饮市场两大部分组成。

1. 中国国内清真餐饮市场处于“原生态”发展时期

中国餐饮市场的基本情况是汉族餐饮占统治地位的市场格局，中国国内清真餐饮市场基本上还处于“原生态”的发展阶段。

中国国内清真餐饮市场有一个奇特的现象：基本上集中在穆斯林相对集中的地区，比如中国的西北地区，银川和乌鲁木齐是我国的清真美食之都，它们都是穆斯林聚居的主要城市，而国内一般城市还远远没有普及，造成穆斯林

“吃饭难”。这一情况表明：我国的清真餐饮市场在一带一路国家战略时期的潜力巨大，以我国西部中心城市成都为例而论之。

新石器时代晚期距今近5000年的四川三星堆文化遗址，出土了20件陶纺轮①，有学者将三星堆时期的古蜀人称为“蚕丝部落”②，也有研究者认为三星堆时期的古蜀国已经具有一定规模的纺织手工业③等等，说明成都是世界上较早生产丝绸的地区，有丝绸才有丝绸贸易。成都是中国西南丝绸之路的起点，由成都经云南到印度后到巴基斯坦、阿富汗，进而抵达西亚；同时也是北方丝绸之路的起点，从成都始发，经古蜀道过剑门关、翻秦岭、出斜谷，即可到达关中平原，与北方丝绸之路相接。三星堆文化遗址一、二号祭祀坑出土的海贝中，有一种环纹货贝，只产于印度洋深海水域，既不产于近海地区，也不产于江河湖海④，三星堆青铜人像的面部造型，有不少具有西方人的面部形态特征。这些信息表明：三星堆时期的古蜀国与南亚、中亚、西亚有广泛的文化交流⑤。2015年成都城市GDP总值为10801.2亿元⑥，就是这样的城市，却没有一家集穆斯林吃、住、游、玩于一体的商业设施！随着一带一路国家战略的实施，有多少穆斯林商人要踏上成都这片热土呢？其中的商机可想而知了。中国内地其他中心城市与成都的情况相差不大，作为古丝路的起点城市，成都尚且如此，规模比成都小的内地城市，景况更糟，说明中国目前的清真餐饮业已经远远跟不上一带一路国家战略的形势发展了！在成都有三到四处可供丝路穆斯林客商选择的集吃、住、游、玩于一体的商业设施是最基本的要求，在全国要有一个总体规划并附有可行的实施方案。中国国内不仅是清真餐饮业要有一个大的发展，与清真餐饮业有连带关系的其他行业诸如旅游、娱乐、疗养等也应该有个大发展，发展跟上了，由中国烹协清真专委会组织编写穆斯林来华吃住玩游指南，服务于国家一带一路国家战略。

中国十多亿人口的清真餐饮大市场，等待开发。

---

① 高大伦等．三星堆出土文物全记录［M］．四川出版集团天地出版社．2009：488—498.

② 王炎．三星堆文物中的蚕丛文化因素探析［J］．中华文化论坛，2009（S2）.

③ 何顺斌．四川烹饪文化溯源：三星堆文物与古蜀国食虫文化探秘［J］．中华文化论坛，2013（3）.

④ 屈小强，李殿元，段愈，编．三星堆文化［M］．四川人民出版社．1993：512.

⑤ 何顺斌．中国清真烹饪［M］．中国轻工业出版社．2014：32.

⑥ 冉倩婷．成都去年GDP总值达到10801.2亿元．四川日报．2016—01—28.

2. 国外丝路沿线国家有可供中国清真餐饮业发展的、庞大无比的良性市场

（1）国外丝路沿线国家良性的清真餐饮市场。

政治是一切活动的前提条件、是一切问题的试金石。习近平主席近年来在丝路沿线国家广播友谊之树，在非洲、亚洲、欧洲的访问都取得了丰硕的成果。习近平主席近年来成功的大国外交打开了我国与丝路沿线国家特别是伊斯兰国家互利互赢的交往局面，习近平主席在访问中东演讲时说道：“为了让人才和思想在‘一带一路’上流动起来，我们将实施增进友好‘百千万’工程，包括落实‘丝路书香’设想，开展100部中阿典籍互译；加强智库对接，邀请100名专家学者互访；提供1000个阿拉伯青年领袖培训名额，邀请1500名阿拉伯政党领导人来华考察，培育中阿友好的青年使者和政治领军人物；提供1万个奖学金名额和1万个培训名额，落实1万名中阿艺术家互访”，这些举措必然拉近两大文明民众之间的心理距离，不要忘了中国近3000万穆斯林是两大文明的桥梁。所以丝路沿线国家都把中国看作是不谋特权、平等待人的没有民族歧视的可信赖朋友。对中国而言，丝路伊斯兰世界必然是一个广大的友好清真餐饮市场，为中国清真餐饮业在这些地方发展提供了可靠的政治保障。

（2）国外丝路沿线国家清真餐饮市场规模巨无霸。

世界上面积最大的伊斯兰国家是哈萨克斯坦，总面积272万平方公里，总人口约1700万，其中穆斯林人口约占总人口的72%。东正教徒占总人口的20%左右。

世界上面积超过100万平方公里的伊斯兰国家共有12个，它们是（单位：万平方公里）：哈萨克斯坦271.7，阿尔及利亚238.2，沙特阿拉伯215.0，印度尼西亚190.5，苏丹188（2011年7月南苏丹独立，分裂以前的苏丹面积约250万平方公里），利比亚176，伊朗163.3，乍得128.4，尼日尔126.7，马里124，毛里塔尼亚102.6，埃及100.1。

根据美国皮尤研究中心2009年10月的一项最新研究数据表明，全世界200多个国家和地区的穆斯林已经超过15.7亿人口，占世界总人口的23%（以2009年世界68亿人口计算）。按人口正常增长速度计算，2013年全世界穆斯林人口应该已经超过16亿。世界上人口最多的伊斯兰国家是印度尼西亚，总面积190万平方公里，总人口约2.38亿，其中穆斯林人口约占总人口的

87%，达到2.08亿，是全世界唯一穆斯林人口超过2亿的国家。全世界穆斯林人口超过1亿的国家有四个：分别是印度尼西亚，巴基斯坦，印度，孟加拉。其中印度是伊斯兰合作组织观察员国。超过5000万的国家有三个：埃及，伊朗与土耳其。22个阿拉伯国家总人口约为3.5亿，穆斯林人口约占总人口的95%以上。世界上穆斯林人口最集中的地区是南亚地区，光印度、巴基斯坦与孟加拉三国的穆斯林人口加起来就有5亿。占全世界16亿穆斯林近1/3。

世界上有两个国家的穆斯林人口超过了2000万，它们是中国与俄罗斯。其中俄罗斯是伊斯兰合作组织观察员国。总体而言，95%的穆斯林居住在以中东穆斯林核心区为中心的亚非两个大洲。80%以上的穆斯林是非阿拉伯人。但阿拉伯民族仍然是穆斯林第一大族群。57个伊斯兰合作组织成员国国土面积超过3000万平方公里，22个阿拉伯国家面积超过1440万平方公里①。

(3) 国外丝路沿线国家清真餐饮市场有待提高与开发。

中国周边，无论中亚、南亚，或东南亚都是人口众多的伊斯兰国家，这些国家也都是发展中国家，市场发育不完善，市场潜力巨大，他们对价廉味美的中国清真餐饮有强烈需求，有待市场开发。

总之，丝路各国大市场，互利互赢大发展！

(三) 加大宣传中国清真烹饪文化的力度，打造中国清真餐饮业的品牌形象

穷尽现代媒介的一切手段，比如电视、网络、报刊、杂志、动漫等等，宣传中国清真烹饪文化、清真食品、清真原料以及清真菜肴。

1. 中国清真烹饪文化是少数民族大文化

中国清真烹饪文化，在世界烹饪文化体系中独领风骚！中国清真烹饪文化在理论体系建设上，走在了世界烹饪文化的前列，理论高度无与伦比！中国清真烹饪文化的自然生态观、营养卫生科学观、人文宗教观、清真两大思想体系是中国清真烹饪文化的核心价值所在，构成了中国清真餐饮业的灵魂。

2. 清真原料、清真食品、清真菜肴是人类健康生活的标志

烹饪原料是烹饪文化的基石，中国清真烹饪原料，特别是清真动物原料，

---

① 01nurundini. 今天的穆斯林世界——国家、地区与人口分布. 中穆网. 2014-02-16.

是真、善、美与科学的完美结合①。目前中国的食品安全问题，是中国有史以来最严重的社会问题，清真食品是解决这一问题的根本之道。菜肴是烹饪文化的细胞，手抓羊肉、涮羊肉、肥牛火锅是人类最经典的健康清真菜肴、是草原烹饪文化的结晶、是低温烹饪的代名词、是优质蛋白的化身、是科学烹饪的样式与模板。严峻的现实是：就是这样的菜肴，不少没有品尝过它们独特风味的汉族同胞脑海里都有羊臊味、牛腥味在萦绕。这不仅仅是习惯问题，没有占领舆论的制高点、宣传不到位才是主因。对比麦当劳、肯德基这些西式快餐，它们在中国餐饮市场上所做的投入与宣传，中国清真餐饮业还有大量的事情需要做。坚韧内敛含蓄的文化特质不是时代潮流，积极、主动、进取、个性、张扬、有爆发力的文化特质才是正道。让清真食品以及手抓羊肉、涮羊肉、肥牛火锅等这些具有清真烹饪文化特质的清真菜肴成为健康生活的标志、走入人类的生活、成为引领丝路清真烹饪文化的中坚力量，是中国餐饮人在一带一路时代背景下的历史使命和担当。

（四）发挥同源跨国民族的积极性，将中国清真餐饮业推向全球

兰州大学博士生导师马曼丽教授及其学生们通过在中亚的考察调研认为：世居中国西北地区边疆牧区的各少数民族基本上与相邻各国居民之间有同族或同源关系，并同这些国家及中亚、南亚、西亚以及中东各国保持着密切的民间经济、文化、宗教、人员等方面的交流与往来。

1. 同源跨国的基本情况，以哈萨克族为例论之

哈萨克族作为哈国主体民族，遍布哈国各地，与中国哈族聚居在新疆伊犁哈萨克自治州、塔城、阿勒泰地区和北疆的大部分地区以及东疆哈密的巴里坤县等地的同源跨国民族交往不断，与生活在甘肃、青海等地小聚居区的哈族近年也不断有迁徙往来。还有中亚与中国的同源维吾尔族、同源西蒙古卫拉特族裔（中亚称卡尔梅克人）、同源回族（东干族）人、同源鞑靼人（中国境内现称塔塔尔族）、同源蒙古人等等。笔者认为，了解上述历史情况对开展落实丝绸之路经济带各方面的工作来说都是很重要的，特别是如何发挥这些跨国民族群众参加翻译工作和发展清真餐饮业在当地的中介活动的积极性，需要以此为

---

① 何顺斌．中国清真烹饪［M］．中国轻工业出版社．2014：35—84.

线索开展细微的联系调研工作，否则，我们将陷入语言不通的困难，各种信息闭塞的困难，地缘政治与地缘环境不熟悉的困难以及信仰、习俗等等诸多方面不够了解的困难。因此，联络两国的同源跨国民族，研究他们，动员起他们的积极性，对开拓新丝绸之路经济带的民间市场，特别是了解各种资源信息，沟通民族心理，使民心相通，有不可忽视的重要性。

2. 多渠道收集同源跨国信息，促进中国清真餐饮业走向世界

开展工作时，可通过外交部、对外使馆或各地公安部门了解各地的外迁、内迁记录。我们的民族学博士学生就有在中亚上合组织、驻外使馆中工作的，也可以作为清真餐饮企业走出去的桥梁，去了解同源民族的分布。也可通过已经走出去的单位，如甘肃撒拉族已经与其在土库曼斯坦的同族，宁夏回族与中亚东干族一直有联系等等，应多依靠他们、培养他们具有清真餐饮技能，可以局部滚雪球般带动发展。

（五）建立中国丝路清真餐饮业人才数据库，加大丝路清真餐饮业人才培养力度

1. 中国清真餐饮业人才数据库的建立要有世界观

中国清真餐饮业人才数据库的建立必须面对丝路沿线所有国家的各个民族、社会各阶层，网罗热爱清真餐饮的各类型专业人才，全面提升中国清真餐饮业从业人员的综合素质。

2. 筹建全日制中国清真烹饪学院

企业的发展在人才，人才的培养靠教育。在国家民委、国家教育部的支持下，选址北京，筹建全日制中国清真烹饪学院，面向丝路沿线国家招生，服务于一带一路国家战略。

另外，研制有科技含量、无法复制的丝路清真餐饮产品，占领丝路餐饮市场；建立中国丝路清真餐饮产业发展总部，并在丝路沿线国家设立分部。联合中国清真食品企业建立国家级清真原材料配送中心，打造丝路清真餐饮航母；中国西部大开发战略与一带一路国家战略对接，毕竟西部穆斯林众多，发展穆斯林清真经济是西部穆斯林脱贫致富的头等大事，经济落后是极端势力滋生的温床，为维护国家和谐稳定大局，国家民委可以做相应的指导工作，在西部脱贫方面可建立中国丝路清真餐饮投资援助基金；定期举行丝路沿线国家国际清

真烹饪大奖赛，打造烹饪大赛“奥斯卡奖”，促进丝路清真烹饪文化交流；依次在丝路沿线国家定期举行丝路清真餐饮业发展论坛；设立中国丝路清真餐饮咨询研究中心等等，限于篇幅不再一一论述。

总之，中国餐饮人必须用激情点燃中国清真餐饮业丝路发展的梦想、用豪情点燃中国清真餐饮业丝路发展的未来、用开拓进取的丝路精神做好中国清真餐饮业丝路发展的每一件事情，让中国清真烹饪文化之花在万里丝路上绽放！

一带一路大战略格局下的中国清真餐饮业发展道路必将是：大道大路大市场，大开大合大发展！

2015年天津市餐饮产业发展报告

段建珍①

摘　要：本文分析了天津餐饮业发展的总体情况，餐饮产业在拉动经济增长、促进就业等方面发挥的积极作用。分析过往一年餐饮业发展的变化和亮点，并对未来发展提出了政策建议。

关键词：天津餐饮；餐饮产业；餐饮发展

一、天津市经济发展概况

（一）天津市GDP增长概况

2015年天津市生产总值（GDP）16538.19亿元，按可比价格计算，比上年增长9.3%。分三次产业看，第一产业增加值210.51亿元，增长2.5%；第二产业增加值7723.60亿元，增长9.2%；第三产业增加值8604.08亿元，增

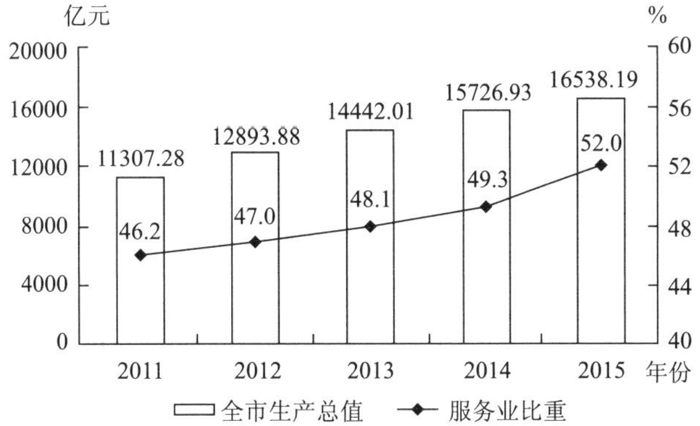

图1　2011—2015年天津市生产总值和服务业比重

资料来源：2015年天津市国民经济和社会发展统计公报。

① 段建珍，天津青年职业学院副教授，烹饪研究所所长。

长 9.6%。三次产业结构为 1.3∶46.7∶52.0，服务业增加值比重首次超过 50%，首次超过第二产业，形成“三二一”产业结构。

（二）产业结构优化升级，服务经济占比过半

服务业主导地位初步确立。2015 年，服务业增加值占天津市生产总值的比重首次超过 50%，经济发展由工业主导向服务业主导转变。其中住宿和餐饮业增加值 245.19 亿元，增长 5.3%。

全年全社会固定资产投资 13065.86 亿元，增长 12.1%。其中第三产业投资 7163.85 亿元，增长 18.1%，比重达到 58.0%。

（三）天津市居民生活水平发展概况

就业形势总体稳定，国计民生持续改善。2015 年，全市新增就业 48.85 万人，城镇登记失业率控制在 3.5%。就业结构进一步优化，截至年末全市就业人口总量 896.80 万人，三次产业就业结构为 7.4∶35.6∶57.0，其中，第三产业就业比重达到 57.0%，比上年提高 3.6 个百分点。

国家统计局天津调查总队抽样调查结果显示，2015 年天津城镇常住居民人均消费支出 26230 元，比上年增长 8.0%。消费“八大项”都有不同程度的上涨。人们对于精致生活的追求从“食”上体现出来。2015 年天津人均食品烟酒消费支出 8448 元，增长 4.7%。调查显示，家庭“小灶”购买食材的品

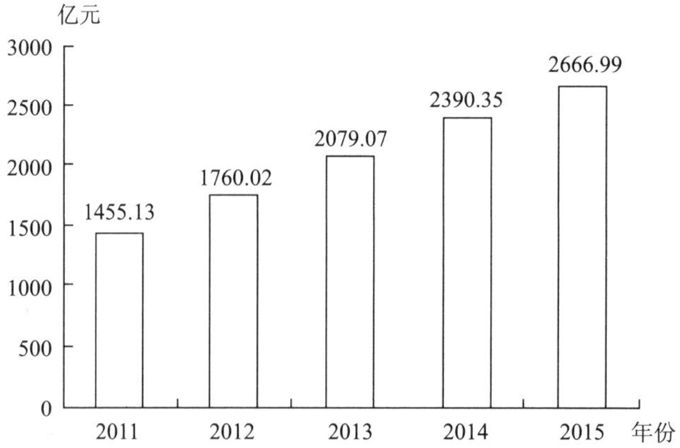

图 2　2011—2015 年一般公共预算收入

资料来源：天津市统计局。

质、品种和价格比往年都有所提高；家庭聚会时，不少居民则会选择去餐厅享受“大厨”的手艺，促进了餐饮业多元化发展。

民生支出增长较快。全年一般公共预算支出 3231.35 亿元，增长 12.0%。其中，城乡社区支出 927.79 亿元，增长 12.6%；教育支出 507.51 亿元，增长 12.5%；社会保障和就业支出 314.79 亿元，增长 21.3%；医疗卫生支出 195.04 亿元，增长 20.9%；住房保障支出 46.82 亿元，增长 2 倍。天津市实施更加积极的就业创业政策，多渠道开发就业岗位，鼓励和支持大众创业。

二、天津市餐饮业发展概况

（一）天津市餐饮业发展概况

从天津市商务委获悉，在刚刚过去的 2015 年，全市商贸领域主动适应消费发展需求，积极采取多种服务措施扩销增销，消费规模再跨新台阶，结构调整取得新进展。社会消费品零售总额突破 5000 亿元大关，达到 5245.69 亿元，同比增长 10.7%，继 2013 年突破 4000 亿元后历经 2 年再上新台阶。全市消费品市场实现平稳较快增长。2015 年天津市餐饮业（含住宿）总收入 748.8 亿元，同比增长 12.1%。

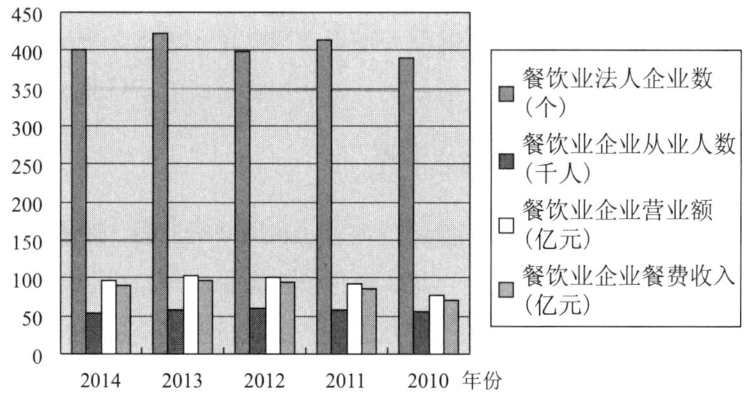

图 3　2010—2014 年天津市限额以上餐饮业企业基本情况和经营情况

资料来源：中华人民共和国国家统计局。

（二）餐饮市场结构逐步优化

高端餐饮转型成效显现，呈稳步回暖的良好态势。2015 年全市限上住宿和餐饮业营业额完成 145.6 亿元，连续两年下降后首次止跌，体现餐饮市场调整已逐步到位。其中，百强企业增长 3.0%，连续 6 个月恢复正增长。

（三）大众餐饮需求持续火爆

餐饮市场推陈出新、销售红火。全年住宿和餐饮业营业额 748.78 亿元，增长 12.1%。其中，限额以下住宿和餐饮业营业额 603.15 亿元，增长 15.4%，高于全市平均增幅 3.3 个百分点，比重达到 80.6%；限额以上住宿和餐饮业营业额 145.63 亿元，与上年持平①。仅春节期间，全市约有九成共 3 万家餐饮场所持续提供餐饮服务，更多大众餐饮、特色餐厅加入了连市经营，广大市民及外地游客选择的就餐场所更加丰富。监测的 49 家重点餐饮企业监测，节日实现营业收入 2600 万元，同比增长 4.0%，定桌数超过 2.5 万桌。

（四）餐饮业成为大型综合商业体的主力军

大悦城、银河广场、河东万达广场、时代奥城、意式风情街、爱琴海购物中心等商业综合体，吸引众多餐饮企业的加入。大悦城的鹿港小镇、外婆家，河东万达广场青年餐厅，文化中心的砂锅李，水游城的汉巴味德等各式大众快餐特色餐饮深受百姓欢迎，拿号排队等座返堂现象比比皆是，市民餐后就地消食购物、看电影、休闲，形成了餐饮消费带动购物消费的新趋势。

（五）老字号及知名企业顺应求变

各大饭店、餐饮名店主动调整经营理念，利用网络订餐、团购订餐、移动支付等灵活方式，迎合大众消费市场，推出价格更为实惠亲民的创新菜、家常菜，备受大众欢迎。老字号餐饮企业在保证产品质量、安全、口味特色外，在经营品种上也进行了大胆创新，狗不理、红旗、惠宾、友鹏等老字号餐饮企业以年夜饭加配传统家常菜、招牌菜的方式，制定多价位年夜饭，降低用餐标

① 信息来自 2015 年天津市国民经济和社会发展统计公报。

准，走大众化路线，同时提供价格实惠的多款套餐外卖，满足市民年夜饭回归家庭就餐的风潮。

集贤佰悦、鸿起顺、登瀛楼等 49 家监测企业春节假期前四天实现销售收入 1515 万元，较去年同期略增，每天各种宴席近 3200 桌，主要以家庭、朋友聚餐等中低档消费为主，很多津鲁菜系中的传统菜品、天津老味儿今年格外受市民青睐，成为节日餐桌的亮点。

（六）互联网餐饮增添新亮点

在所有生活服务当中，餐饮的频率是比较高的，也是最刚性的，是“高频刚性需求”。不想出门不想做饭，在手机上动动手指，很快一份诱人的美食便进了门；逛街累了找地儿吃饭，先拿出手机看看附近有什么团购。传统餐饮企业通过互联网工具实现线上线下融合后的全渠道营销销售、支付的闭环以及客户管理体系的打通，最终实现信息化管理，提高整体营收，促进了餐饮业经营模式的转变。O2O、传统餐饮的互联网化、互联网餐饮的实体化得到蓬勃发展，成为年轻一代消费的主要方式。时尚的就餐环境、便利的订餐方式、新鲜的营销手段，还有亲民的价格、美味的佳肴、安全的质量，成为餐饮企业在变化着的市场中的生存发展之道，互联网同时改变着消费者和经营者，新热点、新模式对餐饮业的发展是冲击也是机遇。

三、天津“十三五”规划餐饮业发展建议

（一）天津市“十三五”时期餐饮业发展规划

拓展生活服务消费领域，构建安全、智慧、便捷的居民消费服务体系，增强生活性服务业精细化程度和服务品质。扩大“天天乐道、津津有味”品牌影响力，培育邮轮游艇、房车露营、通用航空等高端旅游业态，发展休闲度假旅游，建设国际旅游目的地和集散地。推进住宿餐饮业大众化、连锁化、品牌化，发展主题饭店、短租公寓、社区餐饮等细分业态。构建现代服务经济新体系。坚持生产性服务业和生活性服务业并重，改造提升传统服务业和培育壮大新兴服务业并举，推动现代服务业上规模、上水平。推动生活性服务业向精细和高品质转变，积极扩大居民消费，优化商贸流通、住宿餐饮等网络布局，提

升社区服务能力，构建安全、智慧、便捷的居民消费服务体系。有序开放服务业领域，鼓励引导各类社会资本投入，加大政府向社会力量购买服务力度，优化服务业发展环境。

天津市商务委2016年工作重点中，在完善生活服务体系有一些具体举措。鼓励早餐龙头企业开展连锁经营，发展固定门店式网点，支持社区中央厨房建设，鼓励发展社区配送、网订店取等新型服务模式。规范发展早餐网点，支持30个早餐示范店建设。鼓励有条件的区县发展便民早餐车。优化餐饮消费结构，支持鸿起顺、至美斋等清真饮食发展，扩大特色餐饮消费。

（二）抓住京津冀一体化发展契机，拓展餐饮业发展空间

根据天津市“十三五”发展规划，在天津“京津冀一体化”中的定位，天津要建成北方经济中心；北方国际航运中心；推动文化大发展大繁荣，建设文化强市；建设与现代化大都市地位相适应的服务经济体系；天津餐饮业要乘势而上。

（三）政府提供更多政策支持，助力餐饮行业快速发展

软实力已成为衡量一个国家及地区发展水平的重要标准。其中饮食文化作为“软实力”的重要组成部分，越来越受到广泛的重视。从大型电视纪录片《舌尖上的中国》的热播，到《味道》《中国美食探秘》《回家吃饭》等各种关于中国饮食文化的电视片一个个接踵而至，“舌尖上的美食”成为一个城市或地域的代名词，美味、品位、地位，成为一个地区“软实力”的重要代表。

餐饮业是吸纳社会就业的重要渠道；扩大内需、繁荣消费市场的重要驱动力，是经济发展新的增长点；餐饮业成为第三产业中的重要支柱，为提振消费、扩大内需、保障就业、普惠民生发挥了稳定器的作用，但同时我们可以看到，餐饮行业的发展遇到了较多困难，其中突出问题包括盈利能力下降，原材料成本、人工成本、房屋成本、能源成本持续走高等，企业所承受的成本压力制约其快速发展，因此需要政府深入调研，积极推出有利于行业发展的优惠政策，搭建餐饮业快速发展的平台，为餐饮业发展助力。

（四）唱响“津津有味”，形成独特天津餐饮文化

餐饮文化与特色是根植于一个地域的文化历史、地理环境、经济条件和习

俗尚好等特定因素，天津餐饮文化内容丰富，源远流长。

河海两鲜是天津传统餐饮的特色。俗话说：吃鱼吃虾，天津为家，这充分说明了鱼虾食材在天津菜当中的重要性。天津地理位置优越，物产丰富，经过几百年的饮食发展，形成了目前多样式、多口味及独具特色民间小吃的完整菜系。众人皆知在天津“借钱吃海货，不算不会过”，而下句几近失传——“吃上一顿鲜，死了也不冤”，春季在天津，不能错过的除了黄花鱼、面鱼托、炸晃虾、炒蓝白线、炒全蟹、烹春虾段等海产，同样有炒合菜、香椿拌豆腐等素食。

天津餐饮文化还渗透着大码头文化，五大道租界文化，既蕴含了南来北往、五方杂处的“地气”，又有新老结合中西合璧的“洋气”，需要专业人员深入挖掘，形成独特的天津餐饮文化，提升“津津有味”品牌形象和号召力。

（五）大力培养餐饮业专业人才，提升行业竞争实力

根据中国烹饪协会发布的数据，目前我国95%的餐饮企业缺少餐饮管理和烹饪专业人才，85%的餐饮企业缺少基层服务人员。但是，大部分餐饮企业的用工培养仍然是以师带徒，或是参加培训学校的短期厨师班，这些传统以及缺乏系统的培养方式已不能满足中国现代餐饮规模化发展需求①。

支持开设餐饮类专业的学校大力提升办学水平，加强校企合作，发挥高等职业教育专业服务行业的能力和水平，继续推出技能人才培训福利计划，提升行业从业人员整体素质，积极落实人才强市和创新驱动发展战略，促进经济社会持续健康发展。

① 刘延云（千喜鹤集团董事长）2016年政协会上的提案。

自我调整　负重前行
2015年安徽省餐饮业发展调查报告

安徽省餐饮行业协会①

随着转型升级和结构性调整的进一步深化，2015年我省餐饮业发展进入新常态，正处在发展方式和新旧动能转换的关键期。就目前情况看，已经出现拐点：高端餐饮比例进一步缩减，机会性经营得到有效遏制，完全面向市场并兼顾不同层面消费群体的大众化餐饮得到迅速发展，新兴餐饮业态和经营发展模式不断涌现，行业市场被进一步细化；粗放型发展阶段已经走到尽头，理性消费、节约型饮食理念得以普及，行业发展的U形大底已经筑牢，回升态势较为明显；市场的方向性需求逐渐明朗，行业发展信心开始重塑。

10月，安徽省餐饮行业协会在全省范围内，对合肥、安庆、芜湖、滁州、马鞍山、池州、黄山、铜陵、六安、蚌埠、淮南、阜阳12个地市的48家不同类型的餐饮酒店企业开展了充分的调研，全面了解企业基本情况、经营状况、发展步伐、菜品特色、核心竞争力、面临困境等方面的实际情况以及政策期许方面的诉求，形成了《2015年安徽省餐饮业发展调查报告》。本报告不仅作为我省餐饮行业发展现状的文本资料，还将报送安徽省商务厅，作为政府了解我省餐饮行业现状、制定相关政策的重要参考依据。

一、调查数据统计

1. 营业收入：比去年同期增长9.62%

营业收入增长、持平与下降的平均值为－2.76%。其中：

（1）营业额同比增长的：15家，占受调查企业总数的31.3%，比去年同期的15.6%增加一倍，平均增长幅度为8.5%；

① 主要撰稿人：徐平、郑德贵。

（2）营业额同比持平的：13 家，占受调查企业总数的 27.1%，比去年同期的 34.4%减少 21.2%；

（3）营业额同比下降的：20 家，占受调查企业数的 41.6%，最高下降 23.7%（去年同期最高下降是 60%），最低下降 3.7%（去年同期最低下降是 11%）；平均下降幅度为 13.0%（去年同期平均下降幅度是 26.76%）。

营业额增长和下降的幅度两比，加上持平企业，加权平均值为：平均下降 2.76%（去年是 12.38%），比去年同期增长 9.62%。其中：正餐业增长 7.6%，快餐业增长 11.3%，团膳业增长 10%。

2. 净利润：比去年同期增长 6.54%

净利润增长、持平与下降的平均值为－3.85%，其中：

（1）净利润同比增长的：14 家，占比 29.2%（去年同期是 12.49%），最高增长 15%，最低增长 1%，平均增长 6.4%；

（2）净利润同比持平的：14 家，占比 29.2%；

（3）净利润同比下降的：20 家，占比 41.6%（去年是 53.13%），平均下降 13.45%（去年是 30.07%）。

净利润增长和下降的幅度两比，加上持平企业，加权平均值为：平均下降 3.85%（去年是 13.63%），比去年同期增长 6.54%。其中：正餐业增长 4.53%，快餐业增长 8.0%，团膳业增长 7.08%。

3. 店面数增减情况

（1）店面数增加的 8 家，占比 16.7%（去年是 12.49%），同比增长 4.2 个百分点；

（2）保持原状的，38 家，占比 79.2%；

（3）店面减少的 2 家，占比 4.1%（去年是 6.25%），同比减少 2.2 个百分点。

新开店面的比例是关闭店面比例的 4.06 倍。其中快餐和团膳店面增加数是正餐店面增加数的 3.67 倍。

4. 员工数增减情况

（1）增加员工的 8 家，占比 16.67%（去年是 12.49%），同比增长 4.18 个百分点；共增加员工 820 人，平均增加 17 人；

（2）保持原状的，37 家，占比 77.1%；

（3）减少员工数的3家，占比6.25%（去年是18.75%），减少12.5个百分点；共减少员工114人，平均减少3人。

员工增长和下降的幅度两比，加上持平企业，加权平均值为：平均每家增加14人，就业人数增长7.5%。其中：快餐团膳业增加的员工数，是正餐业增加员工数的2.45倍。

5. 经营成本情况

各项经营成本占总营业额比重的平均值分别为：原材料占43.3%，房租占15.1%，人力资源成本占25.2%，水电气占5.4%，各项税费占7.54%。总占比达到96.54%，全行业已经处于极端微利状态。其中：房租和人力资源成本仍处于持续上涨态势，与去年同期相比上涨2.6%，高出我省1.4%的CPI指数1.2个百分点。

二、调查数据分析

1. 餐饮业整体即将走出低谷，行业发展出现新拐点

自2012年底中央出台“八项规定”等廉洁自律政策以来，对餐饮业形成强大的倒逼机制，致使行业拼设备、拼奢华、拼单店规模和档次等的畸形发展状况得到有效遏制，高端餐饮被迫转型，大众餐饮市场活力迅速激发，新型餐饮业态和模式不断涌现，行业结构趋向合理，餐饮业步入发展新常态。

调查数据显示，2015年我省餐饮业营业收入增长9.6%，较去年出现大幅度回升。营业收入“增长”、“持平”、“下降”的企业比例，由去年的“16∶34∶50”，变成了今年的“31∶28∶41”，如图1、图2所示：

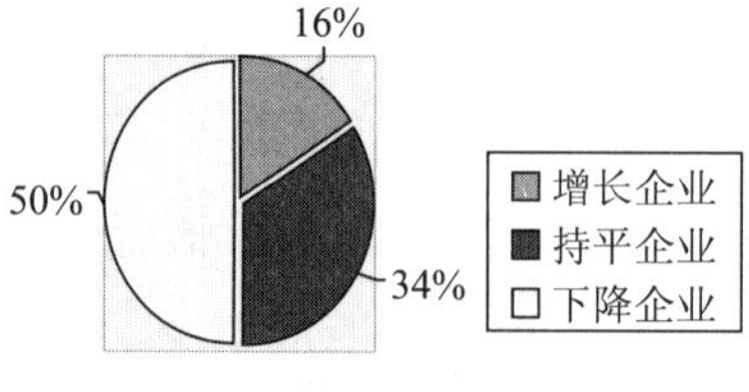

图1　2014年餐饮企业营业额增减比

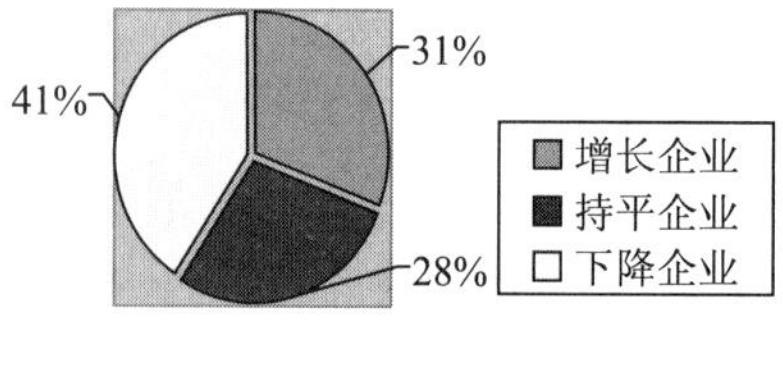

图2　2015年餐饮企业营业额增减比

这说明，2014年的行业低迷状态已经成为了此次三年来持续走低的谷底，在2015年终于实现了真正的反转，开始步入新常态下的良性发展阶段。

其中：

（1）正餐业发展缓慢回升。2015 年正餐业增长 7.6%，低于各业态平均水平。这源于高端餐饮的调整对正餐业产生的负面延续影响，各正餐企业来自政务接待部分的营业收入被大幅度缩减，抑制了增长比率，但与去年同期相比，回升速度加快，如同庆楼、翰林宴、徽宴楼、红顶、惠园、多味楼等一大批知名正餐企业。

（2）快餐业增长比率最高。2015 年快餐业增长 11.3%，远远高于正餐业增长幅度，说明面向上班族、学生组、社区居民等的大众餐饮服务得到迅速发展，如老乡鸡、包天下、爱玛、耿福兴、吉食汇、忆莱等新老牌快餐企业。随着城镇化水平及社会大众对饮食质量要求的不断提升，市场潜力将持续增大，快餐业发展前景良好。

（3）团膳业成为转型企业争夺的新兴市场。2015 年团膳业增长 10.0%，仅次于快餐业的增长幅度，说明团膳业这一新兴的面向政府机关及大型企事业单位、大专院校食堂的社会化餐饮服务业态得到有效开发，况且，出色的团膳经营者，大都是拥有标准化管理体系、规范管理模式的规模化、集团化经营企业，是原先高端餐饮成功转型的典范，如黄山大厦的 KK 快餐、蜀王的美心、JAC 的兴业等，它们都每日服务着几十万人的日常工作用餐，有的服务单位已经遍布全省并走向全国市场，如图 3 所示。

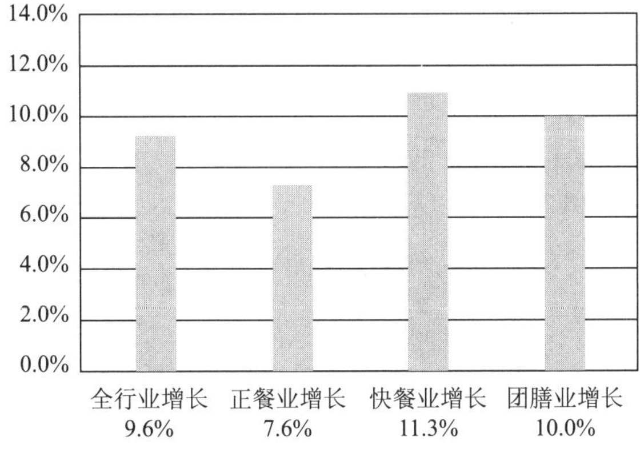

图 3　2015 年全省餐饮业营业额分类增长比率对比

2. 盈利企业占比大幅提高，不同业态利润增长比例差别较大

2015 年，我省餐饮盈利企业数大幅度增加，是去年的 2.3 倍，盈利持平企业同比缩减 5 个百分点，亏损企业同比减少 12 个百分点，大面积亏损现象得到扭转。调查数据显示，“盈利”、“持平”和“亏损”的企业比例，由去年的“12∶35∶53”，变成了今年的“29∶30∶41”，如图 4、图 5 所示：

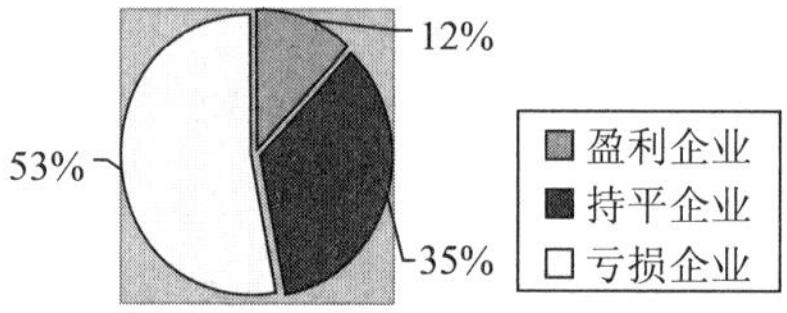

图 4　2014 年餐饮企业盈利比例

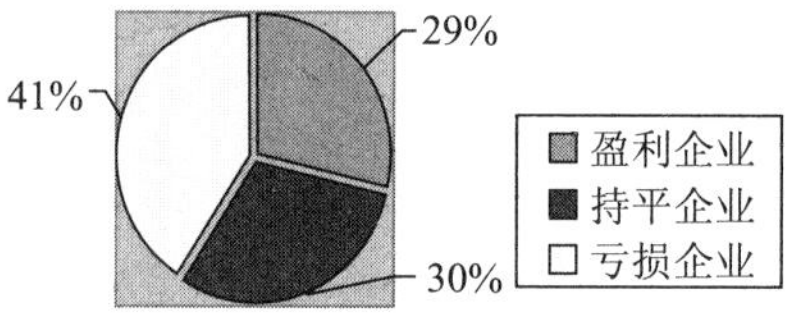

图 5　2015 年餐饮企业盈利比例

在盈利增长方面，正餐业相对艰难，增长幅度业较小，同比增长仅为 4.53%；快餐业由于呈集团化连锁化多店面发展，虽然纯利润率较低，但以销量取胜，净利润增长 8.0%，高于正餐业将近一倍；团膳业的总利润率最低，菜品均价及客单价也最低，但由于就餐人数众多，其利润增长也相对可观，达到 7.08%，仅次于快餐业的盈利水平。平均增长 6.54%。

3. 大面积关闭店面的势头得到遏制，新增店面明显增多

2015 年新增店面的企业数占到 16.7%，比去年增加 4.2 个百分点。关闭店面的企业数只占比 4.1%，同比减少 2.2 个百分点。新开店面的比例是关闭店面比例的 4.06 倍。其中快餐和团膳店面增加数是正餐店面增加数的 3.67 倍。营业店面的持续增加，不仅预示着我省餐饮业总体量的不断增加，更说明了行业发展信心正在逐渐得到恢复，为促进我省餐饮业的增长做出了积极的贡献，如图 6 所示。

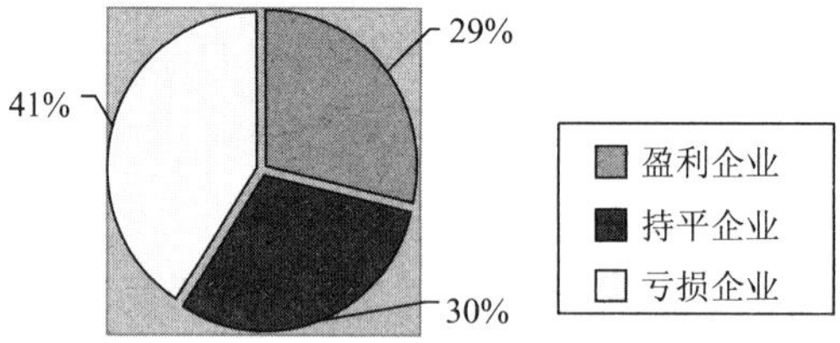

图 6　2015 年餐饮企业店面增减比例

4. 继续增加员工总量，发挥劳动密集型行业吸纳就业的传统优势

2015 年全省增加员工的企业占 16.67%，同比增长 4.18 个百分点；减少员工的企业占 6.25%（去年是 18.75%），同比减少了 12.5 个百分点。全行业就业人数增长了4.5%。其中：快餐团膳业增加的员工数，是正餐业增加员工数的2.45倍。这体现出2015年快餐业和团膳业的发展势头远强于传统正餐业的行业发展状况。

三、行业发展中出现的新情况

1. 徽菜经营酒店明显增多，市场份额得到提升

专营徽菜的酒店占6.3%，以徽菜为主兼营其他菜系的占24.6%，以其他菜系为主兼营徽菜的占29.2%，也就是说，全省平均在60%的酒店里都能看到徽菜的身影。前些年餐饮市场几乎被川、湘、粤“一统天下”的现象，出现了实质性的改变。徽菜，伴随着厚重的徽文化底蕴，在经过多年的传承、发掘和创新之后，在徽菜龙头企业的努力推动下，其美誉度和市场占有率都有了较好的提升。徽菜，我国八大菜系中的低调一员，开始爬坡。

2. 理性消费、节约型饮食理念成社会共识

在中央发出厉行勤俭节约、反对铺张浪费的号召之后，几年来，全省餐饮企业积极配合政府和行业协会的大力倡导，多措并举，努力扭转“舌尖上的浪费”现象已取得明显实效，理性消费、绿色服务、节约型饮食理念已经成为社会共识，“适量点餐”、“剩菜打包”等行为基本得到普及。“打包”，是珍惜粮食珍爱社会资源的品质象征，而不再是丢失颜面的虚荣与显摆，这种社会观念上的改变是真正可贵的。

随着人口增加，饮食消费需求呈刚性增长，而工业化、城镇化进程的加快推进，使耕地减少、水资源短缺、气候变化等对粮食生产的约束日益突出，节约型饮食共识的形成，不仅对缓解这一普遍而严重的社会问题起到积极的促进作用，更将推动餐饮业的可持续发展。

3. 新的餐饮业态和经营模式不断涌现，市场被进一步细化

过去几年里，我们说的最多的就是中央一纸文本把高端餐饮打入冷宫而风光不再，他们忙于转型却又慌不择路，做快餐、卖盒饭、烧家常菜，身段降到了位也带不来任何生机，在富丽堂皇的奢华餐厅里吃家常菜，消费者别扭，企业也是等死。这些企业长期依赖对公消费所取得骄人业绩，让他们忽略了真正的商业模式思考和市场化能力的培育，他们缺课太多，过去躺在“关系”的怀里就能活得很滋润，现在突然被扔到地上才发现脚已退化，不会走了。去年我们给省商务厅提交的高端餐饮转型升级调研报告的题目就叫“转型困难，创新乏力，我省中高端餐饮业整体仍处于较强阵痛期”。

2015 年，以“快时尚”和“中端大众餐饮”为主的两大类业态，成为市场的中坚力量（团膳业因为属于社会化服务范畴，设置有资质、实力等诸多门槛，有的仍存在着相当浓厚的“关系”因素，因此不作新业态分析）。以特色餐饮、时尚餐饮、文化餐饮为主基调，以回归大众消费的连锁化、集群化发展为新模式，以消费群体分类和用餐功能分类进行细化服务和宣传为营销策略，从原来的“大而全”向“专而美”转变，市场将被进一步细化，社会大众将得到越来越细致入微的个性化服务。

4. 互联网助推餐饮新发展

在“互联网+”时代，无论是互联网餐饮，还是餐饮互联网，都是我省餐饮业除了路边夫妻店以外的所有规模企业必须直面的重大议题。2015 年，利用微信、微博等自媒体平台进行海量营销、宣传造势，利用各类吃货网开展各类活动、团购订餐等等，把互联网、媒体人、策划人、设计人等不同行业的人融为一体，跨界玩餐饮。借助互联网的传播特性，通过故事、话题、爆点的制造能力，在网络上不断掀起传播风浪，并快速集结自己的粉丝拥趸，以低成本甚至零成本，获得了传统方式无法达到的社会关注度和品牌知名度。

现代餐饮业，不仅是劳动密集型行业，而应该是创意密集、技术密集、资源密集的平台型行业。“披云徽府”卖的不仅仅是徽菜，更是源远流长的古徽州文化；“耿福兴”卖的不仅仅是虾子面、蟹黄包，更是千年传承的斑驳历史。互联网，无疑将餐饮业新发展的助推器。

5. 行业结构正在向合理区间自我调整

随着全行业依赖公款消费的机会性经营形态的灭失，市场需求，成了所有餐饮企业唯一研究的课题。在市场的作用下，高端奢华餐饮被大幅度削弱，中端大众化餐饮走强，低端餐饮的安全和卫生、品质和档次正逐步提高。行业结构的自我矫正进程正在不断深化，原来高中低比例不合理的“锥形结构”开始向西方发达国家惯有的“纺锤形结构”调整，行业发展开始步入健康有序的正确轨道。

四、行业发展中普遍存在的主要问题

1. 不少企业仍找不准定位，盲目从众现象较为严重

在近几年的企业转型和结构调整中，市场需求无疑成了企业主关注的重中之重。在政府及舆论的导向下，代表大众餐饮、民生餐饮的快餐业一下子成了掘金掠银的风水宝地，众多高端转型企业、中端发展企业、小微企业，以及全民创业者，纷纷将目光投向快餐业，一时间，瞬息诞生的所谓“快餐品牌”风起云涌，遍布大街小巷；有的自身立足未稳，“加盟连锁”方案便开始昭告天下；有的同时操刀数个“品牌”，齐头并进，勇猛杀入；有的今天这个，明天那个，打一枪换个地方，无果而终……这种人云亦云、盲目从众、急功近利的行为，已经成为一种行业现象，不仅造成阶段性块面市场的无序竞争，乱象横生，更是全行业的严重内耗。至今，成功者寥寥无几。

其实，每个企业、每个人适合做什么，都应该有清晰定位的。我们必须根据自身特点、实力和专长，先研究好自己，再研究透市场，找出差异化，找准切入点，充分备课，才能一举成功。金莲花酒店管理公司总裁高先锋就是这样做的，他认真“备课”13 年，然后精准入市，才一举拥有“合肥大排档”的火爆。

2. 企业盈利空间被大幅压缩，微利经营成为常态

2015 年，受原材料价格、房租、人力资源成本等持续上涨因素的影响，在大众餐饮成为主导的新形势下，餐饮企业的利润空间被进一步挤压，全行业处于微利状态，有三成以上的企业处于无利或亏损状态。

调查数据显示，餐饮企业各项经营成本占总营业额的平均比重为：原材料占 43.3%，房租占 15.1%，人力资源成本占 25.2%，水电气占 5.4%，各项税费占 7.54%，总占比已经达到 96.54%。这说明当今全行业处于极端微利状态，在成本控制开源节流等方面，稍有管理疏漏就会出现亏损。经营管理好的企业，纯利润率能达到 5%左右就算佼佼者了。许多企业主抱怨，他们是在为原料供应商打工、为房东打工、为员工打工，也是为政府为社会打工。

3. 综合性高端人才匮乏，企业经营管理在传统与现代的交汇处徘徊

将近一半的企业主能充分意识到，提升企业经营管理能力，适应现代社会发展需要的重要性，积极苛求规范的许多知名品牌企业，其管理模式和水平都仍然处于传统与现代的交汇处而无法得到突破。日常管理平庸化，营销理念大众化，手段方式单一化，企业发展瓶颈化。他们十分期望改变，但是既敬业又忠诚、既能力非凡又欲求不高的综合性高端人才，实在是一将难求。人才与待遇，管理与发展，是长期困扰企业主的两大矛盾体。

其实，这终究属于利益机制的范畴，科学的股权分配制或许是彻底化解这一难题的唯一办法。马云在创业伊始，如果没有股权制，蔡崇信就不可能放弃70万美元年薪（按当时汇率，折合人民币580万元），带着怀孕的妻子投奔他；如果没有蔡崇信，阿里巴巴就撑不过电子商务泡沫、就拿不到软银资金、就吃不下雅虎中国。2015年华人富豪榜中，蔡崇信以59亿美元（376亿元人民币）身价名列第38位，成为“马云背后的男人”。

4. 家族式管理盛行，高端人才无法真正发挥才能

我省餐饮企业70%以上仍然属于典型的家族式管理模式。老板理念就是企业理念，老板个性就是企业个性，老板文化就是企业文化。家族成员无论专业、学识、能力和品质高低，均占据重要岗位，中高端职业经理人无法真正发挥自己的特长与能力。且高端人才的高待遇要求往往被企业主忽视，被亲友团鄙视，其较强的工作能力一旦触及亲友团的既得利益，就会遭受集体打压和排挤。企业人际关系复杂，“媚亲”现象盛行，内斗内耗严重。这些高端人才，要么落俗从众，被企业“赤化”而平庸工作，要么拍屁股走人。

五、对政府政策方面的意见和建议

餐饮业目前已经处于从最低谷向良性发展艰难转向的初始阶段，调查中，绝大多数企业都非常希望在这种艰难转向的特殊时期，政府能够在相关政策方面给予餐饮企业一定的帮助和扶持，以帮助企业尽快渡过难关，促进这一内需消费重要行业的健康发展。

1. 建议降低相关税费标准，取消一切不合理收费项目，努力减轻企业负担

调查显示，我省餐饮企业虽然经过前段时间政府对相关涉企收费的清理，取消了一些不合理的收费项目，但当前的总税费水平仍然接近总营业额的

8%，特别是对“企业所得税随征”的地方政策极为不满，因为许多企业即使处于大幅度亏损状态，但只要不关门有营业额，就得随营业额缴纳 2%～2.5%不等的所得税。没有所得，也要缴纳所得税，这非常不合理。

今年“两会”期间，全国人大代表、广东省惠州市旅游局局长黄细花在提案建议中提出，目前，饮食企业普遍承担了50项税费，包括税收13项、社会保障金8项、行政事业性收费和政府指定项目收费29项，所有税费总计占企业总营收的12.5%，税费过重成为餐饮企业经营者的沉重负担，建议取消或减免部分税费。

2. 建议酒店餐饮业用水、用电、用气等经营性事项享受与工业同价

餐饮业既是生产性服务行业，又是生活性服务行业；既是服务大众的民生行业，又是大量提高就业的劳动密集型行业，且行业利润微薄，企业生存艰难。建议允许酒店餐饮业用水、用电、用气等经营性事项与工业同价。

3. 建议出台补贴和贴息贷款政策，扶持企业发展

对就业人数、纳税金额等指标达到一定规模的餐饮企业，给予一定的政策奖励或返税补贴；对企业进行基于民生服务性的规模扩张，如店面拓展、设备购置或征地建设等，给予贴息贷款扶持，解决企业融资难问题。

4. 建议出台奖励办法，鼓励本土企业品牌化发展

在政府财政预算的内贸专项资金中，设立扶持餐饮行业发展专项资金，培育本土优秀餐饮品牌，扶持徽菜产业化发展，对获评政府认可的安徽名企名店、名厨名菜以及类似国家级荣誉的，对研发精英、教学培训、标准化制定等做出突出贡献的，对种养殖基地、食材深加工等优质企业等，分类建立奖励办法，给予一定的资金奖励，推动本土企业的品牌化发展。

点餐型餐饮企业营养环境初步调查

李　爽　兰晓芳　范志红①

近年来，中国人外出就餐的机会大大增加。以往数据显示，七成左右的被访者喜欢外出就餐。一方面，现代社会人们生活节奏不断加快，职场白领选择在单位附近的餐厅或快餐店解决工作午餐。另一方面，除工作午餐外，中国外出就餐人群数量不断扩大。《餐饮产业蓝皮书》关于消费者外出就餐次数的问卷调查结果显示，有50%的消费者除工作餐外，一周外出就餐次数在1～3次，外出就餐4～6次的消费者占到26.47%，甚至每天都会外出就餐的比例也接近15%。

外出就餐减少了家中烦琐的烹饪过程从而获得更舒心的就餐体验，而对于一些家常菜餐厅，价格和自己在家做菜的成本差不太多，同时在外就餐省去了餐后烦琐的家务并能够通过接受服务获得一定的心理满足感，但这种满足感往往会伴随着营养素摄入结构的变化。有研究表明，餐饮店食物的钠含量往往超过家庭烹调的食物。一项研究发现，餐馆食物的钠含量高达1895mg/1000kcal（相当于一个体重55kg的成年人每天摄入9.5g食盐），而成年人每天所需的钠仅2000mg，因此频繁在外就餐会摄入更多的钠，而过量钠的摄入是导致心血管疾病、中风和冠心病等的危险因素，可能升高患高血压、胃癌和肾脏疾病的安全隐患。

随着肥胖在全世界范围内的大面积流行，研究人员发现，仅从个体水平出发，研究个人的饮食行为、运动习惯和肥胖的关系是不全面的，因为这忽略了环境因素为个体所带来的重要影响。收入水平、教育程度、社会阶层、健康知识、心理状况、家庭状况等许多因素都与肥胖风险的大小有关，但即便以上因素相同，身处于不同的生活环境，肥胖和慢性病的风险也有差异。

为了更加全面地阐明肥胖与膳食因素的关系，近年来，越来越多的学者把研究重点投向了“营养环境”（nutrition environment）这一方向。各类研究都支持这一观点——营养环境对饮食习惯有重要影响，对营养环境的研究有助于

① 作者单位：中国农业大学食品科学与营养工程学院。

解释人们在饮食行为和疾病风险方面存在的差异。

环境因素涉及四种不同类型的营养环境，包括社区营养环境，团体组织营养环境，消费者营养环境和信息环境。其中，社区营养环境和消费者营养环境产生的影响最为广泛，因此最具研究价值。

作为消费者，在外用餐时只能在餐饮店提供的食品当中做出选择，因此消费者最终的食物摄入情况，在很大程度上取决于餐饮店所提供的食物类别和食物分量。例如有研究指出，餐馆中的低脂肪菜品所占比例较小，这就是不利于消费者做出低脂肪饮食选择的营养环境。

消费者营养环境应当是消费者在餐饮环境中体验得到的，它会影响到顾客的膳食结构，在各种餐馆中应当是有明显区别的。通常来讲，餐馆中的消费者营养环境会在多个方面表现出差异——包括是否提供较健康的菜单选择，是否提供餐饮食品的营养信息，以及对特殊食物的标示及促销手段等。

国内的餐饮企业分为正餐服务、快餐服务、饮料及冷饮服务、其他餐饮服务。其中最为蓬勃发展的是正餐服务。我国的正餐服务又可按照经营的主要方向分为正餐点菜类、火锅类，快餐往往包括土生土长的快餐连锁如老上海城隍庙小吃、西式快餐及快餐盒饭和食堂。

对在外就餐研究的关注，一方面是基于其普遍性，不论是发达国家还是发展中国家，高收入人群还是低收入人群，都呈现出快速增长的趋势；另一方面是由于在外就餐食物与在家就餐食物在营养成分上，或者说是消费者的食物选择上有明显的不同。

在外就餐食物与在家就餐食物相比，含有更多的能量，脂肪，特别是饱和脂肪、胆固醇、盐和糖，而碳水化合物、膳食纤维、铁和维生素 C 的含量较低。在外就餐会增加肉类、甜食、面包、酒类的消费，而减少蔬菜、水果及米类的摄入。

本研究以中国居民膳食宝塔和中国居民膳食指南为基础，参考 NEMS-R（美国餐馆营养环境评价方案）设计中国点餐型餐饮企业营养环境的评价方案，包括菜单、店内交互平台以及调整服务的评价。用以上评价方案对海淀区 8 家点餐型餐饮企业进行调查，对企业中消费者就餐营养环境进行评分然后评价，分析比较不同餐饮企业的菜单中主食和菜品原材料以及烹调方式的比例等以及消费者营养环境。以期为西贝莜面村提供更加全面而可行的建议。

一、点餐型餐饮企业关键控制点分析

《中国居民膳食指南》以先进的科学证据为基础，密切联系我国居民膳食营养的实际，建议居民选择平衡膳食，注意食品卫生，对各年龄段的居民摄取合理营养，避免由不合理的膳食带来疾病具有普遍的指导意义。《中国居民平衡膳食宝塔》根据《中国居民膳食指南》的核心内容，提出了一个营养上较为理想的膳食模式，把平衡膳食的原则转化成各类食物的种类，便于人们在日常生活中进行实践。

以营养环境理论和健康行为模式为基础，根据 NEMS-R（美国餐馆营养环境评价方案）初步建立以营养就餐为核心，以企业—消费者互动界面为重点的餐饮营养环境管理模式。加强企业与消费者之间的互动。

消费者进入餐厅后，与餐饮企业的互动是从菜单开始的。然后通过店内营养交互平台，与餐饮企业进行营养方面的交流。最后通过消费者与店员之间的口头交流，通过语言实现餐饮企业与消费者的互动。

1. 菜单的调整

菜单是菜品名称和价格的明细表，是餐饮企业能够向客人提供菜品的目录。它反映了餐饮企业菜式品种的特色和水准，是连接消费者与餐馆之间的纽带。传统菜单有些会将菜品信息附在上面，有些会附食品图片。新一代餐饮企业则增加了电子点餐系统——电子菜单。调整菜单中主食、菜品部分食物原料比例，规范菜单信息从而有利于确定食物原料的进货量并能够利于消费者做出有利于营养就餐的选择和搭配。

（1）主食的调整。

主食部分调整如表 1 所示。

表 1　主食部分调整

调整方面	调整目的	调整方式
主食类	增加全谷杂粮、薯类和淀粉豆类的比例 提高健康烹调方式的主食比例	a. 全谷杂粮、薯类和淀粉豆类主食比例最好≥20%； b. 对于同一食材多样化制作方式； c. 提供大小份的选择

传统来讲，主食烹调方式一般为蒸煮类，保留了大部分的营养素，但是现在煎炸类主食例如炸馒头片等使得消费者摄入更多的油脂使饮食的营养程度下降，因此建议企业应该控制煎炸类主食比例在 30%以下。同时应注意在烹调时除了少放油盐之外，还应减少加入糖类等甜味物质，以免增加额外碳水化合物的摄入。

（2）菜品的调整。

菜品食材部分调整如表 2 所示。同时要调整菜品的烹调方式比例，尽量增加低油少盐即蒸煮类的烹调方式到超过 30%，相应减少油炸类、烧烤类等多油的烹调方式，控制其比例不应超过 30%。

表 2　菜品的调整

调整方面	调整目的	调整方式
菜品类	调节以动物性食品为原料菜品和以蔬菜类为原料菜品的比例	a. 含 150 克以上深绿色叶菜的菜品不少于 3 个； b. 减少动物性食品为主要食材的菜品 c. 有能够适应老年人、孕妇、儿童、肥胖者、高血压、糖尿病等特殊饮食要求人群的菜品； d. 提供大小份的选择

菜肴总脂肪的高低与烹调时用油量的多少有着直接关系。因此在不同的烹调方式中，应减少烹调油的用量，更是要减少烹调方式中油炸的方式。菜品在盛放至盘中时，应减少油汤汁的加入。菜肴凉拌时为了调节辣度，可以选择小米辣等辣味原料，而减少辣椒油等含油类物质。

现国内餐饮企业店内经典菜品多以煎炸类等多油的烹调方式进行处理，此种烹调方式烹调后的菜必然美味，但是对人体营养平衡有很大危害，而且有调查显示在调查消费者对肉制品烹调方法的偏好时，超过半数（63.1%）的受访者更喜欢蒸制、煮制或炖成的肉制品。

建议餐饮企业制作汤品时多采用少油的烹调方式，含盐调味品可以交由消费者自己添加。配餐方面建议增加水果拼盘同时减少甜品种类。必备白水、柠檬水或者大麦茶等零能量饮品。增加蛋白质饮品如酸奶、牛奶豆浆等的比例，豆浆等建议提供无糖选择，白糖的量则应尊重消费者的选择进行适当添加，与此同时减少甜饮料的种类并能够提供小份选择（见表 3）。

表 3　烹调方式的调整

调整方面	调整目的	调整项目	调整方式
烹调方式	提高菜品营养程度	油	a. 限制用油量； b. 油反复用的程度，酸度指标在 pH5.5—7.0 之间可继续使用； c. 采用炒的烹饪方式，每次用新的油； d. 烹调汤品时，如果有油浮于表面，应及时撇掉
		盐	加盐量控制在 0.4%以内，根据点餐消费者需求（三高患者等），应酌情减少用盐量；
		烹调方式	a. 采取少油少盐烹调方式的菜品比例应在 15%以上； b. 含有油炸、油煎、过油等烹调方式的菜肴建议不超过 30%

（3）汤品、配餐和饮品的调整。

《中国居民膳食指南》建议，每人每天应饮奶 300g 或当量的奶制品。豆浆中蛋白质含量与牛奶相当，且易于消化吸收，其饱和脂肪酸、碳水化合物低于牛奶，也不含胆固醇。适当增加豆浆比例，增加豆浆口味的种类，提升消费者选择利于健康的饮品的概率。

2. 店内营养交互平台的调整

店内营养交互平台包括营养信息标注、店内推荐平台以及营养知识的宣传。

（1）营养信息标注。

菜单营养信息标注包括食材的标注、营养信息的标注以及菜品推荐标注。食品原料只需标注菜品主要原材料，如果可以，可附上其用量及烹调方式。营养信息方面附上该道菜品所具备的营养情况。营养菜品推荐应有特殊标志突出其存在性。

随着信息科技的发展，电子点餐也愈加普遍，因此从纸质版菜单和电子版菜单两方面进行营养信息调整具体内容如表 4 所示。

表 4　关键控制点之营养信息标注调整

调整方面	调整目的	调整项目	调整方式
营养信息	便于消费者接收菜品的相关信息	纸质版菜单	a. 附必要营养素含量，或者将详细信息涵盖于二维码； b. 附适宜搭配其他菜品； c. 推荐菜品用特殊标志标记； d. 标注特殊需求的受众群体：三高/减肥人群
		电子菜单	a. 附上其营养素含量标识，还可加上其烹饪方式等详尽信息； b. 附适宜搭配其他菜品； c. 标注特殊需求的受众群体：三高/减肥人群

建议餐饮企业从视觉听觉嗅觉三方面同时引导消费者，将消费者带入到一个具有营养就餐理念的环境，便于他们增加对于合理搭配膳食的认识。

（2）店内推荐平台。

店内推荐中包括推荐版和电视宣传，板子上建议附上应季时令节气的食材并根据此特点突出标注和推荐少油少盐菜样，并附上其营养信息，例如菜品原料、烹调方式或者对慢性疾病的影响等方面，根据板面大小调整内容多少。

此外，还建议餐饮企业设置“透明厨房”或者“后厨前置”，便于增加菜品制作的透明度，不仅能够从色香味上俘获消费者达到推荐菜品的目的，同时还能够增加消费者对于菜品制作方式的了解，也利于餐饮企业宣扬自己的营养理念。

（3）官方网站营养知识的宣传。

关于网络宣传，首先餐饮企业应该有意识建立属于自己企业的网站，并应有意识增加有关营养知识方面的版面并介绍店内推荐菜品，在此处附上有关菜品的详细内容。网站宣传建议罗列出适合不同需求的消费者（如减肥人群/三高患者等）的优质配餐以示参考，引导消费者做出营养搭配。

3. 调整服务的调整

调整服务包括菜品的大小份供应、调整调味品的用量两方面。建议餐饮企业提供各种食物的大小份供应，一方面控制消费者的食量，另一方面可以节约粮食以免造成浪费。同时向消费者提供调味品包等，方便消费者根据自己的口味对菜品的味道进行调整或者能够按照消费者要求调节菜品的味道。关于餐饮企业提供调整服务具体内容如表5所示。

表5 调整服务

调整方面	调整目的	调整项目	调整方式
店内服务	尊重消费者需求	点餐服务	a. 店员推荐少油少盐菜样； b. 根据消费者需求，推荐适合菜品； c. 店内是否能够按照消费者要求，对菜品进行调整（如少盐少糖等）
		就餐服务	a. 上菜顺序调整为先菜和主食，再其他； b. 接受消费者反馈意见并及时回应

对店内调整服务以及消费者点餐及就餐服务进行优化，改善店内营养交流界面。最后为了促进营养菜品的消费，店内可根据自身情况增加相关优惠措施，例如满一定数额消费即送店内推荐的少油少盐菜品或者其余店内某些改进

菜品品尝券。

二、点餐型餐饮企业消费者营养环境评价方案

1. 菜单的评价

（1）主食的评价。

餐饮企业主食原料以及烹调方式的评分标准如表 6 和表 7 所示。

表 6　餐饮企业主食部分评分

	0	<10%	10%～20%	20%～30%	30%～40%	>40%
精白米面	6	5	4	3	2	1
全谷杂粮类	0	1	2	3	4	5
薯类	0	1	2	3	4	5

注：首行为各类型主食份数占主食总数部分百分数；首列为主食种类。

表 7　主食烹调方式评分

	0	<10%	10%～20%	20%～30%	30%～40%	>40%
原味	0	1	2	3	4	5
添加糖	6	5	4	3	2	1
添加盐	6	5	4	3	2	1
添加油	6	5	4	3	2	1

注：首行为主食各类型烹调方式份数占主食总数百分数；首列为主食烹调方式种类。

（2）菜品的评价。

本研究中将烹调方法分为 3 类，对菜单中各类菜品原料所用的烹调方法进行统计：①低温少油烹调（包括蒸、煮、焯、拌）；②加油烹调（包括水煎、炒、炖烧）；③高温多油烹调（包括油炸、大量油煎）。菜单中菜品原材料的评分以及菜肴的烹调方式评分分别如表 8 和表 9 所示。

表 8　菜品原料评分表

	0	<10%	10%～20%	20%～30%	30%～40%	>40%
深绿色叶菜	0	1	2	3	4	5
非深绿色菜	0	1	2	3	4	5
豆及豆制品	0	1	2	3	4	5
坚果类	0	1	2	3	4	5
动物性食品	6	5	4	3	2	1

注：首行为不同种类菜品原材料为主的菜品占总菜品的百分数；首列为菜品原料分类。

表 9　菜品烹调方式评分表

	0	<10%	10%～20%	20%～30%	30%～40%	>40%
低温少油	6	5	4	3	2	1
加油	0	1	2	3	4	5
油煎油炸	0	1	2	3	4	5

注：首行为菜品各类型烹调方式份数占主食总数百分数；首列为菜品烹调方式种类。

（3）汤品、甜食和饮品的评价。

汤品、甜食以及饮品部分的供应评分标准如表 10、表 11 和表 12 所示。

表 10　汤品的供应评分标准

是否有汤品供应	评　分
有汤品供应	1 分
无汤品供应	0 分

表 11　甜食的供应评分标准

	0	<10%	10%～20%	20%～30%	30%～40%	>40%
水果类	0	1	2	3	4	5
甜品类	6	5	4	3	2	1

注：首行为配餐各类型份数占配餐总数百分数；首列为配餐种类。

表 12　饮品的供应评分标准

	0	<10%	10%～20%	20%～30%	30%～40%	>40%
甜饮料	6	5	4	3	2	1
零能量饮品	0	1	2	3	4	5
蛋白质饮品	0	1	2	3	4	5

注：首行为饮品各类份数占饮品总数百分数；首列为饮品种类。

2. 营养交互平台的评价

营养交互平台包括对营养信息标注、店内促销推荐信息和调整服务三方面的评价。

（1）营养信息标注的评价。

食材原料营养信息的标注利于消费者对菜品的了解，也便于消费者对自己的饮食营养摄入有个粗略的了解。而其准确性是餐饮企业对消费者负责的体现。菜品推荐用特殊符号标记，方便消费者快速找到店内主打菜品，也便于迅速选择菜品。营养信息标注情况评分如表 13 所示。

表 13　营养信息标注评分标准

相关营养信息	是	否
有食材原料标注	1 分	0 分
有营养信息标注	1 分	0 分
营养信息标注正确	1 分	0 分
有健康菜品推荐标注	1 分	0 分

（2）店内推荐平台的评价。

店内推荐板是消费者进入餐馆后与餐饮企业进行营养交互的第一步，因此推荐板的存在促进营养理念的宣传。店员口头推介可以帮助消费者更快选择优质的菜品，并能够利于消费者做出平衡膳食的选择。考虑到给消费者宣传营养知识有利于在潜移默化中引导消费者做出利于营养就餐的选择和搭配，若官方网站中有健康饮食的宣传，营养交互平台评价的评分加 1 分。如网站上有健康菜品介绍，则再加 1 分。具体评分方式如表 14 所示。

表 14　营养菜品推荐评分标准

健康菜品推荐	是	否
有店内推荐告示（或电视）	1 分	0 分
有店员口头推介	1 分	0 分
有官网介绍推荐	1 分	0 分
有促销价格政策支持	1 分	0 分

（3）调整服务的评价。

企业可以通过服务员与顾客之间的沟通，应顾客提出的要求，对菜品口味、分量大小和食材比例进行调整，来帮助顾客获得更健康的饮食。具体评分细则如表 15 所示。

表 15　调整服务评分标准

健康菜品推荐	是	否
能应顾客要求少放盐	1 分	0 分
能应顾客要求少放油	1 分	0 分
能应顾客要求多放蔬菜	1 分	0 分
能应顾客要求少盛米饭	1 分	0 分

三、点餐型餐饮企业营养环境调查及评价

1. 菜单现状及评分

从北京市海淀区随机选出 8 家点餐型餐饮企业作为测试餐饮营养环境的调查对象。将其菜单分为主食、菜品、汤品以及甜食和饮品类（不包含酒精类饮品），分别进行评价。被调查餐馆菜单基本情况如表 16 所示。

表 16 被调查餐饮企业菜单基本情况

餐饮企业名称	主食数量（份）	菜品数量（份）	汤品数量（份）	甜食数量（份）	饮品数量（份）
西贝莜面村	25	36	4	1	4
一块豆腐	15	90	0	6	7
大鸭梨烤鸭店	23	175	11	2	14
郭林烤鸭店	17	181	5	2	6
渝品味美食	24	161	2	0	8
丰泽园	19	148	2	6	6
京德轩	22	146	2	0	9
眉州东坡	11	126	1	2	8
总计	156	1063	27	19	62

（1）主食的供应。

对被调查餐饮企业的食谱中主食部分进行整理，其原料比例结果统计如表 17 所示。

表 17 8 家点餐型餐饮企业主食供应情况

餐饮企业	主食原料		
	精白米面（%）	薯类（%）	全谷杂粮（%）
西贝莜面村	36.00	0.00	64.00
一块豆腐	93.33	0.00	0.07
大鸭梨烤鸭店	69.57	13.04	17.39
郭林烤鸭店	76.47	5.88	17.65
渝品味美食	95.83	4.17	0.00
丰泽园	94.74	5.26	0.00
京德轩	90.91	4.55	4.55
眉州东坡	81.82	0.00	18.18
平均值	79.83	4.11	15.23

经过对餐饮企业的调查，发现精白米面主要包括米饭、馒头、拌面以及炒面等；薯类主要包括蒸制马铃薯、紫薯、山药等；全谷类主食包括窝窝头、小

米、燕麦等。

从表17中可看出，在被调查的8家餐饮企业的156份主食中，精白米面类是主食的主要构成部分，除了西贝莜面村外，其他7家精白米面主食的份数比例均在60%以上。薯类主食供应比例最少（4.11%），有2家餐饮企业不提供薯类主食。由于杂粮筐内容丰富，多以全谷杂粮为主，而薯类在其中比重较小，故杂粮筐归为全谷杂粮类。西贝莜面村提供的主食以全谷杂粮为主，但可以发现，窝头偏软，口感太过细腻，缺少全谷杂粮的自然口感。因此，建议餐饮企业在采用全谷杂粮与白面混合制作主食的时候，应适当增加全谷杂粮的比重。

从表18中可看出，被调查的餐饮企业中主食烹调方式多选用添加油（65.04%）以及添加盐（61.88%）的烹调方式，即油煎油炸等，如很多餐企都有金银馒头这道主食，这是典型的油炸型主食和蒸煮类的混搭，若选择"金色"的油炸馒头，则极其不利于就餐的整体营养均衡。而且调查中发现，许多杂粮类的主食以添加较多的豆沙、馅料等方式呈现，造成主食会给人摄入额外的碳水化合物或者盐等物质。

表18　8家点餐型餐饮企业主食烹调方式调查结果

餐饮企业	主食烹调方式			
	原味（%）	添加糖（%）	添加盐（%）	添加油（%）
西贝莜面村	16.00	8.00	32.00	48.00
一块豆腐	26.67	20.00	93.33	93.33
大鸭梨烤鸭店	17.39	21.74	60.87	56.52
郭林烤鸭店	17.65	0.00	52.94	52.94
渝品味美食	4.17	0.00	87.50	95.83
丰泽园	26.32	21.05	68.42	55.52
京德轩	4.55	4.55	72.73	72.73
眉州东坡	9.09	36.36	27.27	45.45
平均值	15.23	13.96	61.88	65.04

（2）菜品的供应。

对8家餐饮企业进行食谱菜品的分析，总共涉及菜品1063份。通过菜谱图片和英文标识说明以及部分餐饮企业标注的菜品原料信息，到餐馆询问店员以及上网搜寻等多种方式，确定菜品中主要菜品原料以及烹调方式。调查菜品比例结果以及烹调方式结果分别如表19和表20所示。

表19　8家点餐型餐饮企业菜品原料调查结果

餐饮企业	菜品原料				
	深绿色叶菜（%）	非深绿色叶菜（%）	豆及豆制品（%）	坚果类（%）	动物性食品（%）
西贝莜面村	13.89	30.56	11.11	0.00	44.44
一块豆腐	3.33	20.00	7.78	0.00	68.89
大鸭梨烤鸭店	9.14	17.71	4.57	2.29	66.29
郭林烤鸭店	3.87	18.23	5.52	0.55	71.27
渝品味美食	10.56	26.71	4.35	0.62	58.39
丰泽园	5.41	20.27	4.73	1.35	69.59
京德轩	2.74	34.93	9.59	1.37	51.37
眉州东坡	4.76	28.57	6.35	0.00	68.25
平均值	6.71	24.62	6.75	0.77	62.31

在8家餐饮企业中，深绿色叶菜主要包括芥菜、菜心以及油麦菜等，数量偏少，所占的比例（6.71%）显著低于其他类别。各门店的深绿色叶菜类均不超过7种，烹调方式有1～2种。金鼎轩虽未被列入餐饮环境调查对象（因餐馆不许可，未能对菜单进行全面采集），但在另一个研究项目的蔬菜样品取样测定中发现，它的蔬菜类的菜单中包含了至少7种菜品，且每种菜品都附了两种烹调方式。

表20　8家餐饮企业菜品烹调方式比例

餐饮企业	菜品烹调方式		
	低温少油（%）	加油（%）	高温多油（%）
西贝莜面村	36.11	50.00	13.89
一块豆腐	38.89	51.11	10.00
大鸭梨烤鸭店	36.00	53.14	10.86
郭林烤鸭店	47.51	35.91	13.81
渝品味美食	29.17	57.65	10.55
丰泽园	27.03	59.46	5.41
京德轩	31.51	54.11	14.38
眉州东坡	38.10	55.56	6.35
平均值	35.54	52.12	10.66

调查的菜谱中，菜品烹调方式主要分为8种：煎炸、蒸煮、焖炒、烧烤、红烧、焗、酱卤以及凉拌，按照烹调温度高低和吸油量将其分为3类：低温少油类（包括蒸煮、凉拌、酱卤、清炖、白煮）；加油烹炒类（包括爆炒、红烧、炒过再炖等），高温多油类（包括油炸、油煎）。

深绿色叶菜类菜品大多数采取清炒、白灼等烹调方式，非深绿色叶菜如土豆等也有采取煎炸类烹调方式。而动物性食品多采用油炸等烹调方式，也有部分采取炖的烹调方式。经调查和统计菜品比例发现，高温多油类菜品所占比例最低（10.66%），这对于消费者来讲是个比较好的选择。菜单中菜品部分总分如表 21 所示。

菜品部分总评分如表 21 所示。总体而言，深绿色叶菜比例越高，餐企的菜品总分会越高，同时低温少油类的菜品多的企业分数也明显高于其他家餐企。从表 21 可以看出，8 家餐馆菜品得分并无显著差异，因为受访的餐饮企业均以大量的动物性食品为原料的菜品居多，使得菜品总分主要由荤菜类主导，从而使其他类的得分在总分中表现不明显。因此，若是要提高菜品部分总分，提高深绿色叶菜类菜品的比例至关重要。

表 21　8 家餐饮企业菜单菜品总分

餐饮企业	菜品原料（分）	菜品烹调方式（分）	总　分（分）
西贝莜面村	10	9	19
一块豆腐	7	9	16
大鸭梨烤鸭店	8	8	16
郭林烤鸭店	8	8	16
渝品味美食	8	8	16
丰泽园	8	8	16
京德轩	8	9	17
眉州东坡	7	10	17
平均分	8	8.6	16.6

（3）汤品类的供应。

对食谱中汤品进行调查，共涉及汤品 27 份。各餐饮企业汤品供应情况如表 22 所示。

表 22　8 家餐饮企业菜单汤品供应情况

餐饮企业	是否提供汤品
西贝莜面村	是
一块豆腐	否
大鸭梨烤鸭店	是
郭林烤鸭店	是
渝品味美食	是
丰泽园	是
京德轩	是
眉州东坡	是

一块豆腐家没有提供汤品。其余餐馆汤品数量并不多，除了大鸭梨烤鸭店之外，其余7家的汤品均少于5种。而部分餐厅即使提供汤品，也大都采用高油盐类做法。而且有些汤品以动物性食品为原料，无形中又增加了动物性菜品的比例。

（4）甜食的供应。

本调查中所涉及的配餐指的是水果类拼盘以及甜品等餐后点心。调查的结果如表23所示。

被调查餐饮企业的食谱中对于甜食的供应并不是十分充分，其整体占据菜谱的比例非常小。渝品味美食和京德轩并没有甜食供应。一块豆腐和丰泽园提供甜食最多，均为6份。水果类甜食比甜品类比例高。

表23　8家被调查餐饮企业不同种类甜食供应情况

餐饮企业	配　餐	
	水果类比例（%）	甜品类比例（%）
西贝莜面村	100.00	0.00
一块豆腐	66.67	33.33
大鸭梨烤鸭店	50.00	50.00
郭林烤鸭店	100.00	0.00
渝品味美食	0.00	0.00
丰泽园	33.33	66.67
京德轩	25.00	75.00
眉州东坡	50.00	50.00
平均值	53.00	34.00

（5）饮品的供应结果。

本调查中所涉及的饮品覆盖甜饮料，零能量饮品（如水、茶水等）以及蛋白类饮品，调查共涉及62份饮品。结果如表24所示。

表24　8家餐饮企业不同种类饮品供应情况

餐饮企业	饮品类		
	甜饮料（%）	零能量饮品（%）	奶制品（%）
西贝莜面村	25.00	62.50	12.50
一块豆腐	14.29	71.43	14.29
大鸭梨烤鸭店	14.29	78.57	7.14
郭林烤鸭店	83.33	16.67	0.00
渝品味美食	62.50	37.50	0.00
丰泽园	66.67	33.33	0.00
京德轩	66.67	22.22	11.11
眉州东坡	62.50	25.00	12.50
平均值	49.41	43.40	7.19

调查中涉及的甜饮料主要包含瓶装饮料以及餐企提供的加糖果蔬汁，零能量饮品包含水、茶水以及柠檬水等，奶制品则包括纯牛奶以及酸奶等奶制饮品。调查结果显示，有5家店在所提供的饮品中，甜饮料所占份额要比其他类型饮品多，并占有显著优势。而其余3家提供更高比例的零能量饮品，比如水和茶水等。

菜谱中饮品类得分如表25所示。甜饮料在饮品中所占比重较大的店家分数较低，而随着零能量饮品、原味豆浆或奶制品比例增大，饮品部分得分显著提高。

表25　8家餐饮企业汤品、甜食以及饮品得分

餐饮企业	汤品得分（分）	配餐得分（分）	饮品得分（分）
西贝莜面村	1	11	10
一块豆腐	0	7	11
大鸭梨烤鸭店	1	6	10
郭林烤鸭店	1	11	3
渝品味美食	1	6	11
丰泽园	1	5	5
京德轩	1	6	6
眉州东坡	1	6	6
平均分	0.87	6	7.7

2. 餐饮企业营养交互平台调查结果

店内营养交流平台主要指的是餐馆与消费者在营养方面进行交流的平台，通过这个平台，餐饮企业可以给消费者传达关于健康饮食的理念。餐饮企业营养交互平台包括营养信息标注、店内菜品推荐平台以及营养知识宣传等方面，如表2所示。

表26　8家餐饮企业营养交互平台调查结果

餐饮企业	店内菜品推荐平台（分）	营养信息标注（分）	营养知识宣传（分）	总分（分）
西贝莜面村	2	4	8	14
一块豆腐	1	2	0	3
大鸭梨烤鸭店	2	2	0	4
郭林烤鸭店	1	0	0	1
渝品味美食	1	2	0	3
丰泽园	0	1	0	1
京德轩	0	0	0	0
眉州东坡	1	4	4	9
平均值	1	1.875	1.5	4.375

西贝莜面村和眉州东坡两家店在营养宣传以及服务等方面比其他餐饮企业更为全面，而大多数餐饮企业在营养方面所提供的服务并不够充分，还有待提升。

营养信息指的是菜单上是否有食材原料标注、营养信息标注及其内容是否准确以及菜单上是否有菜品推介标注四方面，其中营养信息标注指的是食用菜品能够让消费者在健康上有怎样的改善。店内菜品推荐平台主要包括店内推荐版以及店员口头推介；营养知识宣传主要指餐饮企业官网对于店内某些推荐菜品的营养状况的宣传情况。

在调查的8家餐饮企业里，有3家餐饮企业（郭林、渝品味和京德轩）没有设置官网来宣传自己的店面，也就没有一个电子平台来宣传营养方面的知识，从营养宣传方面来讲，这些餐饮企业也就缺失了一个能够给自己的店面向消费者宣传营养理念的机会，以后在这方面应多加调整和改善。

对于有官方网站的餐饮企业，通过浏览可以发现，有些企业正在通过网络平台为健康饮食做出改进。比如西贝莜面村在自己的官网上放置了推荐菜品的具体做法以及有关营养方面的相关知识，这些对消费者了解企业的理念以及提升自己对于营养知识的了解有所帮助，能够向消费者普及健康知识，合理搭配膳食，倡导均衡饮食。

3. 餐饮企业调整服务调查结果

调整服务指的是店内是否提供菜品大小份以及能否调整调味品用量。有些餐饮企业墨守成规，每一道菜都有自己的规范，从而无法提供消费者对菜品口味和份数大小的调整。本调查通过对店员进行询问获得调整服务的大致情况。本调查中涉及的8家餐饮企业的调整服务调查结果如表27所示。

表27　8家餐饮企业调整服务调查结果

餐饮企业	得　分（分）
西贝莜面村	2
一块豆腐	1
大鸭梨烤鸭店	2
郭林烤鸭店	2
渝品味美食	1
丰泽园	2
京德轩	2
眉州东坡	2
平均值	1.75

四、餐饮企业消费者环境整体状况评估

从调查的8家餐饮企业来看，每一家餐馆的餐饮营养环境都还有待完善，很多环节上都有余地来更加细致地照顾消费者的健康需求，但得分情况已经有很大差异。8家餐饮企业消费者营养环境总分如表28所示。

表28　8家餐饮企业消费者营养环境评分

餐饮企业	主食类（分）	菜品类（分）	汤品类（分）	甜食类（分）	饮品类（分）	营养交互平台（分）	总分（分）
西贝莜面村	18	18	1	6	10	16	69
眉州东坡	11	11	0	6	6	11	45
郭林烤鸭店	17	17	1	11	3	3	52
一块豆腐	12	12	1	7	11	4	47
大鸭梨烤鸭店	12	12	1	6	10	6	47
渝品味美食	11	11	1	6	11	4	44
京德轩	11	11	1	6	6	2	37
丰泽园	11	11	1	5	5	3	36
平均值	12.87	12.87	0.87	6.63	7.75	6.13	47.12

在8家被调查的餐饮企业中，西贝莜面村的分数相对最高。它的整体菜品数目没有其他7家多，但菜单中各种食材比例搭配较为合理，杂粮所占比例较大，油炸食物较少，营养信息标注较为清晰。此外，店面与消费者的营养交互平台相比于其他企业也有一定优势，如店内有健康菜品推荐，而且有电视机对宣传菜品的制作方式进行详细介绍。店员服务态度友善，能够尊重消费者的口味选择。不过，西贝莜面村虽然在主食方面引入杂粮做得较好，但是部分菜品分量偏大，也没有健康饮食搭配方面的推荐。在菜品的介绍方面应该附上适合人群以及可能存在的过敏原，同时可附其营养价值介绍和描述。

建议西贝莜面村有些地方可以向金鼎轩借鉴一下。金鼎轩菜品种类繁多，可供选择的内容丰富，主食粗细均有，且多以小份提供；菜品内容丰富，深绿色叶菜以及其他类型的蔬菜都很丰富，在菜单上标注了可选的绿叶菜烹调方式，还有大小份可选，且推荐菜品统一放于菜单前几页以方便查询。它在菜品制作时可以调节咸度和加油量；其粥品可以提供不加糖的选择。同时在每一道菜品的介绍处，除了附大小份的价钱外，还会附其过敏原说明，如杂粮粥内含有大豆、大麦等可能会引起部分人群过敏的过敏原说明。

以上调查仅限于少数点餐型中式餐饮企业的海淀区内店家，调查范围还不够广泛，类型不够全面。但本项调查作为餐饮营养环境评价模式的验证，表明研究中所涉及的餐饮营养环境评价方案切实可行，而且具有较好的辨别能力，也有较好的指导意义，可以作为今后餐饮行业加强营养品质管理和改善营养服务水平的一个实用评价体系。

研究中所涉及的项目及改进提示总结如表 29 所示。

表 29　餐馆营养环境评价考察项目及改进方向汇总

考察方面		考察变量
菜单		食材类别、食材比例、烹调方法
	主食	增加主食食材品种；增加全谷杂粮和薯类的主食比例；花色主食品种的烹调中尽量减少油、盐、糖的加入
	菜肴	增加蔬菜类菜肴的数量和比例；增加绿叶蔬菜类菜肴的品种和比例；增加少油烹调菜肴的数量和比例；降低油炸油煎烟熏类菜肴的数量和比例
	汤羹和饮料	提供免费的白开水；增加不含热量的饮料品种数（矿泉水、各种不加糖的茶水如红茶、绿茶、花茶、乌龙茶、普洱茶、大麦茶、荞麦茶、菊花茶、玫瑰花茶、无糖苏打水等）；增加营养价值较高的饮品（低脂或脱脂奶、无糖豆浆、不加糖的玉米汁核桃浆等）品种数量；增加少油少脂肪的汤羹
	甜食	餐前或餐后提供水果；提供自制酸奶等健康甜品
营养信息		
	菜单	菜单上加上营养信息；菜单上标示出健康菜品；菜单有健康改良菜品推荐等
	店内	店内有健康改良菜品推荐；店内有鼓励健康饮食的宣传品；店内有菜品营养信息单
	网站	网页有健康改良菜品推荐；有健康饮食的相关知识；有菜品营养信息
调整服务		可以调整菜品大小份，可以增加菜品中的蔬菜比例，许可减油烹调，许可少放盐，许可自己加沙拉酱，饮品、粥食可以不加糖等
价格政策		不鼓励大份菜品；不鼓励不限量随便取用主食和饮料；不要求必须吃光所有菜品；增加菜品中的蔬菜比例不额外收费；经常用健康菜品作为特价菜

调查还发现，同样一种烹调方式，其脂肪和盐的含量差异也比较大。比如同样的绿叶菜，不同的门店中，白灼、清炒等菜品的油盐也有清淡和浓重之分，因此如果进一步进行菜品原料的调查和营养分析，并针对存在问题进行改进，能够更好地促进菜品营养品质的提高，也能更好地指导消费者的健康选择。

以上两方面的餐饮营养评估工作可以由企业所聘用的专职或兼职营养师来日常实施，并由营养师与厨师进行交流，监督改进措施的落实，以便保证营养环境得到日益改善。

参考文献：

[1] 史秋实．中国人这样吃：15%的人天天外出就餐［J］．决策探索，2011（12）：28—29.

[2] Takachi R，Inoue M，Shimazu T，et al. Consumption of sodium and salted foods inrelation to cancer and cardiovascular disease：the Japan Public Health Center-based Prospective Study［J］. *The American Journal of Clinical Nutrition*，2010，91（2）：456—464.

[3] Yang Q，Liu T，Kuklina EV，et al. Sodium and potassium intake and mortality among US adults：prospective data from the Third National Health and Nutrition Examination Survey［J］. *Archives of Internal Medicine*，2011，171（13）：1183.

[4] Strazzullo P，D Elia L，Kandala NB，et al. Salt intake，stroke，and cardiovascular disease：meta-analysis of prospective studies［J］. *British Medical Journal*，2009，339：24—33.

[5] Fung TT，Chiuve SE，McCullough ML，et al. Adherence to a DASH-style diet and risk of coronary heart disease and stroke in women［J］. *Archives of Internal Medicine*，2008，168（7）：713.

[6] 曹可珂，何宇纳．在外就餐对人体健康影响的研究进展［J］．中国食物与营养，2014，20（1）：67—71.

[7] 孙丽娟，屠振华，冯霖，等．中日式连锁快餐米饭类产品营养调查研究［J］．食品科技，2012，（12）：50—55.

[8] Glanz K，Sallis J F，Saelens B E，et al. Healthy nutrition environments：concepts and measures［J］. *American Journal of Health Promotion*，2005，19（5）：330—333.

[9] Cheadle A D，Psaty B M，Curry S，et al. Assessing the validity of a survey of the restaurant health promotion environment［J］. *American Journal of Health Promotion*，1994，9（2）：88—91.

[10] Mayer J P，West S，Housemann R，et al. Menu labeling practices at urban restaurants［J］. *Preventive Medicine*，2001，33：S15.

[11] Saelens B E，Glanz K，Sallis J F，et al. Nutrition Environment Measures Study in restaurants（NEMS-R）：development and evaluation［J］. *American Journal of Preventive Medicine*，2007，32（4）：273—281.

[12] Rose D，Hutchinson P L，Bodor J N，et al. Neighborhood food environments and Body Mass Index：the importance of in-store contents［J］. *American Journal of*

Preventive Medicine，2009.37（3）：214－219.

[13] Murakami K，Sasaki S，Takahashi Y，et al. Neighborhood food store availability in relation to food intake in young Japanese women [J] . *Nutrition*，2009，25（6）：640－646.

[14] Murakami K，Sasaki S，Takahashi Y，et al. Neighborhood restaurant availability and frequency of eating out in relation to dietary intake in young Japanese women [J] . *Nutrition Science Vitaminol*（*Tokyo*），2011，57（1）：87－94.

[15] O' Dwyer NA，Gibney MJ，Burke SN et at. The influence of eating location on nutrient intakes in Irish adults：implications for developing food-based dietary guidelines [J] . *Public Health Nutrition*，2005，8（3）：258－265.

[16] 中国营养学会编著．中国居民膳食指南 [M]．北京：西藏人民出版社，2011.

[17] 任唤麟．我国餐饮企业菜单信息存在问题及管理对策 [J]．四川旅游学院学报，2014（6）：23－25.

[18] 邓红，贾洪峰，等．烹调方式对在外就餐者摄入脂肪的影响 [J]．食品与发酵科技,2014，50（6）：40－43.

从供需状况探索老年供餐新机制

付　萍[①]　徐　静[②]

摘　要： 中国烹饪协会联合中国老年学会，北京市老龄办、首都经贸大学等相关机构，以北京市养老中心发展的政策导向，对部分北京市养老中心和社区老人的供给与需求调查。探索如何顺应经济新常态下的社会老年供餐体系发展逻辑，如何破解助老供餐最后一公里的难题。

关键词： 老年餐；营养健康；供餐服务

2016年初，中央经济工作会议对2016年经济工作作出了全面部署，提出了“加强结构性改革”和“加大建构性改革力度”，成为未来一段时期内的重要着力点。会议强调，明年及今后一个时期，要在适度扩大总需求的同时，着力加强供给侧结构性改革，产业政策要准，就是要准确定位结构性改革方向；要提高有效供给能力，通过创造新供给、提高供给质量，扩大消费需求。强调社会政策要托底，就是要守住民生底线；要更好发挥社会保障的社会稳定器作用，把重点放在兜底上，保障群众基本生活，保障基本公共服务。

中国烹饪协会联合中国老年学会，北京市老龄办、首都经贸大学等相关机构，以北京市养老中心发展的政策导向，对部分北京市养老中心和社区老人的供给与需求调查。探索如何顺应经济新常态下的社会老年供餐体系发展逻辑，如何破解助老供餐最后一公里的难题。

---

① 付萍：中国疾病预防控制中心营养与健康所教授，硕士生导师，中国老年学与老年医学学会营养与食品专业委员会主任。

② 徐静：首都经济贸易大学劳动经济学院讲师。

一、政府引导，构建老年餐饮服务体系

（一）老年膳食服务的第一波推动：供给体系培育阶段

2009—2014 年，北京市的养老助餐服务虽然存在诸多问题，但是它取得了一定成绩，养老助餐服务实现了从无到有的重要突破。

2009 年，北京市政府发布了《北京市市民居家养老（助残）服务（“九养”）办法》（简称“九养”办法），其中第三条提出“建立城乡社区（村）养老（助残）餐桌”，目标是用 3 年左右的时间在全市具备条件的城乡社区（村）建立养老（助残）餐桌，解决行动不便的老年人和残疾人的配餐、就餐和送餐问题。实施办法是，由政府居家养老服务工作主管部门，选择有资质的社会餐饮企业参与实施；办法确立了建设居家养老（助残）券服务制度，向符合条件的老年人（残疾人）发放养老（助残）券，用购买养老（助残）服务的方式，培育养老助餐市场。

至 2010 年初，由于服务市场不成熟，养老（助残）券和对供给企业以奖带补的扶植政策，难以发挥其促进产业发展作用，北京市老龄委及时调整了政策导向，将 3 年的建设目标缩短成 1 年，即 1 年内达到全市各社区全覆盖。截止到 2013 年底，完成签约和新建养老（助残）餐桌迅速达到 4000 多个。但是由于基础上的原因养老（助残）餐桌的运营状况并不乐观：2015 年中国烹饪协会与中国疾控中心营养与食品安全所合作，对养老餐桌及相关运营状况开展了独立调查，结论是，运行情况参差不齐，在技术上，运营能力上、营养配餐和便利等各个方面，远没有达到投入巨大政策资金扶植下的预期目标及效果。但是是极好的尝试，也促进和激发社会力量参与居家养老服务热情。

（二）老年膳食服务的第二波推动：调整与规范

2015 年 1 月 29 日，《北京市居家养老服务条例》出台，提出了八项居家养老服务内容，明确提出了“为老年人提供社区老年餐桌、定点餐饮、自助型餐饮配送、开放单位食堂等用餐服务”。2015 年 5 月，北京市民政局、财政局和老龄委联合发布了《关于 2015 年开展养老助餐服务体系试点建设工作的通知》，提出了更加具体的实施指导意见：

（1）重点支持专业餐饮企业。政策扶持倾向于具有“中央厨房＋社区配送＋配餐、送餐、助餐”连锁经营能力的专业餐饮企业。

（2）发展养老照料中心辐射功能。北京市民政局启动养老照料中心的建设，截至2015年5月，全市投入运营的养老照料中心大约有120多家，城市的社会服务平台上，养老助餐成为重要服务内容。

（3）巩固提升老年餐桌质量。支持设施较为完善和功能基本齐全单位向专业化和规范化发展。

（4）突出重点服务保障对象。重点关注经济困难的孤寡、失能、高龄等困境老人的养老助餐服务需求，明确政府购买养老助餐服务的领域和范围。

（5）培育营养健康的特色品牌。政府提出要鼓励老年营养膳食体系研究、老年餐和营养素品种研发等，满足老年人多元化的助餐需求。

从2015年政府政策推动，主要围绕着“调整”和“规范”两个主题，鼓励吸收更多的社会大型餐饮企业的参与带动，以重点扶持资金的形式主要针对现有设施的厨房、无障碍设施建设等基础改造，从服务的便利出发，从上至下地建立“老年营养膳食体系”，加强标准制定，中国烹饪协会、北京市民政局等相关单位联合制定《老年营养餐配餐技术要求》，规范养老助餐市场的行业性标准。体现了养老助餐服务的发展理念，促进老年人群的营养健康。

二、破解老年餐供给困局，从需求入手

中国当前社会的养老及老年餐的问题，是一个复杂的系统工程，从需求入手了解老年餐饮的意愿和目标人群。目前业内普遍认为，除了以餐饮业为老年餐的供应主体，各区养老照料中心应该是重要助餐场所。了解各养老照料中心助餐情况及所辐射范围老年人群对助餐的需求十分必要。2015年6—8月首都经济贸易大学在北京市石景山、朝阳、东城、丰台和海淀五个区54家养老照料中心进行了问卷调查（徐静），对北京市社区老年人的用餐特征与老年餐需求进行分析。本调查共获得有效问卷1000份，其中朝阳区265份，石景山区286份，东城区201份，丰台区173份，海淀区75份；性别构成，女性被访者比例稍高于男性被访者，比例分别为52.0％和48.0％；年龄构成比例：50～59岁占11.5％；60～69岁占48.4％；70～79岁占28.4％；80岁及以上占11.2％。

（一）养老照料中心养老助餐基本情况（见表1、表2）

表1　助餐形式

养老助餐形式	家	比例（%）
无	12	22.2
集中就餐＋社区配餐＋外送	7	13.0
集中就餐＋外送	22	40.7
集中就餐	9	16.7
外送	3	5.6
窗口售卖	1	1.9
合计	54	100.0

表2　助餐服务时段

养老助餐时段	频数（家）	比例（%）
午餐	11	26.2
晚餐	1	2.4
早餐＋午餐＋晚餐	20	47.6
早餐＋晚餐	1	2.4
午餐＋晚餐	9	21.4
合计	42	100.0

有养老助餐的42家养老照料中心，提供早中晚三餐的餐食服务的占47.6%，只提供午餐或者午餐加晚餐，比例分别为26.2%和21.4%。从当前社会调查结果看，午餐需求最多，其次是晚餐和早餐。目前社区服务时段安排是贴合老人的用餐需求的（见表3）。

表3　服务人次调查

助餐服务人次（人次）	频数（家）	比例（%）
50以下	23	54.8
50～100	3	7.1
100～200	4	9.5
200～300	4	9.5
300～500	3	7.1
500～1000	1	2.4
1000以上	4	9.5
合计	42	100.0

超过半数的养老照料中心日均服务人次低于50人次，这与老年人居住分散的情况一致；日服务人次超过1000的有4家，占被调查的9.5%。因此可以看出，供求关系尚没有发展均衡，涉及各个方面的原因，有待我们认识。

总体上看，目前养老助餐基本就餐的形式包括：集中就餐、社区配餐、外送和窗口售卖四种形式。约50%的被调查养老照料中心提供早中晚三餐；每餐价格基本于10～20元，比例最高的是10～15元，极少老人愿意支付20元以上。有供餐需求的老人希望获得价格低廉的餐食。

营养餐特点显示，有19家（占45%）回答有提供针对慢性病的套餐，主要是针对高血压和糖尿病这两种慢性病；有17家（占41%）回答有提供咀嚼困难老人的特殊膳食，主要集中于长期从事养老服务，且具备流食制作设备单位。对于其余并不提供慢性病套餐与老年特殊膳食的供餐单位，但是均是按照“少盐、少油、软烂”的烹饪原则，使得餐食符合老人生理特点。

对比2015年的调查评估分析，供餐主体养老院或养老照料中心等机构更加重视老年餐饮的营养需求，在供餐和配餐技术上具有更大的优势。

（二）外送服务的情况

提供助餐服务的养老照料中心有37家（88%）是自设厨房，独立运营；有5家（12%）与餐饮企业合作。

多数提供外送服务主要是由员工承担，或街道办事人员和社区人员提供；被访企业只有3家养老照料中心与送餐企业（譬如美团外卖）合作或外包给送餐；2家养老照料中心运用志愿者资源来协助送餐（见表4）。

表4　社工参与服务情况调查

是否有社工服务	频数（家）	比例（%）
有	11	20.4
无	38	70.4
缺失	5	9.3
合计	54	100.0

综上所述，老年供餐服务发展缓慢，存在诸多困难：

（1）盈利困难，使服务难以维持。养老照料中心负责人谈及老年餐的营利低，人力贵，收支难平衡。提供的15元的两荤一素老年套餐，要达到2000份才能有盈利，意味着大部分机构在餐饮上是亏本的。自从2015年3月老年餐桌运营以来，参照10元一荤一素、13元一荤两素或16元两荤一素的价格标准，全员参与服务的情况下，仍亏损经营。有送餐需求的老人居住分散，配送成本高，以及水、电成本，刷卡付费等问题没有解决。

（2）安全风险问题突出。一是送餐人员的交通安全问题；二是送餐带来的食品安全问题，送餐单位从“老年餐制作完成”到“送到老人家里”这段过程中可能存在的影响食品安全的因素。企业为规避风险采用的措施包括：实行24小时食品留样；每天给送餐车消毒；送餐车专车专用，不作其他用途，以免交叉污染；配送范围限定在5公里内；避免使用一次性餐盒等等。三是老年人到老年餐桌用餐的风险。易跌倒等等风险，有条件的餐厅通过保险的方式来规避。

（3）经营许可证的问题。经营老年餐桌会遭遇经营许可证的办证门槛。譬如，某位养老机构负责人提到，按照国家食品安全卫生管理规定，供餐人数在500人以上的供餐单位，分餐间要求在200平方米以上，对养老机构来说，很难达到这样的条件。

（4）健康营养基础信息采集、分类，是推动营养餐的前提，按照“少盐少油、软烂精细”的原则进行烹饪，但是，针对不同健康状况的老人的分类营养膳食配制，还需要更加专业的人员和组织提供相关配套服务。

（5）老人需求低和认可度低。年轻的老人基本不需要助餐服务，高龄和病残老人有需求却受支付能力和无法自主订餐的限制，受众人群的缺乏仍然是供餐发展的决定性因素。

（三）老年人的用餐特征与需求分析

老年供餐叫好不叫座由来已久，不少老年餐桌成立之后，用餐人数越来越少。这背后的原因是什么？是老人口味挑剔，饭菜质量不好？还是老年餐的真实需求不如我们想象中那么高？受访者用餐特征调查如下：

1. 社区老年人的用餐特征

在家就餐的是绝大多数，96.7%的被访者是自己、老伴或子女做饭。小时工或保姆做饭占1.1%，家中不做饭的被访者仅占0.5%（见表5）。

表5　老人家中谁做饭

做饭者	频数（人）	比例（%）
被访者或老伴	915	91.5
子女	52	5.2
小时工或保姆	11	1.1
不做饭	5	0.5
其他	17	1.7

老年人在外就餐的比例很少，经常在外就餐的（两天一次以上）仅占1.1%；仅有7.6%的被访者有预订外卖经历（见表6），每月在外卖方面的开销均低于200元。

表6　外出吃饭频率情况

吃饭频率	频数（人）	比例（%）
每餐	14	1.4
每天一至两次	10	1.0
两天一次	1	0.1
每月几次	201	20.1
很少在外吃饭	736	73.6
其他	38	3.8

2. 特征需求调查

58%的被访者回答愿意食用社区老年餐。分年龄组来看，高中低年龄组的老年餐需求并没有显著差异（见表7）；按照不同居住安排来分析，居住安排与老年餐食用意愿也并不显著相关，空巢和独居老人的助餐需求并不像人们所认为的比其他老年群体更高（见表8）。然而，当用“健康状况”与老年餐意愿进行交叉分析时发现，健康状况与老年餐食用意愿高度相关，社区老年餐的食用意愿随着健康状况的变差而逐渐上升（见表9）。

表7　分年龄组被访者对社区提供餐食的调查

年龄组（岁）	愿意	不愿意	缺失
50～59	66（57.4%）	46（40.0%）	3（2.6%）
60～69	279（57.6%）	189（39.0%）	16（3.3%）
70～79	169（59.5%）	109（38.4%）	6（2.1%）
80+	63（56.2%）	47（42.0%）	2（1.8%）

表8　不同居住条件被访者对社区提供餐食的调查

居住安排	愿意	不愿意	缺失	合计
与家人同住	283（56.5%）	205（40.9%）	13（2.6%）	501（100.0%）
空巢	255（59.4%）	160（37.3%）	14（3.3%）	429（100.0%）
独居	42（60.0%）	28（40.0%）	0（0.0%）	70（100.0%）
合计	580（58.0%）	393（39.3%）	27（2.7%）	1000（100.0%）

表 9　不同健康状况被访者对社区提供餐食的调查

健康状况	愿意	不愿意	缺失	合计
很好	42（47.7%）	45（51.1%）	1（1.1%）	88（100.0%）
较好	221（58.8%）	148（39.4%）	7（1.9%）	376（100.0%）
一般	255（60.6%）	154（36.6%）	12（2.9%）	421（100.0%）
较差	57（57.0%）	43（43.0%）	0（0.0%）	100（100.0%）
很差	5（71.4%）	2（28.6%）	0（0.0%）	7（100.0%）
缺失	0（0.0%）	1（12.5%）	7（87.5%）	8（100.0%）
合计	580（58.0%）	393（39.3%）	27（2.7%）	1000（100.0%）

3. 被访者希望可灵活预订，价格在 20 元以内，午餐需求量大

根据调查发现，在老年餐的订餐形式方面，被访者最希望是饭前随时订的灵活预订方式，占有效样本的 85.3%（见表 10）。

表 10　被访者订餐形式意愿

订餐形式	频数（人）	比例（%）
固定月订	61	6.1
饭前随时订	471	47.1
其他	20	2.0
缺失	448	44.8
合计	1000	100.0

在价格方面，选择最多的是最便宜的“10～15 元”，占被访者总数的 33.3%，其次是“15～20 元”，占被访者总数的 20.9%。愿意支付 20 元一份老年餐的被访者比例非常低，仅占 3.9%（见表 11）；有 90%选择“午餐”（见表 12）。

表 11　老年餐愿意接受的价格范围

价格（元）	频数（人）	比例（%）
10～15	333	33.3
15～20	209	20.9
20 以上	39	3.9
缺失	419	41.9
合计	1000	100.0

表 12　希望老年餐包含内容

老年餐包含	是（%）	否（%）	缺失（%）	合计
早餐	25.1	32.2	42.7	100.0
午餐	51.4	6.0	42.6	100.0
晚餐	29.7	27.7	42.6	100.0
其他	2.4	55.0	42.6	100.0

老年人的意愿仍然是传统的居家，对送餐仍然有不同程度的偏见，如何创新服务模式，应当作为政策导向的一个重要课题研究。

4. 被访者希望的送餐形式：餐厅用餐＞送餐入户＞固定地点取餐

数据显示，被访者希望的送餐形式选择排序是：餐厅用餐，占有效样本588份的59.2%，被访者总数的34.8%；送餐入户，占有效样本量的39.5%，被访者总数的23.2%；固定地点取餐，占有效样本量的31.3%，被访者总数的18.4%（见表13）。

表13　老年餐用餐的形式

送餐形式	是（%）	否（%）	缺失（%）	合计
餐厅用餐	34.8	24.0	41.2	100.0
送餐入户	23.2	35.6	41.2	100.0
固定地点取餐	18.4	40.3	41.3	100.0

5. 对老年餐的菜品需求

普通套餐＞菜品自选＞营养专家制定的慢性病套餐。

被访者最希望老年餐菜品提供形式是固定套餐，占有效样本量52.8%，被访者总数的30.7%；其次，有一部分被访者希望菜品自选，非常少的被访者选“营养专家制定的慢性病套餐”。老人对于营养套餐的选择比普通餐低20多个百分点，这一方面说明老人对于营养膳食还缺乏足够的认识，另一方面，老人对于老年营养餐市场缺乏足够的信任。我们一方面要加强规范市场，另一方面要对老人进行营养膳食的健康教育。老人对于助餐方式、供餐时段、菜品形式等均有特定的偏好，这些信息在我们进行设计时必须考虑在内。

三、推进老年供餐新模式，促进产业发展

助老供餐经过几年的发展，虽然还不尽如人意，但已经有了不少成功的经验，只认真分析市场供给与老年人需求之间的差距，才能为老年人提供满意的服务。

（1）“中央厨房+就餐点+社区分餐点+配餐/送餐”供餐模式：养老助餐服务旨在促进整个老年群体的营养健康，并增进老年群体的健康公平性，因而它是一项非营利性公共服务。“中央厨房+就餐点+社区分餐点+配餐/送餐”供餐模式的可持续运转需要依靠政府（尤其是基层政府）、养老照料中心、社

工机构、餐饮企业、社会民众等各方力量的共同参与。

（2）政策精准扶持，降低运营成本：养老助餐服务的非营利性本质决定了它的运作主体是提供养老服务的民非机构，而非以营利为目标的餐饮企业。若要引导餐饮企业进入养老助餐市场，需要政策上的精准扶持，比如在税收、水电气价格等方面给予优惠，真正降低成本使企业有所盈利。

（3）餐食安全，符合老年人生理和健康特点：养老助餐的餐应该是针对老人生理特点和健康特点的老年特殊膳食，它不仅需要规范化的膳食营养标准，还需要对社区老人的营养状况进行评估与监测，教育与咨询。因此，老年餐桌不应等同于社区餐馆，它应与健康指标跟踪、饮食咨询、营养教育等一起，互相配合，形成合力，推动社区老人的营养健康水平。

（4）促进社工嵌入养老照料中心平台在养老助餐服务体系的建设过程中，社工是非常关键的推动力量。社会工作者不仅仅是面向老人提供直接的养老服务，更重要的，社工具有分析需求、整合资源和组织协调的专业优势。社工可以介入老年人营养评估与膳食计划服务、营养膳食的社区教育、助餐服务资源的整合等，将“家”与精神抚慰融入其中，老年人的参与和被充分尊重对于养老助餐服务的可持续运作非常关键，老人像等子女一样期待送餐人员，老年餐最后一公里的难题才能得到解决。

技能竞赛引领高职技术技能型人才培养的研究与实践

——以无锡商业职业技术学院烹饪工艺与营养专业为例

李 晶 谢 强①

摘 要：职业技能竞赛层次与类型多、项目设置丰富、比赛形式灵活多样，对高职技术技能型人才培养具有很强的引领作用。以“技能竞赛”为导向，实践中推动教学环境与职业工作环境的“零距离”对接，探索构建技能竞赛引领的课程体系，提升教师理念与实践技能，创新教育载体，营造大赛育人氛围，探索全员参与、真实模拟、生产性实训的实践教学模式，“以赛促教、以赛促改、训赛结合”，为技能竞赛引领专业教学改革，提高烹饪工艺与营养专业学生综合素能提供借鉴。

关键词：技能竞赛；高职；技术技能型人才

“普教有高考，职教有大赛”是现阶段对职业教育技能大赛导向作用的描述。职业技能竞赛层次多、类型多，竞赛项目设置丰富、比赛形式灵活多样，现行的大赛机制对高职教育人才培养有较大的影响作用。以高职烹饪工艺与营养专业为例，探索基于“技能竞赛”引领的人才培养模式改革与实践。

---

① 收稿日期：2015－02－16。

基金项目：江苏省教育厅2013年高等教育教学改革研究课题“高职烹饪专业‘三位一体’模式培养技能型人才的研究与实践”（2013JSJG419）研究成果之一。

项目负责人：李晶，林玉桓。

作者简介：李晶，无锡商业职业技术学院旅游管理学院，教授、院长。谢强，无锡商业职业技术学院旅游管理学院，硕士、副教授。

一、技能竞赛对高职技术技能型人才培养的引领作用

目前，我国职业技能竞赛由政府组织企业参与赛项的设计、技术支持或竞赛评判标准的制定等，反映了最新的职业技能要求和行业对技能型人才的需求。从赛程来看，评判标准都是尽可能接近职场标准，都集中体现了行业、企业对参赛选手在仿真环境下对工作任务的完成熟练程度或对新任务的构思创新之处的要求[1]。基本反映了“三个结合”，技能竞赛与专业教学相结合、系统组织与行业企业相结合、个人发展与团队协作相结合[2]。职业技能竞赛正逐步成为职业教育人才培养的方向标和检验手段。

以高职烹饪类职业技能比赛为例，从2007年首届全国高校烹饪技能大赛起，参赛学生综合能力考核在技能竞赛中充分体现，要求参赛队根据抽签选择的目标客户群特征，现场设计菜谱，填写采购单，购买原材料，并在规定时间内完成原材料加工、切配及成品制作，参赛选手需要通过理论测试、现场实操、讲解点评等主要环节来完成赛项。2009年、2011年、2012年、2014年的大赛基本模式变化不大，基本是理论与实操都考，个人与团队都比，都要求选手具有较全面的专业知识和实践操作能力。烹饪赛项的竞赛方式和内容、竞赛规则、评分标准紧贴行业生产实际，为高职院校烹饪专业的教学提出了新的目标和导向。

二、技能竞赛引领高职技术技能型人才培养的具体指导

最新的全国性高职烹饪技能竞赛设“理论测试、宴席设计与制作、中餐热菜、中餐面点、中餐冷拼”等内容，竞赛规程明确竞赛目的为“展示高职烹饪专业学生的职业素养与操作技能，检验学生的自主创新与设计能力、团队合作能力，引领高等职业院校烹饪专业建设和教学改革，推进专业建设对接产业发展、人才培养过程深度校企合作，提升烹饪高等职业教育人才培养质量和社会认可度与影响力”。竞赛要求参赛队“自拟主题，设计并制作一桌宴席”、“所有参赛选手统一参加专业理论测试”、“宴席设计与制作按主题内容、菜点设计、菜单制作、宴席答辩等方面进行评判”。从竞赛项目设置、竞赛内容、评

判标准无不反映行业最新标准和对高职烹饪人才的规格要求，成为高等职业院校专业建设和教学改革的风向标。要求高职院校相关专业在课程体系建设、双师队伍建设、实习实训条件建设、校企合作、教学模式改革等方面做出新的调整和改革。同时，竞赛正逐渐成为检验各地区、各校学生技能水平的标尺，成为促进教学质量提高，检验技能教学水平的工具。

无锡商业职业技术学院烹饪工艺与营养专业为江苏省“十二五”重点专业群建设专业、江苏省高校特色专业，自 2007 年起，连续 5 次参加了全国高校（高职）烹饪技能大赛（2012 年起纳入全国职业院校技能大赛高职组烹饪赛项）及省、市各类职业技能大赛，成效明显。实践中不断推动教学环境与职业工作环境的“零距离”对接，探索构建专业竞赛引领的新型课程体系，提升“双师”教师队伍素质，创新教育载体，以校内外实训实习基地为平台，探索全员参与、真实模拟、生产性实训的实践教学模式，探索监控专业竞赛质量的有效机制。克服了只注重比赛结果而忽视比赛过程的急功近利思想，“以赛促教、以赛促改、训赛结合”，以培养学生职业技能为根本，为技能竞赛引领专业改革提供了有益的借鉴。

（一）以竞赛为导向，引领专业建设与课程改革

1. 将行业标准融入专业人才培养方案，构建竞赛引领的专业课程体系

技能竞赛的内容反映了行业最新标准。主动对接技能竞赛的最新内容和标准，及时将其融入专业人才培养方案，构建竞赛引领的专业课程体系。重点是对照大赛标准，梳理剖析新形势下专业对应的岗位职业能力，进一步优化人才培养目标，整合课程内容，重构课程体系，课程重在“以就业为导向”，“以工作任务为中心”，传授“工作岗位所需要的知识和技能”[3]，使得专业培养目标能主动契合行业发展对人才的实际需求。我院烹饪工艺与营养专业人才培养方案在大赛标准的引领下不断优化，课程体系设计也得到行业以及教育主管部门的认可，专业骨干教师主要参与了教育部职业教育与成人教育司 2012 年颁发（试行）的高职烹饪工艺与营养专业教学标准的制定。

2. 以竞赛引领课程内容和教学方法改革，实践“学中赛、赛中学”的教学模式

对照技能大赛赛项设置及其要求，整合原有教学内容，按照专业对应的岗

位工作任务、工作要求、工作过程和工作情境重组课程内容，形成围绕工作需求的新型技能教学实训项目，如优化设置了基于竞赛要求及岗位能力需求的《宴会设计与实践》《餐饮创业实训》等相关校内生产性实训项目（见图 1）。同时，进一步改革实践教学组织模式，增加实践教学环节，强化实践教学。采用任务驱动、项目导向的实践教学模式，“学训结合、训赛结合”，模拟生产，全真操作，理实一体，综合实训。力求形成特色明显的实用性的教学内容与实训教学模式。

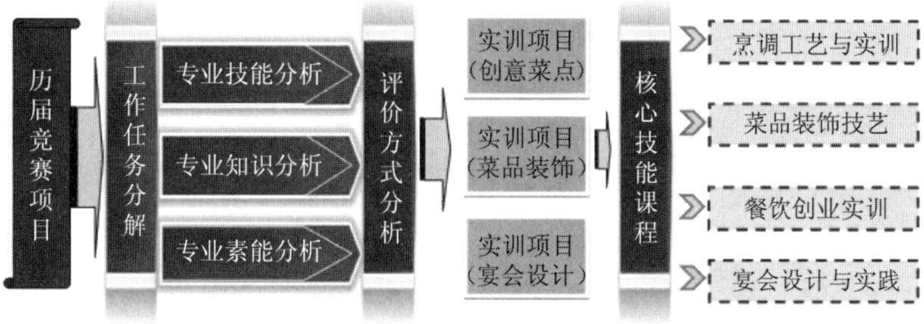

图 1　基于竞赛项目的高职烹饪工艺与营养专业核心技能课程设计

（二）以竞赛为契机，提升教学理念与实践技能

技能竞赛是促进教师观念更新、技能强化的重要契机。部分地方也组织教师技能竞赛，但现有职业技能竞赛参赛对象主要是学生。比的是学生，赛的是教师，教师在整个竞赛过程中的主导地位明显，作用重要。提升教师理念与实践技能的形式有很多，近年来，我院烹饪工艺与营养专业先后安排专业教师参加境内外各级各类培训、进修、顶岗、专题研修。一是参加相关部门主办的与竞赛有关的专题培训，既有竞赛导向的理念、方法培训，也有竞赛技能标准的解读，针对性强。二是参加企业顶岗实践锻炼，主要是汲取行业最新发展动态与技术，提高专业实践操作技能。三是针对教育教学方法的学习与培训，属于教学理念与技能提升的范畴，最终是要将教师所掌握的最新理论、最新技术更好地传授给学生。

（三）建立竞赛机制，营造“职教有大赛”的育人氛围

在国家级、省市级各类职业技能竞赛的引领下，逐步形成“全国竞赛经常

有，省市竞赛定期有，全校竞赛年年有，专业竞赛学期有，课堂竞赛堂堂有”的竞赛层次。建立起课堂竞赛、专业竞赛全员参与，校级竞赛、市级竞赛逐级选拔，国家级（省级）竞赛梯队遴选的竞赛机制。为营造职教有大赛的校园育人氛围，我院烹饪工艺与营养专业在人才培养方案中将专业竞赛与校级竞赛专门融入专业课程（竞赛技能训练模块）、列入教学进程（竞赛实训周），同时学校每年开展全校性职业技能大赛，进一步提高学生技能水平及职业素养，至2015年已连续开展4届。校级专业技能竞赛参赛率达100%，省市级竞赛选拔、集训参加率超过60%，国家级竞赛选拔、集训参加率超过30%。逐步形成了课内有竞赛教学，课外有竞赛集训，人人参与竞赛，由竞赛引导提高学生职业技能的育人氛围（见图2）。

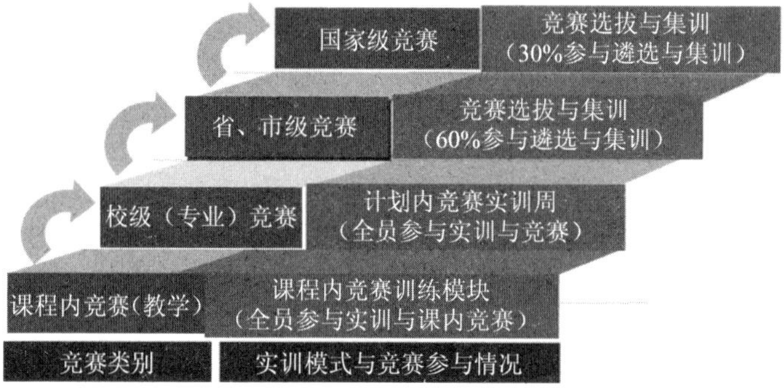

图2　高职烹饪工艺与营养专业技能竞赛与实训教学对接模式

（四）以竞赛为参考，提高技能教学水平与质量

技能竞赛不仅是检验学生技能水平的标尺，更是促进教学质量提高，检验技能教学水平的工具。一方面，将竞赛内容与标准引入课堂，融入课程标准，并以此为标准开展教学，同时，有效地借鉴技能竞赛规范对教学标准评价的要求，用以检验学生技能水平与课程教学质量，如在中式面点实训课程中将烹饪技能大赛中餐面点基本功竞赛的时间、质量标准设计为课程教学标准与考核标准。另一方面，将全员参与的课堂竞赛、校级竞赛成绩作为重要评价指标，对学生的学习效果进行考核，计入教师教学质量考核范畴，发挥技能竞赛的标准导向与参考作用。

（五）以竞赛为助推，提升学生综合竞争力

在“层层选拔、全员参与、技能集训”的竞赛机制推动下，学生专业技能与理论知识得以强化，尤其是在校内生产性实训、校外顶岗实训过程中，学生“理、操、讲、评”的技能得到锻炼，综合应用专项技能的能力得以提升，团队合作的意识得以加强，综合分析问题、解决问题的水平得到提高，大大提升了综合竞争力。通过各种形式的技能竞赛，提高了学生的动手能力，提升了人才培养质量，使职业教育的培养方向更符合生产和服务第一线的实际，有利于贯彻“以就业为导向”的职业教育办学方针[4]。近年来，我院烹饪工艺与营养专业先后有 40 多人次在省市级以上的技能竞赛中获得奖项，毕业生就业第三方评价指标数据（麦可思报告）不断提升，毕业生与用人单位综合满意度不断提高。

（六）以竞赛为纽带，促进校企深度合作

技能竞赛的开展，是维系和稳固校企合作的纽带。竞赛作品的设计过程充分汲取企业经营菜品之精华，校企师生共同设计。多年来，无锡湖滨饭店、无锡金龙凤酒店、台湾王品集团一直全程参与我校的烹饪专业竞赛，校内外指导老师、参赛学生共同设计菜品，赛前的准备与集训由校企老师共同指导，师生在此过程中更全面深入地了解企业最新的技术与生产过程。在高级别的竞赛和专项竞赛训练过程中，还会安排师生共同赴企业进行短期顶岗实践，加深参赛师生对全真生产实践的认知与理解。基于对竞赛导向作用的理解与实践，还与台湾王品集团等企业共同开展岗位职业能力分析，共同制订人才培养方案，开展“订规格、订标准、订质量”的订单深度合作培养，提高了就业率与就业质量。

三、技能竞赛引领高职技术技能型人才培养的几点思考

（一）不断丰富技能竞赛的内涵研究

对技能竞赛内涵实质的研究，深度不够、视野不宽，科学性、先进性、前瞻性不够，需进一步提升对技能竞赛研究的理论水平。尤其是对国际上的专业

竞赛、行业组织的竞赛和相关行业竞赛研究借鉴不够。对竞赛的组织实施过程反馈需进一步加强，同行交流互通还需增进。对教师参与的专业技能竞赛或技能教学竞赛思考、实践还需加强。

（二）持续提升师资队伍国际化培养程度

我国餐饮业与国际接轨时间早、程度高，而本专业的师资队伍的国际化培养程度低，教师缺乏国际视野和相应的关键职业技能，尤其是部分涉外课程师资缺乏尤为突出。这不仅满足不了现代烹饪行业教学需要，也直接影响了教师对国外先进理论、技术的学习和借鉴。师资队伍国际化培养程度需进一步提升。

（三）继续加大高职教改的投入力度

竞赛项目与现有的实践教学项目有区别，实训场地需求差异大，相应的场地建设投入不足。教改中部分教师认识不足，对教改的精力投入还不够，不能满足新形势下人才培养的改革需求。教改实践中各项投入还需进一步加大。

参考文献：

[1] 余伟兵．职业技能竞赛引领高职实践教学改革［J］．鄂州大学学报，2014（10）：89－90.

[2] 何福贵，张梅．职业技能竞赛促进教学改革的研究［J］．北京劳动保障职业学院学报，2010（3）：37－40.

[3] 谢强．技能大赛对高职烹饪专业教学改革影响——以无锡商业职业技术学院为例［J］．企业导报，2013（6）：202－203.

[4] 单银丽，杨文领，沈莹．职业技能竞赛引领高职院校教学模式改革的探索研究［J］．湖北广播电视大学学报，2014（5）：15－16.

两岸高等职业教育比较研究①

全国餐饮职业教育教学指导委员会　中国烹饪协会培训交流中心
浙江商业职业技术学院

摘　要：文章从大陆与台湾两岸高等职业教育的现状出发，从高职教育的政策制度、课程设置、教学方式、校企合作及两岸高职教育的发展趋势和存在问题等方面进行了全方位的比较分析，为两岸之间更好地分享高等教育资源，提高人才培养质量提供经验借鉴。

关键词：大陆；台湾；高等职业教育；比较

高等职业教育作为高等教育的一个分支，其致力于学生就业后职业活动所需的实践能力的培养，重视良好的职业规范与职业习惯的养成。这方面，海峡彼岸的台湾职业教育经过多年的探索和实践，获得了诸多宝贵的经验。大陆的高等职业教育发展起步较晚，但近年来改革力度不断加大，在人才培养模式、课程设置及校企合作等方面也取得了长足的进展。如何进一步加强大陆高职教育的内涵建设，巩固已有的改革成果，进而实现更高层次的跨越，是当今亟待解决的重要课题。“他山之石，可以攻玉”，笔者在台湾著名的私立南台科技大学进行了三个月的访学，亲身体会了台湾高职教育的诸多优点和不足，现以两岸同类学校的旅游类专业为例，进行高等职业教育之间的比较，供大家借鉴学习。

一、学制灵活，自成体系

大陆的高等职业教育在《关于全面提高高等职业教育教学质量的若干意见》教高〔2006〕16 号文件中明确为高等教育的一个类型，但在实际操作中

---

① 主要撰稿人：项园园、张大海。

仍然延续了普通高等教育的人才培养模式，基本只招收应届高中（职高）生源，进行全日制教学为主的封闭型人才培养模式，学制为三年的专科教育。近年来，虽然进行了高职“专升本”的专本衔接教育体制，但受到种种因素影响，职业教育的上升通道还是不够畅通，社会对于“高职生”的认可度也还不够。而在台湾，职业教育的学制较为灵活，普通高中毕业生既可以进入普通大学，也可以进入二年制专科、技术学院或科技大学（相当大陆的高等职业学院）四年制本科学习。同时，基本每个科技大学都开设夜间部，针对在职人员进行成人学历晋升教育和专业技能培训。这两类人员经过资格审核，通过课程考试和论文考核，即可以取得承认学历的硕士及博士学位。职业教育体系完善，相互衔接，与普通高等教育体系平行发展，并行不悖，成功地构建起了与普通高等教育相互沟通、层次合理的现代高等职业教育体系。

二、专业课程，按需设置

大陆的教学计划中，课程体系基本延续了学科体系的特点，按照通识类课程—专业基础课程—职业岗位技能课程的顺序进行设置，外加一部分的选修课程，同时还有“两课”和时间跨度较长的英语学习课时，最后安排毕业设计及毕业实习环节。课程设置注重知识体系的完整性，学习过程基本是先理论后实践，由浅入深，循序渐进。部分专业课程偏于理论化，如“旅游心理学”、“旅游市场营销”等。台湾职业教育的课程体系分为通识必修、学院专业基础必修课程、系核心专业必修课程、选修课程四大类，也有相应的毕业设计和毕业实习过程。课程设置注重实用性，强调学生行为素养和实践能力的锻炼。如“劳作教育与服务学习”课程开设两个学期，旨在培养学生的服务意识和劳动习惯。“自行车领队实务训练”、“航空票务订位”、“户外团队活动”、“休闲专案企划方法”、“庆典活动管理”、“休闲文宣制作”等专业类课程，针对性、实践性极强，明显带有台湾旅游特色。课程安排兼顾学生兴趣需求，开设诸如“休闲糕点及陶盛器实作”、“葡萄酒评鉴”、“点心烘焙”“竹艺 DIY 技能实作”等特色课程。但部分课程设置有“迎合”学生的倾向，与专业关系不大。

三、教学灵活，自由度大

大陆职业教育起步较晚，教学基本沿袭了普通高校的教学模式，教师处于教学活动中的主体地位，普遍重视四十五分钟课堂教学，严格按照既定的授课计划进行，授课依据现有的教材展开，对课件的制作要求相对较高。在实践类课程的教学中，也基本是教师先行示范，学生依样画葫芦的模式进行。台湾的职业教育，教学理念先进，教学方式相对灵活。师资普遍具有博士学位，大都拥有欧美留学背景。教学中教师授课自由度较大，基本不按现有成形的教材教学，甚至不要求学生购买课本教材（台湾正版教材较贵），采用课程讲义的形式进行讲授，大量增加课外的新资讯和企业实例，重视网络信息对课堂教学的补充。课件简洁明了，制作简单。课堂教学中，教师与学生地位平等，普遍采用课堂讨论、口头报告及案例分析等形式教学，增加学生对于教学过程的参与性，善于随时激发学生的课堂兴趣，课堂教学组织、掌控能力较强。在学时安排方面，台湾职业教育重视实践性课程教学，大约占总课时数的60%～70%。学生每周都必须完成一定数量的实验实训任务，同时还要进行现场实际操作的相关训练，保证课程教学的实效性。

四、校企合作，产学相长

高等职业教育是具有高等教育属性的职业教育，职业性是其本质属性。因此在人才培养方面，必须坚持产教结合的教育导向，将学校的教学与企业的生产劳动有机地结合在一起，校企合作培养社会经济发展所需的高素质技能型专门人才。大陆地区于2010年8月颁布《教育部、财政部关于进一步推进“国家示范性高等职业院校建设计划”实施工作的通知》文件，对校企合作、工学结合做了相关规定。但限于种种原因，推进力度和深度并不大。台湾职业教育在这方面做得非常细致。首先，给予政策性鼓励和扶持。台湾教育行政部门每年提供巨额补助经费，并实施了一系列保障措施，对校企合作、工学结合有明确的奖励计划。其次，由行业协会牵头举办各种旅游职业技能大赛和职业证照考试，通过企业赞助比赛和评奖，并及时将优秀成果转化为企业产品。对获奖和取得证照的学生，实行优先高薪就业和升职，激励学生努力学习，掌握实践操作技能，营造良好的学习氛围。台湾还把学生取得各项技能比赛证书和职业证照的多少作为评估学校的一项重要指标。最后，企业界与教育机构合作从事职业与技术训练工作，为企业界培养所需的专业技术人才，促进经济发展。根据学生的培养目标进行职业准备，学生在学校接受必需之学科及相关知识的学习，在训练岗位接受就业所需的技能训练。

五、竞争激烈，适者生存

大陆的职业院校基本都是公办院校，招生数由国家及地方政府进行统一调配。庞大的应届生数量和高等教育大众化的产业政策导向，使得部分高校一再进行规模扩张，增加新专业和扩大招生数始终是发展的主旋律。台湾地处一隅，由于20世纪90年代中期，台湾“教育改革委员会”以增加设立大学以缓解就学压力的决策，形成台湾大学数量过剩，近年来面临大学招生不足的尴尬局面。与此同时，台湾人口出生率却逐年下降，许多没有政府资金投入的私立高校面临严峻的生存压力。台湾政府教育部门甚至还为此专门制定了部分高校关停的退出机制，职业院校则首当其冲。在此种情况下，许多私立科技大学，包括南台科技大学在内的技职体系的高校开始将眼光转向高校的内涵建设，不断加强与社会及行业的联系，强化自身的专业特色优势，加强教学改革力度，以塑造学校的良好社会形象。这种激烈竞争、适者生存的情形很值得大陆地区的职业院校在发展过程中进行反思和总结。

六、结　论

大陆与台湾同文同种，近年来随着两岸关系的走暖，教育界相互间的沟通和交流也在不断加强。台湾地区在高等职业教育方面，经过多年的探索和实践，取得了长足的进展，但也存在一定的问题。如何很好地吸收和借鉴台湾地区的高等职业教育的发展经验，促进两岸之间高等教育和学术文化交流，对提高两岸的高等职业教育教学水平，提高中华民族的总体素质与知识水平，都具有非常重要的现实意义。

参考文献：

[1] 郭福春．大陆与台湾高等职业教育比较研究［J］．黑龙江高教研究，2011（9）．

[2] 何晓韬．大陆与台湾职业教育比较研究——从经济发展角度看职业教育［J］．科教文汇，2006（5）．

[3] 林建华．台湾职业教育的特点及启示——考察台湾职业教育有感［J］．青年探索，2007（2）．

[4] 刘春生，谢勇旗．台湾职业教育的特色及启示［J］．职业技术教育（教科版），2003（28）．

[5] 农荣．台湾职业教育对广西职业教育发展的启示［J］．广西教育，2013（11）．

[6] 张如意，徐大真．台湾地区高技能型人才培养特色及其启示［J］．职业教育研究，2014（8）．

[7] 袁勇，许良葵．台湾职业教育产学合作：特色与启示［J］．吉林省教育学院学报，2014（4）．

[8] 黄刚辉．台湾职业教育对导游人员的培养方法及启示［J］．职业教育研究，2001（6）．

烹饪高职专业“春秋轮换”人才培养模式探索

中国烹饪协会培训交流中心①

摘　要：随着餐饮业的快速发展，餐饮业对烹饪专业人才的需求越来越高，尤其是对烹饪高职专业人才的要求不断提升，然而现有的人才培养模式使得学生在行业发展中常常遭遇瓶颈。本文结合行业发展要求，结合市场变化规律从课程体系、教学内容、评价方法等方面进行探索，推出了以职业岗位为导向的“春秋轮换”人才培养模式。以满足高职烹饪专业现在及将来发展需求的人才培养模式和改革思路，以加快高职院校改革发展的步伐。

关键词：烹饪高职；烹饪人才；餐饮业

一、概　　述

高职烹饪专业近几年随着餐饮的快速发展已成为餐饮行业人才输入的主要来源之一，为此改进高职烹饪专业的人才培养模式进一步提升育人质量已成为高职院校的重点工作。我们以培养学生综合素质为目标，重点加强职业道德教育、职业技能训练和学习能力培养，密切与企业等用人单位的联系，改革以学校和课堂为中心的传统人才培养模式，推出了以职业岗位为导向的“春秋轮换”人才培养模式。促进知识学习、技能实训、工作实践和职业鉴定等功能的整合，推动教、学、做的统一，实现学生全面发展。

我们推出的以职业岗位为导向的“1＋4×0.5（春秋轮换）”工学交替人才培养模式可简要描述如下：1学年（校内上课）＋0.5学年（企业实

① 主要撰稿人：朱云龙、董芝杰。

训）+0.5学年（校内上课）+0.5学年（企业实习）+0.5学年（校内上课）的教学模式，春秋不同班级轮换。旨在加强校企深度融合，引入企业资源，依托真实职业环境，根据企业需求为企业“同步培养”高技能人才。以工学结合为切入点，实践和优化“做中学，学中做，工学交替”的人才培养模式。依托烹饪协会、餐饮协会，与校企合作单位建立长期合作关系，合作开展对烹饪人才需求情况分析，确定厨房岗位工作过程及职业岗位能力要求，实现“1+4×0.5（春秋轮换）”工学交替人才培养模式的有效运用。

这种人才培养模式体现“五个结合+五个偏重”的特点，即实现学校与企业合作，偏重企业；理论教学与实践教学融合，偏重实践教学；校内实训基地与校外实习基地接合，偏重校外实习；专职教师与兼职教师结合，偏重兼职教师培养；专业学历证书与职业资格证书吻合，偏重职业资格证书。

这种人才培养模式又体现“五位之和”的法国式大厨素质教育模式，即厨德+技能+营养+文化品位+专业核心素养=法国式大厨。坚持育人为本，德育为先的原则，将素质教育融入人才培养的全过程，在培养学生技能的同时提升学生的职业素养，在培养学生全面素质的同时提升学生的创新素质，在培养学生综合职业能力的同时培养他们稳定的心理素质。并努力实现校企共同参与学生校企实习期间的素质教育全程。该校要求素质大于技能，技能包括懂营养，有文化品位，要做成法国大厨式的烹饪；要培养行政总厨、营养师；有自己与众不同的专业核心素养，即重视食品卫生与安全，这是国际上公认的法国式大厨的重要标准。

二、“项目引导，任务引领”的课程体系

根据“1+4×0.5（春秋轮换）”工学交替人才培养模式，合理设置课程。基本思路是以餐饮厨房工作岗位为项目→分析工作过程→提炼工作任务→转化学习领域→设计教学项目→构建课程体系。

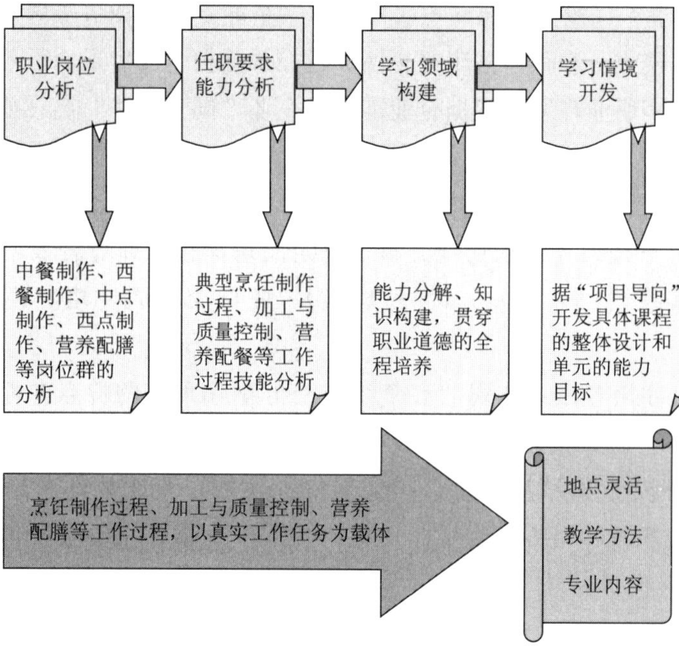

图1

（一）基于职业岗位的课程体系

文化知识教学体系：
- 公共文化知识：语文、德育、计算机
- 行业文化知识：营养卫生、食品安全、成本核算
- 创新与拓展知识：餐饮管理、职业技能大赛、创新教育

专业技能教学体系：以工作任务为载体，将专业课分为六大项目，即专业入门项目、食艺项目、冷菜工艺项目、热菜工艺项目、面点工艺项目及西餐项目。“入门”项目围绕能够“支持相近的多个专业的专业课程”这一教学目标要求展开；其他五个项目围绕着能够“承担该职业的主要工作任务”这一特定的教学目标要求展开。

（二）基于职业岗位的企业实训及实习教学体系

企业实训及实习教学体系：
- 企业文化教育：企业文化、管理制度、员工规范、团队协作
- 专业技术培训：安全知识、操作工艺流程、食品安全法规
- 企业员工管理：实施企业管理，建立“总结月”、“月鉴定”
- 技能考核：参加多证考核

校内实践教学体系：课程实验→基本技能实训→综合技能实训→生产性实训。

通过以上课程体系的建立，培养学生岗位基本操作能力、行业从业能力、良好的职业道德及适应社会和行业的可持续发展能力。

（三）基于职业岗位的目标体系

培养学生热爱本工种，增强质量意识，做到安全生产，具有良好的职业道德；培养学生全面掌握本工种的基本技能。会熟练操作和运用各种常见的烹饪设备；能从事菜肴制作并进行简单的营养分析；能熟练做好厨房卫生、器具养护工作；能熟练进行菜肴点缀、装饰工作；熟练完成各种培训指导任务。

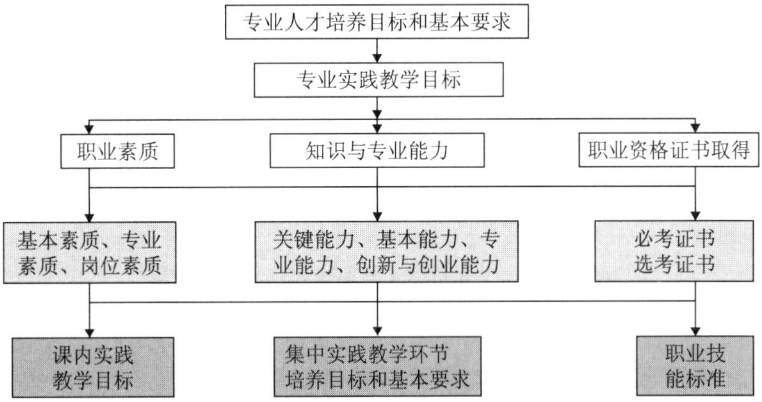

图 2　烹饪工艺与营养专业实践教学目标体系

（四）基于职业岗位的内容体系

实践性教学体系分为五个阶段：认识实践、课程实验和基本技能训练、综合技能训练、生产性实训、顶岗实习，前四项于校内完成，是学生到企业顶岗实习前的“岗前培训”阶段，此阶段引入企业“职工培训计划”；顶岗实习是在企业实际生产环境中的职业培训阶段。

a. 认识实践：新生入校第一学期，课余时间安排学生到相关企业参观、见习，了解企业，加深对所学专业的认识，提高对所选专业的学习兴趣。

b. 课程实验与基本技能训练：课程实验与基本技能实训都要围绕专业核

心技能并通过专业课程开展。

c. 综合技能训练：以项目为载体，通过单项训练达到掌握综合技能的目的。

d. 生产性实训：通过模拟厨房等仿真环境和仿真管理，培养学生掌握与企业生产岗位接轨的实践技能，为学生的顶岗实习打基础。

e. 实训、实习：是在学生培养模式“0.5＋0.5”中。学生在企业的环境中，按照生产工序在5～7个工作岗位“轮岗实习”，掌握岗位技能、工艺流程、设备操作、国家行业法规，学习企业文化、规章制度，从而提高职业技能、职业道德和职业素质，为就业打下良好的基础。

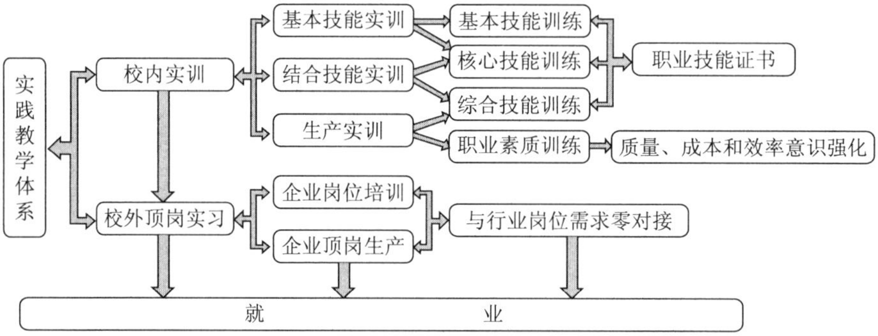

图3　烹饪工艺与营养专业实践教学内容体系

（五）基于职业岗位的行动领域课程体系

以就业岗位为导向，以工学结合为切入点，针对本地区餐饮行业的现状进行广泛的市场调研，分析工作岗位（群）和典型工作任务的任职要求，由企业管理者、岗位从业者和专业教师共同开发、设计烹饪专业人才培养方案，改革教学内容，依据典型工作岗位确定行动领域。

表1

职业岗位		行动领域	相关课程（含实践训练课）	能力要求	备注
岗位核心能力	烹调师	加工制作	中国烹饪概论、现代厨政、烹调技术、烹饪基本功训练、综合实训、顶岗实习	熟练掌握	
岗位核心能力	烹调师	成本核算	饮食成本核算	一般掌握	
岗位核心能力	烹调师	烹饪制作	烹饪营养卫生、烹调技术、烹饪基本功训练、综合实训、顶岗实习	熟练掌握	

续表

<table>
<tr><th colspan="2">职业岗位</th><th>行动领域</th><th>相关课程（含实践训练课）</th><th>能力要求</th><th>备注</th></tr>
<tr><td rowspan="7">岗位核心能力</td><td rowspan="4">厨师长、行政总厨</td><td>餐饮服务专业操作能力</td><td>中国烹饪概论、现代厨政、烹调技术、烹饪基本功训练、综合实训、顶岗实习</td><td>熟练掌握</td><td></td></tr>
<tr><td>中餐、中式面点制作的能力</td><td>食品营养与卫生、面点制作技术、综合实训、顶岗实习</td><td>熟练掌握</td><td></td></tr>
<tr><td>西餐、西点制作的能力</td><td>西餐概论、综合实训、顶岗实习</td><td>熟练掌握</td><td></td></tr>
<tr><td>制作各式小吃的能力</td><td>冷拼与食品雕刻技艺、创新菜点开发与设计、中华药膳</td><td>熟练掌握</td><td></td></tr>
<tr><td rowspan="3">餐饮管理人员</td><td>大型餐饮活动组织、策划能力</td><td>烹饪展台制作</td><td>熟练掌握</td><td></td></tr>
<tr><td>烹饪技术培训、教育能力</td><td>烹饪工艺美术、中国名菜</td><td>熟练掌握</td><td></td></tr>
<tr><td>烹饪产品营销的基本能力</td><td>餐饮管理</td><td>一般掌握</td><td></td></tr>
</table>

（六）基于职业岗位的学习领域课程体系

构建学习领域：按照适度够用的原则，将各学习领域按照作用进行归纳分类，对原有课程体系进行重构，以任务为载体，采用理实一体化课程内容结构设计教学项目。

表 2　基于职业岗位的学习领域课程体系

<table>
<tr><th>学习领域</th><th colspan="2">课程转换</th><th>支撑的实验实训条件</th></tr>
<tr><td rowspan="9">综合素质养成</td><td colspan="2">政治思想教育</td><td>公共教学平台</td></tr>
<tr><td colspan="2">道德规范·修养·理想教育</td><td rowspan="6">企业专家讲座、优秀校友报告会、教研室讲座</td></tr>
<tr><td colspan="2">专业背景、职业规划教育</td></tr>
<tr><td colspan="2">感恩·责任·爱岗敬业·团队协作·执行力系列教育</td></tr>
<tr><td colspan="2">第二课堂（职业技能大赛、参观知名餐饮企业、企业文化学习）</td></tr>
<tr><td colspan="2">餐饮企业的假期实践</td></tr>
<tr><td colspan="2">餐饮行业从业人员卫生意识养成</td></tr>
<tr><td colspan="2">餐饮行业职业素质、职业道德教育</td><td rowspan="2">校内实训基地
校外实习基地</td></tr>
<tr><td colspan="2">企业顶岗实习岗位操作规程</td></tr>
<tr><td rowspan="3">岗位基础学习领域</td><td>营养配餐与药膳制作</td><td>烹饪营养与卫生</td><td rowspan="7">校外实习基地
原材料供应基地
校内面点实训室
校内西餐实训室
校内雕刻室
校内多功能加工室</td></tr>
<tr><td>烹饪基本功应用</td><td>烹饪原料的鉴别、加工知识与技能</td></tr>
<tr><td>烹调应用</td><td>中餐烹调的相关知识与技能</td></tr>
<tr><td rowspan="4">岗位核心学习领域</td><td>中餐制作</td><td>原料的加工及烹饪设备知识与技能</td></tr>
<tr><td>西餐制作</td><td>原料的加工及烹饪设备的知识与技能</td></tr>
<tr><td>面点制作</td><td>中式及西式面点制作</td></tr>
<tr><td>食品雕刻及应用能力</td><td>凉菜制作和拼摆、食品雕刻</td></tr>
</table>

续表

学习领域	课程转换		支撑的实验实训条件
岗位拓展学习领域	写作知识	基础写作知识、专业写作知识	校外实训基地 校内模拟厨房
	市场营销基础知识	市场营销基本理论与策略	
顶岗实习	就业指导		校外各实习基地
	企业岗位培训、实操与管理		

三、基于职业岗位的项目式教学内容

根据学校的实际情况，结合职业岗位，融合企业用工的需求，将专业课分为七大项目，即原料选择与加工、切配、打荷、凉菜制作、热菜制作、食品艺术与造型、宴会设计。当然，职业教育的最高境界应当是引领餐饮业的前进趋势，并且成为餐饮业的智囊团，所以，在经历了七大项目专项训练之后，我们需要在此基础上进行进一步的提升与挖掘。在最后一学期，由教师带领，进行综合主题筵席设计与制作及创新创意菜制作等，并且将这些创意菜或主题筵席菜推进到餐饮企业，成为餐饮业源源不断的创造源泉。这样培养出来的学生才能适应社会的需求，才能体现出职业教育的质量。

表 3

职业岗位	工作任务	对应的知识、能力和素质要求			拟设课程
		知识	能力	素质	
中式烹调	1. 原料选择与加工（水台）	1. 常见原料的产地、产季及品质特点 2. 各种原料组织分布情况	1. 鉴别原料的新鲜度 2. 会用各种方法加工原料	1. 操作规范、讲究卫生、物尽其用 2. 能触类旁通，举一反三	入门常识（烹饪原料知识）、刀工基础 勺工基础
	2. 切配	1. 刀具与砧墩的选择、使用、保养 2. 常见刀法的要领 3. 配菜的原则、要求与方法	1. 能用各种刀法加工原料 2. 会根据原料和菜肴特点进行配菜		
	3. 打荷	1. 熟悉菜肴制作程序 2. 掌握统筹协调方法	1. 能协调好各程序之间的关系 2. 具有现场协调能力	1. 主动、积极 2. 灵活、机智 3. 处变不惊	烹饪劳动技能
	4. 凉菜制作	1. 掌握冷拼制作的要领 2. 熟悉凉菜制作的方法 3. 具备一定的美学知识	1. 进行简单的凉菜制作与拼摆 2. 花式拼盘的设计与制作 3. 主题凉菜的确定	1. 具有一定的创新精神 2. 具有一定的审美意识	凉菜认知 凉菜制作 凉菜拼摆 主题冷盘

续表

职业岗位	工作任务	对应的知识、能力和素质要求			拟设课程
		知识	能力	素质	
中式烹调	5. 热菜制作	1. 掌握好翻锅技巧、注意事项 2. 了解热传递的种类与使用范围 3. 掌握常见基本味型、复合味型的知识 4. 掌握熟处理的方法、要领 5. 了解各种现代化厨具的使用方法 6. 掌握菜肴的成型与装盘技巧 7. 了解菜肴加工过程中营养的变化	1. 熟练地进行菜肴制作 2. 能针对菜肴进行简单的营养分析 3. 会根据不同菜肴的要求进行合理装盘 4. 能进行创新菜点的设计与加工	1. 操作规范 2. 具有创新意识 3. 具有合作交流能力 4. 具有应对性	厨具知识 热菜认知 苏菜制作 川菜制作 鲁菜制作 粤菜制作 其他风味
	6. 食品艺术与造型	1. 掌握色彩搭配知识 2. 了解构图原则 3. 懂得艺术组合	1. 能进行一些雕刻作品的制作 2. 根据菜肴要求合理进行菜肴美化 3. 能进行艺术拼盘的设计与制作	1. 具有一定的审美观 2. 具有创新意识	入门常识(烹饪美术) 食艺认知 食品雕刻 菜肴围边 席面设计
	7. 宴会设计	1. 掌握宴会菜肴的主要构成元素 2. 熟悉上菜的程序 3. 了解各地民俗风情、饮食禁忌等	1. 合理安排宴会菜单 2. 有序进行宴会设计 3. 针对不同主题进行合理布局	1. 大局意识 2. 主人翁意识 3. 管理能力 4. 协调沟通能力	入门常识(成本核算、宴会设计、饭店管理) 综合主题设计

四、基于职业岗位的教学质量监控和评价体系

构建由学校、行业、用人单位、就业学生、学生家长等多主体的人才培养质量评价机制。改革课程教学评价制度，实施过程考核制度，综合评价学生学习态度、知识、技能；校企合作制定教学标准，规范教学流程；提升教学管理队伍水平；完善教学质量监控体系，形成从人才培养方案制定、课程标准研制、教学组织实施、教学检查、学生网上评教、毕业生跟踪调查到信息反馈的覆盖教学各环节的质量监控闭路循环系统。

（一）建立多元评价标准和方式

按照“计划、准备、实施、检查、反馈、改革”六个环节，对评价指标进行细化，建立多元评价标准，形成知识评价标准、技能评价标准、素质评价标准、学生就业水平标准和用人企业满意度标准。采用多元评价方式，使用书面测验、口头检测、行为展示、成果展现、量表衡量、逸事记录、档案袋评价和日常行为观察等。既重视前置性评价、诊断性评价、形成性评价、终结性评价，也重视过程前的预测评价和过程中的即时评价以及过程之后的延时评价。

（二）形成毕业生信息反馈体系

建立包括政府、行业、企业、学校多方参与的教学质量评价与保障体系。加强学校对毕业生的跟踪，关注高职学生职业发展；加强企业对毕业生的后续管理和信息反馈。建立办学主管部门、办学评估机构、用人单位、就业学生等多渠道的人才培养质量评价机制。每年进行毕业生就业、创业跟踪调查，形成年度学校各专业毕业生就业、创业白皮书；建立毕业生信息档案。每年召开就业学生校友会、学生就业单位恳谈会，对学校的教学质量进行评价。开辟学校教学质量社会征求意见网络窗口，实时接受社会对学校教学质量的评价和监督。

（三）使用现代信息技术管理和监控

充分利用学生实习管理信息平台，做好校外学生实习的动态管理，注重以学生顶岗实习为重点的实践教学过程管理与监控。充分利用网络教学平台，做好网络教学的质量控制。

中国餐企的上市路径及“钱”景分析

李　刚①

摘　要： 本文介绍了中国沪深A股市场及新三板的总体状况，分析了这两大市场的不同特点，对中国餐饮企业在沪深股市LPO和新三板挂牌的路径和融资环境进行了比较。

关键词： 沪深股市；新三板；餐饮业

2015年，中国国内生产总值676708亿元，比上年增长6.9%。全年社会消费品零售总额300931亿元，而全国餐饮收入实现32310亿元，餐饮收入占全年社会消费品零售总额的10%还多；2015年，全国人均消费支出中，食品烟酒类消费占了30.6%，为第一大类的消费支出。据有关资料统计，目前全国共有243万家餐饮网点，1445万从业人员，餐饮行业已经实实在在的是一个巨大的行业，在促进消费、改善就业方面也发挥了举足轻重的作用，但长期困扰餐饮企业的经营成本高，行业集中度低，企业规模散而小，食品安全问题频出等问题一直没有得到根本解决。也正因此，为了更快、更强地做大餐饮企业，筹集更多的发展资金，企业家们纷纷将目光投向了国内外的资本市场。

一、上市路径之一：中国沪深股市LPO

（一）沪深股市的基本状况

中国股市1989年建立。1986年9月26日，中国第一个证券交易柜台——上海静安证券业务部的开张，标志着新中国从此有了股票交易。从那时起，近30年来，中国沪深股市便由最初的“老八股”发展到现在，主板加上

① 李刚，中国烹饪协会信息宣传部副部长，《中国餐饮年鉴》副主编。

中小、创板共有股票近 3000 只。中国股市因成立时间短，与国外成熟股市相比，有以下特点：

1. 沪深股市整体市盈率较高

据沪深交易所数据显示，以 2016 年 1 月 27 日收盘计，沪市 A 股市盈率为 13.67，深市 A 股市盈率为 39.7，中小板市盈率为 48.84，创业板市盈率为 77.64。至 2016 年 2 月 29 日收盘，沪市总市值为 22.632 万亿元；深市总市值为 17.0706 万亿元；沪深两市合计总市值 39.7 万亿元；相比 2015 年 5 月底 70 万亿元的总市值，目前 A 股市值已经缩水逾 40%。

2. 上市公司以国企为主，民营企业为辅

中国股市中国企比例极大，而西方股市以私企为主，甚至 90%以上为私企。国企由于产权不清，责、权、利相分离，其效益、回报反映、表现也与西方上市企业迥然不同。

3. 沪深股市重融资，轻分红

中国股市自成立以来，就是超常规发展，而且每年在股市中筹资的规模也很可观。以 2015 年为例：全年上市公司通过境内市场累计筹资 29814 亿元，比上年增加 21417 亿元。其中，首次公开发行 A 股 220 只，筹资 1579 亿元；A 股再筹资（包括配股、公开增发、非公开增发、认股权证）6711 亿元，增加 2546 亿元；上市公司通过发行可转债、可分离债、公司债、中小企业私募债筹资 21524 亿元，增加 17961 亿元。但与此同时，中国上市公司大多效益低下，不少是不肯分红，或分不出红，所以有人认为许多股票没有长期投资价值。

（二）沪深股市中餐饮板块的基本状况

目前大多数股市软件交易系统，都将上市公司分为若干板块，但大都不设专门的餐饮板块，餐饮酒家类上市公司多与旅游、酒店类公司合并一处，设为旅游酒店板块。仔细寻找，以餐饮业务为主业的公司，也只有十余家。总市值不足 1000 亿元，与缩水后的沪深股市 40 万亿元总市值相比，仅仅占了 0.25%，这与拥有 243 万家餐饮网点，从业人员超千万的行业相对照，实在是不成比例。如果按照中国各行业间综合发展考量，餐饮企业上市数量应占沪深股市总数的 5%，即总上市数的 150 家左右，目前来说，只是零头还不到。当然，这也正好说明了，中国餐饮业的上市公司数量还有巨大的提升空间。

（三）沪深股市中餐饮板块投资价值分析

从表 1 中可以看到，餐饮类上市公司大多是 20 世纪末上市的，而 2009 年以最后上市的 ST 云网为标志，已经有 6 年没有新的餐饮类公司在沪深主板、中小板、创业板上市了。

表 1　沪深股市中以餐饮营收为主的公司市场表现

股票代码	股票名称	发行价（元）	历史最低价（元）	历史最高价（元）	复权后最低价（元）	复权后最高价（元）	历史最高涨幅（倍）	上市时间
000428	华天酒店	5.98	2.85	38.50	7.86	242.18	30.81	1996.8
000524	岭南控股	6.28	2.05	33.40	5.26	153.01	29	1993.11
000610	西安旅游	3.80	2.42	26.18	5.77	83.38	14.45	1996.9
000721	西安饮食	3.15	2.46	17.51	3.80	78.8	20.73	1997.4
000796	凯撒旅游	7.74	2.17	44.33	7.18	176.91	22.65	1997.7
000802	北京文化	4.72	2.35	43.35	2.59	148.95	57.5	1998.1
002186	全聚德	11.39	13.48	78.56	15.37	78.56	5.11	2007.11
002306	ST 云网	18.90	2.98	40.80	12.16	52.16	4.28	2009.11
600258	首旅酒店	5.87	4.92	62.44	5.35	90.07	16.83	2000.6
600754	锦江股份	4.90	5.52	58.98	8	164.99	20.62	1996.10
601007	金陵饭店	4.25	3.80	36.75	3.86	38.30	9.92	2007.4

资料来源：以 2016 年 3 月 1 日中国股市收盘价计。

在 11 家公司中，十多年间，以复权价计，共产生过 5 只百元股，占餐饮类上市总数的近 50%；除了金陵饭店外，其他的复权价都在 50 元之上，市场表现远好过其他板块的公司；历年涨幅在 30 倍之上的有 2 只，最高的北京文化涨幅达到惊人的 57.5 倍，占总数的 18%；涨幅在 20～30 倍的有 4 只，占总数的 36%；涨幅在 10～20 倍的有 2 只，占总数的 18%；涨幅在 5 倍之上 10 倍之下的有 2 只，占总数的 18%；全部餐饮类上市公司中，只有一只股票涨幅在 5 倍之下（接近 5 倍）。

二、上市路径之二：新三板挂牌

（一）新三板目前的基本状况

“新三板”市场原指北京中关村科技园区的非上市公司股份转让系统，因为挂牌企业均为高科技企业而不同于原转让系统内的退市企业及原 STAQ、

NET 系统挂牌公司，故形象地称为“新三板”。目前，新三板不再局限于中关村科技园区非上市股份有限公司，也不局限于天津滨海、武汉东湖以及上海张江等试点地的非上市公司，而是全国性的非上市公司股权交易平台。

新三板全称为“全国中小企业股份转让系统”，不属于沪深证券交易所，进行的交易为场外交易。在新三板市场上只有“挂牌”一说，挂牌不等同于上市。据说新三板分层后，其中优异的公司有可能再行 LPO，转板深市的创业板或沪市主板。

新三板是多层次资本市场的重要组成部分，定位主要是为创新型、创业型、成长型中小微企业发展服务。2013 年 12 月国务院发布《关于全国中小企业股份转让系统有关问题的决定》以来，新三板进入了快速扩张期。统计数据显示，新三板挂牌公司 2013 年底只有 356 家，2014 年底增至 1572 家，到笔者写作此稿的 2016 年 3 月 4 日，新三板市场挂牌公司总计已达到 5878 家，总股本达 3414 亿股。详情见表 2：

表 2　新三板目前市场总体情况

项　目	做市转让	协议转让	合　计
挂牌公司数（家）	1354	4524	5878
当日新增数（家）	3	7	10
总股本（亿股）	1062.00	2352.46	3414.46
流通股本（亿股）	522.87	682.26	1205.12
成交股票只数（只）	758	169	927
成交金额（万元）	54097.52	19435.22	73532.74
成交数量（万股）	9960.30	2732.41	12692.71

注：信息来源于全国中小企业股转系统九鼎德盛，截止到 2016 年 3 月 4 日。

目前新三板实现了对境内 31 个省（自治区、直辖市）和证监会 18 个门类、84 个大类行业的覆盖，形成了以中小微企业为主体的市场规模。中小微企业占比 95%，小微企业占比 69%，大型企业占比 5%；民营企业占比 96%，国有企业占比 4%。不少机构预测，2016 年底在新三板的挂牌公司数量将在万家以上。

和在沪深证券交易所正式上市的公司相比，新三板有如下特点：

1. 新三板股和国内 A/B/H/N 股在上市（挂牌）地、票面币种、交易币种上都有区别

大家熟知的是 A 股市场，我国上市公司股票按上市地主要分为 A 股、B

股、H股、N股，它们与新三板挂牌公司股票在交易币种、交易方式、税收政策、对投资者要求诸多方面都有所不同。区别如表3所示：

表3　A/B/H/N股和新三板股区别

种　类	公司注册地	公司上市/挂牌地	票面币种	交易币种
A股	中国内地	沪、深证券交易所	人民币	人民币
B股	中国内地	沪、深证券交易所	人民币	美元（沪）港币（深）
H股	中国内地	香港证券交易所	港币	港币
N股	中国内地	纽约证券交易所	美元	美元
新三板股	中国内地	全国中小企业股份转让系统	人民币	人民币

2. 新三板企业挂牌门槛不高

新三板挂牌企业主要是创新型、成长型的小微企业，相对主板与创业板，对现金流、净资产与股本总额没有要求，有持续盈利能力即可，有的目前尚在亏损之中，亦已经挂牌。

新三板主要挂牌条件：①依法设立且存续满两年；②业务明确，具有持续经营能力；③公司治理机制健全，合法规范经营；④股权明晰，股票发行和转让行为合法合规；⑤主办券商推荐并持续督导；⑥全国股份转让系统公司要求的其他条件。

3. 新三板对投资者的要求很高

由于新三板挂牌企业多为创业公司，盈利能力并不稳定，投资风险高，因此为保护投资者，国家对新三板投资设置了较高的门槛。投资者以风险承受能力的机构投资者为主，个人投资者名下证券类资产市值需达到500万元。就是说，你若是一个普通的股民，你的个人账户内的A股股票及保证金须达到500万元人民币以上，你才有资格开设新三板账户。据有关部门统计，截至2015年底，新三板投资者数不到20万户。

4. 交易制度采取的方式不同

主板和创业板这两个场内市场采用的是竞价交易方式，场外市场的新三板交易制度与主板明显不同，新三板采取的是协议和做市方式。而且没有10%或5%的涨跌幅限制。

5. 新三板的税收制度不同于沪深主、创二板

新三板的税收制度不同于主创二板对机构投资者征收营业税，个人投资者免征所得税的要求。在新三板交易的机构投资者免征营业税，个人投资者须缴纳所得税。

6. 新三板挂牌的成本

目前，小微企业若想挂牌，有这样几笔费用：一是主办券商、律师事务所、会计师事务所、资产评估事务所打包收取的中介机构收取200万元；二是按总股本的不同分别收取3万～10万元不等的股转系统挂牌初费，总股本越大费用越高；三是按股本面值的万分之一收取初始结算登记费。目前从开始申请到能够挂牌，时间成本大致为3—6个月。

（二）新三板目前的技术走势

2015年一季度，新三板因制度革新等预期一度火爆异常，此后随着监管从严及供给量持续增多，新三板市场迅速冷却下落，到6月又叠加A股二级市场股灾，三板做市指数出现断崖式下跌，该指数从4月最高点2673点暴跌至7月8日最低点1103点，腰斩有余。日成交金额从50亿元跌至3.5亿元。个股更是哀鸿遍野，股价腰斩再腰斩为数不少，跌破定增价格者比比皆是。

新三板经过下跌、反弹；再下跌、再反弹的几轮螺旋式下跌，目前走势已经基本平稳，激情过后回归理性（见图1）。

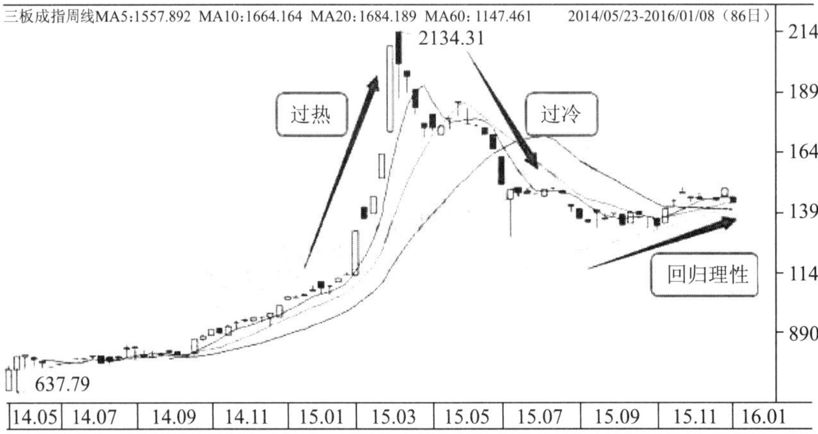

图1　三板成指行情走势

资料来源：WIND，格上理财研究中心。

（三）新三板为餐企募资打开希望之门

2015年对餐饮企业而言是加速转型、推陈出新的一年。在互联网的催化下，出现了很多餐饮新业态以及转型升级的新思路。然而企业发展离不开资金的支持，这对正处于转型阵痛中的餐饮企业尤为重要。在连续六年被A股市场拒之门外之后，新三板让餐饮企业看到了破解融资难的希望。

相比IPO的艰难，餐饮行业想要在新三板挂牌，却是一件比较容易的事情。理论上讲，新三板对餐饮行业没有任何特殊的限制，只要你符合挂牌要求就可以申请。

新三板除了能够满足餐饮企业迫切的融资需求，对于餐饮企业而言，新三板也是一个通往A股的跳板。在业内人士看来，无论是初具规模的小型连锁餐饮企业，还是像望湘园、狗不理这样的大型连锁餐饮企业，包括老字号餐饮企业，也不论是为了快速壮大规模，还是为了支持转型，几乎都有融资的需求，尤其是当前餐饮正处于微利时代的当口。对于中国大批各种业态的餐饮企业来说，新三板既是一个股权集中展示场所，又是一个很好展示自己企业形象的广告板，对提升企业形象、提高品牌知名度大有好处，它可以股权融资，在此还可以寻找战略合伙人。对于餐企来说，一旦申请挂牌获得备案函，就大大增加了获得银行贷款的概率，即股份可用来质押贷款。此外，也会有中介机构接洽希望参与下一轮的定向增发。挂牌新三板能为餐企发展带来名利双收的效应。

（四）目前新三板中餐饮板块的基本情况

从2015年2月百富餐饮挂牌新三板成为新三板的餐饮第一股，至今已有十多家以餐饮为主业的企业成功挂牌，其中不乏望湘园这样的大牌连锁餐企，狗不理更是在折戟IPO后转投新三板。新三板的出现给传统餐饮行业提供了登陆资本市场的另外一条捷径，也是国内餐饮业较好的一条通往资本市场的道路。

在排队的超过2000多家的企业中还有许多餐饮企业的身影。自2012年以来，俏江南、广州酒家集团、顺峰饮食酒店管理、净雅食品、狗不理等数家著名餐饮食品企业都曾先后计划IPO，但最终都没了下文，今后在新三板中很有可能看到他们的身影。

目前在新三板挂牌的以餐饮为主业的公司，体现了不同的餐饮业态，除了有做正餐的企业，还出现了红鼎豆捞、华鼎团膳这样的火锅与团膳的企业，见表4：

表4　全国中小企业股份转让系统（新三板）挂牌的餐饮企业概况

股票代码	股票名称	股价（元）	总市值（亿元）	每股收益（元）	每股净资产（元）	市盈率（倍）	总股本（万股）	挂牌日期
832050	百富餐饮	3.79	2.2625	0.08	2.11	48	5923	2015.2.16
832874	益家食品	暂未有成交		0.02	1.07		2260	2015.7.24
833410	百味斋	5.00		0.05	1.12	29	4256	2015.8.25
833536	香堤湾	暂未有成交		0.45	131.39		1000	2015.9.16
833737	望湘园	暂未有成交		−0.02	2.02		6000	2015.10.16
834100	狗不理	暂未有成交		0.22	2.03		3000	2015.11.6
834199	同里旅游	暂未有成交		−3.78	−8.26		5000	2015.11.25
835024	七彩云南	9.8	9.8	0.31	5.39	32	10000	2015.12.14
835048	龙云旅游	暂未有成交		0.13	3.64		2818.6	2015.12.30
835104	红鼎豆捞	暂未有成交		0.07	2.21		2200	—
835222	华鼎团膳	暂未有成交		0.47	1.33		1500	2015.12.29

注：以2016年2月26日收盘价计。

（五）新三板中餐饮板块“钱”景分析

根据最新成交价格，匹配上年年报，目前新三板挂牌股票整体市盈率为31倍，而目前餐饮板块中只有3家企业有过成交，在已有成交的餐企中，平均股价为6.2元，远低于沪深股市中的餐饮板块，平均市盈率为60，虽然高于新三板整体市盈率，但低于沪深主、创板。在表2中我们看到，截至2月26日，仍有8家挂牌公司没有一笔成交。

目前挂牌的11家餐饮类公司，有中华老字号狗不理，还有总资产规模在10亿元水平的七彩云南，其他都是总资产不足10亿元的公司，每股收益在0.40以上的绩优公司也只有华鼎团膳和香堤湾，我们现在就说说狗不理、华鼎团膳和香堤湾这几家公司的投资“钱”景。

目前这三家公司从挂牌以来都没有成交，所以我们无法从股价、历史K线等技术走势来分析，只能从静态的股本、业绩、成长性等方面来大致推算此公司的估值及未来股价的趋势。

新三板的设立，为中国大小餐饮企业的募资打开了一扇方便之门，今后，预计未来将会有越来越多的新老面孔的餐企在新三板挂牌，这不仅能雪中送炭，为中国餐饮企业获得宝贵的资金支持，还将极大地提升中国餐企的品牌形象。目前存在的主要问题是，500 万元的入市门槛将很多个人投资者挡在了新三板的门外。流动性困局已成为新三板发展的痛点。以 2016 年 2 月 26 日为例，新三板整个板块的总交易金融只有 3.24 亿元，还不如主板市场一只中盘股一天的交易量，这与当前排队挂牌新三板的公司数目形成巨大反差。打个不恰当的比方，在沪深 A 股市场，如果说 1.4 亿散户是一大群绵羊的话，那么券商、基金、私募等机构就是狼群；现在的新三板，几乎全是机构等狼群，而只有狼群、没有绵羊的草原是不可想象的，机构之间的博弈和撕咬，将显得更为残酷。由于缺少对手盘和无价无市，新三板僵尸股横行。餐饮板块的 11 家公司仍有超过 8 只股票自挂牌首日起尚未成交一笔。当然，这是发展中的问题，相信管理层也注意到了这一点。相信随着越来越多的投资者了解了新三板，会有更多的股民参与进来。新三板的征程虽然曲折，但依然“钱”景光明。

附 录 一

商务部关于推动餐饮业转型发展的指导意见

餐饮业在保障和改善民生、扩大消费、促进就业、拉动经济增长等方面具有重要作用。近年来，餐饮业顺应经济发展新常态，主动调整、积极转型，大众化发展取得了长足进展，但经营负担重等因素制约了其创新发展的步伐。为进一步优化餐饮业发展环境，切实减轻餐饮企业负担，推动餐饮业加快转型发展，现提出以下指导意见：

一、总 体 要 求

（一）指导思想。深入贯彻党的十八大和十八届三中、四中、五中全会和中央经济工作会议精神，牢固树立创新、协调、绿色、开放、共享的发展理念，以供给侧结构性改革引领餐饮业发展的新常态，以创新为动力，推动餐饮业健康持续快速发展，满足人民群众日益增长的餐饮服务需求。

（二）基本原则。

坚持市场化运作。坚持发挥市场配置资源的决定性作用，鼓励餐饮业加快转变发展方式，创新发展模式，提升发展能力。

坚持政策引导。按照供给侧结构性改革的要求，完善并落实好促进政策，简化行政审批程序，强化事中事后监管，营造良好发展环境。

坚持突出重点。围绕社区、商务区、人口流动集中地区等重点区域建设大众化餐饮服务网络，着力解决市场薄弱环节和企业发展中面临的突出矛盾和问题。

（三）发展目标通过优化环境，引导餐饮企业加速转型，为消费者提供安全、营养、健康、方便、美味的餐饮服务，推动餐饮业向大众化、信息化、标准化、集约化、国际化方向发展。力争用5年的时间，培育一批连锁化、品牌化餐饮企业，基本形成以大众化餐饮为主体、区域布局合理、城乡协同、各业态协调的发展格局，满足多层次、多样化消费需求的餐饮服务体系。

二、重点任务

（一）运用信息化技术推动创新发展。鼓励餐饮企业运用互联网、大数据、云计算等技术提高管理水平，推动餐饮实体店开展电子商务应用或与网络服务平台深入合作，积极开发网上营销、在线订餐、电子支付、美食鉴赏、顾客点评等服务功能，大力发展外卖和外送服务模式，实现餐饮服务的线上线下融合创新发展。推动餐饮业与其他行业融合发展，鼓励餐饮企业积极开展产品创新、服务创新、管理创新和业态创新，提升企业竞争力。

（二）探索多元化途径推动协调发展。积极引导自助餐饮、商场餐饮、外卖外送、商务餐饮、婚宴、寿宴、家庭聚餐、旅游团餐等多种业态协调发展，满足不同群体的需求。不断完善城乡餐饮布局，在城市重点发展特色餐饮、休闲餐饮、快餐、团餐和社区餐饮，在乡镇地区着力提升餐饮服务规范化水平、重点发展农家乐餐饮。发掘和弘扬民族饮食文化，开发针对儿童、青年人、老年人等特定消费群体的特色产品，满足个性化、品质化消费需求。

（三）开展集约化经营推动绿色发展。鼓励有条件的地区依托本地文化、旅游资源，因地制宜发展本地特色产品，打造美食街（区），推动餐饮业集聚式发展。支持餐饮企业完善企业管理制度，通过直营、加盟等形式发展连锁网络，扩大企业规模，提升品牌知名度。积极建设中央厨房，实现原辅料的集中采购、产品的统一生产、统一配送，同时建立绿色餐饮原辅材料基地，向种养、加工、物流配送等产业链的上下游延伸。完善有机餐饮行业标准，鼓励餐饮企业以绿色化为方向，减少一次性用品的使用，加强餐厨废弃物回收体系建设，在生产的各个环节推广应用新型节能技术，创建一批“环保典型示范企业”，大力倡导绿色消费。

（四）实施标准化管理推动开放发展。加快构建餐饮产品和服务标准体系，引入国际质量管理标准，建设现代化食品溯源制度，增强标准覆盖面和适用性，加强标准在市场准入等方面的应用，引导海外中餐企业采用国内中餐标准开展规范服务。鼓励特色餐饮企业通过参加美食节、展会等方式，加强国际交流，提高中餐的知名度和美誉度。结合中医、中国文化服务出口扶持政策，支持建设“中餐海外推广中心”，鼓励有实力的餐饮品牌企业到国外开设经营网点。主动加强与海外中餐业较发达的国家协商，逐步解决食材、人才准入等制约餐饮企业走出去的难题。

（五）围绕大众化目标实现共享发展。鼓励高端餐饮企业发展大众化餐饮网点和品牌，优先供应大众化餐饮产品，提供平价特色服务。引导餐饮企业在社区、学校、医院、办公集聚区、交通枢纽等地设立经营网点，大力发展早餐、快餐、团餐、特色小吃、食街排挡等民生服务业态和品质化的特色美食。加快建设规范化生产、连锁化经营、覆盖居民社区的早餐供应体系，着力发展营养、卫生、美味、经济的中式快餐和风味小吃，鼓励发展面向老人、中小学生、病人等特定消费群体的产品。配合相关监管部门做好餐饮卫生安全工作，加强餐饮卫生安全宣传教育，引导餐饮企业认真贯彻执行食品安全法律法规，建立健全餐饮服务卫生规范，消除安全隐患。

三、保障措施

（一）加强部门协作，建立长效机制。结合本地实际成立“促进餐饮业转型发展领导小组”，建立由商务主管部门牵头、各纵向和横向部门共同参与的联动机制，搭建政府、协会和企业沟通的平台，统筹推进餐饮业转型发展的促进工作。

（二）优化发展环境，完善政策措施。根据中央关于简政放权、放管结合、优化服务的要求，进一步简化审批手续，合理降低餐饮企业年检、环评等标准。落实国家关于扶持小微企业的税收优惠政策，减免行政事业性收费，简化征管程序，切实减轻餐饮企业税费负担。设立餐饮业创新发展专项资金，拓展融资渠道，完善用地保障措施和配套设施建设，支持餐饮企业开展产品研发、人才培养、电子商务应用以及建设中央厨房和物流配送体系等项目。

（三）健全法规标准，加强人才培养。加快完善特色餐饮产品和服务标准，建立企业质量档案，完善质量评价体系，重点针对企业诚信建设、服务质量、安全生产等方面对企业行为、服务流程、商业信用提出要求，及时发布质量信息，引导消费者选择服务。支持有条件的学校开设烹饪专业，鼓励搭建在线教育平台，将学校教学同行业实践结合起来；支持开展校企合作，加大从业人员职业技能培训力度，建立餐饮从业人员培训示范基地，切实提高培训的专业性、有效性；鼓励餐饮企业传承优秀技艺，引进境外优秀人才，提升餐饮业的整体发展水平。

（四）完善行业统计，做好宣传推广。各地商务主管部门要根据商务部统一部署，继续完善统计指标，改进统计方法，支持建立政府与社会紧密互动的大数据采集机制，加强对市场运行的监测分析和预测预警，在企业投资、市场运行等方面提供信息引导服务。总结餐饮业转型发展的成功经验和做法，借助新闻媒体，推广先进经验，加强典型引导，定期向商务部推荐优秀企业典型、安排采访报道，营造促进餐饮业转型发展的良好氛围。

（五）发挥协会作用，加强行业自律。各地商务主管部门要支持行业协会在业务交流、倡导餐饮节约以及人员培训等方面开展工作。行业协会要加强统计分析，及时掌握餐饮业发展动态，总结餐饮业转型发展的情况和问题，帮助企业解决实际困难。各级商务主管部门要引导企业开展诚信经营，鼓励符合条件的第三方信用评估服务机构建设餐饮企业信用数据库，推进诚信经营示范建设，弘扬诚信文化，努力营造良好的餐饮消费环境。鼓励完善行业自律机制，提高行业规范化发展水平，建立开放、公平、公正的市场竞争环境，促进餐饮业健康发展。

国务院办公厅关于加快发展生活性服务业促进消费结构升级的指导意见

国办发〔2015〕85号

各省、自治区、直辖市人民政府，国务院各部委、各直属机构：

国务院高度重视发展服务业。近年来，我国服务业发展取得显著成效，成为国民经济和吸纳就业的第一大产业，稳增长、促改革、调结构、惠民生作用持续增强。当前我国进入全面建成小康社会的决胜阶段，经济社会发展呈现出更多依靠消费引领、服务驱动的新特征。但总体看，我国生活性服务业发展仍然相对滞后，有效供给不足、质量水平不高、消费环境有待改善等问题突出，迫切需要加快发展。与此同时，国民收入水平提升扩大了生活性服务消费新需求，信息网络技术不断突破拓展了生活性服务消费新渠道，新型城镇化等国家重大战略实施扩展了生活性服务消费新空间，人民群众对生活性服务的需要日益增长、对服务品质的要求不断提高，生活性服务消费蕴含巨大潜力。

生活性服务业领域宽、范围广，涉及人民群众生活的方方面面，与经济社会发展密切相关。加快发展生活性服务业，是推动经济增长动力转换的重要途径，实现经济提质增效升级的重要举措，保障和改善民生的重要手段。为加快发展生活性服务业、促进消费结构升级，经国务院同意，现提出以下意见。

一、总体要求

（一）指导思想。全面贯彻党的十八大和十八届二中、三中、四中、五中全会精神，认真落实国务院部署要求，以增进人民福祉、满足人民群众日益增长的生活性服务需要为主线，大力倡导崇尚绿色环保、讲求质量品质、注重文化内涵的生活消费理念，创新政策支持，积极培育生活性服务新业态新模式，全面提升生活性服务业质量和效益，为经济发展新常态下扩大消费需求、拉动经济增长、转变发展方式、促进社会和谐提供有力支撑和持续动力。

（二）基本原则。

坚持消费引领，强化市场主导。努力适应居民消费升级的新形势新要求，充分发挥市场配置资源的决定性作用，更好发挥政府规划、政策引导和市场监管的作用，挖掘消费潜力，增添市场活力。

坚持突出重点，带动全面发展。加强生活性服务业分类指导，聚焦重点领域和薄弱环节，综合施策，形成合力，实现重点突破，增强示范带动效应。

坚持创新供给，推动新型消费。抢抓产业跨界融合发展新机遇，运用互联网、大数据、云计算等推动业态创新、管理创新和服务创新，开发适合高中低不同收入群体的多样化、个性化潜在服务需求。

坚持质量为本，提升品质水平。进一步健全生活性服务业质量管理体系、质量监督体系和质量标准体系，推动职业化发展，丰富文化内涵，打造服务品牌。

坚持绿色发展，转变消费方式。加强生态文明建设，促进服务过程和消费方式绿色化，推动生活性服务业高水平发展，加快生活方式转变和消费结构升级。

（三）发展导向。围绕人民群众对生活性服务的普遍关注和迫切期待，着力解决供给、需求、质量方面存在的突出矛盾和问题，推动生活性服务业便利化、精细化、品质化发展。

1. 增加服务有效供给。鼓励各类市场主体根据居民收入水平、人口结构和消费升级等发展趋势，创新服务业态和商业模式，优化服务供给，增加短缺服务，开发新型服务。城市生活性服务业要遵循产城融合、产业融合和宜居宜业的发展要求，科学规划产业空间定位，合理布局网点，完善服务体系。农村生活性服务业要以改善基础条件、满足农民需求为重点，鼓励城镇生活性服务业网络向农村延伸，加快农村宽带、无线网络等信息基础设施建设步伐，推动电子商务和快递服务下乡进村入户，以城带乡，尽快改变农村生活性服务业落后面貌。

2. 扩大服务消费需求。深度开发人民群众从衣食住行到身心健康、从出生到终老各个阶段各个环节的生活性服务，满足大众新需求，适应消费结构升级新需要，积极开发新的服务消费市场，进一步拓展网络消费领域，加快线上线下融合，培育新型服务消费，促进新兴产业成长。加强生活性服务基础设施建设，创新设计理念，体现人文精神。提升服务管理水平，拓展服务维度，精细服务环节，延伸服务链条，发展智慧服务。积极运用互联网等现代信息技术，改进服务流程，扩大消费选择。培育信息消费需求，丰富信息消费内容。改善生活性服务消费环境，加强服务规范和监督管理，健全消费者权益保护体系。深度挖掘我国传统文化、民俗风情和区域特色的发展潜力，促进生活性服务“走出去”，开拓国际市场。

3. 提升服务质量水平。营造全社会重视服务质量的良好氛围，打造“中国服务”品牌。鼓励服务企业将服务质量作为立业之本，坚持质量第一、诚信经营，强化质量责任意识，制定服务标准和规范。推进生活性服务业职业化发展，鼓励企业加强员工培训，增强爱岗敬业的职业精神和专业技能，提高职业素质。积极运用新理念和新技术，改进提高服务质量。优化质量发展环境，完善服务质量治理体系和顾客满意度测评体系。

经过一个时期的努力，力争实现生活性服务业总体规模持续扩大，新业态、新模式不断培育成长；生活性服务基础设施进一步完善，公共服务平台功能逐步增强；以城带乡和城乡互动发展机制日益完善，区域结构更加均衡，消费升级取得重大进展；消费环境明显改善，质量治理体系进一步健全，职业化进程显著加快，服务质量和服务品牌双提升，国内顾客和国外顾客双满意。

二、主要任务

今后一个时期，重点发展贴近服务人民群众生活、需求潜力大、带动作用强的生活性服务领域，推动生活消费方式由生存型、传统型、物质型向发展型、现代型、服务型转变，促进和带动其他生活性服务业领域发展。

（一）居民和家庭服务。健全城乡居民家庭服务体系，推动家庭服务市场多层次、多形式发展，在供给规模和服务质量方面基本满足居民生活性服务需求。引导家庭服务企业多渠道、多业态提供专业化的生活性服务，推进规模经营和网络化发展，创建一批知名家庭服务品牌。整合、充实、升级家庭服务业公共平台，健全服务网络，实现一网多能、跨区域服务，发挥平台对城乡生活性服务业的引导和支撑作用。完善社区服务网点，多方式提供婴幼儿看护、护理、美容美发、洗染、家用电器及其他日用品修理等生活性服务，推动房地产中介、房屋租赁经营、物业管理、搬家保洁、家用车辆保养维修等生活性服务规范化、标准化发展。鼓励在乡村建立综合性服务网点，提高农村居民生活便利化水平。

（二）健康服务。围绕提升全民健康素质和水平，逐步建立覆盖全生命周期、业态丰富、结构合理的健康服务体系。鼓励发展健康体检、健康咨询、健康文化、健康旅游、体育健身等多样化健康服务。积极提升医疗服务品质，优化医疗资源配置，取消对社会办医的不合理限制，加快形成多元化办医格局。推动发展专业、规范的护理服务。全面发展中医药健康服务，推广科学规范的中医养生保健知识及产品，提升中医药健康服务能力，创新中医药健康服务技术手段，丰富中医药健康服务产品种类。推进医疗机构与养老机构加强合作，发展社区健康养老。支持医疗服务评价、健康管理服务评价、健康市场调查等第三方健康服务调查评价机构发展，培育健康服务产业集群。积极发展健康保险，丰富商业健康保险产品，发展多样化健康保险服务。

（三）养老服务。以满足日益增长的养老服务需求为重点，完善服务设施，加强服务规范，提升养老服务体系建设水平。鼓励养老服务与相关产业融合创新发展，推动基本生活照料、康复护理、精神慰藉、文化服务、紧急救援、临终关怀等领域养老服务的发展。积极运用网络信息技术，发展紧急呼叫、健康咨询、物品代购等适合老年人的服务项目，创新居家养老服务模式，完善居家养老服务体系。加快推进养老护理员队伍建设，加强职业教育和从业人员培训。大力发展老年教育，支持各类老年大学等教育机构发展，扩大老年教育资源供给，促进养教结合。鼓励专业养老机构发挥自身优势，培训和指导社区养老服务组织和人员。引导社会力量举办养老机构，通过公建民营等方式鼓励社会资本进入养老服务业，鼓励境外资本投资养老服务业。鼓励探索创新，积极开发切合农村实际需求的养老服务方式。

（四）旅游服务。以游客需求为导向，丰富旅游产品，改善市场环境，推动旅游服务向观光、休闲、度假并重转变，提升旅游文化内涵和附加值。大力发展红色旅游，加强革命传统教育，弘扬民族精神。突出乡村特色，充分发挥农业的多功能性，开发一批形式多样、特色鲜明的乡村旅游产品。进一步推动集观光、度假、休闲、娱乐、海上运动于一体的滨海旅游和海岛旅游。丰富老年旅游服务供给，积极开发多层次、多样化的老年人休闲养生度假产品。引导健康的旅游消费方式，积极发展休闲度假旅游、研学旅行、工业旅游，推动体育运动、竞赛表演、健身休闲与旅游活动融合发展。适应房车、自驾车、邮轮、游艇等新兴旅游业态发展需要，合理规划配套设施建设和基地布局。开发线上线下有机结合的旅游服务产品，推动旅游定制服务，满足个性化需求，深化旅游体验。开发特色旅游路线，加强国际市场营销，积极发展入境旅游。加强旅游纪念品在体现民俗、历史、区位等文化内涵方面的创意设计，推动中国旅游商品品牌建设。

（五）体育服务。大力推动群众体育与竞技体育协同发展，促进体育市场繁荣有序，加速形成门类齐全、结构合理的体育服务体系。重点培育健身休闲、竞赛表演、场馆服务、中介培训等体育服务业，促进康体结合，推动体育旅游、体育传媒、体育会展等相关业态融合发展。以足球、篮球、排球三大球为切入点，加快发展普及性广、关注度高、市场空间大的运动项目。以举办2022年冬奥会为契机，全面提升冰雪运动普及度和产业发展水平。大力普及健身跑、自行车、登山等运动项目，带动大众化体育运动发展。完善健身教练、体育经纪人等职业标准和管理规范，加强行业自律。推动专业赛事发展，丰富业余赛事，探索完善赛事市场开发和运作模式，实施品牌战略，打造一批国际性、区域性品牌赛事。有条件的地方可利用自然人文特色资源，举办汽车拉力赛、越野赛等体育竞赛活动。推动体育产业联系点工作，培育一批符合市场规律、具有竞争力的体育产业基地。鼓励体育优势企业、优势品牌和优势项目“走出去”。

（六）文化服务。着力提升文化服务内涵和品质，推进文化创意和设计服务等新型服务业发展，大力推进与相关产业融合发展，不断满足人民群众日益增长的文化服务需求。积极发展具有民族特色和地方特色的传统文化艺术，鼓励创造兼具思想性艺术性观赏性、人民群众喜闻乐见的优秀文化服务产品。加快数字内容产业发展，推动文化服务产品制作、传播、消费的数字化、网络化进程，推进动漫游戏等产业优化升级。深入推进新闻出版精品工程，鼓励民族原创网络出版产品、优秀原创网络文学作品等创作生产，优化新闻出版产业基地布局。积极发展移动多媒体广播电视、网络广播电视等新媒体、新业态。推动传统媒体与新兴媒体融合发展，提升先进文化的互联网传播吸引力。完善文化产业国际交流交易平台，提升文化产业国际化水平和市场竞争力。

（七）法律服务。加强民生领域法律服务，推进覆盖城乡居民的公共法律服务体系建设。大力发展律师、公证、司法鉴定等法律服务业，推进法律服务的专业化和职业化。提升面向基层和普通百姓的法律服务能力，加强对弱势群体的法律服务，加大对老年人、妇女和儿童等法律援助和服务的支持力度。支持中小型法律服务机构发展和法律服务方式创新。统筹城乡、区域法律服务资源，建立激励法律服务人才跨区域流动机制。加快发展公职律师、公司律师队伍，构建社会律师、公职律师、公司律师等优势互补、结构合理的律师队伍。规范法律服务秩序和服务行为，完善职业评价体系、诚信执业制度以及违法违规执业惩戒制度。强化涉外法律服务，着力培养一批通晓国际法律规则、善于处理涉外法律事务的律师人才，建设一批具有国际竞争力和影响力的律师事务所。完善法律服务执业权利保障机制，优化法律服务发展环境。

（八）批发零售服务。优化城市流通网络，畅通农村商贸渠道，加强现代批发零售服务体系建设。合理规划城乡流通基础设施布局，鼓励发展商贸综合服务中心、农产品批发市场、集贸市场以及重要商品储备设施、大型物流（仓储）配送中心、农村邮政物流设施、快件集散中心、农产品冷链物流设施。推动各类批发市场等传统商贸流通企业转变经营模式，利用互联网等先进信息技术进行升级改造。发挥实体店的服务、体验优势，与线上企业开展深度合作。鼓励发展绿色商场，提高绿色商品供给水平。大力发展社区商业，引导便利店等业态进社区，规范和拓展代收费、代收货等便民服务。积极发展冷链物流、仓储配送一体化等物流服务新模式，推广使用智能包裹柜、智能快件箱。依照相关法律、行政法规规定，加强对关系国计民生、人民群众生命安全等商品的流通准入管理，健全覆盖准入、监管、退出的全程管理机制。

（九）住宿餐饮服务。强化服务民生的基本功能，形成以大众化市场为主体、适应多层次多样化消费需求的住宿餐饮业发展新格局。积极发展绿色饭店、主题饭店、客栈民宿、短租公寓、长租公寓、有机餐饮、快餐团餐、特色餐饮、农家乐等满足广大人民群众消费需求的细分业态。大力推进住宿餐饮业连锁化、品牌化发展，提高住宿餐饮服务的文化品位和绿色安全保障水平。推动住宿餐饮企业开展电子商务，实现线上线下互动发展，促进营销模式和服务方式创新。鼓励发展预订平台、中央厨房、餐饮配送、食品安全等支持传统产业升级的配套设施和服务体系。

（十）教育培训服务。以提升生活性服务质量为核心，发展形式多样的教育培训服务，推动职业培训集约发展、内涵发展、融合发展、特色发展。广泛开展城乡社区教育，整合社区各类教育培训资源，引入行业组织等参与开展社区教育项目，为社区居民提供人文艺术、科学技术、幼儿教育、养老保健、生活休闲、职业技能等方面的教育服务，规范发展秩序。大力加强各类人才培养，创新人才培养模式，坚持产教融合、校企合作、工学结合，强化专业人才培养。加快推进教育培训信息化建设，发展远程教育和培训，促进数字资源共建共享。鼓励发展股份制、混合所有制职业院校，允许以资本、知识、技术、管理等要素参与办学。建立家庭、养老、健康、社区教育、老年教育等生活性服务示范性培训基地或体验基地，带动提升行业整体服务水平。逐步形成政府引导、以职业院校和各类培训机构为主体、企业全面参与的现代职业教育体系和终身职业培训体系。

在推动上述重点领域加快发展的同时，还要加强对生活性服务业其他领域的引导和支持，鼓励探索创新，营造包容氛围，推动生活性服务业在融合中发展、在发展中规范，增加服务供给，丰富服务种类，提高发展水平。

三、政策措施

围绕激发生活性服务业企业活力和保障居民放心消费，加快完善体制机制，注重加强政策引导扶持，营造良好市场环境，推动生活性服务业加快发展。

（一）深化改革开放。

优化发展环境。建立全国统一、开放、竞争、有序的服务业市场，采取有效措施，切实破除行政垄断、行业垄断和地方保护，清理并废除生活性服务业中妨碍形成全国统一市场和公平竞争的各种规定和做法。进一步深化投融资体制改革，鼓励和引导各类社会资本投向生活性服务业。进一步推进行政审批制度改革，简化审批流程，取消不合理前置审批事项，加强事中事后监管。取消商业性和群众性体育赛事审批。健全并落实各类所有制主体统一适用的制度政策，切实解决产业发展过程中存在的不平等问题，促进公平发展。支持各地结合实际放宽新注册生活性服务业企业场所登记条件限制，为创业提供便利的工商登记服务。积极探索适合生活性服务业特点的未开业企业、无债权债务企业简易注销制度，建立有序的市场退出机制。

扩大市场化服务供给。积极稳妥推进教育、文化、卫生、体育等事业单位分类改革，将从事生产经营活动的事业单位逐步转为企业，规范转制程序，完善过渡政策，鼓励其提供更多切合市场需求的生活性服务。加快生活性服务业行业协会商会与行政机关脱钩，推动服务重心转向企业、行业和市场，提升专业化服务水平。创建全国服务业创新成果交易中心，加快创新成果转化和产业化进程。总结推广国家服务业综合改革试点经验，适应新形势新要求，开展新一轮试点示范工作，力争在一些重点难点问题上取得突破。稳步推进电子商务进农村综合示范。开展拉动城乡居民文化消费试点工作，推动文化消费数字化、网络化发展。

提升国际化发展水平。统一内外资法律法规，推进文化、健康、养老等生活性服务领域有序开放，提高外商投资便利化程度，探索实行准入前国民待遇加负面清单管理模式。支持具备条件的生活性服务业企业“走出去”，完善支持生活性服务业企业“走出去”的服务平台，提升知名度和美誉度，创建具有国际影响力的服务品牌。鼓励中华老字号服务企业利用品牌效应，带动中医药、中餐等产业开拓国际市场。增强境外投资环境、投资项目评估等方面的服务功能，为境外投资企业提供法律、会计、税务、信息、金融、管理等专业化服务。

（二）改善消费环境。

营造全社会齐抓共管改善消费环境的有利氛围，形成企业规范、行业自律、政府监管、社会监督的多元共治格局。鼓励弹性作息和错峰休假，强化带薪休假制度落实责任，把落实情况作为劳动监察和职工权益保障的重要内容。推动生活性服务业企业信用信息共享，将有关信用信息纳入国家企业信用信息公示系统，建立完善全国统一的信用信息共享交换平台，实施失信联合惩戒，逐步形成以诚信为核心的生活性服务业监管制度。深入开展价格诚信、质量诚信、计量诚信、文明经商等活动，强化环保、质检、工商、安全监管等部门的行政执法，完善食品药品、日用消费品等产品质量监督检查制度。严厉打击居民消费领域乱涨价、乱收费、价格欺诈、制售假冒伪劣商品、计量作弊等违法犯罪行为，依法查处垄断和不正当竞争行为，规范服务市场秩序。完善网络商品和服务的质量担保、损害赔偿、风险监控、网上抽查、源头追溯、属地查处、信用管理等制度，引入第三方检测认证等机制，有效保护消费者合法权益。

（三）加强基础设施建设。

适应消费结构升级需求，加大对社会投资的引导，改造提升城市老旧生活性服务基础设施，补齐农村生活性服务基础设施短板，提升生活性服务基础设施自动化、智能化和互联互通水平，提高服务城乡的基础设施网络覆盖面，以健全高效的基础设施体系支撑生活性服务业加快发展和结构升级。围绕旅游休闲、教育文化体育和养老健康家政等领域，尽快组织实施一批重大工程。改善城市生活性服务业发展基础设施条件，鼓励社会资本参与大中城市停车场、立体停车库建设。在符合城市规划的前提下，充分利用地下空间资源，在已规划建设地铁的城市同步扩展地下空间，发展购物、餐饮、休闲等便民生活性服务。统筹体育设施建设规划和合理利用，推进企事业单位和学校的体育场馆向社会开放。

（四）完善质量标准体系。

提升质量保障水平。健全以质量管理制度、诚信制度、监管制度和监测制度为核心的服务质量治理体系。规范服务质量分级管理，加强质量诚信制度建设，完善服务质量社会监督平台。加强认证认可体系建设，创新评价技术，完善生活性服务业重点领域认证认可制度。健全顾客满意度、万人投诉量等质量发展指标。加快实施服务质量提升工程和监测基础建设工程，规范集贸市场、餐饮行业、商品超市等领域计量行为，完善涉及人身健康与财产安全的商品检验制度和产品质量监管制度。实施服务标杆引领计划，发挥中国质量奖对服务企业的引导作用。

健全标准体系。制定实施好国家服务业标准规划和年度计划。实施服务标准体系建设工程，加快家政、养老、健康、体育、文化、旅游等领域的关键标准研制。完善居住（小）区配套公共设施规划标准，为生活性服务业相关设施建设、管理和服务提供依据。积极培育生活性服务业标准化工作技术队伍。继续开展国家级服务业标准化试点，总结推广经验。

（五）加大财税、金融、价格、土地政策引导支持。

创新财税政策。适时推进“营改增”改革，研究将尚未试点的生活性服务行业纳入改革范围。科学设计生活性服务业“营改增”改革方案，合理设置生活性服务业增值税税率。发挥财政资金引导作用，创新财政资金使用方式，大力推广政府和社会资本合作（PPP）模式，运用股权投资、产业基金等市场化融资手段支持生活性服务业发展。对免费或低收费向社会开放的公共体育设施按照有关规定给予财政补贴。推进政府购买服务，鼓励有条件的地区购买养老、健康、体育、文化、社区等服务，扩大市场需求。

拓宽融资渠道。支持符合条件的生活性服务业企业上市融资和发行债券。鼓励金融机构拓宽对生活性服务业企业贷款的抵质押品种类和范围。鼓励商业银行在商业自愿、依法合规、风险可控的前提下，专业化开展知识产权质押、仓单质押、信用保险保单质押、股权质押、保理等多种方式的金融服务。发展融资担保机构，通过增信等方式放大资金使用效益，增强生活性服务业企业融资能力。探索建立保险产品保护机制，鼓励保险机构开展产品创新和服务创新。积极稳妥扩大消费信贷，将消费金融公司试点推广至全国。完善支付清算网络体系，加强农村地区和偏远落后地区的支付结算基础设施建设。

健全价格机制。在实行峰谷电价的地区，对商业、仓储等不适宜错峰运营的服务行业，研究实行商业平均电价，由服务业企业自行选择执行。深化景区门票价格改革，维护旅游市场秩序。研究完善银行卡刷卡手续费定价机制，进一步从总体上降低餐饮等行业刷卡手续费支出。

完善土地政策。各地要发挥生活性服务业发展规划的引导作用，在当地土地利用总体规划和年度用地计划中充分考虑生活性服务业设施建设用地，予以优先安排。继续加大养老、健康、家庭等生活性服务业用地政策落实力度。

（六）推动职业化发展。

生活性服务业有关主管部门要制定相应领域的职业化发展规划。鼓励高等学校、中等职业学校增设家庭、养老、健康等生活性服务业相关专业，扩大人才培养规模。鼓励高等学校和职业院校采取与互联网企业合作等方式，对接线上线下教育资源，探索职业教育和培训服务新方式。依托各类职业院校、职业技能培训机构加强实训基地建设，实施家政服务员、养老护理员、病患服务员等家庭服务从业人员专项培训。鼓励从业人员参加依法设立的职业技能鉴定或专项职业能力考核，对通过初次职业技能鉴定并取得相应等级职业资格证书或专项职业能力证书的，按规定给予一次性职业技能鉴定补贴。鼓励和规范家政服务企业以员工制方式提供管理和服务，实行统一标准、统一培训、统一管理。

（七）建立健全法律法规和统计制度。

完善生活性服务业法律法规，研究制订文化产业促进法，启动服务业质量管理立法研究。加强知识产权保护立法和实施工作，强化对专利、商标、版权等无形资产的开发和保护。以国民经济行业分类为基础，抓紧研究制定生活性服务业及其重点领域统计分类，完善统计制度和指标体系，明确有关部门统计任务。建立健全部门间信息共享机制，逐步建立生活性服务业信息定期发布制度。

各地区、各部门要充分认识加快发展生活性服务业的重大意义，把加快发展生活性服务业作为提高人民生活水平、促进消费结构升级、拉动经济增长的重要任务，采取有效措施，加大支持力度，做到生产性服务业与生活性服务业并重、现代服务业与传统服务业并举，切实把服务业打造成经济社会可持续发展的新引擎。地方各级人民政府要加强组织领导，结合本地区实际尽快研究制定加快发展生活性服务业的实施方案。国务院有关部门要围绕发展生活性服务业的主要目标任务，抓紧制定配套政策措施，组织实施一批重大工程，为生活性服务业加快发展创造良好条件。发展改革委要会同有关部门，抓紧研究建立服务业部际联席会议制度，充分发挥专家咨询委员会作用，进一步强化政策指导和督促检查，重大情况和问题及时向国务院报告。

国务院办公厅

2015 年 11 月 19 日

国务院关于大力推进大众创业万众创新若干政策措施的意见

国发〔2015〕32号

各省、自治区、直辖市人民政府，国务院各部委、各直属机构：

推进大众创业、万众创新，是发展的动力之源，也是富民之道、公平之计、强国之策，对于推动经济结构调整、打造发展新引擎、增强发展新动力、走创新驱动发展道路具有重要意义，是稳增长、扩就业、激发亿万群众智慧和创造力，促进社会纵向流动、公平正义的重大举措。根据2015年《政府工作报告》部署，为改革完善相关体制机制，构建普惠性政策扶持体系，推动资金链引导创业创新链、创业创新链支持产业链、产业链带动就业链，现提出以下意见。

一、充分认识推进大众创业、万众创新的重要意义

——推进大众创业、万众创新，是培育和催生经济社会发展新动力的必然选择。随着我国资源环境约束日益强化，要素的规模驱动力逐步减弱，传统的高投入、高消耗、粗放式发展方式难以为继，经济发展进入新常态，需要从要素驱动、投资驱动转向创新驱动。推进大众创业、万众创新，就是要通过结构性改革、体制机制创新，消除不利于创业创新发展的各种制度束缚和桎梏，支持各类市场主体不断开办新企业、开发新产品、开拓新市场，培育新兴产业，形成小企业“铺天盖地”、大企业“顶天立地”的发展格局，实现创新驱动发展，打造新引擎、形成新动力。

——推进大众创业、万众创新，是扩大就业、实现富民之道的根本举措。我国有13亿多人口、9亿多劳动力，每年高校毕业生、农村转移劳动力、城镇困难人员、退役军人数量较大，人力资源转化为人力资本的潜力巨大，但就业总量压力较大，结构性矛盾凸显。推进大众创业、万众创新，就是要通过转

变政府职能、建设服务型政府，营造公平竞争的创业环境，使有梦想、有意愿、有能力的科技人员、高校毕业生、农民工、退役军人、失业人员等各类市场创业主体“如鱼得水”，通过创业增加收入，让更多的人富起来，促进收入分配结构调整，实现创新支持创业、创业带动就业的良性互动发展。

——推进大众创业、万众创新，是激发全社会创新潜能和创业活力的有效途径。目前，我国创业创新理念还没有深入人心，创业教育培训体系还不健全，善于创造、勇于创业的能力不足，鼓励创新、宽容失败的良好环境尚未形成。推进大众创业、万众创新，就是要通过加强全社会以创新为核心的创业教育，弘扬“敢为人先、追求创新、百折不挠”的创业精神，厚植创新文化，不断增强创业创新意识，使创业创新成为全社会共同的价值追求和行为习惯。

二、总体思路

按照“四个全面”战略布局，坚持改革推动，加快实施创新驱动发展战略，充分发挥市场在资源配置中的决定性作用和更好发挥政府作用，加大简政放权力度，放宽政策、放开市场、放活主体，形成有利于创业创新的良好氛围，让千千万万创业者活跃起来，汇聚成经济社会发展的巨大动能。不断完善体制机制、健全普惠性政策措施，加强统筹协调，构建有利于大众创业、万众创新蓬勃发展的政策环境、制度环境和公共服务体系，以创业带动就业、创新促进发展。

——坚持深化改革，营造创业环境。通过结构性改革和创新，进一步简政放权、放管结合、优化服务，增强创业创新制度供给，完善相关法律法规、扶持政策和激励措施，营造均等普惠环境，推动社会纵向流动。

——坚持需求导向，释放创业活力。尊重创业创新规律，坚持以人为本，切实解决创业者面临的资金需求、市场信息、政策扶持、技术支撑、公共服务等瓶颈问题，最大限度释放各类市场主体创业创新活力，开辟就业新空间，拓展发展新天地，解放和发展生产力。

——坚持政策协同，实现落地生根。加强创业、创新、就业等各类政策统筹，部门与地方政策联动，确保创业扶持政策可操作、能落地。鼓励有条件的地区先行先试，探索形成可复制、可推广的创业创新经验。

——坚持开放共享，推动模式创新。加强创业创新公共服务资源开放共享，整合利用全球创业创新资源，实现人才等创业创新要素跨地区、跨行业自由流动。依托“互联网+”、大数据等，推动各行业创新商业模式，建立和完善线上与线下、境内与境外、政府与市场开放合作等创业创新机制。

三、创新体制机制，实现创业便利化

（一）完善公平竞争市场环境。进一步转变政府职能，增加公共产品和服务供给，为创业者提供更多机会。逐步清理并废除妨碍创业发展的制度和规定，打破地方保护主义。加快出台公平竞争审查制度，建立统一透明、有序规范的市场环境。依法反垄断和反不正当竞争，消除不利于创业创新发展的垄断协议和滥用市场支配地位以及其他不正当竞争行为。清理规范涉企收费项目，完善收费目录管理制度，制定事中事后监管办法。建立和规范企业信用信息发布制度，制定严重违法企业名单管理办法，把创业主体信用与市场准入、享受优惠政策挂钩，完善以信用管理为基础的创业创新监管模式。

（二）深化商事制度改革。加快实施工商营业执照、组织机构代码证、税务登记证“三证合一”、“一照一码”，落实“先照后证”改革，推进全程电子化登记和电子营业执照应用。支持各地结合实际放宽新注册企业场所登记条件限制，推动“一址多照”、集群注册等住所登记改革，为创业创新提供便利的工商登记服务。建立市场准入等负面清单，破除不合理的行业准入限制。开展企业简易注销试点，建立便捷的市场退出机制。依托企业信用信息公示系统建立小微企业名录，增强创业企业信息透明度。

（三）加强创业知识产权保护。研究商业模式等新形态创新成果的知识产权保护办法。积极推进知识产权交易，加快建立全国知识产权运营公共服务平台。完善知识产权快速维权与维权援助机制，缩短确权审查、侵权处理周期。集中查处一批侵犯知识产权的大案要案，加大对反复侵权、恶意侵权等行为的处罚力度，探索实施惩罚性赔偿制度。完善权利人维权机制，合理划分权利人举证责任，完善行政调解等非诉讼纠纷解决途径。

（四）健全创业人才培养与流动机制。把创业精神培育和创业素质教育纳入国民教育体系，实现全社会创业教育和培训制度化、体系化。加快完善创业课程设置，加强创业实训体系建设。加强创业创新知识普及教育，使大众创业、万众创新深入人心。加强创业导师队伍建设，提高创业服务水平。加快推进社会保障制度改革，破除人才自由流动制度障碍，实现党政机关、企事业单位、社会各方面人才顺畅流动。加快建立创业创新绩效评价机制，让一批富有创业精神、勇于承担风险的人才脱颖而出。

四、优化财税政策，强化创业扶持

（五）加大财政资金支持和统筹力度。各级财政要根据创业创新需要，统筹安排各类支持小微企业和创业创新的资金，加大对创业创新支持力度，强化资金预算执行和监管，加强资金使用绩效评价。支持有条件的地方政府设立创业基金，扶持创业创新发展。在确保公平竞争前提下，鼓励对众创空间等孵化机构的办公用房、用水、用能、网络等软硬件设施给予适当优惠，减轻创业者负担。

（六）完善普惠性税收措施。落实扶持小微企业发展的各项税收优惠政策。落实科技企业孵化器、大学科技园、研发费用加计扣除、固定资产加速折旧等税收优惠政策。对符合条件的众创空间等新型孵化机构适用科技企业孵化器税收优惠政策。按照税制改革方向和要求，对包括天使投资在内的投向种子期、初创期等创新活动的投资，统筹研究相关税收支持政策。修订完善高新技术企业认定办法，完善创业投资企业享受70%应纳税所得额税收抵免政策。抓紧推广中关村国家自主创新示范区税收试点政策，将企业转增股本分期缴纳个人所得税试点政策、股权奖励分期缴纳个人所得税试点政策推广至全国范围。落实促进高校毕业生、残疾人、退役军人、登记失业人员等创业就业税收政策。

（七）发挥政府采购支持作用。完善促进中小企业发展的政府采购政策，加强对采购单位的政策指导和监督检查，督促采购单位改进采购计划编制和项目预留管理，增强政策对小微企业发展的支持效果。加大创新产品和服务的采购力度，把政府采购与支持创业发展紧密结合起来。

五、搞活金融市场，实现便捷融资

（八）优化资本市场。支持符合条件的创业企业上市或发行票据融资，并鼓励创业企业通过债券市场筹集资金。积极研究尚未盈利的互联网和高新技术企业到创业板发行上市制度，推动在上海证券交易所建立战略新兴产业板。加快推进全国中小企业股份转让系统向创业板转板试点。研究解决特殊股权结构类创业企业在境内上市的制度性障碍，完善资本市场规则。规范发展服务于中小微企业的区域性股权市场，推动建立工商登记部门与区域性股权市场的股权登记对接机制，支持股权质押融资。支持符合条件的发行主体发行小微企业增信集合债等企业债券创新品种。

（九）创新银行支持方式。鼓励银行提高针对创业创新企业的金融服务专业化水平，不断创新组织架构、管理方式和金融产品。推动银行与其他金融机构加强合作，对创业创新活动给予有针对性的股权和债权融资支持。鼓励银行业金融机构向创业企业提供结算、融资、理财、咨询等一站式系统化的金融服务。

（十）丰富创业融资新模式。支持互联网金融发展，引导和鼓励众筹融资平台规范发展，开展公开、小额股权众筹融资试点，加强风险控制和规范管理。丰富完善创业担保贷款政策。支持保险资金参与创业创新，发展相互保险等新业务。完善知识产权估值、质押和流转体系，依法合规推动知识产权质押融资、专利许可费收益权证券化、专利保险等服务常态化、规模化发展，支持知识产权金融发展。

六、扩大创业投资，支持创业起步成长

（十一）建立和完善创业投资引导机制。不断扩大社会资本参与新兴产业创投计划参股基金规模，做大直接融资平台，引导创业投资更多向创业企业起步成长的前端延伸。不断完善新兴产业创业投资政策体系、制度体系、融资体系、监管和预警体系，加快建立考核评价体系。加快设立国家新兴产业创业投资引导基金和国家中小企业发展基金，逐步建立支持创业创新和新兴产业发展的市场化长效运行机制。发展联合投资等新模式，探索建立风险补偿机制。鼓励各地方政府建立和完善创业投资引导基金。加强创业投资立法，完善促进天使投资的政策法规。促进国家新兴产业创业投资引导基金、科技型中小企业创业投资引导基金、国家科技成果转化引导基金、国家中小企业发展基金等协同

联动。推进创业投资行业协会建设，加强行业自律。

（十二）拓宽创业投资资金供给渠道。加快实施新兴产业“双创”三年行动计划，建立一批新兴产业“双创”示范基地，引导社会资金支持大众创业。推动商业银行在依法合规、风险隔离的前提下，与创业投资机构建立市场化长期性合作。进一步降低商业保险资金进入创业投资的门槛。推动发展投贷联动、投保联动、投债联动等新模式，不断加大对创业创新企业的融资支持。

（十三）发展国有资本创业投资。研究制定鼓励国有资本参与创业投资的系统性政策措施，完善国有创业投资机构激励约束机制、监督管理机制。引导和鼓励中央企业和其他国有企业参与新兴产业创业投资基金、设立国有资本创业投资基金等，充分发挥国有资本在创业创新中的作用。研究完善国有创业投资机构国有股转持豁免政策。

（十四）推动创业投资“引进来”与“走出去”。抓紧修订外商投资创业投资企业相关管理规定，按照内外资一致的管理原则，放宽外商投资准入，完善外资创业投资机构管理制度，简化管理流程，鼓励外资开展创业投资业务。放宽对外资创业投资基金投资限制，鼓励中外合资创业投资机构发展。引导和鼓励创业投资机构加大对境外高端研发项目的投资，积极分享境外高端技术成果。按投资领域、用途、募集资金规模，完善创业投资境外投资管理。

七、发展创业服务，构建创业生态

（十五）加快发展创业孵化服务。大力发展创新工场、车库咖啡等新型孵化器，做大做强众创空间，完善创业孵化服务。引导和鼓励各类创业孵化器与天使投资、创业投资相结合，完善投融资模式。引导和推动创业孵化与高校、科研院所等技术成果转移相结合，完善技术支撑服务。引导和鼓励国内资本与境外合作设立新型创业孵化平台，引进境外先进创业孵化模式，提升孵化能力。

（十六）大力发展第三方专业服务。加快发展企业管理、财务咨询、市场营销、人力资源、法律顾问、知识产权、检验检测、现代物流等第三方专业化服务，不断丰富和完善创业服务。

（十七）发展“互联网+”创业服务。加快发展“互联网+”创业网络体系，建设一批小微企业创业创新基地，促进创业与创新、创业与就业、线上与线下相结合，降低全社会创业门槛和成本。加强政府数据开放共享，推动大型互联网企业和基础电信企业向创业者开放计算、存储和数据资源。积极推广众包、用户参与设计、云设计等新型研发组织模式和创业创新模式。

（十八）研究探索创业券、创新券等公共服务新模式。有条件的地方继续探索通过创业券、创新券等方式对创业者和创新企业提供社会培训、管理咨询、检验检测、软件开发、研发设计等服务，建立和规范相关管理制度和运行机制，逐步形成可复制、可推广的经验。

八、建设创业创新平台，增强支撑作用

（十九）打造创业创新公共平台。加强创业创新信息资源整合，建立创业政策集中发布平台，完善专业化、网络化服务体系，增强创业创新信息透明度。鼓励开展各类公益讲坛、创业论坛、创业培训等活动，丰富创业平台形式和内容。支持各类创业创新大赛，定期办好中国创新创业大赛、中国农业科技创新创业大赛和创新挑战大赛等赛事。加强和完善中小企业公共服务平台网络建设。充分发挥企业的创新主体作用，鼓励和支持有条件的大型企业发展创业平台、投资并购小微企业等，支持企业内外部创业者创业，增强企业创业创新活力。为创业失败者再创业建立必要的指导和援助机制，不断增强创业信心和创业能力。加快建立创业企业、天使投资、创业投资统计指标体系，规范统计口径和调查方法，加强监测和分析。

（二十）用好创业创新技术平台。建立科技基础设施、大型科研仪器和专利信息资源向全社会开放的长效机制。完善国家重点实验室等国家级科研平台（基地）向社会开放机制，为大众创业、万众创新提供有力支撑。鼓励企业建立一批专业化、市场化的技术转移平台。鼓励依托三维（3D）打印、网络制造等先进技术和发展模式，开展面向创业者的社会化服务。引导和支持有条件的领军企业创建特色服务平台，面向企业内部和外部创业者提供资金、技术和服务支撑。加快建立军民两用技术项目实施、信息交互和标准化协调机制，促进军民创新资源融合。

（二十一）发展创业创新区域平台。支持开展全面创新改革试验的省（区、

市）、国家综合配套改革试验区等，依托改革试验平台在创业创新体制机制改革方面积极探索，发挥示范和带动作用，为创业创新制度体系建设提供可复制、可推广的经验。依托自由贸易试验区、国家自主创新示范区、战略性新兴产业集聚区等创业创新资源密集区域，打造若干具有全球影响力的创业创新中心。引导和鼓励创业创新型城市完善环境，推动区域集聚发展。推动实施小微企业创业基地城市示范。鼓励有条件的地方出台各具特色的支持政策，积极盘活闲置的商业用房、工业厂房、企业库房、物流设施和家庭住所、租赁房等资源，为创业者提供低成本办公场所和居住条件。

九、激发创造活力，发展创新型创业

（二十二）支持科研人员创业。加快落实高校、科研院所等专业技术人员离岗创业政策，对经同意离岗的可在 3 年内保留人事关系，建立健全科研人员双向流动机制。进一步完善创新型中小企业上市股权激励和员工持股计划制度规则。鼓励符合条件的企业按照有关规定，通过股权、期权、分红等激励方式，调动科研人员创业积极性。支持鼓励学会、协会、研究会等科技社团为科技人员和创业企业提供咨询服务。

（二十三）支持大学生创业。深入实施大学生创业引领计划，整合发展高校毕业生就业创业基金。引导和鼓励高校统筹资源，抓紧落实大学生创业指导服务机构、人员、场地、经费等。引导和鼓励成功创业者、知名企业家、天使和创业投资人、专家学者等担任兼职创业导师，提供包括创业方案、创业渠道等创业辅导。建立健全弹性学制管理办法，支持大学生保留学籍休学创业。

（二十四）支持境外人才来华创业。发挥留学回国人才特别是领军人才、高端人才的创业引领带动作用。继续推进人力资源市场对外开放，建立和完善境外高端创业创新人才引进机制。进一步放宽外籍高端人才来华创业办理签证、永久居留证等条件，简化开办企业审批流程，探索由事前审批调整为事后备案。引导和鼓励地方对回国创业高端人才和境外高端人才来华创办高科技企业给予一次性创业启动资金，在配偶就业、子女入学、医疗、住房、社会保障等方面完善相关措施。加强海外科技人才离岸创业基地建设，把更多的国外创业创新资源引入国内。

十、拓展城乡创业渠道，实现创业带动就业

（二十五）支持电子商务向基层延伸。引导和鼓励集办公服务、投融资支持、创业辅导、渠道开拓于一体的市场化网商创业平台发展。鼓励龙头企业结合乡村特点建立电子商务交易服务平台、商品集散平台和物流中心，推动农村依托互联网创业。鼓励电子商务第三方交易平台渠道下沉，带动城乡基层创业人员依托其平台和经营网络开展创业。完善有利于中小网商发展的相关措施，在风险可控、商业可持续的前提下支持发展面向中小网商的融资贷款业务。

（二十六）支持返乡创业集聚发展。结合城乡区域特点，建立有市场竞争力的协作创业模式，形成各具特色的返乡人员创业联盟。引导返乡创业人员融入特色专业市场，打造具有区域特点的创业集群和优势产业集群。深入实施农村青年创业富民行动，支持返乡创业人员因地制宜围绕休闲农业、农产品深加工、乡村旅游、农村服务业等开展创业，完善家庭农场等新型农业经营主体发展环境。

（二十七）完善基层创业支撑服务。加强城乡基层创业人员社保、住房、教育、医疗等公共服务体系建设，完善跨区域创业转移接续制度。健全职业技能培训体系，加强远程公益创业培训，提升基层创业人员创业能力。引导和鼓励中小金融机构开展面向基层创业创新的金融产品创新，发挥社区地理和软环境优势，支持社区创业者创业。引导和鼓励行业龙头企业、大型物流企业发挥优势，拓展乡村信息资源、物流仓储等技术和服务网络，为基层创业提供支撑。

十一、加强统筹协调，完善协同机制

（二十八）加强组织领导。建立由发展改革委牵头的推进大众创业万众创新部际联席会议制度，加强顶层设计和统筹协调。各地区、各部门要立足改革创新，坚持需求导向，从根本上解决创业创新中面临的各种体制机制问题，共同推进大众创业、万众创新蓬勃发展。重大事项要及时向国务院报告。

（二十九）加强政策协调联动。建立部门之间、部门与地方之间政策协调

联动机制，形成强大合力。各地区、各部门要系统梳理已发布的有关支持创业创新发展的各项政策措施，抓紧推进“立、改、废”工作，将对初创企业的扶持方式从选拔式、分配式向普惠式、引领式转变。建立健全创业创新政策协调审查制度，增强政策普惠性、连贯性和协同性。

（三十）加强政策落实情况督察。加快建立推进大众创业、万众创新有关普惠性政策措施落实情况督察督导机制，建立和完善政策执行评估体系和通报制度，全力打通决策部署的“最先一公里”和政策落实的“最后一公里”，确保各项政策措施落地生根。

各地区、各部门要进一步统一思想认识，高度重视、认真落实本意见的各项要求，结合本地区、本部门实际明确任务分工、落实工作责任，主动作为、敢于担当，积极研究解决新问题，及时总结推广经验做法，加大宣传力度，加强舆论引导，推动本意见确定的各项政策措施落实到位，不断拓展大众创业、万众创新的空间，汇聚经济社会发展新动能，促进我国经济保持中高速增长、迈向中高端水平。

国务院

2015 年 6 月 11 日

国务院办公厅关于推进线上线下互动加快商贸流通创新发展转型升级的意见

国办发〔2015〕72号

各省、自治区、直辖市人民政府，国务院各部委、各直属机构：

近年来，移动互联网等新一代信息技术加速发展，技术驱动下的商业模式创新层出不穷，线上线下互动成为最具活力的经济形态之一，成为促进消费的新途径和商贸流通创新发展的新亮点。大力发展线上线下互动，对推动实体店转型，促进商业模式创新，增强经济发展新动力，服务大众创业、万众创新具有重要意义。为落实国务院决策部署，推进线上线下互动，加快商贸流通创新发展和转型升级，经国务院同意，现提出以下意见：

一、鼓励线上线下互动创新

（一）支持商业模式创新。包容和鼓励商业模式创新，释放商贸流通市场活力。支持实体店通过互联网展示、销售商品和服务，提升线下体验、配送和售后等服务，加强线上线下互动，促进线上线下融合，不断优化消费路径、打破场景限制、提高服务水平。鼓励实体店通过互联网与消费者建立全渠道、全天候互动，增强体验功能，发展体验消费。鼓励消费者通过互联网建立直接联系，开展合作消费，提高闲置资源配置和使用效率。鼓励实体商贸流通企业通过互联网强化各行业内、行业间分工合作，提升社会化协作水平。（商务部、网信办、发展改革委、工业和信息化部、地方各级人民政府）

（二）鼓励技术应用创新。加快移动互联网、大数据、物联网、云计算、北斗导航、地理位置服务、生物识别等现代信息技术在认证、交易、支付、物流等商务环节的应用推广。鼓励建设商务公共服务云平台，为中小微企业提供商业基础技术应用服务。鼓励开展商品流通全流程追溯和查询服务。支持大数据技术在商务领域深入应用，利用商务大数据开展事中事后监管和服务方式创新。支持商业网络信息系统提高安全防范技术水平，将用户个人信息保护纳入网络安全防护体系。（商务部、工业和信息化部、发展改革委、地方各级人民政府）

（三）促进产品服务创新。鼓励企业利用互联网逆向整合各类生产要素资源，按照消费需求打造个性化产品。深度开发线上线下互动的可穿戴、智能化商品市场。鼓励第三方电子商务平台与制造企业合作，利用电子商务优化供应链和服务链体系，发展基于互联网的装备远程监控、运行维护、技术支持等服务市场。支持发展面向企业和创业者的平台开发、网店建设、代运营、网络推广、信息处理、数据分析、信用认证、管理咨询、在线培训等第三方服务，为线上线下互动创新发展提供专业化的支撑保障。鼓励企业通过虚拟社区等多种途径获取、转化和培育稳定的客户群体。（商务部、工业和信息化部、网信办、地方各级人民政府）

二、激发实体商业发展活力

（四）推进零售业改革发展。鼓励零售企业转变经营方式，支持受线上模式冲击的实体店调整重组，提高自营商品比例，加大自主品牌、定制化商品比重，深入发展连锁经营。鼓励零售企业利用互联网技术推进实体店铺数字化改造，增强店面场景化、立体化、智能化展示功能，开展全渠道营销。鼓励大型实体店不断丰富消费体验，向智能化、多样化商业服务综合体转型，增加餐饮、休闲、娱乐、文化等设施，由商品销售为主转向“商品+服务”并重。鼓励中小实体店发挥靠近消费者优势，完善便利服务体系，增加快餐、缴费、网订店取、社区配送等附加便民服务功能。鼓励互联网企业加强与实体店合作，推动线上交流互动、引客聚客、精准营销等优势和线下真实体验、品牌信誉、物流配送等优势相融合，促进组织管理扁平化、设施设备智能化、商业主体在线化、商业客体数据化和服务作业标准化。（商务部、发展改革委）支持新型农业经营主体对接电子商务平台，有效衔接产需信息，推动农产品线上营销与线下流通融合发展。鼓励农业生产资料经销企业发展电子商务，促进农业生产资料网络营销。（农业部、发展改革委）支持零售企业线上线下结合，开拓国际市场，发展跨境网络零售。（商务部）

（五）加快批发业转型升级。鼓励传统商品交易市场利用互联网做强交易撮合、商品集散、价格发现和信息交互等传统功能，增强物流配送、质量标准、金融服务、研发设计、展览展示、咨询服务等新型功能。鼓励传统批发企业应用互联网技术建设供应链协同平台，向生产、零售环节延伸，实现由商品批发向供应链管理服务的转变。支持发展品牌联盟或建设品牌联合采购平台，集聚品牌资源，降低采购成本。深化电子商务应用，引导商品交易市场向电子商务园区、物流园区转型。以电子商务和现代物流为核心，推动大宗商品交易市场优化资源配置、提高流通效率。鼓励线上行业信息服务平台向综合交易服务平台转型，围绕客户需求组织线下展示会、洽谈会、交易会，为行业发展提供全方位垂直纵深服务。（商务部、工业和信息化部、发展改革委）

（六）转变物流业发展方式。运用互联网技术大力推进物流标准化，重点推进快递包裹、托盘、技术接口、运输车辆标准化，推进信息共享和互联互通，促进多式联运发展。大力发展智慧物流，运用北斗导航、大数据、物联网等技术，构建智能化物流通道网络，建设智能化仓储体系、配送系统。发挥互联网平台实时、高效、精准的优势，对线下运输车辆、仓储等资源进行合理调配、整合利用，提高物流资源使用效率，实现运输工具和货物的实时跟踪和在线化、可视化管理，鼓励依托互联网平台的“无车承运人”发展。推广城市共同配送模式，支持物流综合信息服务平台建设。鼓励企业在出口重点国家建设海外仓，推进跨境电子商务发展。（发展改革委、商务部、交通运输部、邮政局、国家标准委）

（七）推进生活服务业便利化。大力推动吃住行及旅游、娱乐等生活服务业在线化，促进线上交易和线下服务相结合，提供个性化、便利化服务。鼓励餐饮企业发展在线订餐、团购、外卖配送等服务。支持住宿企业开展在线订房服务。鼓励交通客运企业、旅游景点及文化演艺单位开展在线订票、在线订座、门票配送等服务。支持家政、洗染、维修、美发等行业开展网上预约、上门服务等业务。鼓励互联网平台企业汇聚线下实体的闲置资源，发展民宿、代购、合乘出行等合作消费服务。（商务部、旅游局、文化部、交通运输部）

（八）加快商务服务业创新发展。鼓励展览企业建设网上展示交易平台，鼓励线上企业服务实体展会，打造常态化交流对接平台，提高会展服务智能化、精细化水平。支持举办中国国际电子商务博览会，发现创新、引导创新、推广创新。提升商务咨询服务网络化水平。（商务部）提升知识产权维权服务水平。（知识产权局）积极探索基于互联网的新型服务贸易发展方式，培育服务新业态，推动服务贸易便利化，提升商务服务业国际化水平。（商务部）

三、健全现代市场体系

（九）推进城市商业智能化。深入推进智慧城市建设，鼓励具备条件的城市探索构建线上线下互动的体验式智慧商圈，支持商圈无线网络基础设施建设，完善智能交通引导、客流疏导、信息推送、移动支付、消费互动、物流配送等功能，健全商圈消费体验评价、信息安全保护、商家诚信积累和消费者权益保障体系。实施特色商业街区示范建设工程，鼓励各地基于互联网技术培育一批具有产业特色、经营特色、文化特色的多功能、多业态商业街区。（商务部、发展改革委、科技部、工业和信息化部、人民银行、工商总局、地方各级人民政府）

（十）推进农村市场现代化。开展电子商务进农村综合示范，推动电子商务企业开拓农村市场，构建农产品进城、工业品下乡的双向流通体系。（商务部、财政部）引导电子商务企业与农村邮政、快递、供销、“万村千乡市场工程”、交通运输等既有网络和优势资源对接合作，对农村传统商业网点升级改造，健全县、乡、村三级农村物流服务网络。加快全国农产品商务信息服务公共平台建设。（商务部、交通运输部、邮政局、供销合作总社、发展改革委）大力发展农产品电子商务，引导特色农产品主产区县市在第三方电子商务平台开设地方特色馆。（商务部、地方各级人民政府）推进农产品“生产基地+社区直配”示范，带动订单农业发展，提高农产品标准化水平。加快信息进村入户步伐，加强村级信息服务站建设，强化线下体验功能，提高新型农业经营主体电子商务应用能力。（农业部）

（十一）推进国内外市场一体化。鼓励应用互联网技术实现国内国外两个市场无缝对接，推进国内资本、技术、设备、产能与国际资源、需求合理适配，重点围绕“一带一路”战略及开展国际产能和装备制造合作，构建国内外一体化市场。（商务部、发展改革委、网信办）深化京津冀、长江经济带、“一带一路”、东北地区和泛珠三角四省区（福建、广东、广西、海南）区域通关一体化改革，推进全国一体化通关管理。（海关总署）建立健全适应跨境电子商务的监管服务体系，提高贸易便利化水平。（商务部、海关总署、财政部、税务总局、质检总局、外汇局）

四、完善政策措施

（十二）推进简政放权。除法律、行政法规和国务院决定外，各地方、各部门一律不得增设线上线下互动企业市场准入行政审批事项。根据线上线下互动特点，调整完善市场准入资质条件，加快公共服务领域资源开放和信息共享。（有关部门按职能分工分别负责）简化市场主体住所（经营场所）登记手续，推进一照多址、一址多照、集群注册等住所登记制度改革，为连锁企业、网络零售企业和快递企业提供便利的登记注册服务。（工商总局）

（十三）创新管理服务。坚持促进发展、规范秩序和保护权益并举，坚持在发展中逐步规范、在规范中更好发展。注意规范方式，防止措施失当导致新兴业态丧失发展环境。创新管理理念、管理体制和管理方式，建立与电子商务发展需要相适应的管理体制和服务机制，促进线上线下互动，充分发挥流通在经济发展中的基础性和先导性作用。开展商务大数据建设和应用，服务监管创新，支持电子商务产品品牌推广。（商务部、工商总局、质检总局）在不改变用地主体、规划条件的前提下，各类市场主体利用存量房产、土地资源发展线上线下互动业务的，可在5年内保持土地原用途、权利类型不变，5年期满后确需办理变更手续的，按有关规定办理。（国土资源部）

（十四）加大财税支持力度。充分发挥市场在资源配置中的决定性作用，突出社会资本推动线上线下融合发展的主体地位。同时发挥财政资金的引导作用，促进电子商务进农村。（财政部、商务部）营造线上线下企业公平竞争的税收环境。（财政部、税务总局）线上线下互动发展企业符合高新技术企业或技术先进型服务企业认定条件的，可按现行税收政策规定享受有关税收优惠。（财政部、科技部、税务总局）积极推广网上办税服务和电子发票应用。（税务总局、财政部、发展改革委、商务部）

（十五）加大金融支持力度。支持线上线下互动企业引入天使投资、创业投资、私募股权投资，发行企业债券、公司债券、资产支持证券，支持不同发展阶段和特点的线上线下互动企业上市融资。支持金融机构和互联网企业依法合规创新金融产品和服务，加快发展互联网支付、移动支付、跨境支付、股权众筹融资、供应链金融等互联网金融业务。完善支付服务市场法律制度，建立非银行支付机构常态化退出机制，促进优胜劣汰和资源整合。健全互联网金融征信体系。（人民银行、发展改革委、银监会、证监会）

（十六）规范市场秩序。创建公平竞争的创业创新环境和规范诚信的市场环境，加强知识产权和消费者权益保护，防止不正当竞争和排除、限制竞争的垄断行为。推进社会诚信体系建设，强化经营主体信息公开披露，推动行政许可、行政处罚信息7个工作日内上网公开。建立健全电子商务信用记录，纳入“信用中国”网站和统一的信用信息共享交换平台，完善电子商务信用管理和信息共享机制。切实加强线上线下一体化监管和事中事后监管，健全部门联动防范机制，严厉打击网络领域制售假冒伪劣商品、侵犯知识产权、传销、诈骗等违法犯罪行为。（商务部、发展改革委、工业和信息化部、公安部、工商总局、质检总局、食品药品监管总局、知识产权局）

（十七）加强人才培养。鼓励各类企业、培训机构、大专院校、行业协会培养综合掌握商业经营管理和信息化应用知识的高端紧缺人才。支持有条件的地区建设电子商务人才继续教育基地，开展实用型电子商务人才培训。支持开展线上线下互动创新相关培训，引进高端复合型电子商务人才，为线上线下互动企业创新发展提供服务。（商务部、人力资源社会保障部、地方各级人民政府）

（十八）培育行业组织。支持行业协会组织根据本领域行业特点和发展需求制订行业服务标准和服务规范，倡导建立良性商业规则，促进行业自律发展。发挥第三方检验检测认证机构作用，保障商品和服务质量，监督企业遵守服务承诺，维护消费者、企业及个体创业者的正当权益。（商务部、工商总局、质检总局）

各地区、各部门要加强组织领导和统筹协调，结合本地区、本部门实际制订具体实施方案，明确工作分工，落实工作责任。商务部要会同有关部门做好业务指导和督促检查工作，重大情况及时报告国务院。

国务院办公厅
2015年9月18日

国家食品药品监督管理总局令

第23号

《食品生产经营日常监督检查管理办法》已于2016年2月16日经国家食品药品监督管理总局局务会议审议通过，现予公布，自2016年5月1日起施行。

局长　毕井泉

2016年3月4日

食品生产经营日常监督检查管理办法

第一章　总　　则

第一条　为加强对食品生产经营活动的日常监督检查，落实食品生产经营者主体责任，保证食品安全，根据《中华人民共和国食品安全法》等法律法规，制定本办法。

第二条　食品药品监督管理部门对食品（含食品添加剂）生产经营者执行食品安全法律、法规、规章以及食品安全标准等情况实施日常监督检查，适用本办法。

第三条　食品生产经营日常监督检查应当遵循属地负责、全面覆盖、风险管理、信息公开的原则。

第四条　国家食品药品监督管理总局负责监督指导全国食品生产经营日常监督检查工作。

省级食品药品监督管理部门负责监督指导本行政区域内食品生产经营日常监督检查工作。

市、县级食品药品监督管理部门负责实施本行政区域内食品生产经营日常监督检查工作。

第五条 市、县级食品药品监督管理部门实施食品生产经营日常监督检查，在全面覆盖的基础上，可以在本行政区域内随机选取食品生产经营者、随机选派监督检查人员实施异地检查、交叉互查。

第六条 食品生产经营者及其从业人员应当配合食品药品监督管理部门实施食品生产经营日常监督检查，保障监督检查人员依法履行职责。

第七条 省级以上食品药品监督管理部门应当加强食品生产经营日常监督检查信息化建设，市、县级食品药品监督管理部门应当记录、汇总、分析食品生产经营日常监督检查信息，完善日常监督检查措施。

食品生产经营者应当按照食品药品监督管理部门的要求提供食品生产经营相关数据信息。

第二章 监督检查事项

第八条 食品生产环节监督检查事项包括食品生产者的生产环境条件、进货查验结果、生产过程控制、产品检验结果、贮存及交付控制、不合格品管理和食品召回、从业人员管理、食品安全事故处置等情况。

除前款规定的监督检查事项外，保健食品生产环节监督检查事项还包括生产者资质、产品标签及说明书、委托加工、生产管理体系等情况。

第九条 食品销售环节监督检查事项包括食品销售者资质、从业人员健康管理、一般规定执行、禁止性规定执行、经营过程控制、进货查验结果、食品贮存、不安全食品召回、标签和说明书、特殊食品销售、进口食品销售、食品安全事故处置、食用农产品销售等情况，以及食用农产品集中交易市场开办者、柜台出租者、展销会举办者、网络食品交易第三方平台提供者、食品贮存及运输者等履行法律义务的情况。

第十条 餐饮服务环节监督检查事项包括餐饮服务提供者资质、从业人员健康管理、原料控制、加工制作过程、食品添加剂使用管理及公示、设备设施维护和餐饮具清洗消毒、食品安全事故处置等情况。

第三章 监督检查要求

第十一条 市、县级食品药品监督管理部门应当按照市、县人民政府食品安全年度监督管理计划，根据食品类别、企业规模、管理水平、食品安全状况、信用档案记录等因素，编制年度日常监督检查计划，实施食品安全风险管理。

日常监督检查计划应当包括检查事项、检查方式、检查频次以及抽检食品种类、抽查比例等内容。检查计划应当向社会公开。

第十二条 国家食品药品监督管理总局根据法律、法规、规章和食品安全国家标准有关食品生产经营者义务的规定，制定日常监督检查要点表。

省级食品药品监督管理部门可以根据需要，对日常监督检查要点表进行细化、补充。

市、县级食品药品监督管理部门应当按照日常监督检查要点表，对食品生产经营者实施日常监督检查。

第十三条 县级以上地方食品药品监督管理部门应当对监督检查人员进行食品安全法律、法规、规章、标准、专业知识以及监督检查要点的培训与考核。

第十四条 市、县级食品药品监督管理部门实施日常监督检查，应当由2名以上（含2名）监督检查人员参加。

监督检查人员应当由食品药品监督管理部门随机选派。

监督检查人员应当当场出示有效执法证件。

第十五条 根据日常监督检查计划，市、县级食品药品监督管理部门可以随机抽取日常监督检查要点表中的部分内容进行检查，并可以随机进行抽样检验。相关检查内容应当在实施检查前由食品药品监督管理部门予以明确，检查人员不得随意更改检查事项。

第十六条 市、县级食品药品监督管理部门每年对本行政区域内食品生产经营者的日常监督检查，原则上应当覆盖全部项目。

第十七条 实施食品生产经营日常监督检查，对重点项目应当以现场检查方式为主，对一般项目可以采取书面检查的方式。

第十八条 鼓励食品生产经营者选择食品安全第三方专业机构对自身的食品生产经营管理体系进行评价，评价结果作为日常监督检查的参考。

第十九条 监督检查人员应当按照日常监督检查要点表和检查结果记录表的要求，对日常监督检查情况如实记录，并综合进行判定，确定检查结果。

监督检查结果分为符合、基本符合与不符合3种形式。

日常监督检查结果应当记入食品生产经营者的食品安全信用档案。

第二十条 食品生产经营者应当按照食品药品监督管理部门的要求，开放食品生产经营场所，回答相关询问，提供相关合同、票据、账簿和其他有关资料，协助生产经营现场检查和抽样检验。

第二十一条 食品生产经营者应当按照监督检查人员要求，在现场检查、询问和抽样检验等文书上签字或者盖章。

被检查单位拒绝在日常监督检查结果记录表上签字或者盖章的，监督检查人员应当在日常监督检查结果记录表上注明原因，并可以邀请有关人员作为见证人签字、盖章，或者采取录音、录像等方式进行记录，作为监督执法的依据。

第二十二条 市、县级食品药品监督管理部门应当于日常监督检查结束后2个工作日内，向社会公开日常监督检查时间、检查结果和检查人员姓名等信息，并在生产经营场所醒目位置张贴日常监督检查结果记录表。

食品生产经营者应当将张贴的日常监督检查结果记录表保持至下次日常监督检查。

第二十三条 对日常监督检查结果属于基本符合的食品生产经营者，市、县级食品药品监督管理部门应当就监督检查中发现的问题书面提出限期整改要求。

被检查单位应当按期进行整改，并将整改情况报告食品药品监督管理部门。

监督检查人员可以跟踪整改情况，并记录整改结果。

第二十四条 日常监督检查结果为不符合，有发生食品安全事故潜在风险的，食品生产经营者应当立即停止食品生产经营活动。

第二十五条 市、县级食品药品监督管理部门在日常监督检查中发现食品生产经营者存在食品安全隐患，未及时采取有效措施消除的，可以对食品生产经营者的法定代表人或者主要负责人进行责任约谈。

责任约谈情况和整改情况应当记入食品生产经营者食品安全信用档案。

第二十六条 市、县级食品药品监督管理部门实施日常监督检查，有权采取下列措施，被检查单位不得拒绝、阻挠、干涉：

（一）进入食品生产经营等场所实施现场检查；

（二）对被检查单位生产经营的食品进行抽样检验；

（三）查阅、复制有关合同、票据、账簿以及其他有关资料；

（四）查封、扣押有证据证明不符合食品安全标准或者有证据证明存在安全隐患以及用于违法生产经营的食品、工具和设备；

（五）查封违法从事生产经营活动的场所；

（六）法律法规规定的其他措施。

第二十七条 市、县级食品药品监督管理部门在日常监督检查中发现食品安全违法行为的，应当进行立案调查处理。

立案调查制作的笔录，以及拍照、录像等的证据保全措施，应当符合食品药品行政处罚程序相关规定。

第二十八条 市、县级食品药品监督管理部门在日常监督检查中发现违法案件线索，对不属于本部门职责或者超出管辖范围的，应当及时移送有权处理的部门；涉嫌构成犯罪的，应当及时移送公安机关。

第四章 法律责任

第二十九条 食品生产经营者撕毁、涂改日常监督检查结果记录表，或者未保持日常监督检查结果记录表至下次日常监督检查的，由市、县级食品药品监督管理部门责令改正，给予警告，并处2000元以上3万元以下罚款。

第三十条 食品生产经营者违反本办法第二十四条规定的，由县级以上食品药品监督管理部门按照食品安全法第一百二十六条第一款的规定进行处理。

第三十一条 食品生产经营者有下列拒绝、阻挠、干涉食品药品监督管理部门进行监督检查情形之一的，由县级以上食品药品监督管理部门按照食品安全法第一百三十三条第一款的规定进行处理：

（一）拒绝、拖延、限制监督检查人员进入被检查场所或者区域的，或者限制检查时间的；

（二）拒绝或者限制抽取样品、录像、拍照和复印等调查取证工作的；

（三）无正当理由不提供或者延迟提供与检查相关的合同、记录、票据、账簿、电子数据等材料的；

（四）声称主要负责人、主管人员或者相关工作人员不在岗，或者故意以停止生产经营等方式欺骗、误导、逃避检查的；

（五）以暴力、威胁等方法阻碍监督检查人员依法履行职责的；

（六）隐藏、转移、变卖、损毁监督检查人员依法查封、扣押的财物的；

（七）伪造、隐匿、毁灭证据或者提供虚假证言的；

（八）其他妨碍监督检查人员履行职责的。

第三十二条 食品生产经营者拒绝、阻挠、干涉监督检查，违反治安管理处罚法有关规定的，由食品药品监督管理部门依法移交公安机关处理。

第三十三条 食品生产经营者以暴力、威胁等方法阻碍监督检查人员依法履行职责，涉嫌构成犯罪的，由食品药品监督管理部门依法移交公安机关处理。

第三十四条 监督检查人员在日常监督检查中存在失职渎职行为的，由任免机关或者监察机关依法对相关责任人追究行政责任；涉嫌构成犯罪的，依法移交司法机关处理。

第五章 附　　则

第三十五条 市、县级食品药品监督管理部门对食品生产加工小作坊、食品摊贩等的日常监督检查，可以参照本办法执行。

第三十六条 本办法自 2016 年 5 月 1 日起施行。

ICS 03.001.01
A 10
备案号：50626—2015

SB

中华人民共和国国内贸易行业标准

SB/T 11121—2015

大众化餐饮评价指标

Evaluating indicator of mass cuisine

2015－01－06 发布　　2015－09－01 实施

中华人民共和国商务部　发布

前　　言

本标准按照 GB/T 1.1—2009 给出的规则起草。

本标准由中华人民共和国商务部提出并归口。

本标准起草单位：中国烹饪协会、北京金百万餐饮管理有限责任公司

本标准起草人：冯恩援、许云飞、程小敏、邓超、江文科、吴桐

大众化餐饮评价指标

1　范围

本标准规定了大众化餐饮的定义、主要指标、价格测算模型、影响因素、评价等方面的要求。

本标准适用于界定城市大众化餐饮企业及大众化餐饮发展水平的评价指标。农村大众化餐饮参照执行。

2　规范性引用文件

下列文件对于本文件的应用是必不可少的。凡是注日期的引用文件，仅所注日期的版本适用于本文件。凡是不注日期的引用文件，其最新版本（包括所有的修改单）适用于本文件。

GB/T 3358.1—2009 统计学词汇及符号第1部分：一般统计术语与用于概率的术语

3　术语和定义

下列术语和定义适用于本文件。

3.1

大众化餐饮（mass cuisine）

面向广大消费者，以便利快捷、卫生、安全、经济实惠等为主要特点的现代餐饮服务形式。

3.2

餐饮基本消费频率（the monthly frequency of catering consumption）

消费者每月外出餐饮消费的最小可重复频次。

3.3

城镇居民家庭人均可支配收入（per capita disposable income）

居民家庭可以用来自由支配的收入。

3.4

城镇居民家庭人均在外饮食支出（food expenditure）

城镇居民家庭（含老人、儿童）在外用餐人均支付的费用。

4 主要指标

4.1 餐饮基本消费频率（Y）

以家庭为单位，以家庭各项生活开支为基础，将城镇居民每月外出餐饮消费 2 次为餐饮基本消费频率。

4.2 城镇居民家庭人均可支配收入（I）

包括家庭老人、儿童等非劳动人口，直接反映城镇居民的消费能力。研究指标时间跨度细化到月，与餐饮基本消费频率对应，即城镇居民家庭人均每月可支配收入。

4.3 城镇居民家庭人均在外饮食支出（F）

包括工作、旅游、聚会、外卖外送等与餐饮相关的支出，不包括单位报销或他人宴请。最直接体现大众化餐饮发展水平，人均饮食支出越多，居民可接受的价格、消费频率相应越高。

5 价格测算模型

5.1 城镇居民家庭人均每月可支配收入，用 Y 表示：

$$Y=\frac{I}{12}$$

式中：

I——城镇居民家庭人均可支配收入（元）；

I 数值可从各地方统计局报告中获取。

5.2 当年全国城镇居民可接受的单次人均在外饮食支出系数，用 C 表示：

$$C=\frac{F}{I}\div 2$$

式中：

F——当年全国城镇居民家庭人均在外饮食支出（元）；

I——城镇居民家庭人均可支配收入（元）；

F、I 数值可从各地方统计局报告中获取。

5.3 大众化餐饮标准界定为城镇居民可接受的单次人均在外饮食支出水平，用 P 表示：

$$P=Y\times C$$

6　影响因素

6.1　人口因素

包括城市各类型人口的数量、比例、分布布局及人口密度。

6.2　经济发展水平

包括城市居民的收入水平、消费水平。

6.3　居民可支配收入

居民可支配收入越多其追求的生活水平也随之提高，大众化餐饮需求越高，反应居民在外饮食消费支出也必然提高。

6.4　产业结构

既包括城市产业结构的比重，也包括与餐饮业关联的产业的发展程度和发展结构。

6.5　居民消费习惯

外出就餐是城市居民普遍的消费行为，居民外出消费频次、消费方式、消费倾向性都成为影响因素。重点在于解决餐饮消费多样性选择、营养健康、便利性问题。

6.6　城市空间规划

在城市不同的功能区，大众化餐饮网点布局，影响大众化满足居民的便利性需求。

6.7　支持促进政策

主要是涉及餐饮外部市场和政策的国家及地方层面的产业发展促进政策。

7　评价指标

7.1　区域品牌建设指标

衡量一个城市的大众化餐饮市场的发展状况。考量指标包括：

——规模性：大众化餐饮营业额占城市餐饮营业总额的比重来评价；

——成长性：用一个城市的大众化餐饮同比增长率提高的百分点来评价；

——连锁化：大众化餐饮企业营业额占大众化餐饮市场的份额；

——活跃性：测量城市居民每月平均在外大众化餐饮消费的次数（工作餐

除外）。

7.2 和谐度指标

针对城市不同的功能区应合理规划大众化餐饮网点，满足不同人群的便利性需求，便利性就是衡量一个城市居民的便利性需求的满足程度。包括：

——便利性：衡量一个城市居民的便利性需求的满足程度；

——多样性：指满足城市居民对餐饮消费多样化需求的程度；

——满意度：指一个城市的居民对大众化餐饮的总体满意评价。

7.3 影响力指标

衡量城市大众化餐饮对相关产业的推动作用，以及大众化餐饮的传播影响程度。包括：

——产业链概念：指大众化餐饮对第三产业就业增加的作用；

——产业联动：衡量大众化餐饮对供应链、产业链上相关产业的带动作用；

——公众认知：衡量一个城市的居民对大众化餐饮的关注和参与程度。

7.4 行政效能指标

评价地方政府在大众化餐饮方面工作的效能。包括：

——软环境：指大众化餐饮企业对政策环境的总体满意评价；

——认可度：指大众化餐饮企业对政府相关职能部门服务工作的总体满意评价。

7.5 大众化餐饮发展水平的评价指标体系符合表1的规定

表1 大众化餐饮发展水平的评价指标体系

评价指标		指标释义	评分依据	得分（分）	备注
区域品牌建设指标（35分）	规模性（10分）	大众化餐饮营业额占城市餐饮营业总额的比重	比重为70%以上	7～10	
			比重为50%～70%	4～7	
			比重为50%以下	1～4	
	成长性（10分）	大众化餐饮同比增长率	比上一年提高了3个百分点及以上	7～10	
			比上一年提高了1～3个百分点	4～7	
			比上一年提高了1个百分点及以下	1～4	
	连锁化（10分）	前10名的大众化餐饮企业营业额占大众化餐饮市场的份额	比重在5%以上	7～10	
			比重在3%～5%	4～7	
			比重在3%以下	1～4	
	活跃性（5分）	城市居民每月平均在外大众化餐饮消费的次数（除工作餐外）	次数在4次及以上	4～5	根据附录A
			次数在2～4次	2～4	
			次数在2次以下	1～2	

续表

评价指标		指标释义	评分依据	得分(分)	备注
和谐度指标（30分）	便利性（9分）	针对城市不同的功能区应合理规划大众化的餐饮网点，满足不同人群的便利性需求	城市主要功能区大众化餐饮网点的步行时间距离：		根据附录 A
			平均在 10 分钟以下	6～9	
			平均在 10～20 分钟	4～6	
			平均在 20 分钟以上	1～4	
	多样性（9分）	满足城市居民对餐饮消费多样化的需求	在步行半径内有满足大众化消费需求的各种餐饮业态：		根据附录 A
			步行半径在 15 分钟以下	6～9	
			步行半径在 15～30 分钟	4～6	
			步行半径在 30 分钟以上	1～4	
	满意度（12分）	城市居民对大众化餐饮的总体满意评价	满意度在 80%及以上	9～12	根据附录 A
			满意度在 60%～80%	5～9	
			满意度在 60%以下	1～5	
影响力（20分）	产业联动（10分）	大众化餐饮企业对区域外的品牌影响力	大众化餐饮企业对外扩张的城市数或网店数：		
			8 个城市以上（含）或 15 个网点	5～10	
			3～8 个城市（含）或 5～15 个网点	2～5	
			1～3 个城市或 1～5 个网点	1～2	
	公众认知（10分）	通过各种传播渠道和推广方式提高城市居民对大众化餐饮的关注和参与程度	关注与参与度：		根据附录 A
			15%以上	5～10	
			5%～15%	2～5	
			5%以下	1～2	
行政效能（15分）	软环境（7分）	大众化餐饮企业对政策环境的总体满意评价	满意度在 80%及以上	4～7	根据附录 B
			满意度在 60%～80%	2～4	
			满意度在 60%以下	1～2	
	认可度（8分）	大众化餐饮企业对政府相关职能部门服务工作的总体满意评价	满意度在 80%及以上	4～8	根据附录 B
			满意度在 60%～80%	2～4	
			满意度在 60%以下	1～2	

附录 A
（规范性附录）
大众化餐饮情况调查（城市居民）

本问卷是用来了解本地大众化餐饮的现状。

1. 除工作餐外，您平均每月在外就餐次数（　　）。

A. 2 次以下　　B. 2—4 次　　C. 4 次以上

2. 到达附近最近的一个就餐地点，一般需花费的时间（　　）。

A. 步行 10 分钟以内　　B. 步行 10—20 分钟

C. 步行 20 分钟以上

3. 您对到达最近的一个就餐地点所需花费的时间满意吗？（　　）

A. 非常满意　　B. 比较满意　　C. 一般　　D. 不太满意

E. 非常不满意

4. 在日常工作生活中，在下列就餐方式中：

A. 餐馆酒楼　　B. 快餐店　　C. 火锅　　D. 烧烤　　E. 食堂

F. 外卖送餐

G. 提供咖啡、茶水、饮料、甜品等的休闲就餐场所

H. 现场制作、销售主食、饮品等少数几样餐食，有固定营业场所无就餐场所的速食铺

I. 现场制作、销售主食、饮品等少数几样餐食，无固定营业场所和就餐场所的流动餐车

步行 15 分钟的半径内，有哪些就餐方式可供选择（　　　　）【多选】；

步行 15—30 分钟的半径内，有哪些就餐方式可供选择（　　　　）【多选】；

步行 30 分钟以上，有哪些就餐方式可供选择（　　　　）【多选】。

5. 请您对大众化餐饮的总体满意度打分（满分 10 分）。

6. 您对大众化餐饮最不满意的地方是（　　）。

A. 价格不便宜　　B. 距离远，不方便就餐　　C. 食品安全没有保障

D. 可选择的就餐方式少（餐馆酒楼、快餐店、火锅、烧烤、食堂、外卖送餐、休闲餐、速食铺、流动餐车）

7. 请列出五家您所熟悉的餐馆：

8. 您关注过或参与过本地的美食节庆（烹饪比赛）等活动吗？（　　）

A. 听说过　　B. 参与过　　C. 不知道　　D. 不感兴趣

附录 B
（规范性附录）
大众化餐饮情况调查（餐饮企业）

本问卷是要通过餐饮企业了解大众化餐饮发展情况和满意度。

1. 贵企业各分店分布的城市数或网点数为（ ）。

A. 1—3 个城市或 1—5 个网点 B. 3—8 个城市或 5—15 个网点

C. 8 个（含）以上城市或 15 个（含）以上网点

2. 目前，贵企业正在进行的校企合作和农餐对接项目数量合计为（ ）。

A. 无 B. 1—5 个 C. 5—10 个 D. 10 个以上

3. 贵企业是否享受过支持大众化餐饮发展的政策？（ ）（如本题选“B 否”，直接跳至第 5 题）

A. 是 B. 否

4. 贵企业享受过以下哪些支持大众化餐饮发展的政策（ ）【可多选】。

A. 减税 B. 补贴 C. 贷款优惠 D. 现金奖励

E. 其他

5. 您所在地区有烹饪协会或者餐饮行业协会等行业组织吗？行业组织是否举办企业学习交流等相关活动？（ ）

A. 没有行业组织 B. 有行业组织，但是不举办相关活动

C. 有行业组织，偶尔举办相关活动 D. 有行业组织，经常举办相关活动

E. 不知道有没有

6. 您对当地举办的促进大众化餐饮发展的活动（如美食节庆、烹饪比赛、考察交流等）满意吗？（ ）

A. 非常满意 B. 比较满意 C. 一般 D. 不太满意

E. 非常不满意 F. 不知道有该类活动

7. 请对大众化餐饮政策环境的总体满意度打分（满分 10 分）。

8. 请对政府相关职能部门在服务企业方面的总体满意度打分（满分10分）。

9. 贵企业对目前的经营状况是否满意？（　　）

A. 非常满意　　B. 比较满意　　C. 一般　　D. 不太满意

E. 非常不满意

10. 贵企业对未来3年大众化餐饮发展环境的预期？（　　　　）【可多选】

A. 竞争越来越激烈　　B. 成本越来越高

C. 员工越来越难招　　D. 利润越来越低

E. 食品安全要求越来越严

附 录 二

2015年度中国餐饮百强企业名单

1	百胜餐饮集团中国事业部
2	天津顶巧餐饮服务咨询有限公司
3	河北千喜鹤饮食股份有限公司
4	四川海底捞餐饮股份有限公司
5	佳客来（福建）餐饮连锁管理有限公司
6	重庆刘一手餐饮管理有限公司
7	浙江两岸食品连锁有限公司
8	内蒙古小尾羊餐饮连锁股份有限公司
9	北京黄记煌餐饮管理有限责任公司
10	真功夫餐饮管理有限公司
11	重庆朝天门餐饮控股集团有限公司
12	浙江凯旋门澳门豆捞控股集团有限公司
13	重庆市铁哥们企业管理服务有限公司
14	北京李先生加州牛肉面大王有限公司
15	江苏品尚餐饮连锁管理有限公司
16	北京华天饮食集团公司
17	小南国（集团）有限公司
18	味千（中国）控股有限公司
19	重庆陶然居饮食文化（集团）股份有限公司
20	重庆德庄实业（集团）有限公司
21	呷哺呷哺餐饮管理有限公司
22	山东凯瑞餐饮集团
23	北京金丰餐饮有限公司
24	重庆巴将军饮食文化发展有限公司
25	重庆秦妈餐饮管理有限公司
26	北京东来顺集团有限责任公司
27	北京西贝餐饮管理有限公司
28	外婆家餐饮集团有限公司

续表

29	重庆市巴江水饮食文化有限公司
30	永和大王餐饮集团
31	中国全聚德（集团）股份有限公司
32	广州酒家集团股份有限公司
33	上海中饮食品集团有限公司
34	合兴餐饮集团控股有限公司
35	重庆骑龙饮食文化有限责任公司
36	上海避风塘美食有限公司
37	绍兴市咸亨酒店有限公司
38	丰收日（集团）股份有限公司
39	宁波白金汉爵酒店投资有限公司（慈溪阳明餐饮有限公司）
40	乡村基（重庆）投资有限公司
41	大娘水饺餐饮集团有限公司
42	北京首都机场餐饮发展有限公司
43	重庆回味碗餐饮文化集团有限公司
44	安徽包天下餐饮管理有限公司
45	年记餐饮品质涮坊
46	王品（中国）餐饮有限公司
47	眉州东坡餐饮管理（北京）有限公司
48	迪欧餐饮管理有限公司
49	索迪斯中国
50	快客利（中国）控股集团有限公司
51	安徽蜀王餐饮投资控股集团有限公司
52	南京大惠企业发展有限公司
53	上海世好餐饮管理有限公司
54	广东新又好企业管理服务有限公司
55	同庆楼餐饮股份有限公司
56	北京金百万餐饮管理有限责任公司
57	北京健力源餐饮管理有限公司
58	宁波市海曙顺旺基餐饮经营管理有限公司
59	香港唐宫饮食集团
60	重庆奇火哥快乐餐饮有限公司

续表

61	内蒙古三千浦餐饮连锁有限责任公司
62	大连彤德莱餐饮管理集团有限公司
63	成都市源创巴国布衣餐饮股份有限公司
64	洛阳餐旅（集团）股份有限公司
65	深圳市麦广帆饮食策划管理有限公司
66	广州九毛九餐饮连锁股份有限公司
67	北京市健坤餐饮有限责任公司
68	安徽老乡鸡餐饮有限公司
69	宁波海曙新四方美食有限公司
70	恒成世纪刘一锅
71	北京新辣道餐饮管理有限公司
72	苏州市七欣天餐饮连锁管理连锁有限公司
73	重庆和之吉饮食文化有限公司
74	深圳面点王饮食连锁有限公司
75	宁波凯隆餐饮管理集团有限公司
76	湖南湘西部落餐饮连锁有限公司
77	九橙（中国）网络配餐服务控股有限公司
78	重庆市武陵山珍经济技术开发（集团）有限公司
79	陕西鸿金鹏饮食文化有限公司
80	厦门市舒友海鲜大酒楼有限公司
81	武汉华工后勤管理有限公司
82	河南百年老妈饮食管理有限公司
83	望湘园（上海）餐饮管理股份有限公司
84	温州云天楼实业有限公司
85	河北大胖人餐饮连锁管理有限责任公司
86	厦门豪享来餐饮娱乐有限公司
87	名都晓荷塘主题火锅
88	北京比格餐饮管理有限责任公司
89	四平李连贵饮食服务股份有限公司
90	黑龙江省星期天餐饮有限公司
91	深圳市嘉旺餐饮连锁有限公司
92	徐州海天管理有限公司

续表

93	福州豪亨世家餐饮管理有限公司
94	珠海市宝贤企业有限公司
95	广州市和兴隆食品科技股份有限公司
96	四川麻辣空间餐饮管理有限公司
97	宁波石浦酒店管理发展有限公司
98	莱芜琦龙豆捞餐饮有限公司
99	浙江向阳渔港集团股份有限公司
100	旺顺阁（北京）投资管理有限公司

2015年度中国餐饮亿元企业名单

省　市	企业名称
北京市（41家）	爱玛客服务产业（中国）有限公司
	北京比格餐饮管理有限责任公司
	北京冰城利轩铭餐饮管理有限公司
	北京东来顺集团有限责任公司
	北京和合谷餐饮管理有限公司
	北京红山果商业管理有限公司
	北京华天饮食集团公司
	北京黄记煌餐饮管理有限责任公司
	北京汇贤府餐饮管理有限公司
	北京嘉和一品企业管理有限公司
	北京健力源餐饮管理有限公司
	北京金百万餐饮管理有限责任公司
	北京金丰餐饮有限公司
	北京老门框餐饮管理有限公司
	北京乐堡士餐饮管理有限公司
	北京李先生加州牛肉面大王有限公司
	北京市健坤餐饮有限责任公司
	北京首都机场餐饮发展有限公司
	北京首钢饮食有限责任公司
	北京田源鸡餐饮有限公司
	北京为之味餐饮有限公司
	北京西贝餐饮管理有限公司
	北京西郊美食达送餐有限公司
	北京翔达投资管理有限公司
	北京新辣道餐饮管理有限公司
	北京新世纪青年饮食有限公司
	北京振达尚食餐饮管理有限公司

续表

省 市	企业名称
北京市（41家）	达美乐中国
	迪乎时代（北京）国际商业连锁有限公司
	合兴餐饮集团控股有限公司
	河北千喜鹤饮食股份有限公司
	快客利（中国）控股集团有限公司
	马兰拉面快餐连锁有限责任公司
	眉州东坡餐饮管理（北京）有限公司
	权金城企业管理（北京）有限公司
	四川海底捞餐饮股份有限公司
	索迪斯中国
	旺顺阁（北京）投资管理有限公司
	呷哺呷哺餐饮管理有限公司
	永和大王餐饮集团
	中国全聚德（集团）股份有限公司
上海市（26家）	百胜餐饮集团中国事业部
	宝钢发展有限公司餐饮管理公司
	丰收日（集团）股份有限公司
	九橙（中国）网络配餐服务控股有限公司
	上海避风塘美食有限公司
	上海博海餐饮集团有限公司
	上海海舟餐饮服务管理有限公司
	上海金荫苏浙汇餐饮有限公司
	上海龙厨食品有限公司
	上海龙神餐饮有限公司
	上海绿捷实业发展有限公司
	上海麦金地集团股份有限公司
	上海神农氏餐饮管理有限公司
	上海世好餐饮管理有限公司
	上海新客来餐饮有限公司
	上海学校餐饮服务有限公司
	上海耶里夏丽实业有限公司

续表

省 市	企业名称
上海市（26家）	上海一片天餐饮管理股份有限公司
	上海粤珍小厨餐饮管理股份有限公司
	上海珍鼎餐饮服务有限公司
	上海中饮食品集团有限公司
	天津顶巧餐饮服务咨询有限公司
	王品（中国）餐饮有限公司
	望湘园（上海）餐饮管理股份有限公司
	小南国（集团）有限公司
	小杨生煎企业管理发展（上海）有限公司
重庆市（17家）	乡村基（重庆）投资有限公司
	重庆巴将军饮食文化发展有限公司
	重庆朝天门餐饮控股集团有限公司
	重庆德庄实业（集团）有限公司
	重庆和之吉饮食文化有限公司
	重庆回味碗餐饮文化集团有限公司
	重庆刘一手餐饮管理有限公司
	重庆奇火哥快乐餐饮有限公司
	重庆骑龙饮食文化有限责任公司
	重庆乾矿餐饮有限公司
	重庆秦妈餐饮管理有限公司
	重庆市巴江水饮食文化有限公司
	重庆市璧山区虹源大饭店有限公司
	重庆市齐齐餐饮文化有限公司
	重庆市铁哥们企业管理服务有限公司
	重庆市武陵山珍经济技术开发（集团）有限公司
	重庆陶然居饮食文化（集团）股份有限公司
广东省（19家）	东莞市鸿骏膳食管理有限公司
	佛山市顺德区邹伟酒店管理有限公司
	广东好来客餐饮管理有限公司
	广东新又好企业管理服务有限公司
	广东中膳食品科技有限公司

续表

省 市	企业名称
广东省（19家）	广州九毛九餐饮连锁股份有限公司
	广州酒家集团股份有限公司
	广州上善餐饮企业管理有限公司
	广州市和兴隆食品科技股份有限公司
	广州市蓝波旺餐饮管理服务有限公司
	广州中味餐饮服务有限公司
	深圳家乐缘餐饮顾问有限公司
	深圳面点王饮食连锁有限公司
	深圳市嘉旺餐饮连锁有限公司
	深圳市麦广帆饮食策划管理有限公司
	深圳市誉兴饮食管理有限公司
	香港唐宫饮食集团
	真功夫餐饮管理有限公司
	珠海市宝贤企业有限公司
浙江省（16家）	杭州速派餐饮管理有限公司
	杭州许府牛餐饮有限公司
	宁波白金汉爵酒店投资有限公司（慈溪阳明餐饮有限公司）
	宁波海曙新四方美食有限公司
	宁波凯隆餐饮管理集团有限公司
	宁波石浦酒店管理发展有限公司
	宁波市海曙顺旺基餐饮经营管理有限公司
	绍兴市咸亨酒店有限公司
	外婆家餐饮集团有限公司
	温州云天楼实业有限公司
	浙江凯旋门澳门豆捞控股集团有限公司
	浙江老娘舅餐饮有限公司
	浙江两岸食品连锁有限公司
	浙江同力教育后勤管理有限公司
	浙江五芳斋实业股份有限公司
	浙江向阳渔港集团股份有限公司

续表

省 市	企业名称
江苏省（15家）	常州丽华快餐集团有限公司
	常州扬子餐饮管理有限公司
	大娘水饺餐饮集团有限公司
	迪欧餐饮管理有限公司
	江苏品尚餐饮连锁管理有限公司
	江苏天水雅居餐饮管理有限公司
	南京大惠企业发展有限公司
	南京梅花餐饮管理有限公司
	苏州市七欣天餐饮连锁管理连锁有限公司
	苏州市善正鑫木餐饮管理有限公司
	味千（中国）控股有限公司
	无锡大渝餐饮管理有限公司
	无锡市龙鼎餐饮服务有限公司
	徐州海天管理有限公司
	扬州九鼎香餐饮管理有限公司
福建省（9家）	福建京元餐饮管理有限公司
	福建令狐冲餐饮管理有限公司
	福建省淳百味餐饮管理有限公司
	福建省雍和会餐饮管理有限公司
	福州豪亨世家餐饮管理有限公司
	福州玛格利塔餐饮管理有限公司
	佳客来（福建）餐饮连锁管理有限公司
	厦门豪享来餐饮娱乐有限公司
	厦门市舒友海鲜大酒楼有限公司
安徽省（6家）	安徽包天下餐饮管理有限公司
	安徽江淮兴业餐饮服务有限公司
	安徽老乡鸡餐饮有限公司
	安徽蜀王餐饮投资控股集团有限公司
	安徽万友禾禾餐饮管理有限公司
	同庆楼餐饮股份有限公司

续表

省　市	企业名称
黑龙江省（5家）	哈尔滨东方众合餐饮有限责任公司
	哈尔滨名岛餐饮有限公司
	黑龙江省星期天餐饮有限公司
	名都晓荷塘主题火锅
	年记餐饮品质涮坊
湖北省（5家）	湖北华鼎团膳管理股份有限公司
	湖北易道餐饮管理服务有限公司
	武汉湖锦娱乐发展有限责任公司
	武汉华工后勤管理有限公司
	武汉市半秋山餐饮管理有限公司
陕西省（5家）	陕西鸿金鹏饮食文化有限公司
	陕西惠森后勤管理服务有限公司
	陕西竹园村餐饮有限责任公司
	西安勺勺客餐饮服务有限公司
	西安饮食股份有限公司
云南省（5家）	昆明大滇园美食有限公司
	昆明仟真和餐饮有限公司
	昆明市茴香餐饮娱乐有限公司
	昆明天天向上营养快餐有限公司
	昆明伊天园饮食服务有限公司
山东省（4家）	莱芜琦龙豆捞餐饮有限公司
	青岛举鑫帮厨有限公司
	山东金膳林餐饮管理有限公司
	山东凯瑞餐饮集团
四川省（4家）	成都市源创巴国布衣餐饮股份有限公司
	四川麻辣空间餐饮管理有限公司
	四川省成都市饮食公司
	四川顺心餐饮投资管理有限公司
辽宁省（4家）	川商美新火锅店
	大连彤德莱餐饮管理集团有限公司
	恒成世纪刘一锅
	沈阳福慧德餐饮企业管理有限公司

续表

省 市	企业名称
河南省（3家）	河南百年老妈饮食管理有限公司
	洛阳餐旅（集团）股份有限公司
	洛阳天府火锅饮食服务有限公司
湖南省（3家）	湖南食鉴投资管理有限公司
	湖南湘西部落餐饮连锁有限公司
	邵阳市湘里人家饮食连锁文化发展有限公司
吉林省（3家）	丰茂餐饮有限公司
	如一坊餐饮文化管理有限公司
	四平李连贵饮食服务股份有限公司
宁夏（3家）	固原福苑实业有限公司
	宁夏德隆楼德鼎逸品清真食品有限公司
	宁夏明瑞苑穆斯林餐饮管理股份有限公司
内蒙古（2家）	内蒙古三千浦餐饮连锁有限责任公司
	内蒙古小尾羊餐饮连锁股份有限公司
河北省（2家）	福成肥牛餐饮管理有限公司
	河北大胖人餐饮连锁管理有限责任公司
新疆（2家）	乌鲁木齐市苏氏企业发展有限公司
	新疆四十九餐饮管理有限公司
江西省（2家）	上饶市刘一捞餐饮服务有限公司
	上饶市三缘肥牛之家餐饮有限公司
海南省（1家）	海南拾味馆餐饮连锁管理有限公司